拱　橋

We are all connected.

TUPAC SHAKUR

THE AUTHORIZED BIOGRAPHY

與世為敵

吐派克
官方授權傳記

STACI
ROBINSON

史黛西・羅賓遜——著

莫康笙——譯

方舟文化

some peo
mind peop
in these
ONE Ma
o I am
Do. If
meone or
me, my o
elf, 2 i
I Do
my life
2PAC

目次
Contents

PART 2
巴爾的摩

“2PAC ME AGAINST the WORLD”

PART 3 灣區

PART 4 洛杉磯

"2PAC ME AGAINST the WORLD"

PART 5 生是洛城人，死做洛城魂

INTRODUCTION

Calling This an autobiography may have mislead some people. IT's more of a Diary that I don't mind people reading. There are personal things in these pages and it is my hope that by gaining some insight on my life one may have a better understanding of who I am and why I Do some of the things I Do. If By Telling my life story, I Hurt someone or I uncover some stones, Forgive me, my only intention was to express myself, 2 in fact Better myself By telling all about myself! AT This moment I am 18 years old and the Date is November 26, 1989, In the middle of my life. Anyway, Here it is my Diary, poems and autobiographywrapped in one.

Peace,
Tupac Amaru Shakur

~~Black~~ Seed & Keep on Growing

The Rose That Grew From Concrete

An Autobiography By Tupac A. Shakur

Introduction

I. The Panther and the Gangster

II The "Shining Prince" is Born Free

(Childhood)

III Lessons from American Schools

IV Lessons from Lady Liberty

V Lessons from American Society

(Baltimore)

VI A Better Place

VII The Baltimore School 4 the Arts

VIII The Eternal circle

(Marin, Rosa)

VIIII Migration 2 the Reservation

X The Boyz from Rosa

XI April ~~[illegible]~~ / Girls

XII Humpty Hump Across Americ

XIII On My Own

Black Seed - Grown-Up

Black Seed To Black Oak

序

混凝土裂縫中的玫瑰

稱這為自傳可能會誤導一些人。這更像是一本我不介意人們閱讀的日記。這裡面包含了一些私人的東西，我希望透過關於我對生活的見解，人們可以更加理解我是誰，以及為什麼我會做某些事情。

如果因為講述我的生活故事，我傷害了某人或揭露了一些事情，請原諒我，我唯一想做的只有表達自己；實際上，我是想透過講述自己的一切，來讓自己成為更好的人。

此刻，1989 年 11 月 26 日，我 18 歲。在我生命的中途。無論如何，這就是我的日記、詩歌和自傳的綜合體。

Peace

吐派克・阿瑪魯・夏庫爾

＊前頁圖片說明

左圖：吐派克在 18 歲時撰寫的自傳目錄，題為《混凝土裂縫中的玫瑰》（*The Rose that Grew from Concrete*）。

右圖：自傳的簡介。

00

前言

2023

十七歲時，吐派克是無私的。
他用饒舌述說著年輕黑人男性的故事；
他的歌詞充滿目標，祈求著改變。

當我首次遇見吐派克時，他只有十七歲。對我來說，他只是我們社交圈中的另一個朋友。我們都在加州北部米爾谷小鎮的塔瑪佩斯（Tamalpais）高中上學，而我是在大學放假回家的路上認識他的。那一刻，我絕對沒想到自己竟然認識了一位未來會成為文化偶像、全球巨星的人……或者如吐派克自己所言，我認識了一位傳奇。即便那時的他如此年輕，但仍充滿自信，確信自己將在世界上留下深刻印記。他是我所認識最有自信的人。

幾個月後，我回到洛杉磯的大學，吐派克打電話給我和我的室友，我們都來自米爾谷鎮；吐派克認為上高中對他來說是在浪費時間，便問是否能暫時讓他睡在我們的沙發上。他說：「我需要離開這裡。」那時，他正焦慮的等待經紀人傳來唱片合約的消息。「我的音樂事業發展得不夠快，」他解釋道：「我覺得我應該去洛杉磯。」幾天之後，他帶著背包和一本藍色筆記本出現在我們家門口。

每天當我和室友們離開去上學或上班，他會留在公寓裡，獨自在筆記本上瘋狂寫作。當我們下午回來時，他便會分享自己那天寫的內容。想像一下，**十幾歲的吐派克坐在餐桌旁**，當我們吃著泡麵和起司通心粉時，**他用饒舌述說著年輕黑人男性的故事；他的歌詞充滿目標，祈求著改變。**

回想起那個時刻，我才驚覺自己當時一無所知。我聆聽他的音樂、理解他的話語。我很欣賞他對世事的關切與擔憂。那時我並不知道身邊的這位年輕人，正竭盡所能勇敢的走在一條解決社會不公的道路上。我當時還不了解，因為儘管我不太情願承認，當下的我還沒有準備好談論年輕的黑人男性，以及他們身為弱勢族群所面臨的諸多問題。我其實更在意的是那天在課堂裡看到的年輕黑人帥哥。在二十歲時，我是自私的。而在十七歲時，吐派克是無私的。

後來經紀人萊拉．斯坦伯格（Leila Steinberg）為他找到住處時，吐派克向我們道了感謝，然後踏上了他的旅程。那晚他揹著包包和藍色筆記本走出門，我和室友們祝他好運；沒想到門一關上後，他就成了家喻戶曉的人物。

從UCLA畢業後，我開始了自己的小說寫作生涯。但當時我還沒有像吐派克那樣書寫關於年輕黑人男性的議題；我寫的是在課堂中遇到的同一位年輕黑人帥哥，以及多年後那不可避免的心碎故事。白天，我在運動產業工作，擔任紐約噴射機隊的選秀狀元基肖恩．強森（Keyshawn Johnson），以及NBA球星布萊恩．蕭（Brian Shaw）的助理。晚上，我則埋首寫作。

這期間我經常接到來自吐派克助理的電話。「吐派克一直問妳什麼時候才要離開運動產業，來和他一起工作？」有天下午，這個要求突然變得更具體了：「吐派克正在籌備一個寫作團隊。他希望邀請妳加入。」當時他開始撰寫劇本，正在建立一群女性作家團隊，來確保他劇中角色的聲音、觀點和語調能貼近現實。對於能成為這小組的一員我感到很興奮，於是我們在一九九六年九月十日星期二安排了一場會議。

在那次會議的三天前，吐派克在拉斯維加斯遭到槍擊。他為自己的生命奮鬥了幾天，但最終不幸的輸掉這場戰爭，於九月十三日離世。那次會議，以及他夢想的無數計畫都永遠無法實現了。我和全世界失去了一個朋友。一位兄弟。一位叔叔。一位外甥。一位表兄。一位啟發者。一位領袖。一位戰士。吐派克的母親艾菲尼・夏庫爾（Afeni Shakur），是教導他所有知識的女性；在失去了她唯一的兒子時，仍和他一樣激情洋溢的談論著希望與變革。

幾年後，艾菲尼請我撰寫關於她兒子的故事；這份請求帶給我複雜交織的情緒。當然，我感到非常榮幸。但當我仔細思考這項重大任務時，同時也感到害怕。我在塔瑪佩斯高中和UCLA都不是成績頂尖的學生；事實上，我從來都不是資優生。在我看來，只有那些人才有資格撰寫像吐派克這類領袖人物的傳記。我所知道的傳記作家都擁有豐富經驗，在《華盛頓郵報》（*The Washington Post*）、《紐約時報》（*The New York Times*）等報紙擔任過編輯，或者是《紐約客》（*The New Yorker*）雜誌的撰稿人。他們通常是著名的歷史學家，或在名門學府擔任教授。但我只是一個B級生，寫的不過是愛情與失去的故事，以及尷尬浪漫喜劇風格的劇本。為什麼艾菲尼要找我呢？

原因是她信任我。她相信我能以誠實、公正和平衡的觀點敘說吐派克的生平故事。好的一面、壞的一面；他的奮鬥和成就，錯誤和瑕疵。她覺得吐派克周遭的家人會很樂意坐下來，分享他們以前從未說過的故事。最重要的是，就像她的兒子一直在做的那樣，她想給我一個機會。吐派克和艾菲尼總是願意給予那些可能得不到機會的人試試。在那些年裡，艾菲尼的很多決定都是以她兒子的想法作為出發點，我相信她讓我寫吐派克的傳記也不例外。

因此，一九九九年，我購買了一臺 eMachine 個人電腦，躲在我位於加州英格爾伍德的公寓裡，面對剩下不到一年的截稿日。我做的第一件事是製作一份吐派克的年表，從出生到離世。我把這百餘頁的時間表貼在牆上，把我的公寓變成了「吐派克樂園」。接著我開始進行訪談、然後打字，再訪談、再打字、再進行更多的訪談。

我飛到美國的另一端，花了幾天時間待在吐派克為艾菲尼買的喬治亞州家中。坐在她的廚房裡，她為我準備炸雞，這是吐派克最喜歡的餐點之一，我們花了幾個小時談論他的生活。晚上，我們坐在門廊上，她一邊不斷交替抽著紐波特（Newport）香菸和大麻，一邊談論著她的生活。我們談得越多，我就越了解他們兩人有多相似。就像和吐派克的關係一樣，越了解艾菲尼，對她的敬佩就越深。

為了撰寫這本書，我花了許多時間與吐派克的家族成員通電話，也坐在他們的客廳裡和他們聊天。我跟吐派克的表妹賈瑪拉（Jamala）共享了無盡的歡笑，在過程中問了她一大堆問題，她會跳上床並大聲播放自己最喜歡的歌曲。我一邊在加州拉克斯珀（Larkspur）的安普里奧·魯利（Emporio Rulli）餐廳吃著義式糕點記錄吐派克的兒時故事，一邊在聖拉菲爾的小指比薩（Pinky's Pizza）笑著聽他的朋友分享他學開車時的趣事。我找到了他的老師、同事、還有他所愛的人們。歷經八個月，無盡的訪談，數不清的深夜編輯校對，我將稿件交出了。

過了幾週，我被通知這本書的計畫「目前暫停」。雖然有些失望，但想到自己所遇見的人、聽到的故事，我仍打從心底感謝能獲得這樣難能可貴的體驗。我挖掘了這位擁有豐饒光榮家族血統的友人，生命裡最錯綜複雜、私密的細節。我知道，如果自己有機會，我願意擔任任何角色來延續他的輝煌成就。

從那時起，我興奮的接受了艾菲尼帶給我的每一個機會。

幾年後的某天，艾菲尼邀請我到她在加州索薩利托（Sausalito）的船屋。她聽聞我將出版一本小說，所以想要和我一起慶祝。抵達後，她給了我一份禮物，是哈林文藝復興[1]時期作家佐拉・尼爾・赫斯頓（Zora Neale Hurston）的傳記。「艾菲尼，謝謝妳。」我說：「但我有點不好意思。因為我寫的都是些關於愛情與心碎的傻事，而夏庫爾家族寫的都是生命中重要的事情。」然而，她的回應是任何認識艾菲尼的人都能預期到的。她說我在寫什麼東西並不重要，「寫就對了！」

即使在後來那些年我沒能繼續參與吐派克的相關工作，我仍與艾菲尼和她的幾位家人很親近。當我成為一位母親時，艾菲尼和她的姐姐葛洛（Glo）都在旁給我鼓勵。我很感激，在她那非凡人生中的最後幾年裡，我們能住在相隔彼此僅幾英里的距離。

多年來，我對這份稿子並未多想。但在二〇一七年，負責整理遺產檔案的管理人，正在籌備一部經過吐派克親友授權的紀錄片，發現了我的名字出現在一些過去的專案中，並問我是否願意接下協助故事發展的工作。不久後，他們邀請我參與另一個專案，一個致敬吐派克及其一生工作的博物館展覽。在博物館專案進行了兩年後，一切又回到了原點：我開始回頭整理那份很久以前寫下的手稿。

今天坐在這裡，已經過了二十多年，這是我第二次完成這本書，增加了許多訪談、新故事和許多修訂；我不禁回想起一九九六年九月十日星期二——那是吐派克為我們的第一次作家會議設定的日期——

1 編按：Harlem Renaissance，發生在一九二〇年代紐約哈林區的文化運動；主要內容是反對種族歧視，鼓勵黑人作家在藝術創作中歌頌新黑人的精神與形象。

當時我們可能在他的威爾希爾豪宅裡被他指揮的情景[2]。

當我閉上眼睛，回想起自己花了幾個月寫這本書初稿的那段日子，我依然能看見「吐派克樂園」，他生活中的大小事件填滿了我公寓的牆壁。我想到了二〇〇六年在艾菲尼的船屋裡的那一天，當時我在質疑自己選擇的路，但我聽到艾菲尼充滿堅定的聲音，她瞇起眼睛看著我說：「寫什麼都行。只要寫下去就對了！」

當艾菲尼叫你做事時，你最好照辦。

——史黛西．羅賓遜，二〇二三年

2 譯按：吐派克在一九九六年九月七日遭槍擊，九月十三日傷重不治。因此作者是在想像如果吐派克沒有過世，原定的作者會議會是什麼情境。

PART 1

紐約

01

從生到死

1970-1971

1971 年 6 月 16 日，
媽媽生了個來自地獄的聖子。

——〈從生到死〉（*Cradle to the Grave*）

一九六九年四月二日黎明時分，艾菲尼和她的丈夫盧蒙巴（Lumumba）正睡在他們位於哈林區一一七街西一一二號公寓裡。一陣沉重猛烈的敲門聲吵醒了他們。五名紐約警局的警察站在門外，其中一位探員叫做法蘭西斯·道爾頓（Francis Dalton）。道爾頓身穿防彈背心，全副武裝，點燃了一塊抹布。警員們大喊：「失火了！打開門！出來！失火了！」身形嬌小、皮膚柔滑，頭頂一頭整齊小捲髮的艾菲尼被噪音驚醒。她還昏昏沉沉的，跟隨盧蒙巴穿越暗處，蹣跚走向前門。她透過貓眼看到了煙霧。美國政府過去兩年一直在圍剿黑豹黨[1]，而身為紐約分部分區負責人，他們非常驚慌，但也極度懷疑這是一場陷阱。

盧蒙巴開鎖並打開門縫，艾菲尼靠在他身邊。門突然被大力推開，幾名帶槍男子的身影閃過他們眼前。一把槍撞向艾菲尼的肚子，另一把壓在盧蒙巴的額頭上。

「我們是警察！你要是敢動，我他媽就打爆你的頭！」

艾菲尼和盧蒙巴投降了。他們被戴上手銬，押出公寓送上警車，帶到地區檢察官辦公室接受審訊。隨著更多黑豹黨成員被上銬帶到辦公室，困惑的艾菲尼試圖理解究竟發生什麼事。她很快發現，那些她信任的人，曾經站在她身邊作為黑豹黨的同志，發誓要為社會正義而戰的人，實際上是臥底警察，並且在攻堅逮捕行動中擔任了關鍵角色。艾菲尼特別指出一名叫耶德瓦．蘇丹（Yedwa Sutan）的人，過去她曾質疑並試圖警告其他黑豹黨成員；後來發現，此人其實是探員拉爾夫．懷特（Ralph White）。這證實了艾菲尼的猜測，也讓她後半輩子都決定「絕不輕信任何人」。

懷特和其他參與逮捕行動的警官，都隸屬於紐約警局的「特種服務調查小組」（Bureau of Special Services and Investigations Unit），這是一個有數十年歷史的臥底情報活動，與聯邦調查局（FBI）局長J．埃德加．胡佛（J. Edgar Hoover）的反情報計畫（COINTELPRO）密切合作。該祕密計畫旨在監視和滲透美國社會的「擾亂者」。胡佛將黑豹黨視為顛覆性組織，公開宣稱他們是「美國內部安全的最大威脅」，並聲稱到年底時他們將消滅所有成員。他下達了極具侵略性的任務，包括使用線人臥底，消除黑豹黨領袖，以防止他們傳播「激進」教義。胡佛發誓要擊破所有與黑人民族主義思想相關的成果，防止「能夠團結和激勵人心的黑人彌賽亞」崛起，並阻止黑人領袖「透過詆毀白人而獲得尊重」。到一

1 編按：Black Panther Party，宗旨為促進美國黑人民權，也主張黑人應有更積極的正當防衛權利；他們反對美國政府，認為改變世界必須透過長期組織和動員民眾，例如在黑人社區提供窮人免費早餐、政治教育等計畫，一點一滴改變人民想法，賦予他們力量。

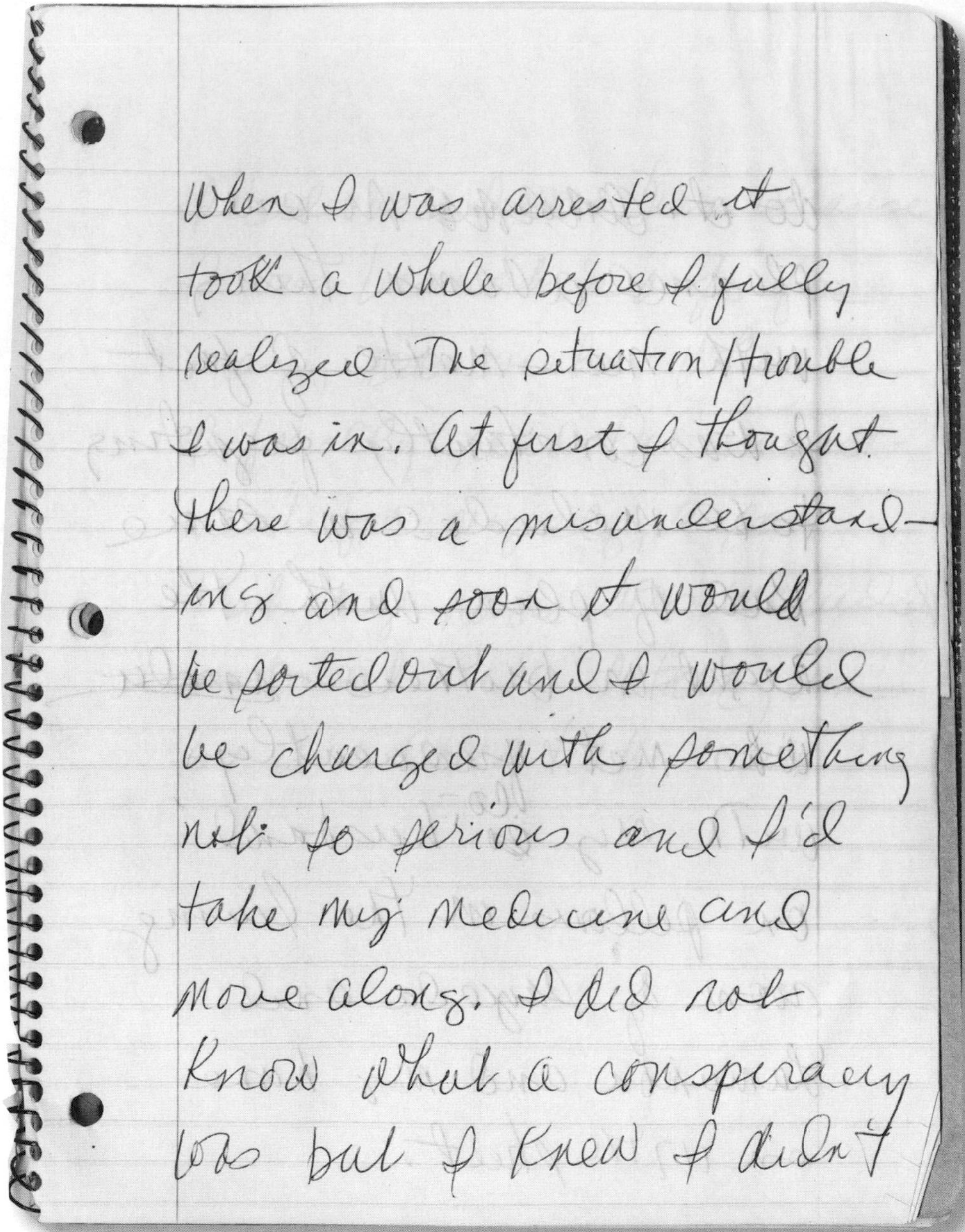
When I was arrested it
took a while before I fully
realized The situation/trouble
I was in. At first I thought
there was a misunderstand-
ing and soon it would
be sorted out and I would
be charged with something
not so serious and I'd
take my medicine and
move along. I did not
know what a conspiracy
was but I knew I didn't

▲艾菲尼的自傳手稿。在這段文字中，她記錄了自己的童年回憶、與黑豹二十一人一同上法庭的日子，以及在女子拘留所度過的時光。

九六九年，全美各地已有數百名黑豹黨成員被逮捕。

在這次行動中，共有二十一名黑豹黨成員成為目標，艾菲尼、盧蒙巴和其他十人（還有兩人進了監獄，幾人後來被逮捕）被控共謀炸毀通勤鐵路的軌道、布朗克斯植物園，以及五家百貨公司；這些都是紐約的地標，也是美國資本主義的象徵。當天下午，黑豹黨成員被分配到紐約及鄰近幾州的八個不同監獄，他們將在那裡等待非裔美國人法律歷史上最重要的審判之一：〈紐約州人民訴盧蒙巴・夏庫爾等人案〉（*The People of the State of New York v. Lumumba Shakur et al.*），又被稱為「黑豹二十一人審判」[2]。

在美國、生為黑人

一九四七年一月十日，艾菲尼（原名 Alice Faye Williams，以下用艾莉絲稱呼）出生於這個動盪不安的美國戰後時期；在助產士的協助下，艾莉絲的母親蘿莎・貝爾（Rosa Belle）、父親小華特・威廉斯（Walter Williams Jr.），以及兩歲的姐姐葛洛麗亞・珍（Gloria Jean，大家有時會叫她葛洛）在家中迎接

2 譯按：「黑豹二十一人」是由二十一名黑豹黨員組成的團體，他們於一九六九年遭捕並被指控策劃了對紐約市的兩個警察局、一間教育辦公室的協同轟炸和步槍攻擊；後因在審判中發現警方臥底人員發揮了關鍵組織作用，一九七一年五月這些人均被陪審團無罪釋放。

她的到來。當時社會仍受到《吉姆・克勞法》[3]桎梏。那一年，冷戰拉開序幕、中央情報局（CIA）成立；同時，美國第一臺拍立得相機問世、發明了塑膠保鮮盒、一條麵包只要十二美分。儘管傑基・羅賓森（Jackie Robinson）加入了布魯克林道奇隊，成為第一位踏上職業棒球場的非裔美國人，但3K黨[4]仍支配著南方大部分地區。

在艾莉絲只有六歲時，生活就已經狠狠給了她教訓；只因她在美國、生為黑人。每天早上，她和姐姐都要沿著北卡羅來納州倫伯頓（Lumberton）小鎮塵土飛揚的小路步行上學，忍受著開車經過的白人男子辱罵；他們會刻意減速，對她們大喊充滿仇恨的字眼。有時叫她們「猴子」，有時是「禿子，皮包骨的黑娃娃」，更多時候則都是「黑鬼」。日復一日，這些言辭如同匕首般不斷戳著艾莉絲年幼的心靈，證明了仇恨的傷害可以比子彈或刀劍更深。

一九五四年，艾莉絲七歲，美國最高法院具有里程碑意義的判決〈布朗訴托彼卡教育局案〉（*Brown v. Board of Education of Topeka*），如同一場靜默的風暴席捲整個大陸。這是邁向平等的另一步，但世人都明白，美國的黑人，更具體的說是黑人學生，將遭受暴力反擊。在北卡羅來納州，3K黨以其仇恨宣傳為旗幟，集結勢力，試圖恐嚇南方的黑人和原住民社群；他們四處張貼傳單、燃燒十字架，私刑殺害無辜人民，目的是為了阻止種族融合，並威嚇黑人和原住民們不要繼續爭取公民權。

隨著時間經過，3K黨的恐怖威脅逐漸逼近威廉斯家。一九五八年一月，倫伯頓小鎮得到消息，3K黨計畫在附近的馬克斯頓（Maxton）舉行集會。該組織的首腦「鯰魚」詹姆斯・科爾（James "Catfish" Cole）領導了此次活動，他公開表示集會的主要目標是：「讓印第安人乖乖聽話，徹底終結種族混合」。

一九五八年一月十八日晚上，有超過五百名倫比族[5]戰士帶著槍枝和武器來到馬克斯頓，準備捍衛自己的土地，人數徹底壓倒了前來參加集會的約五十名3K黨成員。槍聲在黑暗中響起，當地警察趕到時，3K黨羽已匆匆逃離黑夜。

他們再也沒有回到倫伯頓或馬克斯頓。即使在艾莉絲・費・威廉斯成為艾菲尼・夏庫爾之前，捍衛自己與大膽反抗的基因，就已流淌在威廉斯家的血液裡。

這起被稱為「海耶斯池塘之戰」（Battle of Hayes Pond）的事件，很可能就是讓艾莉絲意識覺醒的轉捩點。這刺激了艾莉絲，讓她了解**在面對壓迫時，並不是只有屈服一種選項**。藉由倫比族戰士的勝利，她在十一歲時學會了勇敢說「不」——反抗和反對不公正的對待。「那是我第一次嘗到抗爭的滋味，」她在四十五年後回憶道：「反抗，那是我當時的感受。就是抵抗。一種『不要讓這些事發生在自己身上』的感覺。」

艾莉絲也看到她的母親在經歷多年家庭暴力後展開反擊。「當我讀一、二年級時放學回家，我都會看看床底下，確認我父親沒有殺死媽媽，並把屍體塞在那裡。」她回憶道。一九五九年，蘿莎離開了她的丈夫，帶著女兒「北上」搬到紐約市；她們參與了「非裔美人大遷徙」（Great Migration），這是一場歷時六十年的人口遷徙行動，有超過六百萬非裔美國人離開南方，尋找新生活，遠離困擾他們生活的猖獗私刑和威脅。

3 編按：*Jim Crow laws*，一八七六年至一九六五年間，美國南部各州對有色人種（主要針對非裔）實行的種族隔離政策。
4 編按：Ku Klux Klan，奉行白人至上主義運動、基督教恐怖主義的民間團體。
5 譯按：美國原住民族，主要居住在北卡羅來納州的羅伯遜、霍克、坎伯蘭和蘇格蘭郡。

受到「真正平等」機會的承諾吸引，蘿莎懷抱著希望，在布朗克斯的布魯克大道向一位白人女性租了公寓裡的房間，供她們母女三人居住。但是艾莉絲很快發現，北方並不是她所期望的那樣。從她踏入新校園的那一刻起，那些惡毒的語言又出現了。當一位同學說她看起來像外星人時，她用自己所知道的方式進行了反抗：「我揍了他一頓，我想要反擊……我認為這能彌補我的不足之處。」

八年級時艾莉絲學習表現出色，學校輔導老師鼓勵她申請紐約的頂級表演藝術學校「PA」（High School of Performing Arts）。她被錄取了，但她在PA的經歷印證了一個殘酷的現實——**某些人會僅僅因為膚色而擁有更多機會。**「許多上PA的孩子都來自私立學校，這些人搭豪華轎車上學，我非常討厭他們。我甚至會在上學前喝葡萄酒讓自己心情好一點，這樣才能抑制我對他們的憎恨。」

不公平激發了她的憤怒，但她卻無法找到宣洩的出口。易怒的脾氣導致她在紐約開始飲酒和吸毒，並且和所有人都處不來。最終，艾莉絲被退學了，不久後便加入了「門徒女」（Disciple Debs）——紐約惡名昭彰的幫派「門徒幫」（Disciples）的分支。這帶給了她一種歸屬感，也是轉化生活中那些巨大無助感的方式。

然而，前方出現了一線曙光。在與許多敵對幫派的血腥爭鬥中，艾莉絲偶然發現了西非的約魯巴（Yorùbá）文化教義，它重視價值觀的實踐，並將道德、誠信和智慧融入進生活。憑藉這些新信仰，她找到了以前從未體驗過的東西，一個可以學會重新引導自己的強烈情感，並尋找平靜的地方。她每週六都會參加「bembé」，在這個音樂聚會上，她愛上了非洲鼓聲——這種藝術形式非常貼近她的內心，並陪伴了她一生。

約魯巴的老師建議她改名，以更貼切的代表她對世界及其人民的熱愛——艾菲尼的意思是「親愛的人」和「人民的愛者」。於是，艾莉絲・費・威廉斯成為了人們熟知的艾菲尼。

有了新的名字和看待世界的新觀點，二十一歲的艾菲尼開始建立更深層的人際關係。她遇到了一個叫做沙希姆（Shaheem）的男人，他皮膚黝黑、蓄鬍並頂著阿福羅髮型。沙希姆是一位穆斯林，緊隨以利亞・穆罕默德（Elijah Muhammad）的教導，他是伊斯蘭民族[6]的創始人，也是民權運動者麥爾坎・X（Malcolm X）早年的導師。他以智慧和知識引起了艾菲尼的注意。更重要的是，他是第一個告訴她「黑人是美麗的」[7]這句話的人。他們經常一起抽大麻，討論黑人歷史的重要性，並探索黑色的象徵意義——它代表了力量，而不是軟弱。透過這些對話，艾菲尼逐漸開始意識到，她那**深褐色皮膚的顏色不是一種阻礙，而是一種肯定與驕傲。**

沙希姆將這些深夜對話的主題定在「鬥爭」（Struggle）這個概念上——這是艾菲尼過去未曾聽過的詞。她的心頭第一次閃過一絲火花。她渴望聽到沙希姆分享的任何資訊。他向她解釋，所有黑人都處在一場「為生存而戰」的鬥爭中，而她也是其中的一部分。她屬於這個群體，這個被帝國主義社會的壓迫力量削弱的共同群體。

有一天下午，艾菲尼在哈林區散步時，聽到從喇叭中爆發出的喧鬧和人聲。那時，任何抗議聲對她來說都變成了甜美的樂曲。她知道幾年前「世界黑人進步協會」的馬科斯・加維（Marcus Garvey）曾在這個角落演講過；她知道麥爾坎・X被暗殺前也曾在這裡發表演說。她帶著好奇心走向講臺，準備傾聽，

6 編按：Nation of Islam，非裔美人的伊斯蘭主義組織。
7 編按：Black is beautiful，一九六〇年代發起的文化運動，旨在消除種族主義觀念。

準備受到啟發：「有天，我走在街上，有個人站在街角，在一二五街和第七大道有一場集會。那裡每天都有集會……有個年輕人站在那，旁邊有一群人，就像是一支小小的軍隊，他一直在講話。讓我停下來認真聆聽的原因是，他在分析大家可以如何對抗那些占領我們社區的警察。這真的打動了我。之後，我了解到了更多有關這個人的事情，他就是巴比．席爾（Bobby Seale）——加州奧克蘭市黑豹黨的年輕創始人之一。」

席爾的演講為艾菲尼打開了一個新世界：「作為這個國家的一位黑人女性，出生時就帶著短髮和黑人特徵，以及強烈的性格，如果不是因為黑豹黨，我不知道自己今天會在哪裡。他們拯救了我，因為他們替我加上了武裝；他們讚美了身為黑人的我。」

加入黑豹黨的數月內，艾菲尼嫁給了哈林分部的副武裝部長盧蒙巴。盧蒙巴的父親是薩拉丁．夏庫爾（Saladin Shakur），他是一位加維主義者[8]，也是麥爾坎．X的朋友。隨著薩拉丁在一九六〇年代的革命民族主義者和社區領袖的地位逐漸上升，這個名字開始贏得尊重，甚至吸引了運動中無血緣關係的人們改變其姓氏為夏庫爾。

除了自己生育的孩子，薩拉丁還成為了許多年輕人的教父與導師，包括黑人革命家傑拉爾．威廉斯（Jeral Williams）和喬安．拜倫（JoAnne Byron），他們分別改名為穆圖魯（Mutulu）和阿薩塔．夏庫爾（Assata Shakur）；穆圖魯後來也在艾菲尼的生活中扮演了重要角色。艾菲尼解釋了薩拉丁的傳奇生活，指出他「是那些沒有父親的年輕男孩的父親」。

雖然盧蒙巴已經結婚，但根據伊斯蘭法律，他可以有多個妻子。年輕且願意嘗試新事物的艾菲尼認為她能夠接受這樣的安排。她確實接受了，至少有一段時間是這樣。

在艾菲尼和盧蒙巴被捕後，他們一同面臨法律審判，身處不同監獄，相距數英里，等待某人來幫忙支付保釋金。有關「黑豹二十一人」的新聞登上了全國各地的報紙，很快抗議者在監獄外集結。支持者在曼哈頓的聖馬克教堂等場所舉行募款活動，籌集保釋金和相關法律費用，最終由五個長老會和聖公會教堂以及四位牧師提供。猶太裔作曲家李奧納德．伯恩斯坦（Leonard Bernstein）在家中舉行了一場私人募款活動；演員安吉．迪金森（Angie Dickinson）、珍．芳達（Jane Fonda）和唐納．蘇德蘭（Donald Sutherland）也都向黑豹黨的基金提供援助。

艾菲尼被關在女子拘留所的高牆內，這個設施擁有最不人道的生活條件。這裡空間狹小，原本設計容納四百人，卻關押了多達六百名女性囚犯；囚犯經常報告在食物中發現蟲子和蟑螂，淋浴間裡有死老鼠。艾菲尼在那裡度過了整個一九六九年。十二月四日，當她和其他黨員聽到伊利諾伊分部主席弗雷德．漢普頓（Fred Hampton）在家中慘遭芝加哥警局殘暴槍殺的消息時，他們變得相當害怕。

在吃了十個月的稀粥和睡在骯髒的地方後，艾菲尼於一九七〇年一月三十一日被保釋出獄。「監獄裡的黑豹黨成員開會決定誰將被優先釋放，因為我比較能言善辯，所以他們覺得如果我先出去，就能幫助他們脫困。」艾菲尼為她的盟友努力工作，成為了黑豹黨哈林區資訊部通信祕書。多年後，十幾歲的

8 編按：Garveyism，宗旨為建立一個國際組織，為流離失所的非洲人民建立政府。

吐派克在早期的一次訪談中自豪的談到這件事：「我認為，我的母親……就像弗雷德．漢普頓、馬克．克拉克[9]、哈莉特．塔布曼[10]一樣，都在為後代鋪路。」

當輪到黑豹二十一人選擇律師時，艾菲尼大膽的做出了決定，也許是她一生中最重要的選擇，她決定挺身為自己辯護。她沒有法學學位，甚至沒有高中文憑。然而，她知道為自身自由的拚鬥，絕對能勝過任何指派給她的律師。姐姐葛洛在回憶時說到，這個決定對她來說再自然不過了：「艾菲尼從小就一直很獨立，願意迎接任何擺在她面前的挑戰，當她選擇這麼做時，我一點都不感到驚訝。」

另一方面，盧蒙巴則認為這是個不理智的決定，並盡力說服她。他告訴艾菲尼：「妳會搞砸一切。」在盧蒙巴看來，這個決定風險非常高。不僅對他自己，對那些將與他一同受審的其他黑豹黨成員也是。他相信，一支堅實、經驗豐富的法律團隊，能帶來一場有凝聚力且強有力的法庭戰鬥，對於他們重獲自由極為重要；而艾菲尼可能成為法庭攻防的弱點，最終導致她和其他共同被告被判有罪。盧蒙巴懇求著說：「妳沒有受過教育。妳沒有資格。而且太情緒化了。」而艾菲尼心意已決。她拒絕了法律代理的幫助，並在法庭的第一天現身，準備迎接控方的起訴。

審判於一九七〇年二月二日正式開始。在曼哈頓中央街一〇〇號，黑人支持者、黑豹黨員，以及白人抗議者並肩行進，手持標語寫著「**粉碎種族主義法庭——釋放黑豹二十一人！**」和「**結束黑豹黨的種族主義誣陷——年輕人反對戰爭和法西斯主義**」，他們與令人畏懼的警察都在人行道上，這場對峙創造了衝突一觸即發的緊張氛圍。

最初被拘留的黑豹成員中，有八人的指控遭延期或撤銷，因為其中一些人必須面對雙重訴訟、生病或太年輕，但剩餘的十三人將接受審判。

盧蒙巴帶領被告們走進法庭，他羞怯的舉起拳頭，對同伴和坐在法庭上的支持者喃喃自語著「權力歸於人民」。最後，艾菲尼，唯一一名獲得保釋的黑豹黨成員，自信的走入法庭，進入座位區。當她經過紐約州首席檢察官喬瑟夫・菲利普（Joseph A. Phillips）時，臉上幾乎帶著一種自以為是的微笑。她已經準備好為自己的自由而戰。

法庭書記宣布：「全體起立！」

白髮蒼蒼、哈佛畢業的紐約州最高法院法官約翰・默塔格（John M. Murtagh）坐在滿座的法庭前：兩名州檢察官、六名辯護律師、十三名被告、一排候選陪審員、記者坐的L形桌和許多法警。安全措施非常嚴格。

「我們有十三人受審，」艾菲尼說：「每個座位後面都有一名法警。」在觀眾席擁擠的地方，一群黑豹黨的支持者站在一旁，隨時準備追究美國司法體系的責任。氣氛十分緊張。

第一項工作是選擇陪審團人員。艾菲尼站在辯護團隊的兩名首席律師傑拉德・萊夫考特（Gerald Lefcourt）和查爾斯・麥金尼（Charles McKinney）旁邊。這三人對候選陪審員進行了一連串激烈的質問。

艾菲尼問黑人陪審員候選人查爾斯・富勒（Charles Fuller）：「你對馬丁・路德・金恩（Martin Luther King）的死有什麼看法？」

富勒回答：「我非常遺憾，它本不該發生。」

---

9 編按：Mark Clark，黑豹黨成員，與漢普頓一同被殺害。

10 編按：Harriet Tubman，美國廢奴主義者。

她問：「你認為黑人有憤怒的權利嗎？」

「對哪方面憤怒？」

「就是……單純憤怒的權利？」艾菲尼再次問道，語氣溫和但直接。

「沒有。」

於是，艾菲尼以法定豁免權排除了他。

儘管艾菲尼每天在法庭上都表現得很堅強，但在監獄的一年以及作為一名為生存而戰之革命者的壓力下，她逐漸變得疲憊。在審判過程中，她與盧蒙巴的婚姻開始變淡。一夫多妻制的婚姻規則，在她和盧蒙巴的第一任妻子賽伊達（Sayeeda）之間引起了磨擦。

「他有時會和我睡，有時會和她睡。賽伊達會照顧孩子和做家務。這是我完全不感興趣的事。」艾菲尼在她的回憶錄中解釋：「我和盧蒙巴在黨裡做自己的事。雖然我不覺得有怎麼樣，但這讓賽伊達內心感到折磨。」最終，艾菲尼開始疏遠這段婚姻，並在其他男人那裡尋找慰藉和肯定。

一九七〇年秋天，她在一次幹部會議上遇到了一位來自紐澤西市的黑豹黨成員比利．加蘭（Billy Garland）。「比利是紐澤西黑豹黨分部的成員，負責開車在整個城市發送報紙。」艾菲尼回憶道。而這輛車每天早上也會順道送艾菲尼去法庭；她不禁注意到他稜角分明的顴骨和濃密的眉毛。兩人肉體間的吸引力迅速增長，但經過短暫的激情後，他們的連結在短短幾天內便消散了。

黑豹二十一人中最年輕的成員艾迪．賈馬爾．約瑟夫（Eddie "Jamal" Joseph）回憶道，艾菲尼當時生活在激進且充滿壓力的環境，這對他們這些年輕人來說非常辛苦：「常常會看見年輕的健康女性流產；十八、十九歲的男子有內出血潰瘍。這就是我們面對的壓力。生活在那個時代，舒適的時刻可能只存在於某個夜晚，與某個你永遠不會再見的人分享的短暫一瞬，因為每個人都認為明天自己可能就會被殺死，或者會被判終身監禁。即使是親密的關係也是這場戰爭帶來的。吐派克就是在這場風暴中來到世上；那就是帶他來到世界的能量。」

媒體對審判的報導，迅速將艾菲尼轉變為一位名人。她的新地位引起了一些哈林區黑幫的注意和敬佩，他們透過當地報紙上的文章來認識她。當她不在法庭上為自己辯護時，她就會外出為黑豹二十一人的法律辯護基金募款。她在布朗克斯波士頓街和一六九街附近一家繁忙的餐廳和酒吧，度過了許多社交和募款的夜晚。在那裡，她遇到了一個名叫肯尼斯·「雷格斯」·桑德斯（Kenneth “Legs” Saunders）的男人。

雷格斯英俊但脾氣強硬，是著名毒販尼基·巴恩斯（Nicky Barnes）的手下，以長腿和有錢而聞名。在結束與比利的短暫關係之後，艾菲尼歡迎雷格斯進入她的生活，並有可能發展成為長期關係。然而，這段交往也不久。由於違反假釋規定，雷格斯被送進了監獄，留下艾菲尼一段短暫但深刻的回憶。

艾菲尼並沒有告訴盧蒙巴她與其他男人見面的事，但他很快就發現了。盧蒙巴自尊心受損，猛烈斥責她，並告訴艾菲尼她不再是夏庫爾家的人了。根據伊斯蘭法，穆斯林男性可以透過說出「塔拉克」[11]來實現離婚。在他們身邊站著一名見證人，盧蒙巴念誦道：「我和妳離婚。我和妳離婚。我和妳離婚。」瞬間，他們不再被婚姻所約束。

11 編按：ṭalāq，意為「休妻」。

以夏庫爾之名

艾菲尼毫不理會盧蒙巴要她拿掉「夏庫爾」這個姓氏的請求。她已經自信的成長為艾菲尼．夏庫爾了，而她也重視以這個名字取得的顯赫地位。她不再只是自己而已。這現在是她的名字、她的人生；保留夏庫爾姓氏的決定，攸關艾菲尼的身分認同，而她絕不會再變回艾菲．威廉斯。

她請求與盧蒙巴的父親薩拉丁見面，希望他能撤銷盧蒙巴的要求。儘管他們的婚姻沒有好的結局，但薩拉丁．夏庫爾仍然極為尊敬艾菲尼，因此給予了她最高的尊重和保留名字的許可。

一九七〇年十一月，艾菲尼發現自己懷孕了：「我得在法庭上告訴坐在我旁邊的盧蒙巴，那不是一個愉快的經歷。這件事本身就滿嚴重的。」她每天都在默默排練要如何說出腹中孩子的事；儘管婚姻已經結束，她仍然擔心盧蒙巴對這件事可能做出的反應。

讓事情更複雜的是，艾菲尼不知道孩子的父親是比利還是雷格斯。艾菲尼非常想要這個孩子，但在她努力爭取自己的自由之時，她暫時把告訴盧蒙巴的想法擱在一旁。不論審判結果如何，這腹中的胎兒成了引導她的光芒，而她決心要為孩子開創一條正直且充滿革命精神的道路。

艾菲尼為這場審判勤奮備戰，特別是針對檢方的明星證人、臥底探員拉爾夫．懷特的交叉詢問；對艾菲尼來說，從這人還叫耶德瓦時，她就未曾信任過他。當懷特走進哈林區黑豹黨辦事處的第一天，她就堅定的警告同伴們，耶德瓦是一名警察。這位自幼從不在街頭中退縮的女人，如今面臨著一場新的戰鬥；艾菲尼將要與欺騙她的一位黑人男子，在這個對她來說並不公正的司法體系裡對決。

艾菲尼在姐姐葛洛位於布朗克斯伍德克雷斯特（Woodycrest）大道一二四〇號的公寓度過了夜晚，推演了在法庭上可能出現的問題。當開庭日到來時，她表現得非常出色。她問了這位警探關於自己參與黑豹黨的看法，並詢問他黑豹黨是偏向政治還是軍事的組織。

「就你們在街上所做的事而言，我覺得還蠻正向的，」懷特說：「但就妳個人而言，我認為妳更偏向軍事而非政治。」

艾菲尼抬頭挺胸，自信而堅定繼續問道：「就『我個人』而言，具體來說是什麼？」

「像是妳說的話，我看到妳做的事。妳會對條子（pigs）發表看法，關於幹掉警察那些的；或是如果妳看到了條子，就會處理他之類。」

艾菲尼加緊了她的詢問：「我明白了。但你剛剛說你『看到』我做的事情，我想知道那些是什麼事。」

「我記得在黑豹黨辦事處的一次會議……妳談到要幹掉條子，還有關於軍事武裝……妳情緒很激動。我記得那個，其他的我現在想不起來。」

質詢過程中顯現出，懷特並沒有看到艾菲尼犯下任何罪行。隨著艾菲尼繼續發問，她強調了自己與黑豹黨有關的慈善工作。她要求懷特告訴陪審團他看到自己做了什麼。

「你有沒有見過我出現在林肯醫院？」

「有的。」懷特回答。

「你有沒有見過我在學校工作？」

「有的。」

「你有沒有見過我在街上工作？」

「有，我有。」

「這些是讓你認為我有軍事思想的原因嗎？」

「不，不是。」

「然而你也不記得有其他的事情。」

「那時候我記得，然後……」懷特停頓了一下：「妳只提醒我那些妳做的好事。如果妳告訴我一些其他的，我可以回答。」

「當然，一定是這樣。」艾菲尼嘲諷道。在簡短休息後，她回來並堅定的說：「沒有其他問題了。」

艾菲尼坐下了。對法庭上的每個人來說——包括檢察方的首席律師約瑟夫・菲利普斯——在這一刻，艾菲尼表現得像是一位精明的訴訟律師。「在那二十分鐘裡，她使菲利普斯先生的證人成為了她自己的證人。」後來因撰寫關於這次審判的著作，獲得美國國家圖書獎的記者莫瑞・坎普頓（Murray Kempton）寫道：「在這段詢問後，艾菲尼拯救了自己和其他所有人。」

身懷王子

伊利諾伊分部主席漢普頓被殺後，黑豹黨聯合創始人休伊・牛頓（Huey Newton）和領袖艾德里奇・克利弗（Eldridge Cleaver）間的分歧，也使局勢變得緊張，黑豹黨內開始分崩離析。艾菲尼從未想到這會導致一些被告因為擔心自己的性命，而在未經她和喬安・伯德（Joan Bird，唯一的女性共同被告）同意的情況下棄保潛逃。

一九七一年二月八日星期一早上，當艾菲尼和喬安一起搭乘電梯進入法庭時，空氣中瀰漫著一股沉重的氣氛，艾菲尼無法確定是什麼原因。有些不對勁。當她環顧四周後，便立刻明白了。十三名被告中的理查德・摩爾（Richard Moore）和邁克爾・塔伯（Michael Tabor）沒有到場；她也瞬間意識到他們不會來了。

艾菲尼感到相當震驚。他們竟敢捨棄加入黑豹黨時的忠誠和同志情誼。被信任之人背叛的打擊吞噬了她，像是一種惡性潰瘍，在餘生中不斷侵蝕著她的心靈。艾菲尼回憶道：「我們之間有一項協議，所有事情都要告訴彼此。這並不是逃跑的問題，因為每個人都有權利這樣做，但我們必須尊重彼此。」當摩爾和塔伯離開時，他們便打破了這項承諾。

法官默塔格對摩爾和塔伯逃亡的決定作出了嚴厲懲處。他在法庭上宣布，這兩名男子的非法行為，代表艾菲尼和喬安也存在潛逃的重大風險；逃跑的雖是那兩人，但付出代價的卻是艾菲尼和喬安。默塔格撤銷了保釋，將她們送回恐怖的女子拘留所。

那時，艾菲尼已經懷孕近六個月，她站在仍對懷孕這件事感到憤怒的盧蒙巴身旁，以驕傲的態度發言，彷彿「她正在懷有一位王子」。她請求默塔格不要撤銷保釋：「我想提醒法庭一件事，我相信你們可能不知道，那就是伯德小姐和我，以及在拘留所中其他女性所處的情況。拘留所的鍋爐壞了，沒有熱水。那裡的條件不僅惡劣，簡直不人道。我們吃的食物都是前一天晚上煮好的。那裡也沒有衛生紙。裡頭的設施不只是壞了而已，根本荒謬至極！任何女性都不應該被關在那裡。」

法官不同意艾菲尼的陳述，以及改善條件的要求，並懷疑她是想「訴諸媒體」。

「默塔格先生，我只想確保自己肚子裡孩子的生命。」她回答。

法官將她重新送回監獄。當天艾菲尼下午返回女子監獄時，獄警叫她脫光衣服、張開雙腿讓他們搜身；如果拒絕，她將被關在單獨牢房裡。艾菲尼毫不猶豫選擇了單獨監禁。她後來寫道：「我在那裡睡得安穩，無視老鼠、孤獨感、午餐肉、白麵包，以及其他所有的一切。」

幾天後，隨著黑豹黨繼續分裂，盧蒙巴的兄弟札伊德（Zayd）來探望艾菲尼。當他問艾菲尼要站在哪一邊時，她的回答很簡單：「我唯一支持的就是我孩子的這一邊。」

她回憶道：「他們開始逼我選邊站……當時我正在為自己的生命戰鬥，而且已經懷孕五個月，他們也從來沒有問過我身體怎麼樣？或者我是否需要什麼？所有的話題總是關於黨，以及我要選擇哪一邊。」這是她第一次站在自己的立場上孤身奮戰；她感覺自己被所有人背叛了——司法系統、滲透到黑豹黨的紐約市警局，以及她的黑豹兄弟們。儘管遭受辜負，但現在她找到了一個新的、更深層次的奉獻目標：她的孩子。

堅定的支持者和黑豹黨員們繼續在法庭和女子拘留所外抗議，當法庭駁回艾菲尼每天提供一個蛋和一杯牛奶的請求時，他們的聲勢變得更加浩大。幸運的是，監獄廚師是艾菲尼的支持者；他們每晚都會偷偷送來較為營養的食物。艾菲尼談起那段時光：「吐派克從一開始就接受著所有人的愛……當我在監獄裡懷著他時，廚房工作的兄弟們都會帶來一些真正能吃的食物；大家照顧了我們母子。」

隨著審判進行，許多旁聽者（其中很多是陌生人）每天都不缺席。法蘭克・齊普（Frankie Zipp）就是其中之一。每天法庭結束時，齊普都會對著艾菲尼舉起象徵「力量歸於人民」的拳頭；他想讓她知道，無論發生什麼事，都有人在支持她。艾菲尼說：「我們沒有人認識他，但他每天都穿著西裝來法庭。」

審判結束時，艾菲尼在法官許可下向他介紹了自己，她憶起法蘭克：「他一生都受毒癮所困，但現在已經戒毒了。他的手臂有疤痕，發炎且腫脹，手掌像籃球一樣大。雖然在街上賺錢，但他為人非常正直。」

然而，即使有來自朋友和陌生人的支持，艾菲尼每天晚上躺在牢房裡時，也只能依靠自己的意志力來對抗寶寶營養不足的問題。她將自己的能量轉化為詩歌和故事；有天晚上，當她不舒服的坐在牢房裡又冷又硬的長凳上時，她在一張破舊的紙上匆匆寫下了一篇標題為〈牢籠裡〉（*From the Pig Pen*）的詩。完成詩歌後，她輕聲念給肚子裡的孩子聽：

這些鐵欄杆
　侵犯我的視線
這些顫抖的線
　考驗我的力量！
它們難道不知道我是誰
　我來自何方？……
因為有一個革命的故事
　我必須訴說
我的雙手
　拒絕被這折磨人的囚牢擊敗
這裡有一股力量

一個全新的黑人社群
一個鼓舞人心的力量
——準備將解放變成現實！

在監獄裡，艾菲尼避而不談吐派克的生父，她只想像著自己和孩子將共度的未來生活。她害怕被定罪，也害怕可能無法撫養自己的寶寶。這些感受促使了她寫一封信給「我腹中尚未出生的孩子」，既是對她自己生活的道歉函，也是對她孩子（吐派克）的期許。「我想有一天，你會對現在正發生的一切感到困惑，這封信是想確保你能理解一些事情，」信件開頭如此寫道。

「關於作為一位女性，這兩年來我有了很多體悟，基於這個原因，我想和你說一些話。我發現了一些自己早該知道的事——改變必須從自身開始。無論今天、明天是否會爆發革命——我們都必須面對並擺脫身而為人所有的貪婪。我期許我們不會把這種問題傳遞給你，因為你是我們唯一的希望。你必須權衡前人的行為，自己判斷什麼是好的，什麼是壞的。顯然，在某些地方我們失敗了，但我知道這不會——也不能就此結束。」

為了準備法庭上的結案陳述，艾菲尼閱讀了手邊所有資料；她研讀了古巴革命領袖卡斯楚（Fidel Castro）一九五三年的演講《歷史將宣判我無罪》（*History Will Absolve Me*），從他的宣言中汲取靈感。她將準備一份最終訴請，說服陪審團相信自己並非檢察官菲利普斯所試圖證明的罪犯。

當那一天到來時，艾菲尼已經懷孕八個月；她自在的走進法庭，凸起的肚子優雅藏在格子孕婦裙下。她曾在保釋期間穿著到膝蓋的小牛皮靴，以及時尚前衛的服裝，如今都已不見了。艾菲尼和剩下十名共犯進入法庭，依然受到許多法警戒護。艾菲尼站在法庭上，與那個把她關進監獄，並威脅要把孩子帶走的司法系統正面對峙，這個組織在過去的二十二個月裡，一直試圖將她打上恐怖分子的標籤。記者坎普頓回憶起當時的畫面：「艾菲尼看著陪審團，彷彿在某個國王面前懇求。她穿越雪地、走過荊棘，越過警衛以及嘲笑她的法庭人員，來到了這個國王的腳下。」

「我不知道該說什麼，」她開口說道：

「我不知道自己應該如何為菲利普斯先生在法庭上提出的指控辯護。但我知道，這些指控中沒有一項得到證實，我說的不僅僅是合理懷疑的程度。我是說，這些指控根本就沒有證據。在這個法庭上，沒有證明任何事實，我或其他被告，都沒有做過菲利普斯先生聲稱我們做過的這些事。那麼我們為什麼會在這裡？

「我們為什麼在這裡？我不知道。但如果你能結束這場噩夢，我會很感激的，因為我受夠了，我無法向自己的身心合理化這一切。我們過去兩年為什麼要這樣走過，為什麼要受到威脅入獄？只因為某個地方的某個人正在看著，等著控訴我是間諜，這根本不合邏輯！所以請做你應該做的。也請不要忘記你在這個法庭上所看到和聽到的。讓歷史記錄你們是不向國家荒謬命令屈服的陪審團。證明人民能夠信任這個制度。向我們展示，人民可以相信你們會公正裁判。請記住，這就是我們對你的要求。我們唯一要求的是，公平的對待我們。請按照你希望被對待的方式來審判我們。」

艾菲尼感人的演講，讓法官默塔格做出一項出乎意料的宣告。五月三日，他通知法庭，他決定讓艾菲尼保釋出獄等待審判。即使辯護律師們也完全措手不及。默塔格問艾菲尼：「妳願意承諾在合理情況下繼續出庭嗎？」她點頭。默塔格結束了宣告，表示他實際上關心的是孩子和艾菲尼的權益。她將在陪審團宣判前恢復自由之身。

艾菲尼感到難以置信，淚流滿面。事後，記者在走廊上圍著她問問題時，她仍然處於震驚之中，幾乎說不出話來，她告訴他們自己很高興能和姐姐一起回家。

十天後，一九七一年五月十三日星期四，紐約州最高法院歷史上時間最長、花費最高的法律審判的最後一天，陪審團開始審議。不到九十分鐘就達成了裁決。

當陪審團回到法庭時，法官默塔格要求陪審團團長詹姆斯．英格拉姆．福克斯（James Ingram Fox）起立。書記官問道：「陪審團成員，你們是否就裁決達成一致意見？」

「是的。」福克斯回答。

「至於被告盧蒙巴．夏庫爾關於一級謀殺陰謀罪的第一項指控，如何裁定？有罪還是無罪？」

「無罪。」

法庭上的竊竊私語聲，在福克斯繼續唸完其他十一項裁決時越來越大——全部無罪！旁觀者高舉拳頭。「權力歸於人民！」「陪審團至上。」他們喊道。當福克斯一頁頁翻著對黑豹黨員指控，並繼續唸出陪審團的裁決時，他的聲音如音樂般悅耳，整個房間充滿了興奮和歡樂的歡呼聲：「無罪」又念了一百五十六次。縱火，無罪；密謀炸毀建築，無罪；企圖謀殺，無罪。

艾菲尼只是默默站著，任憑解脫的淚水流下臉龐；盧蒙巴則開心大喊，他們快樂的擁抱在一起。他們重獲了自由。

「我媽懷著我時還在監獄裡。」幾年後，吐派克說道：「她擔任自己的辯護律師，雖然從未上過法學院，且面臨著三百多年的刑期——一名懷著身孕的黑人女性打贏了官司。這就是黑人女性和被壓迫者的力量。」

僅僅幾小時後，陪審團成員、辯護律師、艾菲尼、葛洛和其他被告齊聚在律師事務所，慶祝這一切落幕的時刻。他們品嚐香檳，回憶過去的二十二個月。每個人都在微笑。第九號陪審員班傑明・賈爾斯（Benjamin Giles）也在那裡。他問艾菲尼是從哪裡學到了那樣的表現。「恐懼，賈爾斯先生，純粹是恐懼。」她回答。

全世界的原住民

三十四天後，六月十六日，艾菲尼坐在她姐姐的沙發上瀏覽《紐約時報》，充滿厭惡的看著那些反黑豹黨廣告，心想她會在這些文章中看到自己的名字。葛洛則在清理碗盤，茫然的從廚房窗戶往外看，望著一窩老鼠溜過廢棄的停車場。兩個女人都陷入了自己的思緒，沉浸在她們之間的寧靜氛圍中。

第一次宮縮如柔和的雷聲在艾菲尼體內翻滾。葛洛從房間對面瞄見她，看著她拿起電話。幾分鐘後，新朋友法蘭克・齊普迅速將他的全新一九七一年白色敞篷凱迪拉克停在公寓前，扶艾菲尼上車。艾菲尼和葛洛從紅色皮革裝飾的後座盯著方向盤，還有齊普腫脹、幾乎變形的手，那雙他在海洛因成癮的日子裡飽受摧殘的手。他們彼此沉默，往醫院方向前進。

在艾菲尼抵達紐約第五大道醫院的數小時後，吐派克．阿瑪魯．夏庫爾（Tupac Amaru Shakur）出生了。然而因為前些日子的遭遇，艾菲尼非常小心；為了不讓政府將她的兒子標記為「黑豹黨的孩子」，進而視他為社會的威脅，她決定在出生證明上寫上帕里許．勒辛．克魯克斯（Parish Lesane Crooks），自己也化名為卡羅琳．吉恩．克魯克斯（Carol Jean Crooks），她是艾菲尼的前獄友，也是她的摯友；「勒辛」則是葛洛的夫姓。

艾菲尼說：「我隨意挑了個名字，列出了所有組合，以我的女同性戀朋友（克魯克斯）為他命名；勒辛則是我姐姐的夫姓。沒錯。那就是登記在政府資料庫上的名字。不過吐派克才是他的名字，吐派克．阿瑪魯．夏庫爾。從一開始，他在我心中就是一個流亡的戰士。我是這麼想的。」

吐派克的意思是「皇家」或「卓越」，而阿瑪魯的意思是「蛇」。這個名字最初屬於令人尊敬的秘魯印加酋長。艾菲尼希望吐派克不僅代表非洲的精神，還體現世界各地原住民的精神。「我想給我的孩子取一個不是來自非洲，而是世界其他地方原住民的名字。」

她後來解釋道：「因為我要他知道，我們與世界上所有原住民有相同的身分。我們這代的人相信名字是孩子的根基。所以我希望他站在一個更寬廣的起點上。與其盲目的與顏色結緣，我希望他能找到更深層次的原因來戰鬥。不僅僅是因為我們是黑人，而是因為就像世界上其他地區的原住民一樣，我們有共同的奮鬥歷程。我想要的就是希望他能擁有這個。這就是為什麼他的名字——吐派克．阿瑪魯，聽起來如此美麗。」

當醫生用毯子包裹嬰兒吐派克，把他從分娩室帶出來時，艾菲尼突然變得緊張。即使醫生再三保證孩子很安全，艾菲尼仍然擔心有人會在她看不見時故意交換、傷害或偷走她的寶寶。她要求葛洛待在附近，在他被帶到保育室之前確認嬰兒沒事。

葛洛在走廊裡焦急等待，終於順利見到了醫生和她的小外甥。醫生把小嬰兒安全的抱到葛洛面前，她對著包裹在毯子裡的外甥微笑。「好了，親愛的，我現在認識你了，不會有什麼事發生的，因為葛洛阿姨在這裡。」這是她對吐派克說的第一句話。未來的日子裡，她也將履行這個諾言很多次。

02

親愛的媽媽

1971-1971

我終於了解，對一個女人來說，將男孩養育成人並不容易。
妳總是那麼堅定，一個靠社會福利金生活的單親媽媽，
告訴我妳是怎麼辦到的？

——〈親愛的媽媽〉（*Dear Mama*）

就算免於牢獄之災，艾菲尼仍需面對生活的不穩定與貧困。這些困境讓她更加確定，**歧視、缺乏機會、社會階級就是毀滅黑人社群的原因**。儘管黑豹黨出現分裂，她知道與政府的戰爭尚未結束；即便經歷黑豹黨同志和臥底警察背叛，培育出「不相信任何人」的心態，她也更加投入爭取平等。

這些鮮明的現實不僅為艾菲尼年輕的生活奠定了基礎，也為吐派克出生的環境和他接下來將走入的世界鋪路。從出生開始，以及在成長過程中，艾菲尼的恐懼和夢想都成為了吐派克成長過程的一部分——期望他將延續對黑人社群的奉獻，並努力幫助他人擺脫壓迫。

吐派克深深體會到這一點，多年後他說道：「我想我媽媽知道自由在她一生中不會來臨，就像我知道它在我的一生中也不會實現一樣。但問題在於，我們要不保持現狀，要不就是有人得犧牲……有人要鋪路，讓我們不再陷在死路。有人必須打破束縛，冒著失去一切、變得貧窮並受到打擊的風險；必須

有人採取行動。」

經過這兩年的風暴——可怕的監禁以及備受關注的法庭審訊——艾菲尼失去了未來的計畫，沒有落腳處，也沒有錢。但她知道，無論生活有多困難，姐姐總會張開雙手歡迎她，直到她能搞清楚下一步。

吐派克寶寶的最初幾天是在布朗克斯德克雷斯特大道一二四〇號度過的，靠近洋基體育場。這是一間三房住宅，位於五樓公寓的一樓，座落在一個多元種族的社區中，除了黑人和波多黎各人，最近又有了多明尼加移民。

那裡環境擁擠，同樣是單親媽媽的葛洛此時有五個年齡不到九歲的小孩，全都擠在那小小的空間。葛洛的大兒子小比爾（Bill Jr.）八歲；史考特（Scott）七歲；肯尼（Kenny）五歲；而被診斷患有非言語性自閉症的葛雷格（Greg）四歲。賈瑪拉（以黑豹二十一人的最年輕成員賈馬爾命名）是唯一的女孩，只有兩歲。

比爾回憶起艾菲尼帶吐派克回家的那一天：「他就像個小泰迪熊。每個人都搶著要抱他。接連好幾天，他被屋裡所有的人傳來傳去。民權運動的朋友們每天都來家裡看他。吐派克被包在一條毯子裡，就像個小娃娃一樣。」吐派克就在五個小表親不停歇的喧囂中生活。「當我還是個小寶寶的時候，我記得那個寧靜平和的瞬間，」吐派克說：「但三分鐘後，馬上就開始熱鬧了。」

吐派克立刻和他們建立了親兄弟姐妹般的關係，但貧窮的詛咒仍縈繞著生活。缺乏食物、衣服破舊、繳不出房租。不過幸運的是，當時吐派克年紀還太小，並沒有感受到生活中的困難。白天他在兄姐們的吵鬧聲中享樂，晚上則在床邊的古董木嬰兒床裡接受媽媽的輕撫。

生父：「愛」

在吐派克剛出生的前幾個月，艾菲尼還面臨著許多生活中的不確定因素時，一縷希望的曙光出現了，使她在不斷變化的情勢中找到一絲短暫寧靜。她在黑豹二十一人審判期間的表現，讓許多黑豹黨支持者留下了深刻印象，這也吸引了一些人提供慷慨協助。安．杜博爾（Ann Dubole）是其中一人，一位住在格林威治村中心別緻公寓的富有曼哈頓女士；她打算在州外度假幾個月，建議艾菲尼和小寶寶住進她空置的公寓，在她離開期間，母子倆可以擁有自己的小綠洲，而且不收租金。艾菲尼感激的接受了杜博爾的幫助，並為有機會打造自己的獨立生活鬆了口氣。

這間位於班克街（Bank Street）的小公寓成為這對母子的庇護所，這是一個讓他們共度時光、讓吐派克獨享母愛的地方。艾菲尼也說這間公寓是他們最安全、最舒適的家之一。她的摯友克魯克斯伸出援手，用新油漆點綴了吐派克的臥室，並塞滿了玩具，還一起照顧吐派克。有一個能幫忙更換尿布、餵食和幫寶寶洗澡的朋友，使艾菲尼得以從官司和監禁的痛苦經歷中喘口氣。她的心情終於開始平復，思緒也變得更加清晰。

黑豹二十一人審判雖然以勝利告終，但這只是艾菲尼稱為「是非之戰」中的其中一仗——黑豹黨在政府持續圍堵的壓力下繼續分裂；主席漢普頓已過世、黨領袖克利弗逃離美國、創黨人席爾在芝加哥受審期間，被無恥的法庭堵住嘴巴且監禁。有些黑豹黨成員選擇遠離組織活動，然而其他人則傾向於一個新的、更具侵略性的運動型態：「黑人解放軍」（Black Liberation Army），這是一支地下民兵組織，認為武裝叛亂才是面對這種暴力壓迫體制唯一可行的戰術。

艾菲尼不會選擇那條路，但她也不會放棄對黑人自由運動的熱情與承諾。作為一名母親，她漸漸有了不同的心態；她會繼續反抗體制，為人民的福祉而戰，但不再參與組織武裝抵抗。相反，她將挑戰教育的不平等、糟糕的居住環境、惡劣的醫療照顧、壓迫和歧視。她將藉由一種不需冒著生命危險的方式，繼續對抗制度性種族主義所帶來的負面影響。她認為，最好的方法就是透過法律。

在黑豹二十一人審判期間，艾菲尼遇到了一位名叫理查德·菲什拜因（Richard Fischbein）的律師，在布朗克斯從事法律服務。艾菲尼在法庭上表現出的才華，讓菲什拜因毫不猶豫聘請她擔任助手。她在早期與同事們協同組織了法律服務工會時，便立即產生了影響力。這份工作還有一個令人愉悅的好處，艾菲尼每天都能帶著她的寶寶一起工作。

在上班日，創建一個更加公平的世界是艾菲尼的首要任務；但在週末，她和吐派克會投入紐約的各類文化活動：參加藝術節、品嚐異國美食、在集會中聽著新興領袖談論美國黑人社區的困境……。

某天下午，他們前往第一六八街的華盛頓堡軍械庫，聽伊斯蘭民族領袖路易斯·法拉堪（Louis Farrakhan）演講，並意外闖入了一個非凡時刻，這個巧合將在吐派克未來的人生中留下命運的印記。那天的人群中有比利·加蘭（艾菲尼認為他可能是吐派克的父親）和他的妻子，以及妻子的朋友凱倫·李（Karen Lee）。在當時誰也想不到，凱倫會在二十年後成為吐派克的公關。

凱倫回憶起艾菲尼走向他們的那一刻：「比利的妻子是我的好朋友，艾菲尼對我來說則有點像個英雄，我讀了很多有關黑豹二十一人的事蹟，我知道她在民權運動中的貢獻。」凱倫看著艾菲尼走向比利，把吐派克放在他懷裡：「當時情況有點尷尬。艾菲尼說：『你應該想見見自己的兒子。』……吐派克只有幾週大。我記得那雙大眼睛從毯子裡探出來有多可愛。」

幾個月後，當雷格斯被釋放出獄時，他迅速趕到了班克街的公寓，看望那個在自己被囚禁期間出生的嬰兒。他經過門口，徑直走向嬰兒床；吐派克梳了個小辮子，全身包緊緊熟睡著。雷格斯俯視著寧靜的嬰兒說：「對，孩子是我的。這小子絕對是我的。」他的笑容充滿驕傲，艾菲尼則站在門口看著；儘管她仍然無法確認嬰兒的親生父親，但她還是對著雷格斯微笑，屈服於這瞬間的奇妙感受。

但又一次，雷格斯沒有久留。他剛從監獄釋放出來，需要找個地方住，重新振作起自己的生活。儘管當時他答應會參與兒子的生活，但吐派克和艾菲尼在多年後才開始定期見到他。

關於吐派克的生父是誰，當時並沒有明確答案。比利並沒有宣稱自己是吐派克的父親；不過幾週後，雷格斯則發誓吐派克是他的。這場生父之謎要到許多年後才能解開。

沒有跳舞的理由

一九七二年，隨著吐派克滿週歲，在班克街生活的日子也結束了。艾菲尼搬回葛洛的公寓。雖然生活環境再次變得擁擠，但對吐派克來說，身邊圍繞著這麼多表親也是有趣的體驗。作為最小的孩子，他成為大家關注的焦點；表兄姐們很喜歡他，常常帶他一起惡作劇，尤其是當吐派克剛開始會走路時。比爾回憶道：「我們經常鬧吐派克。冰箱裡有個裝著蛋殼和水的空美乃滋瓶子。我不記得它是用來做什麼，或者為什麼會在冰箱裡，但為了好玩，我們經常打開瓶蓋讓吐派克聞。它聞起來真的很臭……我們喜歡看他一遍又一遍的皺眉。」

那些年裡，當艾菲尼正在對體制發起政治戰爭時，吐派克一直陪伴在母親身邊。五歲大的表哥肯尼記得，他們常去不同區參加人們在家中舉辦的政治會議：「我們總以為是去參加派對或聚會，但實際上那是革命分子的會議；那時經常去皇后區拜訪朋友阿卜杜勒・馬利克（Abdul Malik）和他的家人。我們會和他的孩子一起玩，而成年人則在樓上開會。革命者的孩子們都會在一起玩。」

對於艾菲尼來說，這場爭取自由的戰鬥她無法避免。每當她閱讀報紙、看新聞，甚至在外面走路時，都會想起社會中根深蒂固的不公平；她的內心燃燒著幫助他人的渴望。艾菲尼堅定不移的繼續工作，確保租戶的權利、改善婦女在獄中的生活條件，但現在她又多了幾場更加激進的政治聖戰；其中一個是幫助在冤獄中的黑豹黨同志。

一九七一年，八名白人反戰活動人士闖入位於賓州米迪亞的聯邦調查局辦公室，使得ＦＢＩ對黑豹黨和其他激進主義人士的無賴行為終於曝光。這些反戰人士偷走的盒子裡包含高度機密的政府文件，最終揭露了違憲的祕密政治迫害「反情報計畫」。《華盛頓郵報》的貝蒂・梅德舍（Betty Medsger）是首位報導這此發現的記者：「我從那些文件中看見最多的是針對非裔美國人的全面監視。這相當令人震驚。」

這次曝光激勵了像艾菲尼這樣的社會運動人士，她現在證實自己對ＦＢＩ監視的恐懼與偏執是完全合理的。在吐派克開始學走路時，艾菲尼的主要重心已轉向參與法律和政治活動，以解散反情報計畫。她成為全國反情報計畫訴訟和研究的專員，加入揭露政府嚴重惡行，以及替因為該計畫而被監禁的黑豹黨成員爭取自由的行列。

該工作的首要任務之一是協助釋放傑羅尼莫・普拉特（Geronimo Pratt），他是黑豹黨的副武裝部長，也是艾菲尼的好友。普拉特被當局指控搶劫，並在聖塔莫尼卡槍殺了教師卡羅琳．奧爾森（Caroline Olsen），而被判處二十五年至終身監禁，其中包括八年的單獨監禁。儘管普拉特堅稱犯罪發生時他人在加州北部三百多英里之外，但陪審團仍支持檢察官的證人朱利斯．巴特勒（Julius Butler），他告訴法庭普拉特承認犯下了這起謀殺案[1]。

普拉特和艾菲尼首次相遇時是黑豹黨的同伴，當時他們被黨內領導人要求飛往西岸參加黑豹二十一人的會議，討論他們的困境和當前局勢。普拉特當時領導著洛杉磯分部，而艾菲尼則在哈林分部中逐步晉升。他們立即成為朋友，並在餘生中保持著密切關係，甚至在普拉特入獄的歲月中也是如此。

「普拉特於一九七〇年十二月被捕，」艾菲尼說：「吐派克於一九七一年六月十六日出生。普拉特的生日是九月十三日（吐派克去世的那天）。一九九六年九月十三日，普拉特回到自己的牢房，床上放著的是他從外甥那裡拿到的禮物（錢），這天是他的生日，也是吐派克去世的那一天。」普拉特的定罪終於在隔年春天被推翻，艾菲尼說：「普拉特沒辦法在我兒子還活著時出獄，這讓我一直活在深深的痛苦中；我的兒子都過完了一次人生，普拉特卻還在冤獄中。」

普拉特從監獄寄信給艾菲尼，請她前來協助案件，她便和吐派克搭飛機前往加州。在這幾個小時裡，吐派克會坐在地板上玩玩具，艾菲尼則和普拉特的律師進行討論。隨著大量法律術語滲入他正在發展的意識中，以及他和母親一起參加的數不清的工會會議和募款活動，吐派克的口語能力迅速成熟。肯尼記得吐派克在非常年幼時就能說話了。

肯尼說：「他很早就開始說話，學東西也很快，比一般兩歲大的孩子更快。」對艾菲尼來說，沒有什麼比吐派克的教育更重要。當艾菲尼教吐派克ＡＢＣ、數字和顏色時，她便開始尋找幼兒園。她用了身上所有的錢，將吐派克送到小紅私立托兒所（Little Red Pre-School）上課，希望他能開始學習邏輯和紀律，補強原有的自學課程。

不幸的是，這樣的希望很快就消失了。有一天，艾菲尼提早來接他。當她走進幼兒園時，她看到吐派克站在桌子上，模仿傳奇非裔歌手詹姆斯．布朗（James Brown）的動作。他在長桌上下跳躍，擺動著那四歲的小屁股，以詹姆斯．布朗的招牌劈腿動作結束了他的迷你演唱會。艾菲尼非常生氣，朝兒子大力踱步走去，從桌子上把他拉下來，並帶出了教室。她認為，在孩子的早期發展階段，教育至關重要，而非娛樂。老師則試圖解釋這只是在放學時，吐派克「帶來一點小表演」，但艾菲尼無法接受，她說道：「我的兒子來這裡是為了接受教育，而不是為了娛樂你們所有人。」

全美國的黑人都面臨著危機。教室是她兒子學習的地方，不是他為同學們表演的地方。艾菲尼告訴幼兒園的負責人，她的兒子不會再回到一個在她看來不認真對待孩子、將娛樂置於教育之上的學校。

那天晚上回到家，艾菲尼的怒火沒有平息。她一邊訓斥吐派克，一邊打了他屁股：「我是不是告訴過你，一個獨立的年輕黑人應該如何表現？吐派克，你生來就是一個獨立自主的黑人。」

艾菲尼希望他成為一個能獨立思考的人，但他還太小，無法理解母親的迫切。他也無法理解那些工作的複雜性，以及為普拉特證明清白的壓力。他還不知道當有人說出「自由鬥士」這幾個字時，究竟意

---

1 作者按：根據《洛杉磯時報》（*Los Angeles Times*）報導，發現ＦＢＩ備忘錄在一九七〇年一月和六月指出：「他應該被『除去黑豹黨成員身分』，並且『應該透過反情報計畫行動，挑戰、質疑普拉特在黨內的權力』。當年十月，ＦＢＩ和洛杉磯警察局開始聯手操縱證據，指控普拉特犯下奧爾森謀殺罪。到了十二月，他被起訴並被捕。普拉特罪在二十七年後被推翻，朱利斯．巴特勒被證實是一名有犯罪前科，以滲透黑豹黨為目標的ＦＢＩ線人。

味著什麼。他聽過「壓迫」和「不平等」這些詞，但他還不明白這為黑人生活帶來的挫折和後果。而最重要的是，他還沒有理解母親最為擔憂的事——作為一個年輕的黑人在美國要承受的一切。他只有四歲，但對艾菲尼來說，年齡並不重要。她一邊懲罰一邊持續教訓：「我們沒有跳舞的理由，你明白嗎？沒有什麼好值得跳舞的。現在給我回房間去。」

音樂是認真嚴肅的事

一九七四年，艾菲尼和吐派克離開了葛洛在布朗克斯的公寓，尋找一個屬於他們自己的家。她在哈林區熱鬧的西一〇八街一座九層大樓中找到了一間小公寓。這裡充滿了香氣、蠟燭、藝術品和書籍，家具上擺著各種小飾品和泥染布，一切營造出溫馨的氛圍，吐派克就在這樣的環境中茁壯成長。

艾菲尼徹夜工作時，吐派克便在公寓裡自己玩耍，有時走動，有時騎三輪車，聽著唱片播放機的音樂，像是吉爾・史考特—赫倫（Gil Scott-Heron）[2]、「主要成分」樂團（The Main Ingredient）和最後的詩人（The Last Poets）。賈馬爾・約瑟夫在黑豹二十一人案後仍與艾菲尼保持密切關係，他仍記得當時吐派克無窮的活力：「我以前會看到他在屋子裡衝來衝去……喊著『讓開！讓開！』他的樣子不像是小孩在假裝玩耍——而是騎著真正的摩托車、戴安全帽。」

當他跑得筋疲力盡時，艾菲尼常常用〈振作，摩西〉（*Go Up Moses*）或是〈嘿，沒有辦法說再見〉（*Hey, That's No Way to Say Goodbye*）等歌曲哄他入睡，後者則是蘿貝塔・弗萊克（Roberta Flack）令人難忘的翻唱版本。**艾菲尼很早就讓吐派克明白音樂是認真嚴肅的事情，是一種表達和情感的載體**：「其他孩子可能會得到小小的玩具邦哥鼓[3]，但我給吐派克的是真正的邦哥鼓和仿聲鼓[4]；他的身邊總是有一種不是玩具的樂器。我相信孩子應該學著用音樂來使自己平靜下來。」

在艾菲尼努力平衡工作和母親角色的同時，社會運動占據了她的思想。為了孩子的未來，她加倍投身其中奮鬥，希望可以為兒子建立一個擁有更多機會的世界。隨著工作讓她頻繁在外旅行，吐派克常常在晚上和表親們以及艾菲尼的密友雅斯敏・富拉（Yaasmyn Fula）於紐澤西州度過。

富拉也積極投入黑人社會運動，她剛生下的孩子雅法（Yafeu）在這段期間和吐派克建立了親密的兄弟情誼。吐派克也在艾菲尼從社會運動中結識的朋友凱倫・卡迪森（Karen Kadison）家度過許多夜晚；他們均因渴望挑戰國家既存的不公而結緣。凱倫和她的父母（都是白人）在〈布朗訴托彼卡教育局案〉後搬到了哈林區。她回憶道：「我父母認為這是我們的責任，我們必須成為那些促進社會融合的人。」相識後不久，在艾菲尼加入黑豹黨前，她便搬進了凱倫位於布魯克林的房子；她們在那裡盡情享受生活的美好——跳舞、喝酒、吸毒和男人。

艾菲尼入獄期間，兩人仍維持著緊密聯繫。凱倫承諾，如果艾菲尼被判有罪，她會幫助葛洛一起照顧吐派克；現在她則在艾菲尼出差需要額外協助時，幫忙看顧孩子。有一次，六個月大的吐派克正在熟

2 編按：爵士詩人、饒舌音樂先驅，又被稱為嘻哈教父。
3 編按：Bongos，又稱曼波鼓，源於拉丁美洲。
4 編按：talking drum，來自西非的沙漏形鼓，可以調節音調模仿人類語氣和韻律。

睡，凱倫聽到了門外的陌生聲音。當時艾菲尼獲判無罪還不到一年，警察突襲的威脅仍然是揮之不去的夢魘。然而凱倫並沒有驚慌。相反，她想到了一個藏身之地——一個可以保護艾菲尼的寶貝不被警察發現的地方。她從睡夢中把吐派克抱起，溫柔放進了櫃子的抽屜裡，輕輕合上，留下一點呼吸的空間。當她走出房間時，她聽到腳步聲越來越近。然後是一陣敲門。

打開門後，幾個便衣警官和穿制服的警察走進來開始四處搜查。她在心裡默默祈禱。「有什麼事嗎，警官？」凱倫試圖冷靜說話，壓抑著自己的恐懼，擔心吐派克會突然醒來。但還好，他睡得相當安穩。

大約在這個時候，艾菲尼重新與穆圖魯．夏庫爾聯絡上了。他的本名是傑拉爾．威廉斯，在十幾歲時曾受到夏庫爾家族之主薩拉丁的指導和深刻影響，便改姓為夏庫爾。「夏庫爾這個名字代表著犧牲，」穆圖魯解釋道：「儘管我們經歷了創傷後的壓力，犯下許多個人錯誤，我們仍盡力維持這個名字所代表的意義。」過去他們在各種音樂和社交活動上見面時，兩人只是普通朋友；但多年後，在艾菲尼審判結束後的重逢，一些共同興趣讓兩人的對話充滿火花。

穆圖魯是新非洲共和國臨時政府（Republic of New Afrika）的創始成員。這個組織宣揚分離主義，旨在美國境內建立一個「獨立的黑人共和國」，讓其中的黑人可以和平共處；並且要求美國在奴隸制度、種族隔離時期對黑人造成的心理傷害，提供經濟賠償。

雖然穆圖魯從未加入黑豹黨，但他對社群事務的濃厚興趣代表他和艾菲尼走在同一條路上。兩人都透過林肯戒毒中心、黑人反濫用藥物組織（ＢＡＡＤ）等計畫，協助戒癮人士恢復正常生活。幾個月後，他們開始一起遊歷全國，探訪監獄，進行監獄改革和囚犯宣導工作。隨著他們共同為目標努力，兩人墜入愛河；不久後，艾菲尼懷孕了。

家庭、世界賽——團結

一九七五年十月三日，吐派克四歲時，艾菲尼生下了一個女嬰。她和穆圖魯將她取名為賽琪娃（Sekyiwa，發音為Set-chu-wa），他們就這樣成為了四口之家。身為大哥的吐派克非常自豪，立刻成為了賽琪娃的保護者，這個信念貫串了他的一生。從賽琪娃出生的第一天起，她和吐派克就建立了一種心靈上的羈絆。

隨後他們搬到了河岸大道六二六號十六樓的寬敞公寓。在穆圖魯的帶動之下，濃厚的非裔美人傳統融入了這個小家庭。那年十二月，他們一家慶祝了第一個寬扎節（Kwanzaa），這是一個九年前才剛開始舉行的非洲傳統美國節日；名稱來自史瓦希利語[5]「Matunda Ya Kwanza」，意思是「第一批收穫的果實」。這個節日是為了讓黑人家庭擺脫聖誕節的商業化，讚揚他們的非洲根源而創立。艾菲尼告訴她的孩子們關於寬扎節的七個原則：團結、自決、集體勞動和責任、合作經濟、目的、創造力和信仰。

在寬扎節期間（十二月二十六日到元旦），家人會一起舉起團結杯（Harambe cup），一起祈禱、吹熄蠟燭，慶祝新生活。這些節日使吐派克對非裔美國文化及其與非洲傳統的聯繫有了深刻的尊重和了解，同時也為他在家庭聚會提供了玩樂放肆的機會。表哥肯尼回憶道：「吐派克以前常常去鬧這些革命家的

5 編按：Kiswahili，非洲使用人數最多的語言之一。

小女孩們，在房子裡追著她們跑。」

每天晚上他們都在不同地方聚會慶祝，吐派克會策劃一些節目，比如「吐嘈遊戲」（Dozen）[6]，一種互相嗆聲的遊戲，其中一個人會對別人的母親或家人大肆吐槽；他也經常會接受哥哥姐姐們的大冒險要求，肯尼承認：「有時候我會叫吐派克去那邊拉一個女孩的頭髮，吐派克總是會照做。」

節日的歡樂喧囂肯定伴隨著混亂，穆圖魯則以一家之主的身分維持秩序，吐派克也受到了這個新的父親形象的影響。他很快就不願意跟隨表親們製造混亂了；「大人說不可以」成了他的口頭禪。

然而，就像他們生活中的許多事情一樣，這種幸福時刻只是暫時的。在夏庫爾家庭從兩人變成四人後不久，穆圖魯就和艾菲尼分開了。兩人分手後，獨自撫養孩子的重擔再次落在艾菲尼肩上。然而，由於她欣賞穆圖魯的思想以及他在為自由和平等而戰中的角色，所以艾菲尼決定不與他斷絕關係：「我們曾是戰友和朋友。」考慮到失去父親對孩子們的影響，她克服了痛苦，撇開了失望，同意與這個男人共同撫養賽琪娃和吐派克。

即使承諾一起撫養孩子，穆圖魯的離開也使得家庭生活陷入了困境。因為無法獨自支付租金，艾菲尼被迫搬離了河岸大道的公寓。又一次，她得尋找屬於自己的庇護所；又一次，艾菲尼面臨了一段失敗關係和空空如也的銀行帳戶。而她的姐姐葛洛，也又一次張開雙臂迎接她。

帶著兩個孩子，艾菲尼搬回了布朗克斯，住進了姐姐的公寓。不過，現在葛洛的生活中出現了一個新男人，一個將對吐派克的未來產生重要影響的人物。托馬斯・考克斯（Thomas Cox），人們都叫他TC，在紐約市交通局擔任火車司機。雖然他不是黑豹黨員，也不太參與社群運動，但TC對葛洛和整個家庭來說都是堅強的支柱。他努力為家人提供穩定收入，樂意承擔起扶養葛洛、艾菲尼和孩子們的責任。艾菲尼三口的加入帶來了新的壓力，雖然他們的生活本就已經非常艱苦，但TC從不抱怨。

艾菲尼和孩子們搬進來不久，TC和葛洛也迎來了他們的第一個孩子。當葛洛詢問有關名字的建議時，艾菲尼迅速想起了她懷有吐派克時考慮的原住民人名清單：「我想妳應該叫他卡塔里（Katari）。」艾菲尼自信的建議。隨著小寶寶卡塔里加入，提里奧（Thieriot）大道九三〇號擠得水洩不通。葛洛對這段回憶微笑著說：「這是我們第一次不住在貧民公寓。我們像《傑佛遜一家》[7]一樣向前邁進。」

然而，即使TC辛勤工作也無法立即改變家庭長期的財務困境。回憶起當時的生活，吐派克的表妹賈瑪拉說道：「我們很窮，大多數時候都沒有食物。只能吃像是起司三明治之類的東西，因為冰箱裡沒有其他東西了。」雖然三明治裡沒有夾肉或其他東西，但吐派克都必須加辣。根據表親們的說法，他非常喜歡辣椒醬：「如果家裡沒有好吃的，他就會弄辣椒醬三明治。只要是辣的，他就會吃。」

TC盡力在這些黑暗的日子裡增添一絲光線；他為家人們創造了一個遊戲：每個孩子輪流一週，如果是「你」的週，就有機會將你想要的物品加到購物清單中；發薪日成為考克斯—夏庫爾家庭的「食物日」。根據賈瑪拉的說法，通常是星期四，那天對他們來說簡直是天堂。

當TC和葛洛帶著食物走進門時，孩子們便爭先恐後挑選自己喜歡的東西，賈瑪拉說：「通常都是香辣火腿起司三明治，運氣好的時候有雞肉。只要沒有人碰TC的牛排，一切都很美好。」TC也會加班用額外的錢給孩子們買禮物；有一次，他買了一輛全新的自行車給吐派克。

---

6 譯按：非裔美人的一種遊戲，兩方互相以對方的家人或親人為題材講出貶低的內容。

7 譯按：*The Jeffersons*，美國CBS電視臺情境喜劇，講述一戶富裕非裔美人家庭搬到豪華大廈的生活。

儘管沒有錢，吐派克的表哥表姐們也會想辦法讓自己體驗有錢人享受的日常樂趣。肯尼曾帶著吐派克去洋基球場，他們穿過中場後方的隱藏入口進入看臺。在一九七七年世界大賽期間，他們希望親眼見證一場肯定會成為棒球史上最令人難忘的比賽——洋基隊和洛杉磯道奇隊的第六戰。不幸的是，體育場的安檢太嚴格了。他們錯過了一場精彩的球賽——那是瑞吉・傑克森（Reggie Jackson）擊出三支全壘打的夜晚，他也因此被稱為「十月先生」[8]。

肯尼回憶道：「那晚我們甚至無法靠近球場。但是站在外面也很有趣，因為在紐約的布朗克斯，竟然有這麼多不同種族的文化聚集在一起，為同一支球隊加油。」對於吐派克來說，錯過比賽的失望被各種文化在球場周圍交流融合的激情取代了。「這裡有波多黎各音樂，那裡有拉丁男孩，」肯尼說：「然後是黑人兄弟們。還有白人。每個人都為球賽感到自豪。吐派克很喜歡這種感覺。他四處奔跑，愛上了令人興奮的這一切。」

內化的苦痛

TC、葛洛和艾菲尼，試圖為孩子建立一個充滿支持與愛的世界，同時也努力誠實的讓孩子們了解等待著他們的外面世界，一個可能無情、不公平且沒有寬恕的世界。一九七七年，考克斯－夏庫爾家庭對於前黑豹黨成員繼續受到不公正的監視、騷擾和入獄的討論越來越多。艾菲尼、葛洛和TC經常談論阿薩塔・夏庫爾的事情，她在整個一九七〇年代經歷了一系列審判，如今因涉及了幾年前紐澤西州公路上的一場血腥槍戰而面臨終身監禁。槍戰發生在一九七三年五月的深夜，當時一名州警察因桑迪亞塔．阿寇利（Sundiata Acoli）的尾燈故障而攔下了他。阿薩塔和盧蒙巴的兄弟札伊德也在車上。在混戰中，札伊德和一名州警被槍殺身亡；最終導致阿薩塔被指控一級謀殺、襲警和搶劫罪。那年四月，她被判處終身監禁。

札伊德是夏庫爾家族中第一個被警方殺害的人，而阿薩塔的審判則在報紙頭條震驚了世界（此案由著名律師威廉．坎斯勒〔William Kunstler〕辯護），人們對自己所見到的嚴重司法失誤、法律粗暴的種族主義權力感到憤怒。即便孩子們就在旁邊時，艾菲尼也不會輕聲細語——關於「死條子」及其種族主義行為的憤怒對話響亮且毫不留情。當穆圖魯到家中與賽琪娃和吐派克見面時，他們也會討論阿薩塔審判的不公，以及被不實指控的情況。在這些沮喪和憤怒的情緒中，吐派克吸收了每一刻感受，將這種持續不斷的情感痛苦內化，從很小的時候就開始對權威產生了不信任感。

經濟上的困境進一步加劇了這個家庭的挫折感。一九七七年後期，艾菲尼帶著孩子們搬到了一個距離葛洛家不遠的新公寓，但很快她就繳不出房租，不得不搬出去。還好一位朋友的慷慨幫助，提供一間位於哈林區厄齊康（Edgecombe）大道的公寓。然而，隨後TC和葛洛也被趕出了提里奧大道，不得不向同一位朋友求助，請他幫忙找個房子住。當時的首要目標是讓這兩家人先住在一起節省租金，存夠房租後再分開。吐派克的表哥比爾回憶道：「我們到處搬家，幾乎是每六個月一次，有時甚至更頻繁。那很辛苦。我還算能夠處理這些，因為我比其他孩子都大；我轉向了街頭討生活。我的兄弟姐妹、吐派克

8 編按：世界大賽通常於每年十月舉行。

和小賽琪娃，他們沒有辦法應付這些情況。」

如果成為演員

不到三個月，艾菲尼就又搬了家，這次是搬回曼哈頓摩寧西（Morningside）大道，她曾和穆圖魯在那裡同居。吐派克和賽琪娃共用一個幾乎沒有家具的房間，只有兩張單人床和一盞燈。公寓雖然簡陋，但艾菲尼確保孩子們有足夠的東西來豐富他們的想像力。賽琪娃有一系列洋娃娃，她幫所有玩偶取了同一個名字，她最喜歡的名字——恩辛加（Nzingha）。吐派克則有G.I. Joe、小小的風火輪玩具車和各種《星際大戰》（*Star Wars*）人偶。

吐派克從小就被教育要有創造力、善用手頭的資源，所以他也自己動手做了玩具，用保麗龍、厚紙箱拆下的紙板和膠帶製作出火箭筒。為了舉行他的火箭筒戰，他在客廳裡搭起帳篷，假裝它們是堡壘。他和賽琪娃還有一個小小的兒童圖書館。「他有所有那些黑人歷史童書。」表哥史考特回憶道。吐派克很喜歡麥爾坎．X的自傳（兒童版），這是他讀過的第一本關於黑人民族主義、分離主義和黑人身分認同的書，日後這也變成他相當熟悉的主題。

晚上，吐派克會和賽琪娃在房間裡跳舞，聽著小小床頭收音機播放的歌曲，像是佩蒂．奧斯丁（Patti Austin）和詹姆斯．英格拉姆（James Ingram）的〈寶貝，來找我〉（*Baby, Come to Me*）。賽琪娃回憶道，他們兩人唱著歌，繞房間跳舞，就像是「專業舞者一樣」。日復一日，他們也創造了自己的幻想世界，其中也包含了吵架與互相競爭，吐派克非常喜歡鬧他的妹妹。

放學後，他們會迫不及待跑回家，在電視機前坐下。WPIX頻道有吐派克最喜歡的節目：《湯姆貓與傑瑞鼠》（*Tom and Jerry*）、《三個臭皮匠》（*The Three Stooges*）、《哈克和傑克》（*Heckle and Jeckle*）、《吉利根島》（*Gilligan's Island*）、《瑪吉拉大猩猩秀》（*The Magilla Gorilla Show*）和《小淘氣》（*Diff'rent Strokes*）。他是一位認真的觀眾，常常將自己投射到他喜歡的節目中，把自己融入劇中的世界。

幾年後，吐派克回憶道：「我可以看到所有這些人在這個夢幻的世界中。我知道如果自己也跟著想像的話，我也可以成為其中的一部分。就像主角阿諾德（Arnold）在《小淘氣》中出現時的表情……一開始我只是觀察和模仿。我想也許如果能成為一個演員，能像那些角色一樣表演，我就能擁有他們的一些快樂。如果我能假裝自己擁有一個大家庭，就不會感到那麼孤獨。」

在穆圖魯向吐派克介紹武術（martial arts）時，吐派克看了他的第一部李小龍電影。他被深深吸引，並將自己想像成這位傳奇演員和藝術家，演起了自己的電影。比爾回憶道：「他會從我們的雙層床跳下來、表演飛踢，穿著功夫鞋在社區裡走來走去，一副很猛的樣子。」

不過也有些日子，吐派克不必生活在好萊塢英雄的幻想世界中；他們一家經常前往灣區遠足，艾菲尼也在現實生活中向吐派克和賽琪娃展示了英雄般的努力。當艾菲尼繼續專注於協助傑羅尼莫．普拉特案時，孩子們便在舊金山瓦倫西亞（Valencia）街的一家律師事務所裡靜靜玩耍。

追求自由；冤枉入獄；政治犯……這些從成年人口中說出的詞語進入了吐派克的心靈。他睜大眼睛，被釋放普拉特的群眾集會吸引，一同呼喊口號：

傑羅尼莫・普拉特
像他一樣
為了自由
勇於奮鬥

儘管賽琪娃和吐派克在不穩定的環境中長大，無論經濟狀況多吃緊、日子有多苦，或者艾菲尼感到多麼沮喪，她對孩子們教育的重視從不放鬆，保持著嚴格的紀律規定以及在家自學課程，補充學校的教育。就算是剛結束為期一個月的法律研究從加州飛回來；或是忙著組織住戶罷工，以改善紐約貧困社區的居住，艾菲尼也總是會抽出時間來關注孩子們的學習。但有些時候，吐派克就是不想遵守那些規則和母親的期望。

根據違規情況不同，他的不當行為通常會有兩種懲罰方法：被打屁股，或被迫坐在廚房桌旁將《紐約時報》從頭版讀到最後一版。他非常害怕看報紙，每讀一句都會帶著誇張手勢和抱怨。但艾菲尼不理他。她相信這種懲罰方式，以及她量身定制的自學課程最終會得到回報；事實也確實如此。例如，在二十八號公立小學上三年級時，吐派克就在社會學課以他早熟的能力讓老師嚇了一跳；他寫了一篇關於歷史上黑人女性領袖的短文。

上述情形是他表現好的時候，在其他日子裡，他也會淘氣的胡鬧。某天下午美術課，老師請同學們用黏土雕塑；吐派克認為自己可以自由創造任何東西。這堂課上沒有規範，自由和創造性的表達是此課程的特色。他像往常一樣，帶著叛逆和大膽，設計了一個特殊的作品：完美的老二。放學後，他自豪的帶著作品參加體育館裡的黑人歷史集會，打算向大家稍微「展示和講解」。當他堅定舉起手回答老師問學生的問題時，他將雕塑的尖端戳向隔壁的女同學。最終，她受夠了，跑去跟老師說。後來，吐派克被罰停課一天。

吐派克知道，如果媽媽發現的話他下場會很慘。對於這種嚴重的違規行為，他非常害怕會有什麼懲罰。所以他離開了學校，跳上火車，在紐約城裡遊蕩了整個下午。在他來回皇后區的第四或第五次途中，一對白人夫婦注意到有些不對勁，把他帶到了警察局。一位皇后區的警官打電話給艾菲尼，告訴她兒子正在警局。

艾菲尼從家裡跑了出來，跳上火車；她沒有其他方式能快速從哈林區到皇后區。她不知道會發生什麼事情——她不知道那些警察是否已經將吐派克上了手銬，或是把他關在牢房裡。唯一能確定的是，她的兒子，一個年輕的黑人男孩，被扣留在了警局。

然而，令她十分不可置信的是，當她走進警局時，她發現吐派克非常放鬆，兩腿翹在辦公桌上，看著電視播放的《歡迎回來，科特先生》（*Welcome Back, Kotter*）。他似乎知道，現在任何地方都比家裡安全，因為老媽的怒火肯定在等著他。艾菲尼無法相信，她的兒子因為怕被懲罰，居然跑到敵人那裡尋求庇護。在她心中，她和全國所有的黑人都在與警察對抗！當艾菲尼帶著吐派克氣沖沖走出警局時，其中一位警員忍不住說道：「別打得太大力了。」

| 03 |

街頭即死囚

1975-1980

作為一位市中心貧民窟長大的黑人，
大家都有父親和母親，我則是一對激情愛人的產物。

——〈街頭即死囚〉（*The Streetz R Deathrow*）

在成長過程中，吐派克並不知道生父是誰，或許也因此，他的身邊有許多父親般的男性長輩。每個人都提供了不同方向的指導，教導他如何作為一個男人。隨著年紀漸長，穆圖魯、雷格斯和ＴＣ，都在他生命中扮演了重要角色，每個人都呈現了不同價值觀，成就吐派克複雜且鮮明的性格特質。

從吐派克懂事時開始，他就很渴望知道自己的父親是誰。艾菲尼則坦白告訴他，要麼是雷格斯．桑德斯，要麼是比利．加蘭。吐派克不知道比利是誰，因此他「任命」雷格斯為他的父親。

雷格斯是唯一一個吐派克稱呼爸爸的人。從他那裡，吐派克很快就學會了在街頭生活的基本知識。「我的繼父雷格斯是個黑幫分子，」他回憶道：「他是純純的街頭混混，甚至不在乎我媽有了個孩子——那種感覺就是：『哦是哦，那是我的兒子。』……他會照顧我，給我一些錢，但同時是個罪犯。在外面賣毒品，做一些他該做的事情。他就只是來看一下，然後給錢……」但之後他就離開了。在艾菲尼的記憶中，雷格斯是個戰士：「雷格斯是街頭的戰士；我是黑人軍中的戰士。」

在大約吐派克十歲時，雷格斯重新出現在他們的公寓，興奮的帶著「兒子」出去玩一天。他們經常在哈林區的街上兜風，坐在新型別克（Buick）轎車裡，逛著最時尚的一二五街，一邊消磨時間。有時候，他們會在雷格斯經常去的一家電玩遊樂場度過一天。去理髮店和吃炸雞則是例行公事。雷格斯還給吐派克取了個綽號叫「大頭」。

有天和雷格斯一起出去後，吐派克帶著一個全新的手提音響（boom box）回到公寓。黑銀配色，帶有金屬把手、超大低音喇叭、雙卡帶播放器。吐派克很喜歡這個禮物，除了一些衣服之外，這是他從雷格斯那裡收到的唯一一份禮物。這是一段快樂的時光。吐派克通常會穿著一身新衣服或新鞋回家，並且頂著全新髮型，以及持續在臉上好幾天的微笑。

某次回來時，吐派克帶著一頭吹得蓬鬆的短髮，表哥比爾正坐在沙發上：「哇靠！你的頭髮怎麼了？」吐派克回答：「爸爸幫我弄的。」

艾菲尼看了一眼並說：「還不錯看啦，但請不要像上次那樣讓他在你的頭上加那些化學品！」艾菲尼不贊成雷格斯喜歡的「不自然」化學髮型——也不允許傑里捲[1]或燙髮。但在意識到雷格斯和吐派克獨處的時間對於他們父子關係的重要性，遠比她對捲髮的感覺更重要後，她的大多數要求都溫和的退讓了。

有時，雷格斯會連續幾天留在公寓裡。每天早上在餐桌上，他會按部就班的服用一系列色彩繽紛的維生素和保健食品。孩子們聚精會神聽他詳細解釋鱈魚肝油以及蜂花粉的好處，同時也會要求想嚐一點。

1 譯按：Jheri curl，流行於一九八〇年代的黑人髮型，透過化學藥劑使頭髮變成鬆散、有光澤的捲髮。

對於這個試著透過營養和健康課程讓他們變得更強壯的人，孩子們相當欽佩。

雷格斯的出現給了吐派克希望，也許是一種虛假的盼望，以為這個「爸爸」會永遠成為他生活中的一部分。但雷格斯總是短暫的出現又消失，就像無線電信號一樣進出他們的生活。最終，這短暫的存在只加深了吐派克對於父親的失望。

對比起雷格斯讓吐派克認識街頭生活，阿姨葛洛的第二任丈夫TC是另一個重要的影響者。與雷格斯不同，他向吐派克展示了身為男人應有的穩定和可靠。他為孩子們建立了一種固定的生活模式，每天晚上都在同一個時間回家，定期拿著薪水支票，並在週末享受空閒時間。在TC身上，吐派克終於有了一個能讓他依靠，類似正常父親般的角色；一個向他顯示，透過努力工作就會帶來正向結果的人。艾菲尼將吐派克在青少年時期發展出的堅韌工作態度，歸功於她的姐夫。

在吐派克的童年中，他時常試圖效仿他的姨丈。就像TC一樣，他想照顧家人，成為家庭的「保護者」；妹妹賽琪娃則是他的練習對象，他對她溫柔體貼，展現了天生的敏銳度，這將成為他性格的特點。無論是賽琪娃還是社區裡的孩子，吐派克經常跑去幫助那些需要幫忙的人。賈瑪拉記得有一天，六歲的吐派克和兄姐們從學校回家，發現四歲的鄰居莫妮卡（Moniqua）在門廊上哭個不停。其他孩子都像沒事般走過去，沒有停下來，但吐派克坐在莫妮卡旁邊，安慰她。「莫妮卡，沒事的，」賈瑪拉記得他用柔和的聲音說道。吐派克擦去莫妮卡臉上的眼淚：「相信我，沒事的。告訴我發生了什麼？是誰欺負妳嗎？告訴我妳怎麼了。」

穆圖魯則灌輸了一套截然不同的概念；在他身上，吐派克學習了成為年輕黑人男性的速成課。穆圖魯還教導吐派克和賽琪娃關於非裔美國人心態的二元性——同化者和分離主義者。他解釋了殖民主義和帝國主義的概念，並討論美國對排他性的執著；透過壓迫限制黑人的進步，這種心態根深蒂固於資本主義權力的結構中。穆圖魯也補充了過去艾菲尼教授的美國黑人領袖故事，解釋他們的各種哲學，並批判分析其所造成的影響。

穆圖魯與孩子們分享的另一課題，是愛護和尊重自己的思想與身體；這也反應了他作為一名針灸師的理念。每天早上，他會讓孩子們坐下來開始伸展。「他每天早上都會讓我和吐派克做一些空手道踢和仰臥起坐，鍛鍊我們的身體。」表哥肯尼說道。賽琪娃也對她父親的針灸醫術感到自豪，逢人就說她爸爸是一位「醫生」。

隨著時間流逝，儘管在不同地方生活，穆圖魯成為了吐派克的重要老師之一，不論任何事都會尋求他的建議。艾菲尼解釋道：「只要吐派克遇到問題和困境，他都會向他的心靈導師尋找協助——穆圖魯和普拉特。」

從小，吐派克就對自己身為夏庫爾家的一分子感到自豪。伴隨著艾菲尼的社區活動和穆圖魯在醫學領域的成就，吐派克在年幼時就明白「社群」、「領導」等詞彙與他的姓氏緊密相連。然而，他感受到的驕傲也並非毫無代價。即使年紀還小，吐派克也無法免於媒體對夏庫爾家族，以及其革命夥伴持續的負面報導影響。在電視和收音機上，他聽到了**母親敬愛和尊重的人，都被形容為國家的敵人；吐派克一直在試圖理解，為什麼那些母親尊敬的人，會被描繪成罪犯**。

到他八歲時，這些父子般的關係在吐派克身上形成了一種複雜的雙重意識。艾菲尼和穆圖魯的教育課程，讓他對使美國黑人深陷無力和貧困的體系產生革命心態；另一方面，雷格斯則向他示範如何在街頭生活和競爭。吐派克青春期的思想像是一枚硬幣，一面是知識和不信任權威，另一面是如何在街頭求生。這兩者的組合伴他一生，轉化成他原始而狂熱的本質，並最終啟發他向世界分享引人注目的詩詞和歌曲。

雖然雷格斯和穆圖魯對吐派克的生活和思想都有很大影響，但他們實際相處的時間卻不多。雷格斯大多不在身邊。當夏庫爾家族的生活再次陷入黑暗時，穆圖魯也會從家庭中消失。

不相信任何人

一九七九年十一月二日，阿薩塔．夏庫爾從克林頓女性監獄逃脫。ＦＢＩ開始在紐約街頭大規模搜捕；他們認為這起越獄由黑人解放軍策劃，所以開始追捕與逃獄事件有關的所有人。穆圖魯也是嫌疑人之一。當他藏身地下躲避風頭時，吐派克和賽琪娃在此期間住過的房子都成了監視的目標。

這次的圍捕，更像是人肉搜索；如果有任何衝突，都將會涉及到年幼的孩子。於是艾菲尼重回黑豹模式，全副武裝，隨時準備保護她的孩子。面對ＦＢＩ的緊迫盯人，艾菲尼開始將辨別危險加入孩子們的日常生活中；每天出門工作時，她都會嚴厲的要求吐派克對周遭人事物保持警戒。年幼、眼神炯炯的吐派克望著母親，她會命令他：「隨時注意身邊發生的一切情況。」吐派克傾聽著。「最重要的是，不要相信任何人！」然後，她就會走出門，留下吐派克獨自緊記這些迫切的警告和命令，思考在接下來的一天如何安排優先順序。

這些有關情境認知的訓練融入了他們的生活。從那時起，吐派克會仔細審視每一個人，不論這個人在他生活中扮演什麼角色。某天下午，當吐派克在社區的院子裡玩接球時，他為了接一個滾地球而往地上撲，將臉狠狠撞在了水泥長椅側面。艾菲尼去到他被送往的林肯醫院，不僅決心保護他不受痛苦，還要防止醫生對他做任何傷害。當年在第五大道醫院生產時所發生的恐慌焦慮又出現了。

在急診室裡，吐派克被固定在擔架上，準備接受治療，但艾菲尼迅速阻止了打算給他注射麻醉劑的醫生。她要求他們解開兒子手臂上的帶子。那時她強力且堅定的對醫生說道：「先生，你必須先向我兒子解釋你打算對他做什麼。他不是動物。」當她痛斥醫生，並質問為什麼要用如此強硬的方式束縛吐派克時，吐派克痛苦的望著她。像這樣戲劇性的經歷，讓年幼的吐派克對「信任」一詞有了更多的了解，並讓他與艾菲尼有更深的連結。無論他是否理解艾菲尼有多害怕，他都明白媽媽是他的保護者。

傷口癒合後，艾菲尼擴展了她的計畫，為吐派克的未來做準備。她用黑人傳統、自豪和歷史教訓，協助他建立堅強的基礎和身分認同。現在，她加強了警覺性的訓練。她要培養兒子有如戰士般的心態，這樣他就可以保護自己免受警察或任何人的傷害。

她讓吐派克加入了黑色密碼學院（Black Cipher Academy），一所位於哈林區的空手道學校，由她的朋友、前黑豹黨成員賈馬爾．約瑟夫創立。這所學校提供全方面的身心教育：每個月五美元，賈馬爾會提供空手道指導、政治教育和黑人歷史課程。

上課第一天，吐派克穿著制服出現——黑色空手道褲子和一件紅色T恤。麥爾坎．X和古巴革命家切．格瓦拉（Che Guevara）的海報排列在道場的牆上。吐派克立刻就喜歡上了這個地方；他的信心每週都在增長，並且毫不猶豫的向賈馬爾請求與年長的學生對練。有天，賈馬爾同意了要求，並看著兩人練習搏擊。突然間，年長的孩子快速出腳踢了吐派克的臉。他的鼻子開始流血。

賈馬爾停止了對練：「好了，吐派克，你現在可以鞠躬了，今天就先這樣。」

吐派克的「比賽表情」從未動搖。他無視賈馬爾的話，繼續出拳。

賈馬爾再次試圖結束比賽：「鞠躬，吐派克。」

吐派克仍然沒有理會：「不，師傅，我得完成比賽。」戰鬥繼續進行。鼻子流出的血濺在地墊上，但他仍然繼續戰鬥。直到他和對手都筋疲力盡時，最後吐派克才鞠躬，走向教室後面，讓賈馬爾為他的鼻子止血。

「吐派克永遠是班上最熱情、最有活力的孩子，」賈馬爾回憶道：「他永遠不會放棄，總是想和年長的孩子對練……他的笑聲很棒，讓你想抓住他、舉起他，逗他笑，只為了聽到那個笑聲，感受到他的能量。他有一種不可思議的精神。」

有些孩子會在課後留下來幫忙整理道場，吐派克也會幫忙倒垃圾、擦鏡子，以補償艾菲尼無法負擔的課程費用。他經常問賈馬爾還有沒有其他事情可以幫忙的？

「不，沒關係。你可以回家了。」

他便笑著鞠躬，然後閃人。

在那個年紀，空手道課程既有趣也可以交朋友。隨著吐派克變得更熟練，他的母親也持續提醒：道場裡的辛勤苦練有著更深層的目的。**吐派克開始意識到，他是在接受「訓練」，而最終也可能不得不將自己的身體作為武器使用**。

這些來自艾菲尼的教訓、對外界的猜疑與防備，以及暗示他需要準備好為自己的生命而戰的訊息，逐漸將一種偏執的心態，從母親轉移到兒子身上。艾菲尼的奮鬥——不論是她與黑豹黨並肩的街頭作戰，或是不知不覺間與聯邦調查局對抗，拒絕在黑人同胞被圍攻時退縮——也都將成為他的戰爭。

沒有夏庫爾自由的活著

隨著一九八〇年到來，當局加強了對阿薩塔的搜索力度，對她的朋友和同伴施加了越來越大的壓力。因為擔心聯邦機關突襲，艾菲尼決定再次搬家。幸運的是，葛洛和TC住家對面的公寓剛好要出租。這座建築位於哈林第七大道一八三八號，有著一排華麗柱子，圍繞著漂亮的大樓入口。對於住在大樓中以及周圍社區的孩子來說，這是一個完美的空間，讓他們能在炎熱的夏日玩耍。吐派克和他的表兄弟在這裡度過許多時光，玩接球、吃甜筒冰淇淋、跳繩。

然而，艾菲尼也始終教育著吐派克。每天早上出門上班前，她都會提醒，如果他要和兄弟姐妹在外面玩耍，就必須保持警戒；留意附近是否有可疑的陌生人遊蕩，尤其是穿著黑西裝的白人。十歲的吐派克就這樣成了一名小衛兵。

某天下午，因為沉浸在夏日的快樂，吐派克忘了他的任務，和附近的孩子們在外面玩，沒有注意到兩個穿著西裝的男人靠近他們的大樓，跟著賽琪娃和表妹上樓到公寓。當女孩們到達五樓時，終於意識到有人在跟蹤她們，並轉身面向他們問是否需要幫忙。

「是的，我們在找五樓。」

五歲的賽琪娃沒有完全意識到危險，回答他們：「我們就住五樓。」

ＦＢＩ幹員問道：「哦？妳媽媽在哪裡呢？」

賽琪娃說：「她在工會那邊。」

那些男人問：「爸爸呢？」

賽琪娃則重述她所聽到的：「他躲起來了。」

艾菲尼當天晚上回家後得知了這件事，對她的兒子大發雷霆。吐派克沒有負起他的責任，而這讓他感到無比罪惡。雖然艾菲尼打了他，但是真正折磨他靈魂的其實是媽媽灼熱、責難的眼神。在接下來的幾天裡，那個眼神抑制了他所有的幽默和無憂無慮。賽琪娃回憶：「他總是有那份責任感。而我則承擔著保護他心靈的責任。他是我的哥哥，他有著保護家人和身為男人的責任心。在我心中，我的責任也是確保他安全沒事。」

同年十月，這個家庭接到了毀滅性的噩耗。警方認為穆圖魯與紐約州奈阿克（Nyack）的納紐特國家銀行（Nanuet National Bank）一宗搶劫未遂的案子有關，該案中一名保全人員和兩名警察被殺。現在，就像阿薩塔一樣，穆圖魯也成了逃亡者。當局早就聲稱他與阿薩塔的越獄有關，但這次他被通緝是因為搶劫和謀殺。

吐派克的內心感到掙扎，他相信穆圖魯是無辜的，他也相信札伊德和阿薩塔是無辜的。但電視上說的卻是另一個故事：穆圖魯，這個他長久以來敬仰和愛戴的長輩，很快就會出現在ＦＢＩ的「十大通緝要犯」名單上。

然而，更多危險似乎越來越靠近。當得知一位親友因未能向當局提供有關的納紐特國家銀行搶劫案的訊息而被逮捕時，艾菲尼和葛洛擔心如果自己在朋友家裡留下了指紋，當局會對他們的朋友甚至自己做出什麼事。

TC雖然不是革命分子，但他實際的腦袋想出了一個計畫。他帶著孩子們去了公寓，並給每個孩子一罐花生醬，讓他們把櫃子、牆壁和門把——任何可能有指紋的地方都塗上花生醬。當吐派克在廚房檯面上塗抹花生醬時，TC命令道：「確保每個地方都塗到！」孩子們熱切遵循他的指示，感覺自己英勇無畏。

對孩子們來說，這個時期的生活很艱辛。吐派克的表哥史考特回憶：「我們生活在一個動盪的時代。每個人，尤其是成年人，都非常認真守護他們所信仰的東西，導致注意力幾乎沒有放在我們這些孩子身上。這並不是刻意忽視，然而太多的事情在當下發生；我們接觸到了太多生活中的壞事。他們的夢想如此巨大。挺過一九六〇年代，又進入了七〇年代。越戰即將結束。人們只是被一堆他們無法理解的糟糕局面困住了。」

成年後的吐派克也曾感到擔憂，並猜想自己是否也會受到「夏庫爾」這個姓氏的詛咒：「在我家族中，每個姓夏庫爾的黑人男性，只要超過十五歲，不是被殺，就是被關進監獄。」二十四歲的吐派克在法庭上作證時說道：「現在沒有任何夏庫爾，沒有任何一個黑人、男性夏庫爾是自由的活著、是能呼吸的，身上沒有槍傷或手上沒有戴手銬的。一個也沒有。」

04

滿滿的愛

1981-1984

黑豹黨、皮條客、毒販和罪犯……
嘿，這就是我的家庭，對他們我只有滿滿的愛。

——〈滿滿的愛〉（*Nothin but Love*）

在每晚關於穆圖魯和阿薩塔的新聞報導，以及FBI和警察的恐懼持續籠罩在每一次即將來臨的對話中，吐派克試圖在現實生活裡創造一個安全的避風港。詩歌便成為了他的創作出口之一，就跟他媽媽一樣。

十一歲時，吐派克從穆圖魯那裡學到了有關俳句的知識，這是一種日本詩歌形式。他對它的五七五規則很著迷，並開始創作自己的詩。有些關於信仰，有些是關於日落和海洋，有些則是關於黑人身分認同。然而，他最有力量的俳句是那些關於他為被囚禁的人而做的夢——希望他們獲得「自由」；像是穆圖魯、賈馬爾、普拉特和塞庫·奧丁加（Sekou Odinga）……那些母親告訴他，被冤枉入獄的黑人同胞們。

有次，他寫了一本俳句書給被關押的賈馬爾，傾注自己對社會正義的熱情，這一信念包括解放美國所有黑人的自由；他最後署名為「吐派克·夏庫爾——未來的自由戰士」。這不僅是從冤獄中重獲自由，還涵蓋了免於種族主義、壓迫和警察暴行。甚至在他還不到十幾歲的時候，吐派克就已經知道自己未來的道路。

除了為社會正義而戰，艾菲尼也認為探索不同的信仰很重要。有一個星期日，她帶孩子們去了布魯克林的上帝之屋（House of the Lord）教堂禮拜。教會由赫伯特．道特雷（Herbert Daughtry）牧師帶領，他是一位支持政治犯和解放鬥爭的革命家牧師。在第一次參觀時，道特雷要求他們走到講臺前，這樣他就可以歡迎這個新的家庭加入。當他問年輕的吐派克長大後的夢想時，吐派克迅速且驕傲的回答：「我想成為一個革命家。」

吐派克也開始研究收音機上的歌曲，他會用雷格斯買給他的大臺手提音響，錄下自己喜歡的歌曲，比如巴布．馬利（Bob Marley）[1]的〈出埃及記〉（*Exodus*），然後一遍又一遍播放。吐派克懂得欣賞音樂，而且特別被歌詞吸引。當歌曲播放時，他總會問兄弟姐妹們，作者的歌詞代表了什麼意義？不管哪個流派的音樂，他總是專注聽著每首歌的歌詞。他非常喜歡〈補丁〉（*Patches*），一首來自克拉倫斯．卡特（Clarence Carter）的黑人鄉村民謠；關於一位垂死的父親，將照顧家人的責任託付給一個年輕男孩：

> 補丁，就靠你了，兒子
> 帶領我們一家度過難關
> 我的兒子，一切都交給你了

1 編按：雷鬼樂之父，反種族主義的音樂鬥士，長期致力於牙買加社會運動。

吐派克的第一首歌名為〈第一步〉（*First Step*），靈感來自電視節目《名聲》（*Fame*）中關於夢想和表演藝術的主題。他在大約十一歲時創作了這首歌，與賽琪娃和兄弟姐妹一起假裝錄音：

你看著一個夢想
你直視著它的眼睛
你害怕冒險
你會驚喜的
踏出第一步，第一步
這是最難邁出的一步
等待著那一天，無論發生什麼

電影是吐派克逃避現實的另一種方式。他與賽琪娃和表親們經常在週末漫遊紐約，觀賞電影。吐派克總是希望能找到放映李小龍電影的影院。「我們會整天待在電影院，」家族好友馬爾科姆・格林尼奇（Malcolm Greenidge）回憶道：「從影院出來時，派克（Pac，吐派克的綽號）會說自己知道李小龍的每個招式。他真的知道。他是專家。」吐派克經常在人行道上向路人展示空手道，完全不害羞：「如果你試著模仿幾招，派克會說：『不是啦，不是那樣做。是像我這樣。』」

晚上在家裡，孩子們則開始發揮天馬行空的想像力。吐派克和兄弟姐妹們會扮演醫生、演員和歌手，還有玩捉迷藏。他們用椅子和毯子搭建迷宮般的堡壘；他們重建醫院場景，將紅茶潑在受傷的病人身上，

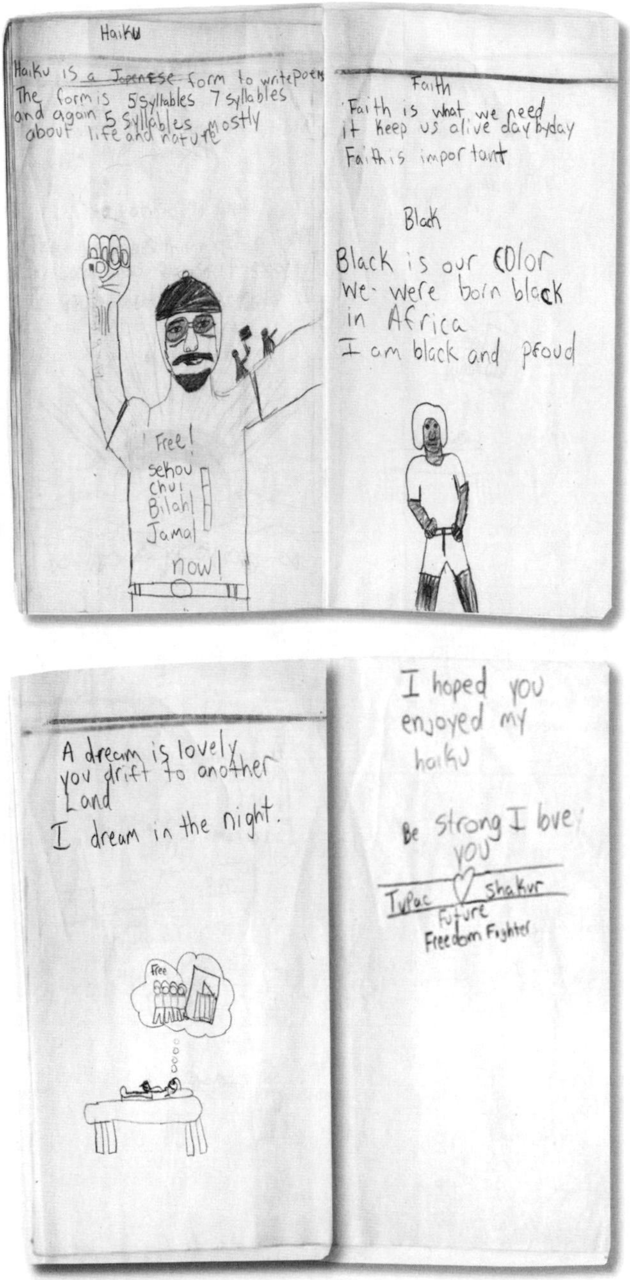

▲ 1981 年，僅 11 歲的吐派克——未來的自由戰士，寫了一本傳統日式俳句詩，寄給正關押在監獄的教父賈馬爾，向他表達了自己的愛與支持。

假裝是血腥的特效效果。他們重演最喜歡的電視節目場景，互相吵著誰該扮演好人，誰該扮演壞人。吐派克總是負責當導演選角。

如果今天是演《天龍特攻隊》（*The A-Team*），吐派克一定會扮演隊長「泥巴」；卡塔里被指派為直升機飛行員「哮狼」；馬爾科姆是硬漢「怪頭」；雅法．富拉（團隊中最年輕的成員）是「小白」，帥哥、偽裝高手；而賽琪娃則總是扮演「落難女子」。他們在硬紙板畫上槍枝，剪下來，在槍戰中使用。當然，吐派克甚至會準確指示每個人在哪裡以及如何死去。馬爾科姆回憶道：「每次我們完成一項任務，吐派克都會引用泥巴的經典臺詞：『我最喜歡計畫成功的感覺。』」

他們最喜歡的消遣之一是為家人舉辦個人音樂會。有時候，賽琪娃會質疑為什麼吐派克總是能夠扮演王子（Prince）[2]或拉爾夫．崔斯凡特（Ralph Tresvant）。當她試圖挑戰他、想要當主唱，或詢問是否可以負責節目時，吐派克都不會退讓：「妳幫我們安排演出了嗎？妳有寫歌詞嗎？妳有因為寫歌而翹課嗎？好了，那就閉嘴！」

只要吐派克聽說艾菲尼或葛洛阿姨準備請朋友來家裡，他就會把握這個吸引觀眾的機會，立即開始籌劃即興演出，一旦客人到來，就會在客廳舉行。他會把表親們召集到房間，為每個人分配角色，並給予他們臺詞。吐派克要求非常嚴格，如果沒有按照他的指示行事，他會要求他們再做一次，直到他認為對了為止。

透過和鄰居小孩一起玩耍、戲弄妹妹，以及**將所有情感投入到創作中，年幼的吐派克優雅應對了心理的悲傷**。但即使在充滿樂趣的一天結束後（在人行道上惡作劇、打棒球、演出小品），他尚未茁壯的心靈仍會在夜裡打轉，他會陷入沉思。有時他會躺在床上傷心的流淚，聽著詹姆斯．英格拉姆的〈一次就好〉（*Just Once*）。艾菲尼回憶道：「這是他最喜歡的歌，屬於他的國歌，他的靈魂……『只要一次就好，我們能嘗試做對的事情嗎？』」

> 只要一次就好，我們能看清楚自己一再犯下的錯誤嗎……

賽琪娃回憶道：「我們是生活充滿悲傷的孩子，沒辦法像有些人那樣說『雖然貧窮，但我們很快樂。』」吐派克和賽琪娃的關係，因為分享了生活中最豐富的情感與經歷而深深連結。吐派克與表親們之間的關係則建立在競爭的基礎上，他們之間存在著持續不斷的智商競爭，尤其是與年齡最接近的賈瑪拉。吐派克是孩子中的拼字高手，他經常發起拼字比賽，而通常賈瑪拉會是他首先挑戰的對象。然而問題在於，賈瑪拉根本不在乎這些困難單詞的拼寫；她的家庭教育沒有吐派克那麼嚴格，當然也從未被迫閱讀《紐約時報》。

吐派克常常會對賈瑪拉說：「賈瑪拉，來啊。我賭妳拼不出大鍵琴（harpsichord）。」

「隨便你啦，派克。誰在乎大鍵琴怎麼拼？」賈瑪拉用力反擊。

「妳只是因為拼不出來在賭氣！」

「H-A-R-P-S-C-O-R-D。」

---

2 編按：史上最暢銷的音樂藝術家之一，一九八〇年代美國流行樂代表人物，音樂橫跨多種風格，包括放克、流行、搖滾、節奏藍調、靈魂樂及嘻哈音樂。

吐派克大聲笑道：「看，我就說吧！」

「誰在乎啦！」賈瑪拉反駁道：「這就是為什麼你媽會坐過牢！」

與賈瑪拉間的爭吵只是單純鬥嘴，吐派克只是要證明自己懂得比她更多。與他的妹妹、其他表親和朋友在一起時，他的惡作劇有時會讓他們筋疲力盡，這些惡作劇常常包含嚴格但刺激的規則。當他們還在小學的時候，他經常找他們玩一場快節奏的牛仔和印第安人[3]，並想辦法操縱遊戲，讓自己成為最後的贏家。

當葛洛的兩個年長兒子比爾和肯尼離家時，有兩個更小的孩子搬進來了。艾菲尼的密友路易莎・泰勒（Louisa Tyler）經常會把她的兒子馬爾科姆送過來住上一週，這樣他就可以和最要好的朋友卡塔里一起走路上學。雅斯敏・富拉的兒子雅法也變成了圈子裡的一員。六個年幼的孩子——賈瑪拉、吐派克、賽琪娃、卡塔里、馬爾科姆和雅法——在各個公寓之間穿梭，玩著所有老大吐派克提出的遊戲。這是吐派克的小世界。他無所畏懼的領導才能已經迅速發展，在十二歲時便已成為他的本質。

非洲部落，在哈林區

當孩子們在學校上課時，艾菲尼全心投入社會改革的世界中。多年來，她一直與貧民窟的房東們對抗，幫助家庭克服不適宜，有時甚至是恐怖的居住環境所帶來的挑戰。她曾經為臉上被老鼠咬傷的孩子們辯護，幫助抱怨晚上有蟑螂爬進孩子耳朵裡的家庭。她學會了如何直接面對並處理問題；每一次勝利都激勵著她向前，慢慢攻破各個惡劣的居住環境。

教育改革也是艾菲尼行動計畫的一部分，她積極推動改變美國的標準課程。她對自己的孩子們在學校裡仍然沒有學到黑人歷史，關於民族歷史上的不公平待遇，以及除了馬丁．路德．金恩博士之外的領袖感到震驚。她也為紐約公立學校制定了招募黑人校長的策略。

透過這項工作，她找到了下東城的一所學校，雖然位在包厘街（Bowery）附近一座破舊的建築內，但以提供全面、多元化的小學教育課程聞名。艾菲尼動用所有積蓄讓孩子入學，賽琪娃就讀二年級，吐派克讀六年級。馬爾科姆和卡塔里也加入了。

當時吐派克表現相當出色。「孩子們非常喜歡他們的老師林肯先生，」葛洛回憶道：「而且吐派克還有一位數學老師是一個帶著濃重口音的非洲人。這真的對他們影響很大，孩子們有兩位黑人男老師，兩位偉大的榜樣。」不幸的是，他們在這所學校的時間很短暫，但是也建立了另一個重要的連結。

學年剛開始不久，林肯先生就被解雇了。艾菲尼和葛洛認為，學校管理層覺得林肯的課程過於「進步」：他年近三十，留著辮子頭，教孩子們黑人歷史，仔細講述麥爾坎．X和以利亞．穆罕默德的理念。出於震驚和沮喪，吐派克轉化了從母親那裡吸收到的抗議精神，向艾菲尼提出了一個請求，詢問能否進行一日抗議，以示學生對林肯先生的欣賞。這個請求讓她感到非常自豪。

吐派克、賽琪娃和孩子們勇敢的對學校表達自己的立場：除非林肯先生被重新聘用，否則他們不會

---

3 譯按：小朋友分成牛仔和印地安人兩組，牛仔組背對其他小朋友，印地安人組慢慢靠近牛仔組，當老師說「印地安人來了！」牛仔組便轉身追趕印地安人組的小朋友回到原本的地方。

回來上學。然而，他們的努力無效，艾菲尼和葛洛也毫不猶豫的讓孩子們退學了。

不過他們還沒有放棄林肯先生。他們提出了一個建議：如果林肯開辦自己的學校，他們會讓五個孩子都入學。他迅速將自己的公寓改造成教室，也多了幾個額外報名的學生，幾週內，林肯先生的學校就開始上課了；即使不是傳統學校，但在他的課堂上，仍然非常嚴格要求紀律。馬爾科姆記得：「雖然我喜歡林肯先生，但有時候還是會不爽他，因為當我們犯錯的時候，他就會敲我們的頭。」

教室裡的這種親密關係促進了孩子們的親密與安全感。他們一起走路上學，一起學習，一起吃午飯。週末，他們一起在哈林街頭閒逛，隨著年齡增長，也更獨立自主。賽琪娃記得那些溫暖時光：「我們都會一起走到一二五街吃飯。吐派克每天都會用他的兩張一元鈔票買一樣的東西。炸螃蟹腿和魚條套餐。放學後，我們總是會一起走到中央公園，悠閒度過整個下午。男孩們會看看能不能抓幾隻小龍蝦。我們會把它們帶回家當寵物。」

賈瑪拉也記得在哈林區閒晃的日子，他們都一起穿戴著穆斯林帽或肯特布[4]，這些服裝表達了他們對非洲傳統、對黑人的身分認同。但吐派克卻在家人和社區孩子間感到矛盾，其中許多孩子缺乏對更深層次傳統的認識，並且會嘲笑他們看似奇特的穿著。這些來自同儕的嘲諷讓他們感到難過和困惑。

「那群部落人來了！」孩子們會在路過時低聲嘲笑說道。

「那個時候沒有人懂。」賈瑪拉回憶：「我們有非洲名字、慶祝寬扎節。我們經常被社區裡那些叫莉莎、丹妮爾和布蘭妮的女孩們嘲笑。」然而，這都無關緊要。吐派克和他的「部落」堅持抬頭挺胸，並將他們從成人世界中學到的一切牢牢記在心中：

知道你來自哪裡。知道你是誰。知道你要去哪裡。

快克帶走媽媽

在十年不懈的社會運動中，艾菲尼生活中的失望堆積如山。她的同志們都被關押、謀殺或在逃亡中。所有她信任的人都離開了，她愛的人傷害了她；隨著年歲增長，這些都讓她力不從心。她需要一個出口，擺脫對未來的擔憂和恐懼。

當吐派克快十二歲時，雷格斯再次出現，提供了艾菲尼這個喘息的機會。他會在午夜過後從哈林附近的酒吧過來，爬進床上，叫醒艾菲尼，給她一根剛捲好的大麻或一瓶酒。隨著她習慣了這個放鬆行程，有天晚上雷格斯拿出一根裝著古柯鹼的玻璃煙斗，誘惑著這個內心迷失的女人，要她試試……這種深夜吸毒例行公事就此逐漸形成。

一九八二年，加熱吸食古柯鹼（抽快克）像波浪般席捲了美國貧民社區，迅速成為一種流行。毒販透過一種創新方式擴大他們的古柯鹼供應，將粉末狀物質提煉成塊狀，從而降低了毒品價格。古柯鹼不再只是富裕白人的消遣活動；它的樂趣和危險開始蔓延至普羅大眾，對那些最無法承擔後果的人造成了痛苦結局。毒品需求從加州向東擴散到紐約各區，最終找到了迷惘沮喪的艾菲尼。

儘管烏雲密布，充滿著不安和不滿，但這個家庭仍努力向前邁進。艾菲尼偶爾會與雷格斯一起吸食快克，雖然持續了幾個月，不過沒有對生活造成明顯影響。她認為自己只是娛樂性使用藥物，她和孩子

---

4 譯按：kente cloth，俗稱非洲罩衫，肯特是迦納產的混紡棉布料，非裔美人會穿著此類非洲傳統服飾以代表自己的根源。

們依然緊抓著前往美好生活的夢想；他們依舊像海綿一樣，吸收著各種文化體驗與活動。

那個夏天，他們去參加了哈林區的爵士音樂會（Jazzmobile），每週在不同地點舉行。艾菲尼也向孩子們介紹各式各樣的食物──非洲、日本、巴西和牙買加。「我們吃遍了紐約，」她解釋道：「無論是否有錢，我們總是樂於嘗試。對我們來說，貧困只是一種暫時的狀況。」

不久後，雷格斯再次被捕並送回監獄。吐派克不僅面臨父親又突然離開，還因為繳不出房租而無家可歸；當時艾菲尼會將部分薪水花在毒品上，使經濟狀況越來越拮据。當吐派克問媽媽為什麼他們沒有足夠的錢支付房租、電費，或者購買食品時，艾菲尼的回答很簡單：「因為我做了糟糕的決定。」她沒有安排好事情的先後順序──全心投入社會運動消耗了所有精力，導致她無法維持穩定的收入來源，以及她有時會將錢花在購買毒品。然而，吐派克並不怨恨母親，並自然而然的承擔起責任。那時吐派克向家人們承諾，有一天他會賺夠多的錢來照顧他們。這份責任感和對未來的信心，來自於母親的信念以及她對孩子們的不斷提醒──**這種處境只是暫時的**。

經過一連串討論，葛洛和TC決定離開都市在郊區開始新生活。葛洛在報紙上找到了一間白原市[5]的房子，距離曼哈頓一小時車程。「我們試圖讓孩子們接觸更好的東西、更好的學校、更好的這個、更好的那個。」葛洛回憶道：「所以我們的一位律師朋友鮑勃．博伊爾（Bob Boyle）租了輛車給我們。艾菲尼和我開了一小時離開城市去看房。我從來沒去過白原。大多數黑人都去揚克斯和弗農山，而不是西徹斯特郡。」

因為艾菲尼和葛洛的親密關係，所以她和兩個孩子也搬到了西徹斯特郡。白原人口大約四萬，樹木環繞著街道，社區既安全又安靜；沒有骯髒的人行道、深夜嚎叫的警笛聲，更重要的是，他們不再住在擁擠、沒有電梯的貧民區公寓。

卡里根（Carrigan）大道二號的房子有兩層樓、五間臥室，位於一個以猶太人和義大利人為主的社區。搬進去時，艾菲尼和葛洛希望郊區能給他們帶來一種過去從未有過的穩定感，不同於倫伯頓、布朗克斯或哈林區。

「和吐派克一樣，艾菲尼也厭惡貧窮的日子，」葛洛說：「她也不喜歡從前和自己母親過的苦日子，我們都是在這個環境中長大的。她從來不安於現狀，因為她知道自己能做得更好。」艾菲尼和孩子們在一樓設置了生活區。吐派克有了自己的空間，一個獨立臥室，一面牆漆成藍色，其餘是天然木板。這是他指定的小角落，讓他能在這個郊區的陌生土地上安頓下來。

在一個缺乏種族多元性的小鎮裡，夏庫爾和考克斯家開始了新生活，希望融入到不適合他們的白人中產階級，隱藏自己的格格不入。肯尼回憶道：「我們根本不應該搬到白原，因為我們負擔不起，但是因為我母親、我阿姨和我父親想為孩子們做到最好。我們搬到紐約北部一個富裕白人社區的大房子裡，那裡只有一家黑人。我們不應該住在那裡。但我們還是去了那裡。」

艾菲尼替吐派克註冊白原中學，與之前所就讀的學校不同，學生們（和這整座小鎮一樣）大部分是白人。吐派克並不在乎這些差異，很快就和一個名叫傑西（Jesse）的同學成了朋友，他是一個白人和印第安人混血兒。傑西和他的家人立刻接納了吐派克，兩人很快成為了朋友——吐派克甚至參加了傑西祖

5 譯按：White Plains，美國紐約州西徹斯特郡的經濟商業中心，也是紐約市以北的富人區之一。

母的追悼會。他興味盎然的看著成年人們傳遞菸斗來抽她的骨灰，這個印第安傳統引起了他的想像力。後來在生活中，吐派克經常談論到在他去世後也要進行這種儀式。

在新朋友家搞野餐的計畫確定不久後，吐派克應徵了他的第一份工作：送報紙。雖然開始工作代表吐派克正在「成為大人」了，但艾菲尼還是讓他知道，當自己行為不當時，老媽還是會給他一些懲罰。

有天，家人們計畫去一個新朋友家野餐。艾菲尼剛買了一雙嶄新的白色耐克鞋給賽琪娃，上面有一個明亮的粉色 swoosh 標誌，當她準備好出門時，吐派克搶走了一隻鞋就跑了，賽琪娃追著他跑出房子，到了外面，他把鞋子扔到了屋頂上，等它滾下來再接住，但鞋子卡住了。他們也沒有梯子。

賽琪娃直接跑去跟媽媽告狀。打屁股和讀《紐約時報》這些處罰方式已經太小兒科了，根據吐派克調皮的程度，艾菲尼得想出新的懲罰來應對。以這次來說，懲罰是要他走到天荒地老——一直走到好幾英里外的野餐地點。艾菲尼和賽琪娃把吐派克留在人行道上，然後開車離開。賽琪娃說：「他花了大概五個小時。他晚上才走到。」

在卡里根的生活只持續不到一年。高昂的租金最終讓他們期望的穩定生活破滅了，艾菲尼無力負擔自己的那部分房租；關於這件事葛洛說道：「我們三個人一起制定了計畫，想要搬到這個社區，邁向更好的生活；這裡的租金每個月是一千兩百美元，然而以前大概是五、六百美元，漲了快一倍。艾菲尼無法承擔自己的責任，因為那時她開始對快克上癮。她並沒有擺爛，也沒有每天都吸毒。不過隨著對毒品的依賴加深，每當她拿到薪資支票時，第一件事都不是用來付房租，而是拿著錢去吸毒。」

在某個深夜，在一場當時看似無法挽回、關於財務問題的爭吵後，艾菲尼帶著孩子們搬出了房子。然而，她不知道接下來該去哪裡。

不要回頭

在白原市這段短暫又緊張的日子，隨著吐派克拉開演藝事業生涯的序幕，讓這個家庭的未來還存在一絲希望。在家庭陷入最嚴重困境的時期，如果沒有葛洛阿姨的幫助，他可能永遠沒有機會與經驗豐富的演員一起演出經典戲劇作品。在搬到北邊之前的那一年，葛洛正在瀏覽《紐約阿姆斯特丹新聞》（*New York Amsterdam News*）；她正在尋找一個解決方案、一份興趣或一個活動，可以讓她的次子史考特遠離紐約街頭的麻煩。突然，一則廣告吸引了她的注意：「招聘演員！」哈林一二七街的劇團（Repertory Ensemble），正在替即將開始製作的舞臺劇試鏡演員。

葛洛聽過這個劇團，知道它豐富的歷史和強大使命，創辦人恩尼・麥克林托克（Ernie McClintock）則是受到一九六五年至一九七五年黑人藝術運動（Black Arts Movement）啟發；這場運動是由文化民族主義者發起的，他們致力於將黑人的創意表達、傳統、音樂和藝術，融入美國社會結構中。目標是為黑人社群創造黑人藝術，各種媒介都涵蓋在內，與黑人力量運動（Black Power movement）的自豪感和團結觀點一致。麥克林托克期望能讓黑人演員有一個創意空間，可以在那裡講述自己的經歷。葛洛認為，這對史考特這個在強調文化意識和自我表達的家庭中長大的年輕人來說，是一個很好的出口。

在全家搬到白原時，史考特已經完全沉浸並投身於戲劇了，他會為了彩排和演出搭火車往返城市。有時，艾菲尼會讓史考特帶吐派克和賽琪娃一起去。吐派克在觀眾席上目睹了舞臺劇的魔力——隨著故事發展，演員們透過表演將自己傳送到另一個時空。沒過多久，吐派克開始主動要求跟著史考特去。他會靜靜的坐在那裡看好幾個小時，甚至整整一天，最後也渴望成為眼前卓越演出的一部分。

一九八四年初，一家人離開白原回到紐約市後，一二七街劇團正開始為一部令人興奮的新劇做準備。麥克林托克接到了「全美黑人女性一〇〇聯盟」（National Coalition of 100 Black Women）的邀請，該聯盟當年正在為黑人牧師傑西・傑克遜（Jesse Jackson）的總統競選募款，希望邀請劇團製作洛林・漢斯伯里（Lorraine Hansberry）[6]的經典劇作《日光下的葡萄乾》（*A Raisin in the Sun*），在哈林區的地標阿波羅劇院（Apollo Theater）演出。

漢斯伯里劇作中的人物和故事情節，對夏庫爾、考克斯家庭來說簡直就是日常：該劇繞著黑人家庭楊格（Younger）一家展開，他們生活在一九五〇年代芝加哥南區，夢想著更美好的生活，卻面臨種族隔離和剝奪投票權等障礙。

當麥克林托克開始劇前製作準備時，他提到需要一名兒童演員來扮演楊格家庭的十一歲兒子崔維斯（Travis）。史考特馬上就推薦了吐派克。所有人都對這個過去一年裡一直在觀眾席上專心觀看排練的年輕人很有興趣，所以很快就安排了他的試鏡時間。

吐派克對這個意外的機會感到無比興奮。這位熱情、敬業的表演者，在過去與兄弟姐妹們精心策劃的許多家庭短劇中已經表現不俗。但這次是真正的演出，要在眾多觀眾面前表演。每天晚上，他都與史考特排練臺詞，試圖投入到角色中。試鏡正式開始時，吐派克面對麥克林托克站在舞臺中央，表現得非常出色。

多年前在小紅托兒所，艾菲尼曾對她的兒子成為一名演藝人員的想法感到非常憤怒。但這次不同。這是藝術，是由一個致力於推動黑人藝術發展的著名黑人表演團體的嚴肅戲劇。吐派克將為第一位重要的黑人總統候選人，以及哈林區一些最重要的人物表演。史考特說：「艾菲尼非常支持，她會確保吐派克準時到達排練現場，她對此感到非常高興。她知道洛林．漢斯伯里的重要性……她對兒子能參演這齣戲感到相當高興。」

六月，吐派克的十三歲生日即將到來，麥克林托克和劇團的其他成員計畫了一個慶祝活動，表揚他們最年輕的演員。對於吐派克來說，這天是一連串悲慘日子中的幸運日，因為當時艾菲尼和葛洛間的問題持續不斷，夏庫爾一家也在紐約不停搬家。不過這也是一個重生之日，不僅慶祝他的誕生，也記錄著他進入戲劇世界。

吐派克收到了滿滿的愛，一些感人的禮物，以及來自所有劇團成員的祝賀。海澤爾．史密斯（Hazel Smith）送給他一個裝有十三張全新一美元鈔票的盒子，每張都捲起來用黃絲帶繫著；米妮．葛里特（Minnie Gentry）則熱情朗誦了藍斯頓．休斯（Langston Hughes）[7]的詩〈母親給兒子的信〉（*Mother to Son*），她覺得這首詩非常適合這位年輕朋友：

孩子，我來告訴你：
對我來說，人生並不是水晶樓梯。
上面有釘子，

---

6 編按：第一位作品在百老匯演出的非裔美國女作家。
7 編按：一九二〇年代哈林文藝復興運動中，最重要的作家及思想家之一。

還有碎片，
還有被撕毀的木板，
還有沒有地毯的地板——赤裸裸的。
但一直以來
我都在往上爬，
到達平臺，
轉彎，
有時在黑暗中前進
那裡沒有光。
所以孩子，你不要回頭。
別因為你覺得它有點難
就坐在階梯上停滯不前。
別摔倒——因為
我還在前進，寶貝，
我還在攀登，
對我來說，
人生並不是一條水晶樓梯。

吐派克的才華和堅韌精神，讓米妮和其他劇組成員都留下了深刻印象。「女演員們真的很喜歡他。她們會摸他，親他。」史考特回憶道。同時，她們將他帶入了一個更成人的世界。「他有時會在更衣室裡走來走去，而女人們也會直接換衣服，每個人基本上都無拘無束的。」史考特記得吐派克起初有些吃驚，睜大眼睛，想知道自己是否看到了不該看的東西。史考特只是笑了笑，告訴他的表弟：「歡迎來到劇場！」

隨著排練開始，吐派克以精準和專業的態度對待劇本上的每一句臺詞。麥克林托克說：「他很快就融入了團隊，對於這個年齡的人來說，他對工作的態度非常積極和投入。他很快就讀懂了臺詞，並且能夠立即對指導做出回應，而且反應很好。」

這是吐派克第一次踏足劇場，但他已經能和資深演員共享舞臺。他不僅與曾參演過大型百老匯戲劇（包括與薛尼・鮑迪〔Sidney Poitier〕[8]合作的《利西翠妲》〔*Lysistrata*〕）、電影和電視的米妮一同出現在劇目表上，而且他們在演出過程中還建立了緊密的私人友誼。許多排練後的夜晚，米妮會陪著吐派克和賽琪娃一起走到火車站，向他們講述自己的故事。吐派克對此感到驚嘆，聽得津津有味。

終於，大日子來了：一九八四年八月十日。在後臺，吐派克顯得非常興奮；過去在排練時，他非常努力讓自己穿越回到一九五〇年代的芝加哥，以便融入角色。現在，他因為能在觀眾面前實現這一點而非常開心，充分利用了麥克林托克一直在教導他的東西：成為角色——在舞臺上創作與生活。

8 編按：憑藉《原野百合花》（*Lilies of the Field*）成為第一位黑人奧斯卡影帝。

吐派克很想向世界介紹自己，尤其在聽說觀眾將坐滿黑人名人，並且總統候選人傑西．傑克遜將會以特別嘉賓出席時，他更加迫不及待。當吐派克等待布幕升起時，在一群打扮整齊的黑人觀眾中（其中一些人穿著燕尾服和名牌洋裝），傑克遜也已經就坐。吐派克準備好了。布幕慢慢上升，劇院燈光變黑，一片寂靜籠罩著觀眾，他深吸了一口氣，等待著指示。

在接下來兩個小時裡，吐派克進入了一個新的境界。他從未猶豫或結巴，表現得和舞臺上的資深演員一樣老練。更重要的是，這場表演的強烈感覺，形塑了他往後的一生。他後來告訴一位採訪者：「我被這種感覺感染了……但事實上，我只是喜歡表現自己——每次我表現自己時，我就能釋放一些童年的痛苦。」

在觀眾席上，艾菲尼和賽琪娃坐在葛洛、TC、肯尼和比爾旁邊，他們都洋溢著自豪的神情。這是一個振奮夏庫爾家族的夜晚。表哥比爾回憶起那天坐在觀眾席上的感覺：「這是自艾菲尼的審判以來我們家族最大的事情。派克在舞臺上，這個男孩表現得非常出色。我和我的女友坐在觀眾席，感到非常驚訝。他一點也不緊張，沒有犯任何錯誤，他也沒有結巴。這很難令人相信，因為他其實沒有多久時間準備這齣戲，在戲中扮演的孩子也是重要角色。他為此學習並站在舞臺上，面對成千上萬的觀眾，與這些專業演員一起完美演出。紐約所有政治巨頭都在那裡。在那一刻，我知道他是一個特別的孩子。那是我第一次對自己說：『我們家可能有人真的能成為明星。』」

然而，這起夏庫爾家族的重大事件，並不足以將鐘擺重新擺向正確方向。艾菲尼仍在泥沼中掙扎。多年來，她是生活周遭所有人的支柱——包括她的戰友、試圖透過社運幫助的所有人、她的孩子，但她對自己的照顧卻很少，這已經帶來了沉重的負擔，即使是超級英雄也承受不了，導致藥物濫用變得更加頻繁。與葛洛的爭吵，也使她失去了能依靠的地方，只能在紐約市不斷搬家。即便如此，艾菲尼也努力在維持生計。賽琪娃回憶道：「我們沒地方可去了。」

但家人就是家人。即便葛洛和艾菲尼有過爭吵，葛洛也知道她必須幫妹妹、吐派克和賽琪娃找個靠山。他們在巴爾的摩有家人，一位名叫雪倫（Sharon）的阿姨。葛洛聯繫了她，安排艾菲尼和孩子們搬到雪倫和她女兒麗莎（Lisa）家中。這給了艾菲尼一個重新開始的機會，遠離城市中那些讓她墜入困境的事物。葛洛希望，這個新的開始可以拯救他們。

於是，在一九八四年秋天，吐派克、艾菲尼和賽琪娃搭上了美國國鐵的南向列車。他們買了單程票，除了在巴爾的摩的阿姨家尋找臨時庇護外，沒有其他計畫。

葛洛陪他們到賓州車站。「那天的雲非常厚，看起來幾乎是不祥之兆，」她記得：「那天紐約比平常更早天黑。」葛洛和他們一起踏上火車，試著把握每一刻時光。這將是他們一生中第一次相離這麼遠。葛洛不斷擁抱和親吻他們，讓他們放心，這對他們是最好的安排。艾菲尼點頭表示知道。每個人都哭了，除了吐派克。他不想離開，但他努力保持堅強。

列車長的聲音從廣播系統中傳來：「最後一次通知，列車即將發車。」當火車開始慢慢駛離時，葛洛阿姨站在月臺上，找尋著外甥們的面孔，試圖向他們微笑，表示一切都會好起來。當火車從面前經過時，她與吐派克對望，小男孩目光堅定的注視著她，直到火車開走。

PART 2

巴爾的摩

05

無路可退

1984-1985

我才13歲，沒辦法養活自己。我能怪離開我的爸爸嗎？
只希望他能抱抱我。

——〈無路可退〉（*Nothing to Lose*）

吐派克從紐約搭上單程火車，直入動盪都市之眼。巴爾的摩的貧民窟跟全國其他都會中心一樣，在雷根經濟學（Reaganomics）[1]的灼熱影響下逐漸萎縮。雖然雷根（Ronald Reagan）總統跟美國人民保證他會讓這個國家「更自豪，更強壯，也更好」，並且承諾有錢人的所得將會緩緩流向較弱勢者的社區與錢包裡；然而，貧富差距持續擴大；快克蹂躪著全美，犯罪大幅增長。

巴爾的摩就是個悲慘的例子，衰敗與絕望如瘟疫般肆虐貧民窟，像一幅由雷根對窮人增稅所創作的畫。如吐派克所說，搬到那裡絕非艾菲尼在尋找的解答：「巴爾的摩青少年懷孕比例最高，在黑人社群中也有最高的愛滋病罹患率，最高的青少年對青少年謀殺率、青少年自殺率，還有最高的黑人對黑人謀殺率，而這就是我們決定搬去的地方。」

葛洛透過雪倫阿姨，安排艾菲尼搬到表妹麗莎和其子賈邁爾（Jamal）那裡。麗莎已經準備搬家了，所以計畫是讓艾菲尼和孩子們先搬過去，最終再接下公寓。當麗莎為搬家收拾她和賈邁爾的物品時，吐派克睡在賈邁爾的臥室，而艾菲尼和賽琪娃則擠在客廳，用一條窗簾將其與廚房隔開。幾個星期後，麗莎和賈邁爾搬走了，艾菲尼接手繳交房租。位於格林蒙特（Greenmount）大道三九五五號的公寓全都是他們的了。

這個一室一廳的單層樓房位於巴爾的摩的潘露西（Pen Lucy）社區——巴爾的摩最惡名昭彰的毒品區中心。格林蒙特大道是一條貫穿巴爾的摩的繁忙大街，將他們貧窮的社區（充斥著破舊的建築物、鐵窗和塗鴉）與一個中產階級社區（充滿獨立式住宅和公寓）隔開。

儘管位置不甚理想，艾菲尼也總是將這個小公寓維持的一塵不染。無論白天黑夜，燃燒線香的氣味都縈繞在空氣中，背景也持續播放著音樂。吐派克的朋友們記得這段時期她努力營造的寧靜環境。「她總是很友善和愉快，時常在讀書。」其中一個人回憶艾菲尼時說道。

那裡確實很平靜——除非你走到吐派克在公寓後方的小地盤。吐派克在表哥賈邁爾從一個舊露臺改造而成的臨時臥室裡，創造了自己的私人世界。地板上鋪著一塊青藍色的仿草地毯，薄薄的膠合板牆是唯一將吐派克與後巷寒冷空氣隔開的東西。牆上貼著偶像LL Cool J和李小龍的海報，以及從雜誌剪下的希拉・E（Sheila E）、新版本合唱團（New Edition）照片。雷格斯為他買的音響則是臥室的指揮中心，周圍堆滿了從收音機上錄製歌曲的空白錄音帶。每個角落都有杯子裡裝著半滿的葵花籽殼，這是他們離開紐約不久後養成的習慣。這裡沒有衣櫥，所以地板上散落著一堆衣服。冬天裡，這個沒有地熱的房間非

1 編按：一九八〇年代雷根的經濟政策，使貧富差距更加擴大。

常寒冷，但無論房間多麼亂或冷，對吐派克來說，這裡都是他的避風港。

艾菲尼常常在吐派克的房間外徘徊，聽著大聲的音樂和少年的喧囂。彷彿有道看不見的界限阻止她進入，她總是停在門口，傳遞她的人生教訓，通常是有關保持清潔的演講。「如果生活在這種混亂中，就不可能有條理的思考。」她堅持的說。不過這都是徒勞無功——就算吐派克整理了，也都沒辦法維持太久。整潔並不是他正在發展的特質之一。

格林蒙特大道公寓還有一個比吐派克的臥室更大的問題：老鼠。廚房地板上布滿了大洞，大小如負鼠的鼠輩會在半夜時從這些洞中跑進房子裡。怎麼防都防不住。吐派克和賽琪娃負責在每晚睡覺前封住所有食物並存放在櫃子裡，但老鼠們很頑強，牠們會沿著廚房的檯面蹦跳，吞食著留下的碎屑。

某天晚上，有隻老鼠被艾菲尼設置的捕鼠器抓住了，牠開始嘰嘰喳喳的尖叫，試圖逃脫。吐派克用檯燈和錘子扔向牠，但依然都殺不死。賽琪娃回憶道：「整晚都能聽到『砰、砰、砰』。到了第三天，我們再也沒有食物了。每個月都會發生這種情況，我們得等幾個星期才能再次拿到食物券。」

在格林蒙特大道上生活帶來的挑戰，遠比老鼠還要辛苦。在紐約時，夏庫爾一家雖然貧困，但他們還有家人朋友的支持；在巴爾的摩日子則讓他們第一次了解到，只要房租付不出來，所有安全感和保障都將一起消失，也沒有臨時庇護所能接納他們。現在，他們只剩彼此。

每天，艾菲尼都在盡力克服黑豹黨後的創傷後遺症，這意味著她得面對「自己是一場失敗革命的倖存者」這項事實。「這是一場戰爭，我們輸了。輸得很慘。這代表你所相信的理想輸了，你嘗試的任何東西都沒有實現。贏的是另一邊。這就是你看到的。勝利者的故事一直在重播。」而現在，在巴爾的摩，艾菲尼不僅要面對輸了這場仗的事實，還要應對情感的創傷。在持續面對被革命同志背叛的感受時，她

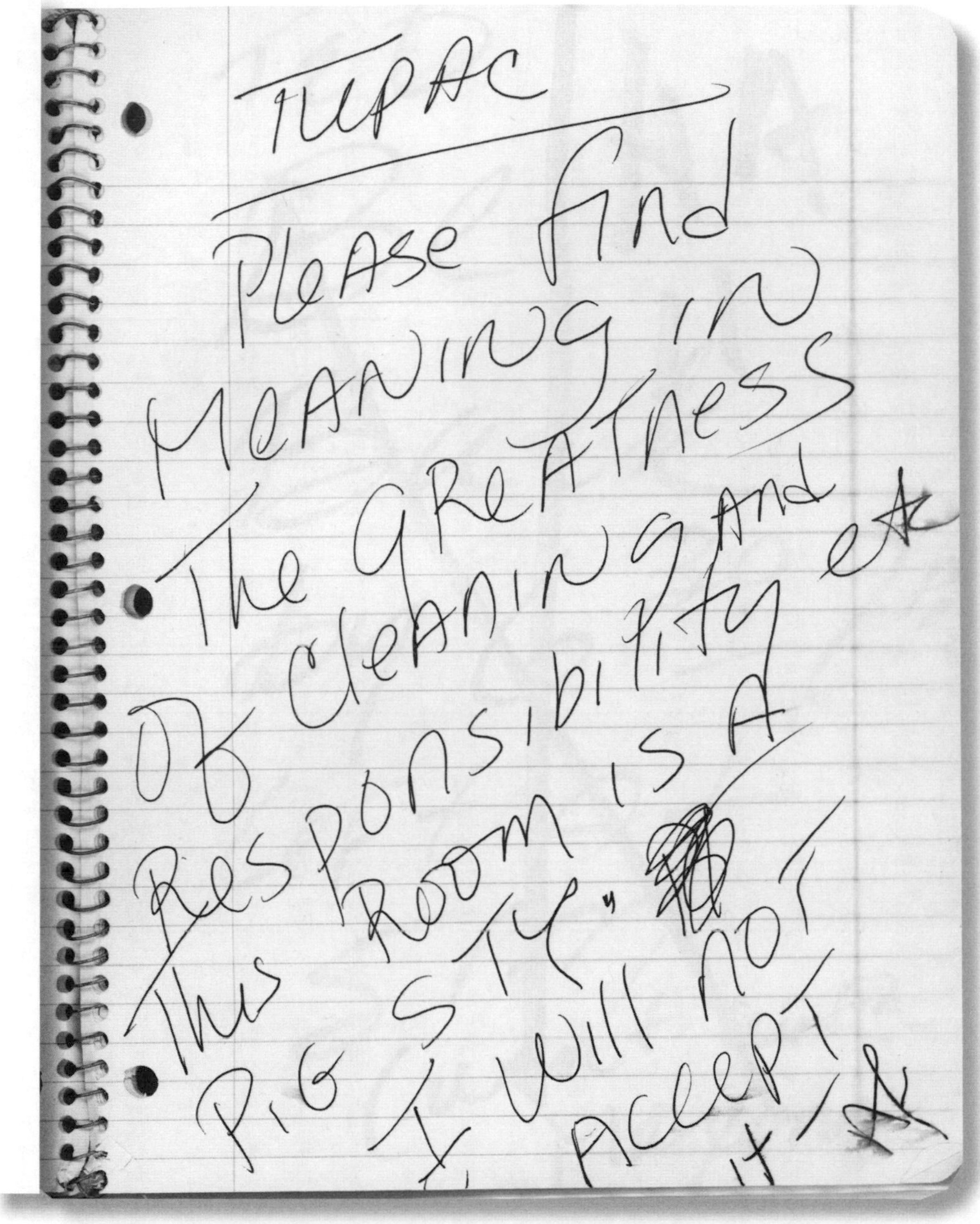

▲「吐派克，請理解清潔與責任的重要性。這房間像豬窩一樣，我無法接受！」
有時，艾菲尼會在吐派克的筆記本上留下訊息讓他看見。

也試圖避免沉溺於毒品中，同時也有迫切的壓力需要餵飽孩子們。

接下來以育兒為首要任務的艾菲尼參加了電腦培訓課程，幾個月後，她被巴爾的摩一家知名的投資銀行聘用為全職行政職員。作為夜班資料處理員，她領著最低工資，工時長又辛苦，但終於有了穩定的薪水，能夠減輕一些家庭的負擔。

吐派克討厭看到媽媽上夜班，但藉由這個過程，三人開始學會以未曾有過的方式依靠彼此。多年來，吐派克必須一直與社會運動分享自己的媽媽，他常因艾菲尼的缺席而不開心。「我常常不聽話，因為她總是在參與社運，我們從來沒有時間相處，她總是得演講、去學校，忙個不停，」他回憶道：「我總覺得她關心『那些人』多過『自己人』。」

在巴爾的摩新生活中，艾菲尼能花更多時間與賽琪娃和吐派克在一起。她的目標是加強母子關係，彌補之前失去的時間。「在那之後，」吐派克指的是艾菲尼積極參與社會運動的時期：「我們花更多時間在一起，彼此都像在確認：『你是我媽？』而她則回答：『你是我兒子？』所以那時我們非常親近，她對我也很嚴厲。」

每天早上，艾菲尼和賽琪娃一起乘坐市區公車去學校，賽琪娃讀三年級，而艾菲尼自願擔任課堂家長。週末，他們三人喜歡探索周圍的社區；跨過格林蒙特大道，穿過大多是白人的住宅區到社區花園。艾菲尼記得這些散步時光，讓他們能一同反思家庭的過去和未來。在非常偶爾的情況下，艾菲尼會有一些額外的錢能享受一頓好吃的；他們會搭乘公車到巴爾的摩港，沿著商店走，然後帶著一籃藍蟹回家。吐派克會攤開報紙當桌布，賽琪娃則將螃蟹倒在桌子上讓他們大快朵頤。

從港口帶回的螃蟹只有在特殊場合才會出現，平時吃的都是各種泡麵。吐派克喜歡把中式炒鍋加熱，丟一顆切碎的高麗菜和一勺醬油進去跟麵一起煮。金黃炸雞翅和黃米則是他的另一道拿手菜。晚上如果冰箱裡沒有食物，他們也會點外送，有時候是三個人一起吃一份炸雞翅和薯條。

隨著艾菲尼花更多時間與孩子們在一起，她的教育方向也有所轉變。那些關於黑豹黨軍國主義式的知識減少了——歷經政府追捕以及黑豹同志出賣，艾菲尼對白人的不信任，也一起轉化為更大範圍的懷疑態度。

現在，除了教導孩子們自衛和保持警覺，還開始著重智慧和道德的成長。她告訴他們，尋求知識是「永恆的旅程」。她的教育方針包括：不要保持沉默。閱讀。要誠實。當他們搭公車穿梭在巴爾的摩時，她會向他們灌輸道德規範——不付公車錢就是偷竊。

「最好的做法就是不要偷竊、不要說謊。然而，你必須得自己判斷怎樣是偷竊。」她後來在一次訪談中解釋：「我總是教導孩子們，如果拿了不是自己的東西，或者使用了東西卻不付錢，那是最糟糕的事情。因為這樣你就被改變了，而且這種擔心受怕的惡性循環，會一直持續到你被抓到為止——每次這麼做都只會給自己增添負擔和壓力。」

這些道德行為的標準反映了艾菲尼的擔憂，即使在社會運動之外，她的孩子也會因為是夏庫爾家族的一員而成為目標。她總是告訴孩子們，如果惹上麻煩，他們會非常危險，「那些人」會找上夏庫爾家。這些教訓在賽琪娃的耳中響起，儘管有點像是艾菲尼長期以來的偏執作祟，卻不無道理。一天下午，賽琪娃放學回家告訴艾菲尼，她們校外教學要去參觀ＦＢＩ大樓，但她不想去。她後來解釋道：「我那天沒去上課，果然隔天一到學校，同學們就說——『喔，我們看到了妳爸爸！妳長得跟他很像。』」顯然，穆圖魯的照片仍然掛在ＦＢＩ的大廳裡。「那時他在美國通緝要犯名單上，臉就出現在海報上。」

新同學，流行新學校

一九八四年秋天，吐派克開始就讀羅蘭公園（Roland Park）國中八年級。雖然習慣了轉學，但要在國中同儕中遊走仍是一項挑戰。他必須融入已經建立好的社交圈中。然而更糟糕的是，他對於最新的服裝潮流不感興趣，偏偏當時黑人社群的時尚，開始受到即將到來的嘻哈浪潮影響。嘻哈音樂很快就要成為黑人文化的明確代表，這種音樂的影響力在過去十年逐漸增長。

從舒格西爾樂隊（The Sugarhill Gang）創新的全球熱門歌曲〈饒舌狂喜〉（*Rapper's Delight*）[2]，到柯蒂斯·布洛（Kurtis Blow）[3]的〈突破〉（*The Breaks*），再到 Run-DMC[4]的〈就這樣〉（*It's Like That*）和霍迪尼樂團（Whodini）[5]的〈朋友〉（*Friends*）以及〈暗夜怪胎〉（*The Freaks Come Out at Night*），一種令人振奮的新聲音正在席捲全美，並帶來具開創性和大膽的新潮流運動——愛迪達貝殼頭球鞋、Russell Athletic 運動套裝、Starter 夾克和金項鍊成為了新的身分象徵；而不論買不買得起，你都最好想辦法穿得帥一點去羅蘭公園國中上課。

吐派克並沒有這些奢侈的潮流配件。就算面臨社交失敗的威脅，他也知道自己絕對不可能穿著新鞋或外套來跟上同學的步調。每天早上，他都必須在臥室地板上散落的二手衣服堆中挑選。他有一條牛仔褲和一條黑色西裝褲，雖然都太長了，但他不在乎；解決辦法很簡單——迅速用訂書機訂好，然後就去上學。

吐派克的同學鼠男（Dana "Mouse Man" Smith）回憶，吐派克第一天走進教室時，留著高頂（high-top）

髮型，但兩邊不一樣高，毛茸茸的，沒有整理過。當時他還戴著牙套，而且只戴了一半，其他部分還沒有裝上。據鼠男說，吐派克坐到了教室後面，卻沒發現那個位子已經被威廉（William）坐走，這位同學個頭比他大兩倍。沒多久，威廉從洗手間回來，盯著吐派克，要求他把座位還來。

「這是我的座位。」

「我沒看到有寫你的名字。」吐派克回答，語氣毫不示弱。

吐派克不知道威廉在學生中被稱為「沒有指甲的人」——他的指甲被割草機意外掀掉，而那被絞壞的手指成了強悍的象徵。

「離開我的座位！」威廉吼道。

老師吉（Gee）女士試圖介入，但兩個學生仍沉默的對峙，最後她才開口：「吐派克，這是威廉的桌子。他比你早到。你可以換個位置嗎？」

吐派克勉強起身，找到另一個空座位。鼠男記得這個時刻，因為班上的每個人都互相交換了眼神，最終選擇了威廉那邊。於是大家開始排擠這個新生。因為他不夠酷，如果試圖與他交朋友可能也會被笑。即使有著艾菲尼般的堅強，但隨著漫長的學期推進，社交挑戰還是讓他感到相當沈重；回家時空無

---

2 編按：第一首進入《告示牌》百大單曲榜（Billboard Hot 100）的饒舌歌曲。
3 編按：第一個與大型唱片公司簽約的饒舌歌手。
4 編按：最先強調饒舌歌手與 DJ 關係重要性的組合，被認為是嘻哈史上最具影響力的藝人，也是新學校（New-school）嘻哈的先驅。
5 編按：最早在音樂中加入 R&B 風格的饒舌團體。

一人更增添了沮喪——通常艾菲尼和賽琪娃還沒有從工作和學校回來。他想念過去成長過程那個大家庭的舒適感，現在表親們都遠在千里之外，他想念兄長們陪伴時的混亂和喋喋不休……如今只有同學的排擠在等著他。有天放學回家後，他問艾菲尼是否可以聊聊。

「發生了什麼事？」

「我想念紐約。」他緩緩的說道。

她答應吐派克會帶他們回紐約拜訪。在此期間，艾菲尼發現回憶可以緩解吐派克的痛苦。他們經常聊起在紐約度過的美好時光，有時還會變成一晚上的歌唱派對。艾菲尼清楚記得那些她喜歡的民歌歌詞，吐派克和賽琪娃則會拿出歌詞本跟著唱。他們一起唱著 R&B 歌手洛依德·普萊斯（Lloyd Price）的〈史塔格·李〉（*Stagger Lee*），或是鄉村音樂歌手田納西·福特（Tennessee Ford）的〈十六噸〉（*Sixteen Tons*）等歌曲。

然而，在自己的臥室裡，吐派克鑽研著另一種類型的歌詞。他會好花幾個小時與手提式收音機待在一起，記下饒舌歌曲的歌詞。他也開始寫自己的歌曲，甚至給自己起了一個饒舌藝名——卡薩諾瓦小子（Casanova Kid）[6]。他明白，沒有觀眾就無法成為明星，所以會在公寓裡大聲饒舌：

卡薩諾瓦小子拿著麥克風唱
我家以前住在叫紐約的地方

幾年後，賽琪娃笑著回憶起她的哥哥一遍又一遍重複著某首饒舌歌的情景：「我真的以為他是最酷、最聰明的……但後來我聽到有人說那是柯蒂斯．布洛寫的歌。」

然而不久後，吐派克用一首原創作品贏得了妹妹的認可。她回憶起哥哥為自己寫的第一首饒舌歌：

飛行騎士是我名號
我是漂亮女孩你要知道
當我握起麥克風，世界跟著跳
上學時我書讀得好
當放學鐘聲響起，我瘋狂起肖
我才九歲，不過我想說
美國小姐每年都提名我

有天在八年級的英文課上，吐派克得到了展示他正在萌芽的創意才華的機會。學生們被要求寫一首關於如何度過暑假的詩。輪到吐派克的時候，整班靜靜坐著，畢竟他們的期待不高。不過當他開始表演時，卻令人刮目相看。詩的內容寫到了關於他對夏天的愛。

6 編按：傑可莫．卡薩諾瓦（Giacomo Casanova）是極富傳奇色彩的義大利冒險家、作家，一生中的伴侶不計其數；吐派克或許在此將自己意指為風流的小子。

「那聽起來像饒舌歌，卻又是一首詩。這首詩和以往大家聽到的都不一樣。」鼠男回憶道：「我們看著這個傢伙，你知道，頭髮歪歪斜斜，戴著牙套。不過在那之後，每個人對他的看法都有點不同了。」

那天回家的公車上，鼠男和吐派克互相讚賞對方的詩，還發現彼此的家只有幾條街遠；這段牢不可破的友情，則始於鼠男為吐派克的詩詞 beatbox 伴奏——從那時起，他們每天一起搭公車，成為彼此音樂之路的重要一部分。

鼠男的支持代表著吐派克社交地位的完全逆轉。同學們的排擠消失了。突然間，他們想知道這位來自紐約的酷炫新生的一切。對於之前在大城市的生活，他們的積極提問使吐派克充滿了自信，讓他放下了卡薩諾瓦小子的名號，將自己重新命名為 MC 紐約。他也改變了穿著——依然穿著白色T恤和用訂書針補好的褲子，但現在衣服上面會用黑色墨水印著「MC New York」。

將詩稱為饒舌

嘻哈文化的力量正持續增長，不過距離成為商業巨獸還有幾年時間。黑人力量運動的時代已經結束，但它的藝術觸手，從阿米里．巴拉卡（Amiri Baraka）[7]的詩到吉爾．史考特－赫倫的口語詩靈魂饒舌，已經轉變成了令人興奮和新穎的事物。聽到這種新聲音滲透到電臺廣播中，令美國黑人社群感到非常自豪——**他們擁有了屬於自己的新音樂類型，那是爵士樂和節奏藍調的兄弟**。

從誕生地布朗克斯開始，嘻哈穿越了全國的貧民窟，提供了一個挖掘和反映黑人經驗的媒介。十三歲的吐派克正處在這個時代的關鍵轉折點，吸收著黑人力量運動的餘波，同時受一種新的風格吸引。嘻哈是兼具風格和能量的閃電，即將為全美黑人注入能量。

當 LL Cool J、Run-DMC、艾瑞克・B 與拉金（Eric B. & Rakim）等前輩發行首張專輯時，吐派克都在密切關注。他每晚都坐在房裡邊聽邊研究〈總統艾瑞克・B〉（Eric B. Is President）、LL Cool J 的經典〈沒有收音機我活不下去〉（*I Can't Live Without My Radio*）跟〈搖響鐘聲〉（*Rock the Bells*）。

自從穆圖魯向他介紹俳句後，他就持續在寫詩；現在，他正目睹全國舞臺上的男女藝人都跟著節奏在唸唱韻腳。對他來說，這兩種寫作方式很相近，而且都很吸引他。**吐派克想傳達那些需要被聽見的故事**，那些媽媽自他出生就在告訴他的故事。**該是時候說出美國歷史的真相了**，關於那些黑暗的過去，特別是那些如瘟疫般在黑人社群肆虐的壓迫與貧富差異。即便在如此年幼的時候，吐派克已經知道，讓世人看見真相能為改革開路。

多年後，吐派克表示自己將詩稱為饒舌，將詩人視為饒舌歌手：「現在你已經不能忽視饒舌的力量。我們的兄弟姐妹，年輕人還有一些成年人，他們的耳朵都緊貼著饒舌音樂。如果你真的想傳遞我們（黑人）的訊息，想教導下一代，就必須開始用我們自己的方式。『最後的詩人』樂團用的是詩。在我們的歷史中，遠古非洲文明裡，詩人們也是一個村莊一個村莊拜訪，這就是傳遞訊息、故事還有經驗的方式。歷史會重演……我們作為最強壯的種族，就該拾起那些正能量然後開始饒舌。」

---

7 編按：其作品因包含大量種族、強姦、暴力、同性戀和宗教問題，引起很大爭議。

嘻哈使吐派克和鼠男的友誼變得穩固。很快的，這兩個男孩變得密不可分。過去鼠男在鎮上就以beatbox技巧聞名，現在又有了與自己才氣相符的歌曲創作者合作。他們是天作之合，吐派克是作詞者，而鼠男則是人體節奏機。他們倆在搭公車上學的路上寫歌，一早就即興表演給通勤乘客們看。吐派克和鼠男會在學校籌辦饒舌比賽；放學後，他們還會花好幾個小時在當地公園裡的自製「工作室」創作。它是一個巨大的設施，原先規畫為兒童玩樂的空間，但後來被遊民變成廁所。鼠男解釋：「有個叫做泡泡的東西，很大、是塑膠的，都是小便味，但那邊的音響效果超猛。沒有其他地方有那樣的環境。」

不久之後，吐派克的名聲就傳到了校外。一九八五年二月，八年級那年剛過一半，他跟鼠男被一位人脈廣泛的娛樂活動主辦人羅傑（Roger）邀請到切里希爾（Cherry Hill）休閒中心，與曼創（Mantronix）、MC Tee、還有正義（Just-Ice）這些知名饒舌歌手一起演出。這個機會喚醒了男孩們的成名之夢——他們想著歌手的經紀人跟唱片公司都會一起來，便將這次表演視為未來爭取更大舞臺的試鏡。

吐派克跟鼠男在活動前每晚不斷彩排，希望能在演出時讓唱片公司留下深刻印象。他們也替自己取了藝名，叫做「東岸幫」（Eastside Crew），向東岸巴爾的摩驕傲點頭致意。

那晚吐派克跟鼠男登臺時，幾乎沒有人發現他們之前只有表演給同學、公車乘客、朋友們看過。他們很有自信的遊走在五首歌的組曲間，第一首歌是〈老兄，拜託〉（*Nigga Please*），主題是關於一個過度熱心的花花公子。這場演出在鼠男的beatbox獨奏達到高潮，引來了眾多掌聲和歡呼，最後一首歌則是〈躁起來！〉（*Rock On!*）。儘管表演沒有達到完美，但這次的雙人組合也算成功了。

他們對於有專業人士會到場的直覺是正確的，在觀眾之中有曼創的經紀人以及Jive唱片[8]的「藝人與製作部」經理維吉爾．西姆斯（Virgil Simms）。先前的準備沒有白費，西姆斯對演出感到相當驚豔。

表演結束後幾天，他便與羅傑聯繫，討論給東岸幫一份唱片合約的可能性。羅傑安排了會議，而兩位十三歲的小男孩在路上興奮不已。那一天，西姆斯提出了正式邀請，希望東岸幫可以在 Jive 唱片錄製首張專輯。

吐派克等不及回家跟媽媽還有妹妹分享這個消息，他和鼠男只需要一個東西就能讓這件事成真：父母在合約上簽名。

然而，雖然是間頂尖的唱片公司，但艾菲尼對於兒子要簽約給娛樂產業非常反感。沒有任何遲疑，她要求吐派克與唱片公司停止聯絡，並要他坐下，重新對他訓誡教育的重要性。艾菲尼已經發現饒舌音樂對她兒子的影響，雖然她對嘻哈文化整體的訊息和價值並不反對，但並不希望對饒舌的興趣阻礙了吐派克未來的學術生涯。她希望孩子可以全面發展，擔心簽下唱片合約後會讓他失去對文學藝術、詩歌、舞臺劇，以及那些原本已經發展出的興趣。

合約不會簽，也不會替 Jive 製作音樂。艾菲尼跟他們說：「你們太年輕了。」鼠男回憶道：「吐派克因為這件事哭了。」

吐派克悶悶不樂了好幾週，因為媽媽阻礙了他的夢想。但就像大部分的青少年一樣，他也只能繼續向前，等待，並找條不同的道路。不過唱片合約的邀請提升了吐派克的信心和專注力，促使他更努力的磨練才藝。儘管媽媽一再強調教育大於一切，他還是偷偷花時間跟鼠男一起做音樂，下定決心要將饒舌練得爐火純青，以便在下次機會到來時隨時出發。

8 編按：索尼（Sony）音樂旗下廠牌，目前已停業並將旗下藝人移至 RCA 唱片。

從報紙找題材

吐派克在十四歲時培養了讀當地報紙的興趣。犯罪率、政治辯論、雷根經濟學以及各種世界議題，塞滿了他年輕的心靈。對吐派克來說，讀報紙是種情感的經驗。大多數人可能只會快速看過，偶爾對悲傷的新聞及故事搖頭，但吐派克深深被報紙裡的內容影響，那些文字會飛出紙上然後全力撞擊他。放下報紙後，**他無法當作若無其事般繼續過自己的生活。他必須消化所讀的一切，並且找到方式讓人們意識到這些殘酷的現實**。他必須聚焦於那些不幸，並將其融入自己的藝術創作之中。

報紙也是吐派克發揮所長的方式之一。不論是詩詞競賽、饒舌競賽——只要能找到的，他就會報名參加。而很快的，他就獲得了認可。〈自相殘殺等於種族滅絕〉（*Us Killing Us Equals Genocide*）這首歌使他贏得了第一個獎項「停止暴力獎」（Stop the Violence Award）。這首歌曲是個警世故事，關於槍枝暴力和犯罪對都市年輕人的影響，反映了他對自身社區日益增長的擔憂：

讓我來告訴你羅傑的故事
因為他天資過人
他想成為一名醫生，開刀治療心臟，
拿獎學金去唸優秀的大學是過程
他不想嗑藥，他想選擇知識

現在，一個命運坎坷的夜晚，羅傑在家
就在羅傑旁邊的房子發生了一場可怕的爭吵
他認識住在那裡的女孩，所以他很擔心
他走出去看發生什麼事，但再也沒有回來
羅傑被槍擊六次，就此消失
他的夢想如他的生命，一同消逝

同年，吐派克看到了一張傳單：「號召所有饒舌歌手！」伊諾普拉特（Enoch Pratt）圖書館計畫舉辦一場才藝競賽，寫一首以圖書館為主題的饒舌歌曲，紀念這個機構的五十歲生日。參賽者必須在十八歲以下，且作品不能有髒話。

對吐派克來說，創作關於圖書館的歌很容易，因為他熱愛閱讀，並且在母親艾菲尼的影響下，意識到了自我教育的重要性。他已經讀過革命家巴比・席爾的《把握時間》（*Seize the Time*）和作家喬治・傑克遜（George Jackson）的《眼中血淚》（*Blood in My Eyes*），他想透過自己的饒舌來感染讀者和非讀者，使他們了解閱讀是成功的關鍵。他希望人們把每間圖書館都視為寶藏。

他為比賽準備的作品就叫做〈圖書館饒舌〉（*Library Rap*）。在才藝表演的那天，東岸幫準備就緒。鼠男開始打節奏，吐派克在麥克風前吐出精準的押韻。這首饒舌歌非常受歡迎。鼠男回憶道：「我們通過了半決賽，最後進入決賽。結果兩個小女孩贏了。我們得了第二名。」吐派克對於沒有拿到冠軍感到失望。鼠男補充道：「吐派克甚至想要放棄饒舌。」

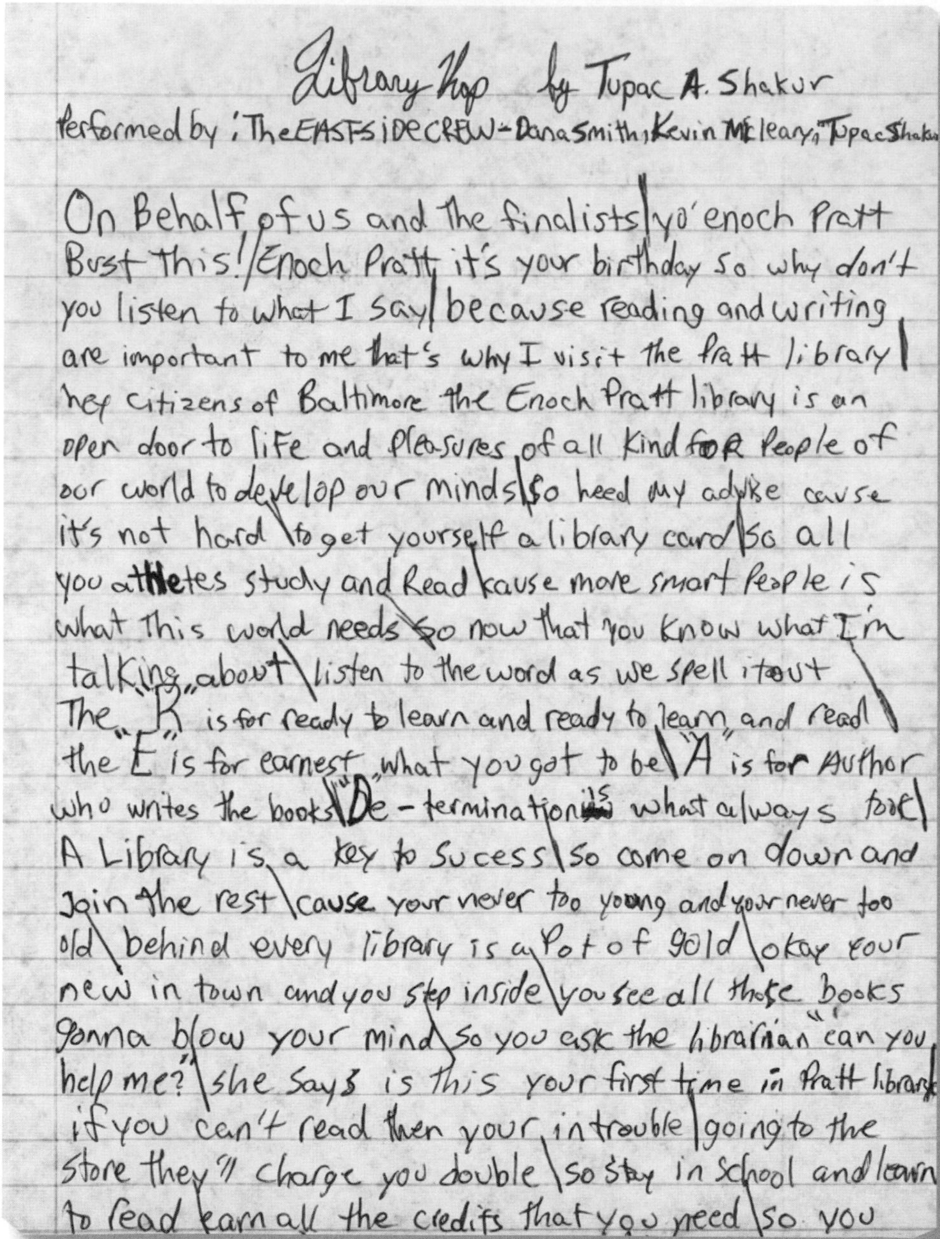

Library Hop by Tupac A. Shakur
Performed by; The EASTSIDE CREW - Dana Smith, Kevin McCleary, Tupac Shakur

On Behalf of us and the finalists yo' enoch Pratt
Bust This! Enoch Pratt it's your birthday so why don't
you listen to what I say because reading and writing
are important to me that's why I visit the Pratt library
hey citizens of Baltimore the Enoch Pratt library is an
open door to life and pleasures of all kind for people of
our world to develop our minds so heed my advice cause
it's not hard to get yourself a library card so all
you athletes study and Read kause more smart people is
what this world needs so now that you know what I'm
talking about listen to the word as we spell it out
The "R" is for ready to learn and ready to learn and read
the "E" is for earnest what you got to be "A" is for Author
who writes the books "De-termination" is what always took
A Library is a key to sucess so come on down and
Join the rest cause your never too young and your never too
old behind every library is a pot of gold okay your
new in town and you step inside you see all those books
gonna blow your mind so you ask the librarian "can you
help me?" she says is this your first time in Pratt library
if you can't read then your in trouble going to the
store they'll charge you double so stay in school and learn
to read earn all the credits that you need so you

▲東岸幫——吐派克和鼠男——憑藉這首〈圖書館饒舌〉拿下了比賽第二名。

然而，也許比歌詞更動人的是表演本身。伊諾普拉特圖書館的館員兼學生服務協調員黛博拉・泰勒（Deborah Taylor）記得，評審們當天一致認為吐派克的演出照亮了整個房間。她回憶道：「吐派克開始表演時，你根本無法移開目光。」

到「酷學校」賣藝

當東岸幫沒有參加比賽（並殺翻全場）時，這兩個男孩經常會在「山頂」、「山丘」上閒晃，這是巴爾的摩東部一個比格林蒙特大道高的地區，年輕人和老年人聚集在街角販賣毒品、手錶以及其他你可能需要的東西。繁忙的街頭，人們在人行道上賭博，菸草和大麻煙霧瀰漫，吐派克和鼠男則坐在那觀察著一切。虛張聲勢的對話中，塞滿大麻的菸從一個人手中傳到另一人手上，偶爾也會停在吐派克那。在這裡，人們將槍枝當作玩具擺弄與欣賞。在山頂，對於巴爾的摩東部的街頭混混來說，這是當地的「酷學校」，吐派克很快就入學了。

不過，吐派克和鼠男並沒有在走私毒品，他們賣的是自己的才華。他們透過為鼠男的叔叔和他們的伙伴即興創作歌曲賺錢——吐派克非常需要這些錢。巴爾的摩雖然是一個新的開始，但對夏庫爾家庭來說，維持生計仍然十分艱辛。艾菲尼曾經讓吐派克把金耳環讓拿去典當，換來幾袋馬鈴薯和肉來撐過這個月。

即使當時吐派克賺的只是一點零錢，但每分錢對家裡都很有幫助。他很快明白，自己用即興創作賺來的錢應該用來買食物。這也意味著可用於週末搭公車和看電影的錢減少了。在這段時間裡艾菲尼的告誡——夏庫爾家不偷竊不撒謊——經常與他和鼠男四處奔波巴爾的摩時，想要逃票或溜進電影院的誘惑相抗衡。最終，他意識到自己需要找一份工作，一份能夠提供穩定收入的工作。

當時，鼠男在社區一家日間托兒所工作，晚上負責清潔和整理。吐派克每天晚上都在那裡等鼠男下班，所以鼠男提出如果吐派克負責一半的任務，他們就可以平分工資。吐派克還會替鄰居鏟雪，十四歲時，他很快就發現，鏟的雪越多，就可以買到越多泡麵和三明治的肉。

有了兩份工作和副業（饒舌），吐派克自從搬到巴爾的摩以來，第一次有了額外的零用錢能買一張便宜的巴士票去紐約。鼠男也會一起去。吐派克想要把他的朋友介紹給葛洛阿姨和家人，展示他作為一名表演者的成長。表哥比爾記得他們第一次在客廳裡聽到吐派克即興創作的場景：「他走遍整個房間，用一首饒舌唱著家裡的每個人。真的很屌！因為派克使用了當時沒有其他饒舌歌手會說的詞彙。他很聰明，非常善於表達。我真的很震驚，我就是在那時看出他的與眾不同。」

前往紐約的小旅行很快變得更加頻繁，吐派克很期待那些美好的週末。即使要搭四小時巴士，能與表兄弟們的相聚也值得了。然而他在巴爾的摩賺的錢僅能維持基本開銷。一旦去了紐約，外出吃飯、看電影和四處逛逛都需要花錢。

於是，他想出了「一塊錢計畫」。首先他會分別向家裡的每個人要一塊錢。接著去一些以前常去的地方閒逛，這時難免會遇見幾個熟人，許多人都很高興見到吐派克——「嘿，老兄，能借我一塊錢嗎？」他就這樣和人們開口。最後，吐派克口袋裡的錢比所有人都多；大家才發現他已經跟全家人還有好幾個朋友要過錢了。

〈梵谷之歌〉

一九八五年秋天，艾菲尼將吐派克送到巴爾的摩的保羅．勞倫斯．鄧巴（Paul Laurence Dunbar）高中就讀。這間高中以著名的非裔美國詩人命名，是一所磁性學校[9]，提供職業指導等額外課程，如急救員培訓和護理。對艾菲尼來說，這些特色令她非常滿意。但吐派克感覺不同。鄧巴高中有著深厚的體育文化，尤其是籃球，這讓他感到完全格格不入。而且在那裡他幾乎沒有朋友——大多數同學都到了該地區的其他高中，所以吐派克不得不又一次重新開始。

他想念紐約的表兄弟。他在這所找不到任何優點的學校裡感到相當孤單。即使和鼠男的友誼仍然持續，但每天午餐時間與鼠男的音樂合作已成過去式。在家裡，老鼠、空冰箱和冰冷的臥室仍然是他日常生活中最直接、陰暗的現實。吐派克迫切需要改變，需要讓事情朝著正確的方向，或者至少是更好的方向發展。

但首先來了另一個打擊：他唯一認識的父親，唯一稱他為兒子的人，突然去世了。吐派克的表哥比爾回憶：「雷格斯出獄了，大約有兩個月左右。然後又開始吸快克，只吸了一口就心臟病發。當時和他在一起的人很驚慌，不知道該怎麼辦。」雷格斯去世後不久，艾菲尼發現他不可能是吐派克的生父。她

9 譯按：Magnet School 始於一九六〇年代，此類學校提供特色化的另類課程，以鼓勵白人家長將孩子留在公立學校系統接受教育，並促進弱勢種族的家長送孩童進入融合學校。磁性學校藉由提供開放地域式的招生，終止種族隔離。

解釋道：「我發現他一直都知道自己無法生育。他知道吐派克不是他的孩子，但選擇將他視為己出。」

當她告訴吐派克雷格斯去世的消息時，他悲痛欲絕。即使在雷格斯從生活中消失時，吐派克也一直希望他能成為自己的父親。後來，吐派克才意識到，這種偶爾的拜訪並不符合好父親的標準，但作為一個孩子，吐派克原諒了雷格斯的缺席。他錯過了吐派克生活中所有的重要時刻。當吐派克在《日光下的葡萄乾》舞臺劇中演出時，他不在觀眾席上。當吐派克離開紐約去巴爾的摩時，雷格斯沒有在賓州車站出現。他沒有來巴爾的摩探望，甚至沒有打電話，吐派克自從雷格斯被送進監獄以來就從未見過他。

雷格斯的缺席激怒了吐派克。現在他永遠不會回來的事實，再次讓吐派克感受到被遺棄的痛苦。「雷格斯去世時，吐派克陷入了深深的悲傷，」艾菲尼說：「隨著吐派克長大，他很遺憾自己沒有從雷格斯那裡得到更多關愛。但他從來沒有想過要切斷與街頭背景的連結。雷格斯是他對街頭的定義。」這種始終伴隨著憤怒、後悔和苦澀的悲傷，後來也融入在他的歌詞中。在吐派克最動人的、最感人的歌曲之一〈親愛的媽媽〉中，他說道：

> 他們說我錯了，我很無情
> 但一直以來我只是在尋找父親的榜樣，他卻消失了

吐派克的生活，常常會因為發現新的藝術或音樂而變得快樂一些，其中一個令人慶幸的時刻剛好發生在他們去古德威爾（Goodwill）逛街的時候。艾菲尼經常帶吐派克和賽琪娃去二手店買學校衣服和其他必需品。有次，艾菲尼剛好還有一點錢能買一張新唱片：創作歌手唐·麥克林（Don McLean）的經典

專輯《美國派》（*American Pie*）。當他們回到家時，吐派克接上了唱片機，放下唱針，並把音量調高。一首名為〈梵谷之歌〉（*Vincent*）的歌曲吸引了他的注意。他仔細聽著，吸收著麥克林對命運多舛的藝術家梵谷哀傷、迷人的哀悼：

> 他們不肯聽
> 他們不懂怎麼做
> 也許現在他們會聽了

麥克林的歌詞激發了吐派克的想像力。這首歌本質上體現了梵谷作為一位「從未感受到接受和認可的藝術家」的痛苦和煩惱。吐派克欣賞麥克林透過音樂傳達人性和真實情感的能力。這首歌和它所傳達的教訓將伴隨著他的一生。「我寫音樂的靈感就像麥克林的〈梵谷之歌〉一樣，」後來吐派克談到創作過程時解釋道：「深刻的故事，真實的、關於人類最深層需求的故事。我想用我的音樂做到這一點。」梵谷也將成為吐派克的創作典範。

一天下午，艾菲尼坐在家門前，一聲尖叫和重重的撞擊打斷了午後寧靜。吐派克和賽琪娃從屋子裡衝了出來，看看發生了什麼事。有輛車撞到了一隻狗然後逃走了。他們三個匆忙跑去看看能否幫忙。他們在現場遇到了兩位女士，是住在格林蒙特大道對面的鄰居，她們迅速抱起受傷的狗，跑向車子，希望能趕上時間去找獸醫。吐派克問是否可以跟著她們去。她們答應了，艾菲尼也同意。

第二天晚上，吐派克和艾菲尼走到對面去感謝這兩位女士，很快就被邀請進屋。當吐派克坐在沙發上，欣賞著這個裝飾精美的中產階級家庭時，他好奇的眼睛落在一本色彩鮮艷的書上——一本關於梵谷生平和作品的書。他拿起來翻閱，很快就深陷其中，這兩位女士也注意到了這件事。幾天後，她們走到吐派克家，給了他一本，當作他幫忙照顧受傷小狗的禮物。

艾菲尼得知其中一位女士是巴爾的摩藝術學校（BSA）的退休教師，該學校被視為巴爾的摩公立學校系統的皇冠，培養出許多在創意領域取得成功的學生。BSA引起了艾菲尼的好奇，使她回想起在紐約表演藝術高中的時光。即使她自己在一所主要由上層階級學生組成的藝術學校就讀時感到不自在，她也願意相信這所學校可能很適合吐派克。

這似乎是個很簡單的決定，尤其是因為他在鄧巴高中並不快樂。所以她問吐派克是否想試試看？過去在羅蘭高中缺乏戲劇演出機會的情況下，吐派克對表演的熱情已經讓位給了寫作和音樂，但他也蠻喜歡重新開始舞臺之旅的想法。幾天內，艾菲尼就聯繫了這所學校。

一九八六年春天，吐派克向BSA提交了申請，很快就接到邀請參加試鏡的電話。在收到消息的那天，吐派克已經覺得自己肯定會上。他並不在意每年申請人數大約有兩百五十人，且只有十八名戲劇學生會被錄取。他相信自己能夠說服招生委員會，成為學校的一員。被錄取就代表不用再去無聊的鄧巴高中。他的生活也不再繞道，將重新踏上成為一名成功、著名演員的道路。於是，吐派克開始排練獨白，等待著試鏡日的到來。

06

孤獨的深處

1986

我存在於孤獨的深處，
思考著我的真正目標。
試著尋找心靈的平靜，
同時保護我的靈魂。

——〈孤獨的深處〉（*In The Depths Of Solitude*）

「黑鬼！」

這個字從BSA的玻璃門彈射進了吐派克的耳朵。他轉身看到一輛滿載著白人孩子的車來勢洶洶，其中一個人從窗戶裡吐出口水。吐派克呆住了。

艾菲尼一直在期待這一刻。某種程度上，她一直在為兒子做準備。「對於每一個七歲的年輕黑人男孩來說，」她後來在一次訪談中解釋道：「在他們十一歲或生命中的某一時刻，有百分之九十的可能性有人會看著他，向罵他出一個字。不管這個詞是什麼……他們可能不會說出N字，但他們會看著孩子，向孩子表明他在這個國家的地位。當他們這麼做時，我希望他能在這裡」——她摸了摸自己的心——「找到美，找到自己內在的正直和力量，他可以從中反擊。」

吐派克就是這樣做的。他深吸了一口氣，決心不讓這些孩子的無知和惡毒激怒他。他沒有時間為這種胡言亂語而煩惱；今天是他試鏡的日子，沒有什麼能阻止他成功。他迅速恢復冷靜，轉身走進了大樓，爬上學校蜿蜒的大理石樓梯，為自己的試鏡做好準備。

吐派克進入學校劇院，坐下等待著。輪到他表演時，他從恩尼・麥克林托克的指導經驗中汲取力量，演繹了《日光下的葡萄乾》中的獨白。也許反映了他日益成熟的一面，他選擇不重演崔維斯的臺詞，而是選擇了為崔維斯的父親華特・李（Walter Lee）寫的一段演說。在四位教師組成的評審小組面前毫不畏懼，自在而堅定的表演。當他完成後，他對自己的表現充滿信心。幾年後的一次訪問中，吐派克說他的試鏡和在BSA的時光是「我運氣好的時刻」之一。

教師們立即注意到了他。李察・皮爾徹（Richard Pilcher）說：「他很自然。對一個那個年紀的孩子來說，他真是太厲害了。」另一位教師唐納德・希肯（Donald Hicken）注意到：「我認為評審們立刻就能看出他真的屬於這裡。」

那年秋天，吐派克以十年級生的身分進入了BSA就讀。他立刻意識到未來在這所學校的經歷將與以前不同。他發現，在BSA每個人都站在平等的地位。他終於來到了一個不會因為家庭不幸而被取笑的地方。曾經惹人側目的二手、裁縫不整的褲子、不整齊的髮型，現在都成為了他的獨特性標示。在這裡，大家提倡創造個人風格，不會受到排斥。他終於能夠自由的與同齡人交往，而且只需帶著他的創造天賦就好。

儘管錄取戲劇系，但吐派克的饒舌歌手名聲同學們早有耳聞。就在入學的幾週內，他已經輕鬆的在學校走廊上遊走，並交到了新朋友；甚至與高年級學生建立了友誼——這是一條快速攀登社會階梯的道路。而且，他出生並長大於紐約，一個同學們普遍渴望在其中脫穎而出的城市，這也有助於他能夠在不同的圈子之間輕鬆移動：黑人、白人；富人、窮人；舞者、視覺藝術家、表演藝術家。吐派克成為了一個真正的變色龍。

儘管成功適應了新學校，但仍有一群人不接受他加入他們的圈子：一群來自視覺藝術系的黑人學生。他們認為吐派克的外表太「流浪漢」，不值得交朋友，甚至不想承認他的存在。新朋友的安全感和大部分友好的環境，給了吐派克挑戰學校中現任饒舌王者的信心，而這些饒舌藝術家恰好都在這個圈子中。不久，學生們之間便傳開了饒舌比賽的消息，大家都想知道：那個新來的孩子是否真的能贏？

這場饒舌比賽在化裝舞會上舉行，吐派克帶了鼠男一起參戰。身穿黑色西裝褲、黑色鈕扣襯衫和一件羊毛開襟衫；吐派克帶著一群學生下樓，來到靠近餐廳的走廊。在向人群介紹鼠男後，比賽開始了。吐派克發動攻勢，鼠男打著節奏，兩人的表演炒熱了氣氛，吸引許多觀眾的注意。比賽來回激烈，雙方都在竭力壓制對方。隨著吐派克和鼠男雙人組的歡呼聲越來越大，對手們意識到自己正在失去氣勢；最終，他們屈服了並退出了比賽。對戰吐派克的其中一名饒舌歌手達林・巴斯特菲爾（Darrin Bastfield）回憶說：「很明顯，他們有練過，因為我從來沒見過這樣的事情……他們打敗了我們！」

比賽獲勝後，吐派克贏得了全校的尊重，開始過著「受歡迎的表演藝術學生」的生活。他曾因在羅蘭和鄧巴高中過渡時期所受的挫折而動搖，不過BSA使他變得更加自信。在這個時尚多樣、沒有運動鞋和Starter夾克的地方，他的MC紐約牛仔褲成了標誌。他甚至開始將指甲塗成黑色。

「你為什麼要塗黑色指甲油？」某個下午吐派克從學校回家時，艾菲尼問道。

「喔，這個啊。」他回答，一邊將手指伸到面前看著：「這樣我就能和我的女性面向（feminine side）保持連結。」

「你知道女性面向是什麼嗎？」

「就是妳教我的一切。我不想忘記。所以這可以不斷提醒我。」艾菲尼驕傲微笑著，見證兒子的情感智慧開花。她知道自己已經為吐派克正在成為的人打下了堅實基礎，並且很高興看到表演藝術學校的新生活，為他的蓬勃智識增添了更多層次。

其實有些白人可以相處

隨著吐派克在ＢＳＡ漸漸踏上軌道，他便開始將精力投入到表演課程中。動態學、舞臺藝術、聲樂學和學習技巧課占了學校日常的一半。這些課程在非正式的工作室環境中進行，沒有書桌或講臺，只有地板，幾張零散的椅子和有芭蕾扶桿的鏡子牆。在授課期間，學生們會圍著半圓形坐下，觀察其他同學。

吐派克秋季課表上的其中一門課是由唐納德．希肯教授的「表演入門」，他是戲劇系的主任。希肯回憶道：「我對吐派克的第一印象來自他的名字，因為它非常獨特。那年我第一次點名，當我喊到他的名字時，有人笑了。吐派克便對那個人投以一個眼神，傳達了訊息——『如果你再取笑我的名字，你就麻煩大了。』他是認真的。之後，再也沒有人會覺得他的名字奇怪。那是我第一次意識到他那強大的靈魂。你可以稱之為魅力、天賦或其他任何東西。那是這兩者的混合物，但還有一種額外的成分，那就是影響力，控制他人行為的力量。」

表演入門課程有兩部分內容：工作室元素、表演藝術的歷史。第一項作業是選擇一首歌曲，並編排一個包含音樂和動作的獨奏表演片段。每個學生需要在全班面前展示，並根據表現評分。隨著吐派克饒舌藝術家的名聲在學校越來越高，特別是在化裝舞會上的勝利後，大家都對他期望很高。希肯承認，他和同學們都期待吐派克會將饒舌歌曲融入表演中。

然而，吐派克再次給人們帶來了驚喜，展現了他不同的一面。吐派克與十二位同學一起坐在教室地板上；輪到他的時候，他走到教室中央，靜靜站在那裡，等待音樂開始。不久，全班聽到從音箱中流出麥克林〈梵谷之歌〉的開場樂聲。隨著歌曲展開，吐派克在教室裡走來走去，他的動作具有戲劇性、緩慢且收放自如。他凝視著窗外，彷彿在尋找著什麼或某個人。這場獨奏表演安靜而沉穩，隱約流露出憂鬱和神祕。

「吐派克表演了一個美麗的作品，一個透過動作講述的故事，」希肯回憶道：「他寫了關於自己對梵谷的喜愛。他能夠理解梵谷，因為他喜歡他的作品，也因為他同樣被誤解。不過奇怪的是，當時的吐派克還沒有被人們誤解。這或許是一種預感。」

在BSA度過的時光，以及與截然不同背景的同學相處的經歷，在吐派克內心激發出與艾菲尼完全不同的反應；雖然看到了同樣的貧富差距，但也因此對種族問題有了新的認識：「那是我第一次發現，有些白人是可以相處的，在那之前，我只相信其他人所說的——他們是魔鬼。」

當吐派克適應了BSA的生活後，他開始用不同眼光看待同學之間的差異；透過建立基於互惠的友誼，來了解那些生活階級不同的人。如果有人真心誠意的想了解他，不管他們住在哪裡或有沒有錢，他都會表現出平等的尊重。這是很簡單的道理：如果人們釋出善意，吐派克就會樂意接受友誼的發展。

他迎來的其中一段友誼是與一位嬌小的焦糖膚色美女，她有自信的微笑和潑辣的態度，她的名字叫潔達・蘋姬（Jada Pinkett）[1]。他們是在戲劇系的學生集會上認識的。潔達在一次訪談中回憶：「當他走向我時，他露出了燦爛的微笑，並帶著一直以來的那種爽朗笑聲。他就像一個磁鐵。一旦注意到他，他就會把你吸過去。我們從那一刻起就很合得來。我們之間有一種連結，隨著越來越了解彼此，我們才意識到這種連結的本質。我們是一輩子的朋友。」

潔達曾請求吐派克幫忙，她一直想要認識一位高年級生約翰・柯爾（John Cole），他是個才華橫溢的視覺藝術家。她希望吐派克與約翰交朋友，以便能介紹他們認識。吐派克爽快的在學校「吸菸室」裡安排了一次看似隨興的介紹。幾天後，這三人就成了親密好友，建立了持續終生的聯繫。

隨著三人友誼加深，吐派克和約翰的關係也越來越牢固。約翰回憶起他對吐派克的第一印象：「吐派克很喜歡引人注目。他總是在舞臺上表演，總是喜歡搞笑。所以我們會一起去參加派對，等他講了笑話，逗得全場哈哈大笑後，我會說：『沒錯，這是我的好朋友。』」

他們就像陰與陽。約翰內斂謙虛，吐派克則喧鬧自豪。約翰為這段友誼帶來了一個來自白人中產階級的新鮮視角。他住在一個舒適的房子裡，食物充足、口袋裡有錢、有家人的車能開，還有一堆毛衣。艾菲尼回憶道：「約翰有一些很棒的毛衣，是我見過材質最暖和的。有時候吐派克會穿約翰的毛衣回來。我認為他們的友誼對吐派克在巴爾的摩的生活很重要。可能比其他任何事情都重要。約翰就是一個真正的好人。」

雖然約翰是白人，住在巴爾的摩治安良好、草皮修剪整齊的高級住宅區吉爾福德（Guilford），但他和吐派克卻有共同的成長經歷：沒有父親陪伴，只能依靠母親作為榜樣。約翰後來談到，他相信由媽媽單親扶養，使他們之間的友誼具有了非凡的深度和敏感性。他承認：「沒有父親會讓你對男性世界缺乏某種程度的理解，但也渴望融入並趕上其他同儕。那會讓你真的不明白應該怎麼做。我們的成長背景不同，卻因為情感的共同點（而非一般男孩子的逞強和競爭）產生了共同連結。」

吐派克、潔達和約翰談論了他們的熱情和夢想，也打開了關於家庭的話題。潔達後來解釋說，她和吐派克之間的連結是因為他們都有「身陷毒癮的母親」。她回憶說：「這是我們年輕時真正能相互連結和共鳴的事情之一，因為我們都在奮力掙扎。我們真的是在為了最基本的生存條件而努力著。食物從哪裡來？衣服？鞋子？要去哪裡找錢才能讓家裡不會被斷電？」

在生存成為他們關係中的共同連結時，吐派克感覺自己終於遇到了一個可以信任的人。潔達解釋：「當有一個人在你感覺自己一無所有時支持你，那就代表了一切。」正因如此，她很快就成了吐派克的好朋友，且能以女性的觀點為他提供建議。她的熱情和自信很吸引人，也成為了維持友誼的黏合劑。潔達和吐派克、約翰分享了她開放、感性的思維，以及來自她阿姨的靈性教導，這使吐派克對來世和形上學產生了新的興趣。

吐派克向潔達和約翰講述了他的家族歷史，以及母親與黑豹黨運動。「我從小就被教導了關於馬丁·路德·金恩與民權運動，」潔達回憶道：「當派克出現時，他向我解釋了麥爾坎·X和黑豹黨的事情……這是他親身體驗的歷史。」他也讓他們了解貧困的殘酷現實：「派克很窮。我的意思是真的沒有錢。他只有兩條褲子和一件毛衣，家裡只有放在地板上的薄床墊，沒有床單。他真的一無所有。」

周圍親密的朋友和家人都知道，從他們相遇的那一刻起，吐派克就和潔達有著特殊的連結。「我記得約翰常常來我們家，但他們都在聊潔達的事。」賽琪娃回憶這段時間吐派克的生活：「他的音樂改變

1 編按：美國女演員、歌手，於一九九七年和演員威爾·史密斯（Will Smith）結婚。

了。人也改變了。活生生的潔達出現了！他撕下了牆上的雜誌海報，取而代之的是約翰的藝術作品，還有潔達的照片。」

吐派克寫了幾首詩表達對潔達的愛。其中一首〈潔達〉（*Jada*）展示了深深愛意：

妳是我心之終點
建築我對愛的所有概念
想像一位完美的黑美人
腦中就先浮現了妳

妳永遠不會懂
我愛妳到無法自拔
擔心兩個人漸行漸遠
害怕最終失去妳

沒有性也感到歡愉
妳的一切高貴優雅
化作我心的形狀
我無可取代的摯友

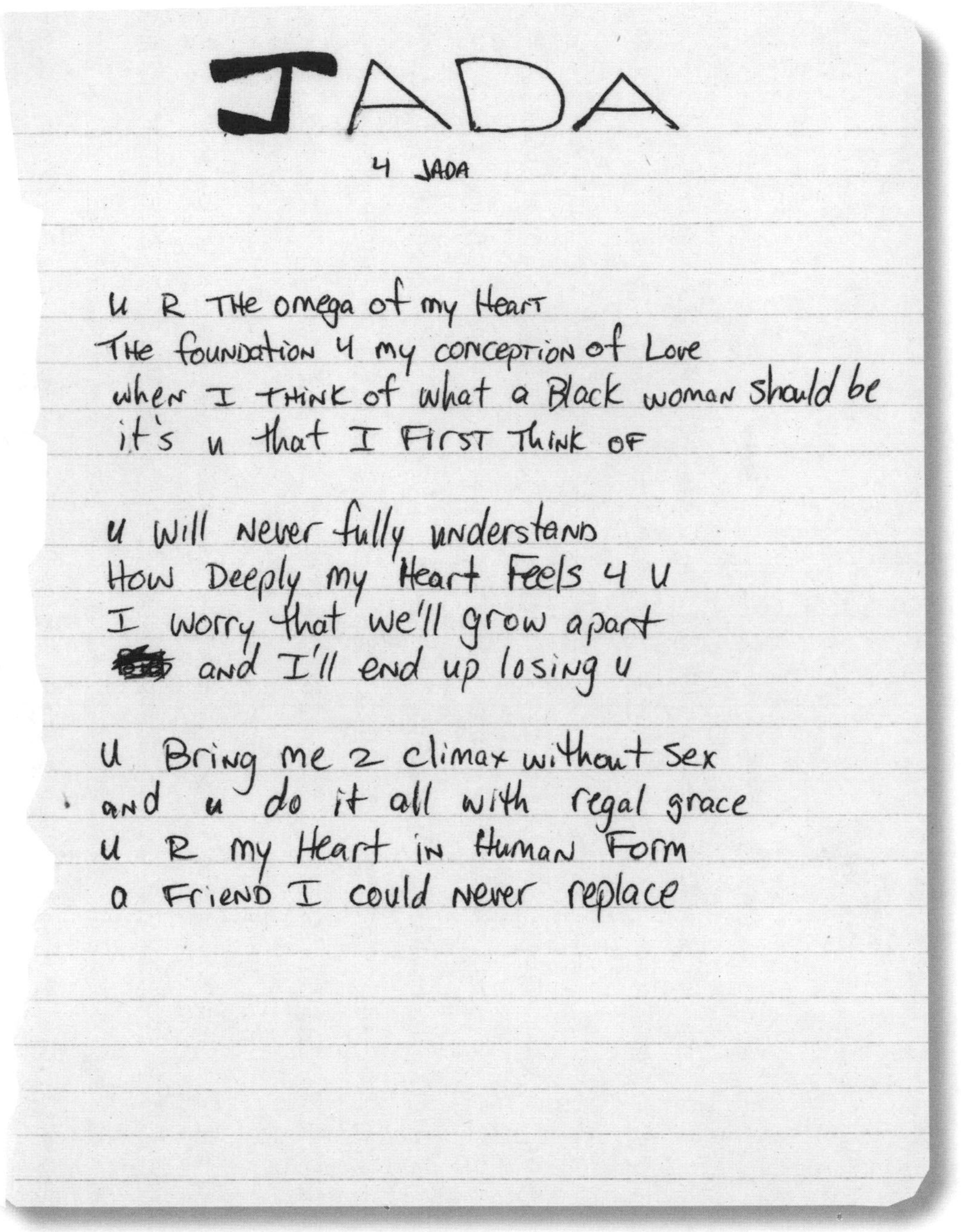

JADA

4 JADA

U R THE omega of my Heart
THE foundation 4 my conception of Love
when I THINK of what a Black woman should be
it's u that I FIRST Think OF

u will never fully understand
How Deeply my Heart Feels 4 U
I worry that we'll grow apart
and I'll end up losing u

U Bring me 2 climax without Sex
and u do it all with regal grace
U R my Heart in Human Form
a Friend I could never replace

▲在從巴爾的摩搬到馬林市之後，吐派克為他一生的好友潔達寫了這首情詩。

許多個晚上，潔達、約翰和吐派克會徹夜討論各種主題，從莎士比亞到雷根經濟學再到基督教。隨著吐派克在約翰家度過的時間越來越多，這些深夜的對話逐漸展開。約翰一家為吐派克提供了他從未體驗過的舒適——現代化的家電、寬敞的客廳、大沙發、有線電視。然而，對吐派克來說，最奢華的享受還是裝滿食物的冰箱。他每次造訪都大吃特吃，無論是簡單的三明治還是肉排潛艇堡。約翰回憶道：「我

> 在自己家裡都不吃飯，因為吐派克吃得太多了。如果我也吃的話，食物就會被吃光，所以我會去外面買……我是想說，趁在家的時候吐派克想吃什麼就吃什麼，我們也會弄些冷凍牛排。」

另一項豪華享受是源源不絕的大麻。約翰和吐派克經常駕著約翰哥哥的淺藍色福斯汽車穿梭於巴爾的摩。大多數晚上和週末，他們都會漫無目的的在城市裡四處閒晃，最終回約翰家，在臥室裡抽大麻。他們聽著音樂，從重金屬樂團「金屬製品」（Metallica）、蘇格蘭樂團「極地雙子星」（Cocteau Twins），到崔西·查普曼（Tracy Chapman）和辛妮·歐康諾（Sinéad OConnor）等歌手都有；並且分析了彼特·蓋伯瑞（Peter Gabriel）、新秩序樂團（New Order）和史汀（Sting）的歌詞和職業生涯。吐派克喜歡一九八〇年代的樂團亞茲（Yaz）和家庭樂隊（The Family）[2]，尤其是後者的歌曲〈你無可取代〉（*Nothing Compares 2 U*）[3]。那一年，吐派克的一首主題歌是蓋伯瑞的〈永不放棄〉（*Don't Give Up*）。約翰回憶道：「〈永不放棄〉是幾乎我們所有人都在聽的一首歌，這首歌表達了我們嚮往的夢想。」

> 我改變了容貌，改變了名字
> 但當你失敗時，沒有人會理你
> 不要放棄

吐派克渴望獲得ＢＳＡ提供的一切機會，即使是他以前從未考慮過的領域。除了在他十一年級參與了一些學校的小型戲劇製作以外，他還接受了舞蹈系的邀請，在改編自俄羅斯作曲家伊果．史特拉汶斯基（Igor Stravinsky）的芭蕾舞劇《火鳥》（*Firebird*）中飾演巫師。舞蹈系主任向希肯徵求了意見，希肯或許是想起吐派克在第一次表演作業中的優雅和自信，於是推薦了他。幾週之內，吐派克就和舞蹈系學生一起在舞臺上排練。

演出將在巴爾的摩交響樂團的主場梅耶霍夫音樂廳（Meyerhoff Hall）舉行，這是個設計古典的音樂廳，可容納超過兩千人。儘管沒有接受過芭蕾舞訓練，但吐派克全心全意投入其中，穿著黑色斗篷和緊身褲，與臺上成群飛舞的螢火蟲共舞。最終，他發現螢火蟲比跳舞更有吸引力。正如希肯回憶吐派克在芭蕾舞劇中的短暫體驗時所說：「《火鳥》是他在舞蹈系除了與女孩們相處之外唯一的經歷。」

的確，吐派克和舞蹈系的二年級學生瑪麗．鮑德里奇（Mary Baldridge）建立了他在ＢＳＡ中最重要的友誼之一。他們在每天的排練中變得親密，這些練習通常會持續到深夜。到目前為止，吐派克社交圈中黑人和白人數量差不多，所以他對瑪麗是白人這件事並不會不自在。她有紅色的頭髮和勻稱的舞者身材，在課堂上和舞臺上都一樣聰明伶俐。

---

2 編按：由傳奇音樂家王子於一九八四年組成。

3 編按：由王子創作，後因辛妮．歐康諾翻唱而風靡全球，於一九九〇年被告示牌評為「世界第一單曲」。

槍擊、毒品、未成年懷孕……都是因為失去希望

瑪麗的家庭背景是她和吐派克建立更深層、更持久聯繫的關鍵。瑪麗也來自一個社會運動家庭，相信透過激進社會改革和政治可以實現改變。她的父親是馬里蘭州共產黨主席，瑪麗自己則在去古巴旅行後成立了青年共產主義聯盟（Young Communist League）巴爾的摩分部。YCL的使命包括解決工人階級的權利、平等、和平、民主、環保和社會主義等問題，這些都是吐派克童年時艾菲尼所教導的基本原則。雖然瑪麗經營的組織很小，成員不到十人，但所有成員都在夢想改變美國的經濟和政治氛圍。

BSA的同學兼YCL成員蘭迪・迪克森（Randy Dixon）回憶道：「很多人認為我們這麼做是被共產主義滲透，且他們想要統治世界，但這其實只是一群對美國現狀感到沮喪的孩子，試圖尋找正面的宣洩出口。」

隨著瑪麗和吐派克變得更加親密，她邀請他加入了組織；很快，他們兩人就一起邀請朋友們參加YCL聚會。他們也將精力轉向了地方政治：一九八七年巴爾的摩市長競選活動，他們替同學葛列格里（Gregory）的父親卡特・斯莫克（Kurt Schmoke）競選。

斯莫克大部分的政見吸引了年輕人：承諾改善巴爾的摩公共教育、解決青少年懷孕問題、降低文盲率，並尋找方法為巴爾的摩的孩子們在不斷發展的產業中做好準備。瑪麗和吐派克挨家挨戶向巴爾的摩居民宣傳斯莫克的政見，吐派克還找來鼠男幫助在社區舉辦集會，提高民眾對競選活動的認識並增加投票率。在附近的遊樂場上，他們在一小群人面前表演饒舌，支持斯莫克和他提出的政策。大選當天，這

位哈佛法學院畢業的律師，將成為巴爾的摩第一位黑人市長。

隨著吐派克的政治觀念不斷擴展，他開始對艾菲尼的許多教導進行批判性分析。有天，他放學回家問艾菲尼，為什麼她認為麥爾坎．X比馬丁．路德．金恩更偉大？艾菲尼認為麥爾坎更偉大，因為他隨時準備為人民而戰；金恩則主張非暴力抵抗，宣揚打不還手才是解答。

吐派克反駁道：「但我認為更好的說法是，他們是有不同理念的不同領袖，而不是說其中一個比另一個更好。」艾菲尼欣賞兒子能夠理性分析任何話題的能力，也欣賞他挑戰自己而獲得的自信心。

十六歲時，吐派克的社會理想逐漸成型，開始扮演一名成熟的社會運動者角色。他在那些被忽視的社區（如他自己的社區）積極推動變革，並基於他日益擴展的自由主義觀點，呼籲社會承認制度性歧視存在；這種歧視導致人們的生活受到限制，使他們失去發言權，被剝奪了選舉權，並逐漸喪失希望。

吐派克明白，**槍擊事件、青少年懷孕和猖獗的犯罪，都是因為人們失去希望而導致**。他覺得自己有責任去推動改變。「一到巴爾的摩，我這個人就是這樣，我就說，不，我要改變這一切，」提及少年時期的努力，吐派克說道：「我舉辦了一個『停止殺戮運動』，一個安全性行為宣傳，還有一個愛滋病預防運動。」

瑪麗的倫理道德理念與吐派克對改變的呼籲不謀而合。她加入了東北社區組織（NECO）的反槍暴力運動「Yo-No」；在聽到當地一名男孩被槍殺的可怕消息時，這項活動也吸引了吐派克。儘管他和受害者戴倫．巴瑞特（Darren Barret）並不熟，但吐派克知道他是附近較年長的孩子。巴瑞特的死讓吐派克深感悲傷，他組織了一次守夜和紀念活動，發放傳單，上面寫著「悼念戴倫．巴瑞特」。同學迪克森回憶道：「那時所有人真正開始共同努力解決槍枝暴力問題。因為這不僅僅是一起偶發事件。我們都非常關心這件事。」

紀念活動當天，巴瑞特的遺體躺在教堂中央的棺材中。這個活動吸引了出人意料的大批人群。吐派克甚至鼓勵開槍的男孩家人參加，相信他們的出席將象徵著在這樣一個悲慘、摧毀生命的事件之後，人們仍可以團結一致。他寫了一首反暴力和槍枝的饒舌歌曲，在棺材和觀眾之間來回踱步，為參加的哀悼者表演。他的歌詞請求每個人加入他反對不必要暴力的聖戰。這證明了即使在這裡，在一個與悲慘環境搏鬥的沮喪人群中，吐派克也發現了一絲希望。

艾菲尼回憶道：「我永遠不會忘記那些年輕人唱〈黑蝴蝶〉（*Black Butterfly*）的情景。」這次的紀念活動將永遠在她的記憶中留下深刻印象，尤其是因為她無法相信吐派克和他的朋友們居然組織了這樣的活動——「他基本上還只是個孩子。」她說道。

但當然，他有一位出色的老師。十六年來，吐派克看著、聽著艾菲尼建立各種社區組織，比如最初的法律服務工會之一：國家法律服務工人組織（NOLSW），以及黑人反濫用藥物組織。他跟隨母親參加工會會議，看她發起保護監獄中婦女權利的行動；看著她為一九七九年亞特蘭大兒童謀殺案受害者的母親們，舉行了燭光守夜——這場慘劇持續了兩年，大約有二十九名黑人兒童、青少年和年輕成年人被殺害。艾菲尼的任何行動都被她的兒子牢牢記住。現在吐派克從她那裡接過了火炬，為自己訂下了想改變的目標。

吐派克的歌曲成為他努力的燃料，他開始為許多當地學校和社區活動寫歌。他、瑪麗和其他幾個來自BSA的朋友們，在城市各處的學校和教堂訂下了場地，舉辦集會，甚至曾經在華盛頓特區的南方基督教領袖會演出。透過這些活動，他們教育孩子們有關槍枝管制、愛滋病和青少年懷孕等問題。吐派克饒舌、瑪麗跳舞，當有更多的朋友加入時，他們甚至演出小品來加強想傳達的訊息。

迪克森回憶道：「我們創作了短劇，講述孩子們面臨解決問題的困境；例如被欺負時，是否應該去拿槍？應該如何處理？我們會去不同的學校，試圖提供一些替代的解決方案。」

隨著活動不斷舉辦，吐派克和瑪麗也持續在約會。約翰表示：「當他專注於瑪麗時，眼裡就沒有其他人了。他沒有和其他女生約會。他是個浪漫主義者。會寫情書，也對女友很好。」但是，如大多數高中時期的戀愛，儘管有共同的興趣，但他們短暫的戀情只持續了六個月。

分手後不久，兩人漸行漸遠，吐派克也開始享受學校裡其他女孩對他的關注。他發現，比起信守承諾，不如探索每一個機會更加有趣。女孩們的關注變得難以抵擋，顯然他也是無法抗拒。希肯老師回憶道：「女孩們都為他瘋狂。他經常和學校裡最漂亮的女孩約會。」

吐派克很快就成了一個相當精明的浪漫大師，經常同時處理多段戀情。巴斯特菲爾說，在聖誕假期的某個下午，他看見吐派克走進餐廳，帶著超多禮物，主要是衣服，它們滿到從盒子裡掉出來。

潔達在旁邊看著吐派克對女孩們的調情和戀愛遊戲，且毫不避諱讓艾菲尼知道她兒子越來越響亮的名聲。某天晚上，潔達在學校演出《胡桃鉗》（*The Nutcracker*），吐派克使帶著艾菲尼一起觀看表演。結束後，艾菲尼母子向潔達表示祝賀。他們三人朝出口走去時，潔達對艾菲尼耳語了一些話。兩人大笑了起來，艾菲尼和潔達之間的友誼就此誕生。

對於那天晚上母親和好朋友相處融洽的景象，吐派克一定非常開心。後來，他也不斷表現對兩人的愛與尊重。表演當晚是個幸福的時刻，也許是終於安定下來的感覺。儘管吐派克家裡的狀況可能並不穩定，但學校裡一切都很順利。然而，他的生活即將再次發生變化。

07

把頭抬高

1987-1988

我記得馬文·蓋[1]曾對我歌唱，
讓我感覺身為黑人是件值得驕傲的事。

——〈把頭抬高〉（*Keep Ya Head Up*）

BSA的大學預備課程與其要求嚴格的創意藝術培訓，對吐派克來說是一項嚴苛的挑戰。那些排練常常會持續到深夜，那裡的學生一天在學校待超過十二個小時是很平常的事情。高二時，當吐派克坐在數學和生物課堂中，他開始感覺自己學習畢式定理和二次方程式等內容是在浪費時間。他知道自己不是成為工程師、醫生或數學家的料，於是開始將注意力轉移到他認為將有助於塑造事業的藝術訓練課程上。

最後，吐派克完全放棄了核心學科。不成熟加上敏銳、機智、外向的個性，造就了他在課堂上的災難性表現。在上課時耍寶搞笑，加上成績下滑，很快他就被留校察看。一位老師在報告中寫道：「吐派克有很大的潛力。他的活力和熱情非常強烈，但需要控制自己的能量，避免干擾其他人學習。」另一位老師寫道：「吐派克擾亂課堂的行為非常嚴重。他沒有做任何作業，也經常缺課。我和他談過一次，效果不大。他有很大的潛力，但沒有好好發揮。」

英語老師皮爾徹則對吐派克的藝術才能和智慧充滿信心：「吐派克是個超棒的演員。他很聰明，懂得運用情感為工具，也有顆善良的心。我認為他未來會成為一位演員，會像勞倫斯．費許朋（Laurence Fishburne）跟山繆．傑克森（Samuel Jackson）那樣優秀的黑人演員一樣。他會名列其中。」

他給吐派克的評語也寫道：「想像力和探索能力良好。需要更強的紀律和探索。對自己立下更難的目標，提高學業成績。你應該上大學，在學校學些東西。只要你願意，就一定可以做到的。讀書吧！」

吐派克確實讀了。從被迫讀《紐約時報》作為懲罰的日子開始，他就是個貪婪的讀者；在巴爾的摩藝術學校的日子裡，他開始無限沉浸於文學。他會迷失在虛構角色的故事或傳記中的主題，對知識的渴望變得無法滿足。希肯記得，吐派克經常要求表演莎士比亞的獨白：「他非常理解莎士比亞，因為他熱愛文字。他在這方面很擅長。」他閱讀柏拉圖和蘇格拉底，熱愛小說《麥田捕手》（*The Catcher in the Rye*）、《白鯨記》（*Moby-Dick*）和《根》（*Roots*）。他會在圖書館度過好幾個小時，有時甚至連午休都在那。

學校圖書館館長羅傑斯（Rogers）夫人在談到吐派克時說：「他很有趣，眼睛中閃爍著光芒，笑容滿面。他遇到了一些問題，而圖書館對他來說是個好地方。他讀了很多戲劇、詩歌，並借了很多關於藝術的書。即使在他那個年紀，他對各種類型的書都感興趣。」吐派克的好奇心帶他去了大多數青少年從未涉足的領域，但他只讀自己想讀的，而不是老師指定的。

世界歷史課的作業是例外。吐派克很喜歡這些課程，尤其是當老師介紹了充滿爭議的義大利哲學家

---

1 編按：Marvin Gaye，一九七〇年代美國著名靈魂樂巨星，創作題材廣泛，從浪漫歌曲到描寫社會議題皆引發大眾迴響。

尼古洛・馬基維利（Niccolò Machiavelli）時。吐派克被馬基維利的代表作《君王論》（*Il Principe*）所吸引，該書介紹了作者冷酷無情的統治理論——在一個動盪的小國世界中，國王要以任何必要手段生存下去。馬基維利認為統治者必須被人畏懼，而不是被人愛戴。那學期結束後，馬基維利加入了梵谷在吐派克心中的歷史英雄殿堂。

在校外，當他沒在排練表演或和潔達、約翰一起玩時，吐派克與鼠男繼續他們的音樂創作之路，把他們的二人組擴展到四人。他們放棄了東岸幫這個名字，和來自ＢＳＡ的兩位學生：巴斯特菲爾、ＤＪ傑拉德・楊（Gerald Young）一起，組成了一個名為「生來忙碌」（Born Busy）的新團隊。他們開始一起寫歌和錄音，其中一些歌討論了社會議題，包括〈生孩子的孩子〉（*Babies Havin' Babies*），呼籲年輕女孩保護自己。

他們不遺餘力的尋找任何被看見的機會。某天晚上，在參加「薩特與佩帕」（Salt-N-Pepa）的《熱、酷與凶狠》（*Hot, Cool & Vicious*）專輯巡迴演唱會後，他們成功說服了飯店的保全人員，進入了這個饒舌雙人組所住的飯店。正如在舞臺上表現出的樣子，薩特與佩帕是頗具開創性的女性藝術家，也是嘻哈音樂史上第一個銷售量達白金級唱片[2]的女性。

吐派克告訴保全他們是藝人的隨行人員，甚至做了個小表演來證明自己也是嘻哈藝術家。保全相信了，把這個小團體帶到了電梯。到了薩特與佩帕的門前，他們急切的敲門，希望有機會展示自己的才華。當薩特打開門，剛才被騙的保全出現了。就在薩特答應聽他們演唱時，保全就把他們帶走了，與他們一起坐電梯回到大廳，並確保他們離開了飯店。

當他們一起下樓時，吐派克對保全罵道：「你曾經有過夢想嗎？」他問。保全只是沉默，拒絕與這些剛剛對他撒謊的孩子們交談。吐派克生氣了：「這就是為什麼你只能當保全！」他大聲喊道，帶著朋友從電梯走出，離開了大廳。

對於大聲表達自己的意見，吐派克很少猶豫。他就是無法控制自己。這種堅定的信念，再加上十六年來從艾菲尼那裡吸收到的對權威的絕對不信任，有時會讓他陷入麻煩之中。作為一個年輕的黑人男性，這種麻煩有時可能會帶來可怕的後果。幾年後吐派克承認：「我嘴巴太大了。控制不住。我說的話都是發自內心。我就是真。」

某個晚上，艾菲尼與吐派克、史考特一起待在家裡，後者從紐約來這裡過暑假。艾菲尼發現大麻沒了，所以請史考特去街上找一些回來。史考特到了指定地點，接頭人告訴他毒販要幾分鐘後才會回來，他便開一罐啤酒打發時間。那時他才來到巴爾的摩幾個星期，對該市嚴格的公共飲酒法規一無所知。警察立即出現了。

「不好意思，你在喝什麼？」其中一名警官問道。

「我在喝啤酒。」

「喔，是嗎？好喝嗎？」警察帶著挖苦的口氣說。

「沒錯，很好喝，而且很冰。」史考特想知道他為什麼受到盤查。

「你介不介意把它倒掉？」警察問道。他的態度依然冷靜。「我能看看你的身分證嗎？」幾秒鐘後，警察將史考特上了手銬。他仍然對自己被逮捕的原因感到困惑。

---

2 編按：銷量達一百萬張即可獲得美國唱片協會（RIAA）認證。

突然，吐派克出現在遠處。史考特看到他以一種囂張的、喬治・傑佛遜[3]式的姿態走近。

「你為什麼要銬他？」吐派克的聲音從遠處傳來。

警察瞥了一眼正在趕來的激動少年：「滾開，小子！」

「告訴我你們為什麼要逮捕他？」吐派克用要求的口氣說道。

「你最好走開，不然我們會把你也關起來。」

「把我關起來？為什麼？」

「你唸哪間學校？」警官問道。

「巴爾的摩藝術學校。」

「你是舞者嗎？」

「不，我是演員！」

沒過多久，警察也將吐派克的手腕上了銬，然後扔進警車後座，與他的表哥在一起。在警局的拘留室裡，吐派克在鐵欄杆後繼續表達自己的不滿：「我什麼也沒做，你們不能把我關起來！」他們最後釋放了吐派克，但史考特因在公共場所飲酒被拘留了一夜。

與警方的第一次衝突，為吐派克帶來了一個鮮明的教訓：**作為一個黑人男子，如果對警方大小聲，無論你是否認為自己是對的，都將面臨後果**。有些人可能會吸取這個教訓，但吐派克沒有。相反，他對要求公平和抵制不公正的信念加深了。他不會退縮。他不會屈服。他只會為了自由而站出來，反對一切警察的騷擾或制度壓迫。

十六歲，兒子成為了男人

吐派克也越來越需要面對另一個殘酷的現實——貧困的現實。艾菲尼在投資銀行的夜班薪水，幾乎跟他們搬到巴爾的摩第一年領的社會福利金差不多（每月三百七十五美元）。這只勉強夠支付房租。他們沒有錢支付電話費或電視，甚至基本的水電也成了奢侈品。有時候吐派克放學回家，打開電燈卻只有一片漆黑。當他凝視著無光的客廳時，那種熟悉且沉重的責任感便壓在他身上。

但作為一個與同齡人大相徑庭的青少年，吐派克仍然找到了生存的方式。雖然他和富裕的同學在學校度過了漫長的一天，但他們是那些不必在自己社區裡對抗警察的人，那些臥室有暖氣的人，那些衣櫥裡不僅僅只有一條褲子的人，那些每天都有午餐錢的人，以及從未因家裡的燈被斷電而困擾的人……就算面臨這些困境可能會限制他的潛力，他仍然找到了成長的空間。某次採訪中，吐派克回憶起那些被斷電的時刻：「我曾坐在街燈旁邊，讀著《麥爾坎．X自傳》。這真的讓我感覺到了現實，因為家裡沒燈，我得坐在外面的長凳上讀這本書。」

然而，他在好友約翰身邊找到了慰藉，約翰已經從BSA畢業，搬進了他哥哥位於水庫山（Reservoir Hill）的公寓。生活條件很拮据，約翰、他的哥哥和室友理查（Richard）共享一個小小的生活空間。不過他還是想辦法給好朋友留出一點位置，吐派克常常來到這裡，跟約翰傾吐最近家裡的苦水。他告訴約

3 譯按：指電視節目《傑佛遜一家》裡面主角大搖大擺的走路方式。

翰，家裡的電已經被切斷了，因為艾菲尼沒有錢付帳單。約翰毫不猶豫回應吐派克，告訴他不用擔心，他可以幫忙。第二天，約翰的父親寫了一張支票給電力公司，支付了逾期未繳的九十美元。

但是吐派克還有另一個不想住在家裡的原因。艾菲尼在那年早些時候認識了一個男人。一開始，他似乎是一個正直的人。艾菲尼信任了他，讓他進了家門。但不久後，時間揭露了他的真面目——一個騙子、小偷和施暴者。首先，她在家裡抓到他吸食海洛因；接著發現他偷錢，從她的帳戶裡拿走了僅有的一點存款。艾菲尼要求他離開，並撥打九一一報警。但在電話接通之前，那個男人就往她臉上揮了五拳，讓她兩眼淤血。

如果說快克曾在紐約令艾菲尼萎靡不振，那麼這段關係在巴爾的摩也以同樣的方式將她拖下水。吐派克內心充滿了憤怒。他和史考特告訴艾菲尼，他們計畫找到那個男人把他揍一頓，但她安慰了男孩們，說自己會處理這件事。她不想讓兒子受傷，或陷入那些她認為自己可以應付的問題。艾菲尼說：「當時吐派克十六歲，他一直沒原諒我不讓他挺身而出。」漸漸的，吐派克開始花更多時間和約翰在一起，約翰向他保證，只要他需要，他都有地方住。從那以後，吐派克只會偶爾回家拿衣服。這讓他和艾菲尼之間的關係變得緊張。有一次，深夜，當吐派克回家換衣服準備去約翰那裡時，艾菲尼也醒來了。

「你這麼晚才回家是在幹嘛？」她問道。

吐派克被艾菲尼的責備激怒了：「我都住在約翰那，有差嗎？」

「有差！你這樣把家裡當旅館隨時進出就是不尊重我。」過去一年，吐派克感覺自己「是駕駛，艾菲尼是後座的乘客」，他在電話中告訴自己的阿姨葛洛。他覺得自己一直在做家務，給艾菲尼錢買菜，打掃房子，他應該有一些家中的發言權。

艾菲尼並不同意兒子的說法：「如果你住在我的房子裡，那麼你——」

「好吧，只要他在這，我就不會住在妳的房子裡！」吐派克大喊。他內心有很多情緒，也厭倦了按照艾菲尼的規定生活，尤其是當他的母親接納了一個在虐待她的男人時。那年他十六歲，而他覺得自己已經準備好獨立生活了：「妳得讓我成為妳一直以來在培養的那個男人！」

艾菲尼舉起手。

「我不會讓妳傷害我。」吐派克退後一步：「我不會讓任何人傷害我或綁住我的！」怒氣衝衝的離開了。

艾菲尼意識到自己的兒子是對的。他不再是需要因為在桌子上做詹姆士．布朗的劈腿動作，而受到責罵的四歲孩子；不再是需要因為在美術課上捏了一個黏土陰莖，而受到鞭打的三年級學生；也不再是需要因為在門廊上沒有注意到威脅她自由的ＦＢＩ特務，而受到教訓的男孩。艾菲尼早在吐派克還不能說話之前就清楚表示，這個孩子將成為一個堅強、自豪、獨立的黑人男子。而他也確實成為了這樣的人。

但艾菲尼還是很生氣。氣他抗拒自己媽媽的控制。尤其是氣他不想住在家裡了。她追著兒子跑出去，從門廊上拿起一把金屬的庭院椅子，扔下樓梯。吐派克瞪著她。當艾菲尼大聲咆哮，說他需要學會尊重母親和她的家時，他站在公車站，希望公車能快點出現。片刻之後，艾菲尼找到一卷地毯，向樓下扔去，這次也沒丟中。最後，公車出現，吐派克上車離開了。

在事件發生後不久，艾菲尼痛定思痛。「她立即把那男人趕出了家門。」葛洛說道。她和吐派克逐漸放下了憤怒。當他們努力修補關係時，吐派克繼續透過他在餐廳打工賺來的錢，幫助母親渡過難關。約翰在當地一家海鮮餐廳為他找到了工作，隨著餐廳擴張，吐派克也帶進了鼠男、巴斯特菲爾和他的表哥史考特。

為了擺脫清理餐桌的單調工作，吐派克會透過練習他的「方法演技[4]」來娛樂同事。他會在幾個不同的角色之間轉換。有些晚上他是電影《疤面煞星》（*Scarface*）中的東尼・莫塔納（Tony Montana）；其他晚上則成了一名他的自創角色，一個名叫紅骨（Redbone）的老酒鬼，一瘸一拐的蹣跚而行。「他會連續兩、三天保持這個狀態，」約翰回憶道：「我們會說：『欸，你得做點別的事情了。我真的受夠紅骨了。』他會慢慢走來走去，撞到你身上什麼的。」

有些晚上吐派克在餐廳吃飯，而有些晚上艾菲尼會送飯過去，他再帶回約翰的公寓。他們之間的關係，從依賴和母性的呵護，演變成了充滿愛和尊重的母子友誼。多年來，艾菲尼在吐派克心中儼然成為英雄般的人物；正是在這個時候，他開始把媽媽看作是世界上最堅強的女人。他敬佩母親克服了黑豹黨的解散，獨立生活的能力，但更多的是欣賞她對自己和妹妹持續不斷的愛。「我媽是我的麻吉，」吐派克說：「我們經歷了一些小小的……你知道的……階段。一開始我們是母親和兒子，然後就像教官和新兵，再來變成獨裁者和小國家。」

這個時候，吐派克幾乎每天跟約翰住在一起，但他從來沒有長時間離開家。當他定期返家時，都會和艾菲尼聊得很久。吐派克向艾菲尼吐露了感情問題，耐心的聽她一遍又一遍提醒「要用保險套」和「要小心」。偶爾吐派克會談論學校的事務，但他主要討論的是課外的經歷，關於他看過或參與過的戲劇作品。他興奮的談論和戲劇班一起去看的百老匯音樂劇《悲慘世界》（*Les Misérables*）。他宣稱這是一部傑作，並告訴艾菲尼，有一天他也想在這樣一部宏偉的戲劇作品中扮演主角。艾菲尼欣賞吐派克想超越自己所屬環境的渴望；他無畏的好奇心；他無視貧窮限制而懷抱的遠大夢想。她也為他開始建立的作品集感到自豪——最近戲劇系製作了《日光下的葡萄乾》演出，這次，吐派克扮演了主角。

吐派克和艾菲尼經常一起觀看電影，並深入討論劇情。《籃球夢碎》（*Cornbread, Earl and Me*）這部電影對吐派克的影響最深。故事描述一名有前途的高中運動員被誤認為入室搶劫犯，最終被警察擊斃。艾菲尼回憶道：「那部電影對他的影響可能比其他任何事都大。」她認為劇中的角色「玉米麵包」（Cornbread），可能是塑造吐派克價值觀的關鍵因素。

吐派克珍藏了黑人作家艾利斯·哈利（Alex Haley）史詩般的電視劇《根》（*Roots*）[5]的多捲錄影帶收藏，也特別喜歡《樂壇風雲》（*Sparkle*）、《庫利高中》（*Cooley High*）和《克勞汀》（*Claudine*）等電影，因為它們的故事主題能引起他的共鳴：單親母親的生活、對成名的夢想以及警察的槍擊事件。他也很喜歡電影《小教父》（*The Outsiders*），並對片中的角色感同身受，甚至買了蘇珊·辛登（S.E. Hinton）的原著多次閱讀。他還背誦了詩人羅伯特·佛洛斯特（Robert Frost）的〈輝煌之物難久留〉（*Nothing Gold Can Stay*）——這是《小教父》劇中角色小子（Ponyboy）對朋友強尼（Johnny）朗讀的，警告他所有美好的事物都會結束。

母子倆的討論還包括他們非常想念妹妹賽琪娃，她正在加州的馬林城（Marin City）與傑羅尼莫·普拉特的家人度過暑假。自從他們搬到巴爾的摩以來，艾菲尼一直想著搬到西部，更接近普拉特家族的可

4 編按：Method acting，創造「角色」本身的性格及生活，講求寫實的演繹。

5 編按：美國廣播公司於一九七七年將該書改編成同名電視劇集，獲得破記錄一·三億觀眾收看，提升了公眾對美國黑人歷史的意識，並引發人們對系譜學的興趣。

能性，以繼續努力爭取普拉特的自由。她知道巴爾的摩只是他們的臨時居所。即使多年前她就已經擺脫了黑豹黨的責任，但她仍然無法放下那些生活在ＦＢＩ反情報計畫餘波中的人，其中包括普拉特。她認為，一旦吐派克從ＢＳＡ畢業，就是時候搬家了。

他沒有說再見

雖然艾菲尼開始計畫搬離巴爾的摩，但吐派克與約翰、潔達三人的友誼仍然保持著強烈聯繫，直到一個事件完全破壞了他對約翰的信任，並讓兩人產生隔閡。有天晚上，吐派克從餐廳下班回家時，他驚訝的聽到約翰和他的兄弟打算搬出去，把公寓留給他們的第三個室友理查。當晚約翰的另一個朋友在場，並在吐派克走進門時笑了。他知道約翰正準備告訴吐派克壞消息。「跟他說啊，約翰。」那位朋友說道。

吐派克很好奇：「跟我說什麼？」

「跟他說你要搬走了，他得和理查住在這裡。」

約翰立刻注意到吐派克很不高興。他試圖插話，修補局勢，但已經太遲了。吐派克感覺自己被這個笑聲背叛了，更糟糕的是，約翰做了計畫卻沒有和他分享。他不認識理查，對他來說只是一個陌生的室友。但在那一刻，他感到自己被困住了，除了留下來外別無選擇。跟隨約翰走顯然行不通；在獨立生活之後，回家也行不通。因此，在一片悲傷和憤怒中，他勉強同意和理查一起住，並分擔房租。

吐派克受到了打擊，他十分信任約翰。約翰回憶道：「那是一個糟糕的情況。一個大誤會。當時我也不知道怎麼解決。他覺得我讓他失望了，對他來說我這個永遠的好友讓他失望了。他也變得封閉和冷漠。」兩人直到多年後才重新交談，這些回憶最終也以文字的形式，永遠留在吐派克的筆記本裡：

……在我的心中，我知道
我永遠不會忘記
那些我們共度的時光
你是我最低潮時認識的朋友
在我最困難的時候
做我的朋友既不容易也不值得驕傲

吐派克感覺自己所建立的生活正逐漸崩解。他失去了最好的朋友，很快他也失去了同樣寶貴的東西——在BSA的未來。一九八八年六月，高二結束時，學校寄來了一封信：「委員會已經審查了你兒子的紀錄……並決定在明年的第一學期將他處於留校察看狀態……除非學業表現有很大的改善，否則吐派克可能會在第一學期結束時被退學。吐派克沒有取得足夠的必修學分來上十二年級，因此將留級。」

隨著即將邁入高三，同學們開始談論想去哪所大學，或者想申請哪個劇團、舞蹈公司。在學業壓力的陰霾下，吐派克感到相當挫敗。即使能提高成績，由於家庭的經濟狀況，他也不認為上大學是一個選項——如果母親連繳電費都很困難了，那麼她又怎麼能支付學費呢？現在，就連高中文憑似乎也從他手中溜走。更緊迫的問題是，他要開始支付房租了，這是他以前從未有過的責任。他每個月需要三百美元

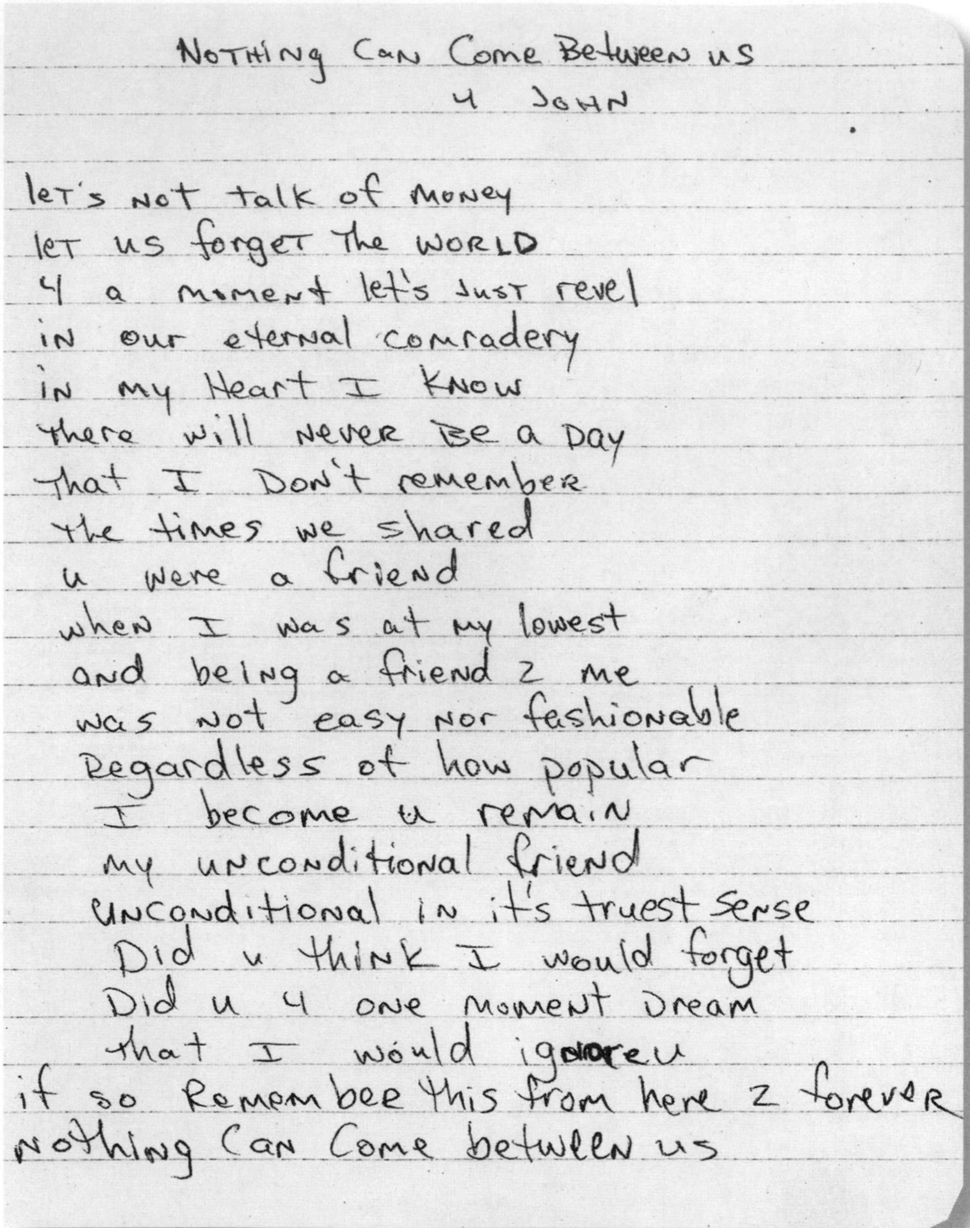
NOTHING CAN COME BETWEEN US
4 JOHN

let's not talk of money
let us forget the WORLD
4 a moment let's just revel
in our eternal comradery
in my Heart I know
there will never be a day
that I Don't remember
the times we shared
u were a friend
when I was at my lowest
and being a friend 2 me
was not easy nor fashionable
Regardless of how popular
I become u remain
my unconditional friend
unconditional in it's truest sense
Did u think I would forget
Did u 4 one moment Dream
that I would ignore u
if so Remembee this from here 2 forever
nothing Can Come betWeen us

▲吐派克寫給摯友約翰的詩〈沒有事物能將我們分開〉。

才能夠付房租，儘管在餐廳裡能賺小費，但還是不夠。然而吐派克總是充滿企圖心，在當地電臺找到了臨時演員的工作，恰好足以支付一個月的房租。

雖然遇到生活的困難，吐派克依然堅定追求著成為藝術家的夢想。他的才華和創造力在心中激起漣漪，即使生活的難題壓垮了他，吐派克仍然在課餘時間參加表演課程，參加學校的戲劇演出，並與鼠男和其他人一起寫饒舌。艾菲尼直到晚年才明白到這段時間對吐派克的重要性。即使她看著兒子和朋友們練習了好幾個小時，坐在客廳沙發上聽著他們展示歌曲，她也沒有意識到藝術與吐派克對未來的願景有多緊密的交織在一起。「我以為表演對他來說只是一時的興趣。」她後來承認道。他們很少討論他在ＢＳＡ的課堂經驗，或者他想上大學的夢想。當學校通知艾菲尼吐派克的學業面臨危險時，她忍不住了。

「如果你不拿到文憑，你將一事無成！」

「但我只想成為一名演員。」吐派克回答道。

「在你開始考慮表演之前，你需要拿到文憑。也許你應該試著去一所普通的學校。」

「但我不想。」

「藝術學校除了讓你被留級以外還能做什麼？」

在吐派克回應之前，艾菲尼提出了一個沉重的建議：他應該離開巴爾的摩，去加州和妹妹一起；賽琪娃當時已決定留在那裡入學。對艾菲尼來說，巴爾的摩只是一條死路。她一直在存錢準備搬到加州，打算等吐派克畢業後再搬過去，但現在他的學業出現問題，是時候送他去西部了。她開始打包行李，並計畫在幾週後搬家。

搬到加州？吐派克不知道如何回應這樣荒謬的想法。過去幾年來，他一直在為ＢＳＡ的重要時刻努力著——高三的表演專題。被學生稱為「The Project」，這是三年準備的結果，只有頂尖的學生才會被邀請參與表演。希肯老師對吐派克在莎士比亞的《哈姆雷特》（*Hamlet*）中飾演主角有很高的期望，他說吐派克「是該劇組中最傑出的成員」。即使面臨學業審查，他仍然將「The Project」作為目標。

吐派克不想離開。坐在希肯的辦公室裡告別時，他無法抑制住眼淚。「他非常，非常難過，」希肯回憶道：「他離開了一個家庭。他找到了歸屬感和支持，這是其他學校的孩子們得不到的。這是一所允許你探索自己，直到找到你是誰的奇怪學校。吐派克離開時，對於自己是誰，以及自己喜歡做什麼只發現了一半。」希肯告訴吐派克他不必離開——他可以找到一個寄宿家庭，讓吐派克在高中最後一年入住。但吐派克知道他必須離開，即使只是為了照顧他的妹妹。

吐派克離開了巴爾的摩，沒有向任何朋友和同學道別。沒有送別派對，也沒有告別的感人對話。他沒有親自告訴任何人他要離開。潔達記得：「他真的是在半夜起床離開的。他沒有說再見，這很令人心碎。收到那封信時……我想是有人給了一位英語老師。我不記得他把信給了誰，但是他以某種方式給了一位老師……然後我收到了那封信。他道歉了，當他安頓下來後，他有打電話和寫信過來。」

他穿著一件有拉鍊的皮夾克，一條破的牛仔褲，最後一次在公寓前等公車。一個大行李箱放在他身邊，背包裡塞滿了寫得半滿的筆記本、幾本書、一張麥爾坎．X的演講錄音CD，以及為橫跨美國準備的一大包瓜子。他口袋裡有一把現金用來買客運車票。當巴士停靠在路邊時，他再次向自己稱之為家的城市道別。他對站在門口的史考特說再見，然後踏上了前往灰狗車站的公車。當公車開走時，吐派克揮手做最後的告別，一直盯著窗外，直到格林蒙特大道的公寓消失在視線裡。

PART 3

灣區

08

惡漢風格

1988

得搬到西岸去找回我的風格。

——〈惡漢風格〉（*Thug Style*）

當吐帕克抵達加州馬林城時，該地是全國最富裕的縣之一。位於舊金山金門大橋北部，擁有令人驚嘆的景色、坐落在塔瑪佩斯山的健行步道、一流的公立學區，以及宜人安全的社區。

這個縣主要是郊區，而此時有越來越多舊金山居民，為了在更安全的社區中撫養子女逃離城市，馬林縣最終也成為科技和房地產CEO、金融家和名人的避風港。風景如畫的小鎮，包括米爾谷（Mill Valley）、蒂伯龍（Tiburon）和羅斯（Ross）……曾是羅賓·威廉斯（Robin Williams）、湯姆·克魯斯（Tom Cruise）、西恩·潘（Sean Penn）和安德烈·阿格西（Andre Agassi）等明星的家園。

然而，馬林城則是另一個世界。這個被居民稱為「叢林」的地區，位於這些富裕小鎮之間，是該縣的黑人聚居地。這個「城市」本身很小，是占地一平方英里的飛地社區[1]，主要沿著一條環形街道建成，只有一個主要進出道路。與一九八〇年代吐派克到來時富裕的鄰近社區不同，多數馬林城的居民只能勉強糊口。

馬林城於一九四二年建立，是一個「即時城市」，快速開發的農村土地，用於容納二戰期間該縣繁忙造船廠的大量工人。來自南方的黑人移民搬到里奇蒙（Richmond）、獵人角（Hunters Point）、馬雷島（Mare Island）和馬林城等地，成為焊接工、船舶油漆工、技工和鍋爐工。不到三年時間，馬林城的工人建造並交付了九十三艘自由貨輪（Liberty ship）[2]與油輪，這項成就被當地稱為「贏得戰爭」的關鍵。

戰爭結束時，白人居民搬到周邊城鎮，黑人居民則因種族主義政策而無法取得貸款，也無法在其他地方租房。馬林城貧民窟團體的牧師弗雷德．史莫（Fred Small）指出：「那時候黑人在該縣的任何地方都不受歡迎。」到了一九七〇年代，馬林城成為一個主要由黑人組成的社區，居民們以當地的跳蚤市場、四座基石教堂、一個樸實的娛樂中心，以及一個綽號是「The Store」的超大型販酒商店海頓超市（Haydens Market）為傲。儘管馬林城的種族組成成為該縣財富差距的象徵，但該社區仍保持著濃厚的團結意識，使其成為馬林縣最緊密的社區之一。

一九八八年夏天，吐派克只帶著行李箱、背包和他在巴爾的摩培養出的個人特質，在馬林城的灰狗巴士站下車。當時對他來說，唯一值得高興的地方就是能見到賽琪娃。分開了幾個月後，他們的關係變得更加親密；而且因為艾菲尼還沒到，他們只能依靠對方。吐派克當時十七歲，賽琪娃只有十二歲。他們將一起面對人生的新篇章，在新的城市、新的海岸，在人生關鍵的成長時刻。

1 譯按：飛地是一種人文地理概念，指在某個地理區境內，有一塊隸屬於「他地」的區域。
2 譯按：美國在二戰期間大量製造的貨輪，用來替代被德國潛艇擊沉的商船。

馬林城距離加州聖昆丁（San Quentin）州立監獄僅八英里，傑羅尼莫・普拉特就被關在那裡；吐派克將加入賽琪娃，一起在普拉特家的公寓。一到目的地，普拉特的妻子阿夏琪（Ashaki）便立下了規矩。吐派克必須遵守她對賽琪娃，以及她自己的兩個孩子——希羅奇（Hirogi）和修納（Shona）所設下的相同規則：每晚八點前必須回到家裡。然而當時的吐派克已經快成年了，而且曾在巴爾的摩與約翰一起生活過，不想再被當小孩子對待。所以他忽視了門禁，冒險去探索這個新社區。

普拉特家門前就是德雷克街（Drake Avenue）——一條短小的雙向道，當地活動的中心；居民稱這條街為「前街」（the Front）。政府補助的國宅沿著街道一側排列著。男人、年輕的、老的，都站在沿路停放的舊車和廢棄物旁，他們擲骰子、噴垃圾話、交易毒品。

馬林城的貧困程度，已經超越了吐派克在巴爾的摩所見的一切：「我搬到了馬林城，然而，這裡的環境卻更加貧困。」但這也讓他意識到，**過去在東岸的生活，並不是一個孤單的歷程**；屈辱和艱困的家庭環境，也並非只有夏庫爾一家在承擔——「我終於開始看到了。作為黑人，我們有一件事是共同擁有的，那就是我們共同承擔著貧窮。我意識到這不僅僅是我個人的經歷。這是一個更大的問題。我的同胞真正受到了不公平對待。不僅僅是我的家庭，而是我們所有人。」

在探索新的社區時，吐派克知道與人交往的最好方式就是透過才華來介紹自己。在馬林城的前街，吐派克向任何願意聽的人展示了他的饒舌天分，不僅希望交到朋友，更希望能找到一些能夠提供獎賞的人——一份唱片合約。馬林城幾乎沒有任何戲劇演出的機會，所以吐派克再次將饒舌作為往上爬的最佳途徑。他知道，如果自己能迅速進入音樂產業，那麼大門就會打開，為他開闢一條道路，讓他得到為人們發聲所需要的資源。

那個夏天，嘻哈音樂正處於黃金時代；許多具開創性和有影響力的藝術家，用強烈的主題和歌詞打開了這個市場。柯蒂斯・布洛、LL Cool J、拉金等早期一九八〇年代的節奏，為一種引人注目的新饒舌音樂鋪好了路，**這些音樂評論了美國與黑人的社會問題，並替全美開啟了關於種族的對話**。

吐派克正在仔細聆聽這些聲音，他被全民公敵（Public Enemy）的《噪起來》（*Bring the Noise*）和《毫不停歇的叛逆》（*Rebel Without a Pause*）深深吸引；歌詞中傳達了明確的社會改革訊息。查克・D（Chuck D）和「風味」弗拉福（Flavor Flav）在歌曲中談到了抵抗，讓聽眾知道需要整個國家才能阻止「我們」。**對吐派克來說，嘻哈音樂簡直就是艾菲尼一直以來在教導他的事**。

學習街頭法則，當個西岸人

抵達馬林城幾個星期後，吐派克參加了離阿夏琪公寓不遠的派對，在當地的一位名叫德米特里・斯特普林（Demetrius Striplin）的DJ家中。當在地饒舌歌手「蟻狗」（Anthony "Ant Dog" Marshall）隨著節奏娛樂人群時，吐派克迫不及待的也想拿起麥克風。

周圍的人們紛紛問道，這個小子是誰？德米特里想起幾天前曾在城裡看過他；在馬林城這個小而緊密的社區裡，新面孔往往很容易被注意。現在，同一個孩子——穿著破舊的白色背心、破爛的牛仔褲，褲腿上畫著「MC紐約」，頭頂著高層次髮型——在他家裡，站在他面前，拿著麥克風。當吐派克自信的表演一首名為〈女孩們想搞老黑〉（*Girls Be Tryin' to Work a Nigga*）的原創歌曲，配上混音大師黑桃

（Mixmaster Spade）的〈天才回來了〉（*Genius Is Back*）時，擁擠的人群立刻注意到了他，而蟻狗也樂於與這個新人分享麥克風渡過夜晚。

幾週內，吐派克就認識了德米特里的朋友，並加入了他們的團隊，其中包括德米特里、雄心勃勃的饒舌歌手萊恩．D（Ryan D）和蟻狗；還有音樂製作人DJ達倫．佩吉（Darren Page），藝名「葛伯」（Gable）；以及節奏口技者泰瑞．奧古斯特（Terry August）。這些年輕人比吐派克大幾歲，都已經高中畢業，並致力於實現自己的音樂夢。

有了吐派克加入，他們開始了自己的團體，自稱為O.N.E.（One Nation Emcees）。為了正式起見，他們還訂購了刻有團體名稱的圓牌，綁在綠色、紅色和黑色皮革的非洲風項鍊上。憑藉葛伯的鼓機、鍵盤、四軌錄音系統和黑膠唱盤，他們將德米特里繼父的公寓改造成了家庭錄音室。他們通常會徹夜工作，這也意味著公寓可以當作吐派克每晚休息的地方；他經常睡在沙發上，就像在普拉特家時一樣。

在團體中，吐派克因為不了解西岸人的行為模式而顯得與眾不同。結果這也變成了某種文化交流計畫，在吐派克教導團隊黑人歷史的同時，他們也幫助他適應新的世界。「他對黑人歷史、我們不了解的事情都很熟悉，」葛伯回憶道：「但是關於馬林城的街頭生活或者西岸的事情，他懂的很少。我們也試著告訴他該如何穿衣服、該做什麼事、該說些什麼……他教了我們很多關於麥爾坎．X和曼德拉（Nelson Mandela）的知識，而我們也教了他很多關於街頭的法則。」

大多數這些新朋友都無法理解吐派克的風格；在一個「Members Only」牌外套和運動服盛行的世界裡，吐派克有點格格不入。然而這種差異不僅僅在於時尚，馬林城是一個難以融入的地方，吐派克的敏感性格和興趣並不符合當地的標準。他是一個深受黑人知識與傳統薰陶的年輕人，對詩歌充滿熱情，既熱愛唐·麥克林的〈梵谷之歌〉，也喜愛 LL Cool J 的專輯《收音機》（*Radio*）[3]；他能從歌劇《悲慘世界》中獲得快樂，早上的饒舌創作與下午的芭蕾舞劇排練對他來說也毫不衝突。但是現在，他突然像跳進一池冰水一樣，在這個環境中，他的一些喜好似乎讓同儕們不太理解。

吐派克回憶道：「我不合群。我是局外人，我穿著像嬉皮一樣，他們經常取笑我。我不會打籃球，我不知道任何職業籃球運動員。我原本以為自己很奇怪，因為我會寫詩，而我也因此討厭自己。這是我的祕密。我以前真的是一個書呆子。」

馬林城地理位置的孤立，使得與社區之外的新朋友建立聯繫變得困難，只能利用公共交通探索街道更是如此。吐派克的大多數新朋友都比他大幾歲，已經拿到了駕照也有車；吐派克認為，如果他夠勤勞練習，一定很快就可以通過加州的駕照考試。所以即使還沒有駕照，他也經常問朋友能不能借他車。

有天，吐派克向萊恩要了他的一九七二年凱迪拉克狄維爾（DeVille）車鑰匙，說想在附近兜風，萊恩同意了，卻不知道吐派克沒有任何開車的經驗。而他也很快就意識到了自己做錯決定了：「我望向窗外，突然間看見我的車逆向停在路上，而且幾乎要掉下斜坡了。那時吐派克還在倒車，試圖將車回正。」

萊恩跑出房子喊道：「吐派克，你到底在幹嘛？」接著聽到車裡傳來吐派克的大笑聲。萊恩跑向車子：「老兄，我的車要被弄爛了！」

吐派克知道自己不可能擁有一輛車。他沒有錢買一輛，也沒有一個有車的父母；甚至，就連有錢的

3 編按：LL Cool J 的首張專輯，討論貧民區與青少年問題等議題，同時推動了 new school 與 old school 嘻哈文化的交替。

父母都沒有。他再次感到自己比那些什麼都沒有的人更不幸。即使明白貧困是許多黑人普遍存在的問題，有時仍不能減輕打擊或緩解傷痛。成為最窮的窮人也是有代價的。多年後他回憶道：「我沒有錢，這就是為什麼他們常常嗆我。有時我也會得到關愛，不過是那種給狗或是社區裡毒蟲的愛。他們喜歡我是因為我一樣出身很低。」

貧窮是最糟糕的問題

搬到了新城市，但依然面對相同的現實。馬林城的黑人社區與四面環繞的富人形成強烈對比，與過去在巴爾的摩格林蒙特大道上的經歷相似，不過情況更加嚴峻。吐派克從艾菲尼和穆圖魯那裡學到了美國的貧富差距問題，以及資本主義結構如何阻礙了邊緣化和被忽視群體的生活。在馬林城，這些觀念在地景間變得非常明顯，吐派克的世界觀持續在進化。

他在那年稍晚接受的一次採訪中說道：「如果金錢不存在，一切都取決於你的道德標準、行為以及對待他人的方式，那麼我們將成為百萬富翁。大家的日子都會過得很富有。但事情不是這樣，我們一無所有……唯一讓我苦惱的是就是貧窮。這讓我錯失了很多事物。」十七歲的吐派克，對生活的感受已經相當深刻：「貧窮是最糟糕的問題。如果要說我討厭什麼東西，那就是這個。」

搬到馬林城的另一項挑戰，則是找到願意花時間討論他熱衷的政治問題的夥伴。在馬林城，留給自己思考的時間越來越多，筆記本在吐派克的生活中變得越來越重要；隨著他與世界的現實拚搏，筆記本就像是他的傳聲筒，他將想法寫下，並轉化為詩詞與饒舌歌詞。他的朋友們記得，德米特里公寓的桌上曾經一次放了十多本他的筆記。吐派克在馬林城結識的一位親密朋友達雷爾・羅里（Darrell Roary）回憶道：「他總是隨身攜帶筆記本。無論走到哪裡。你知道有些小孩會隨身攜帶著一條最喜歡的毯子或者足球嗎？筆記本對他來說就是這樣。」

幾個星期過去，吐派克與他在馬林城的新夥伴們已經變得熟悉。每天都會歡樂的互相吐槽，他的新朋友們笑他頭髮有一撮染成金色，或者他的「岡比」（Gumby）[4]式髮型，他則反過來拿他們的捲髮開玩笑。他們還發現，東西岸的差異不僅僅在於風格。有天晚上在前街，有人點燃了一支小的大麻菸。吐派克盯著看，便笑了出來，他懷疑的問道：「認真？你們都這樣抽嗎？」接著他拿起一支雪茄讓大家看見，接著精確的割開側面，倒空菸草：「你們應該試試這個。」[5]

然後，吐派克拿著空心的雪茄，自豪的展示道：「用雪茄捲大麻。這是我們東岸的做法。」接著瞥了一眼他們的大麻說：「拿來！」朋友給了他一些，但不夠填滿這支超大管的棕色雪茄，不過他還是繼續捲，迫不及待想要得到新朋友的認可和鼓勵。最後開抽時他們都被嗆到了——因為雪茄葉比大麻還多。

來到西岸時，過去對執法機構的深深不信任，以及對抗警方的心態仍然跟隨著吐派克。馬林城警局距離前街不到兩百英尺，所以副警長經常出現在附近，希望嗅出販毒活動或其他非法行為。吐派克討厭這種方式，他認為這種做法是在侵犯居民的空間和隱私。然而這群新朋友們早已見怪不怪，並試圖阻止

4 譯按：類似 high-top 的黑人髮型，在頭部側上方會有一條明顯割線。
5 編按：以雪茄葉捲製成的大麻稱為 blunt。

他和警察扯上關係；但吐派克很固執，當綠白相間的巡邏車慢慢駛過時，他盯著警察，眼裡燃燒著厭惡之情，彷彿是在等著其中一個人靠近他。

對抗權威的衝動已在他內心深處扎下了根，種子源於那些早期的家庭日常——FBI和警方的騷擾、反情報計畫的非法行動，以及美國法律的系統性不公……然後還有更具體和詳細的對話，關於普拉特、阿薩塔和穆圖魯發生的事情。這些深刻的個人經驗連結著艾菲尼告訴吐派克和賽琪娃的故事：奴隸制度的恐怖、美國憲法的不公、《吉姆·克勞法》的影響，以及「隔離但平等」的學校、洗手間和飲水機。她教導她的孩子們要站出來反對國家中一切不公正的事物——就像奈特·杜納（Nat Turner）、羅莎·帕克斯（Rosa Parks）、斯托克利·卡麥克爾（Stokely Carmichael）和休伊·牛頓[6]所做的那樣。

基於上述種種原因，吐派克拒絕輕忽美國最黑暗章節對社會產生的影響。他對此感到極度憤怒。吐派克就活在這殘酷的現實之中，並將其承擔在肩膀上和心裡；每晚都與之同眠，每早都帶著苦難醒來。當警長們慢慢從德雷克街巡邏到柯爾路（Cole Drive，馬林城的圓形主要街道）時，吐派克將他們視為水中隨時準備攻擊的鯊魚；他已做好防範，絕對不會容忍任何騷擾。

「吐派克討厭警察，」萊恩回憶說：「那是從艾菲尼那裡學到的，是他們的家庭背景。這一點毫無虛假，而我也尊重這一點。只是我希望他能收斂一點，因為有時候會招來不必要的麻煩。我會說：『你知道，我們可以繼續往前走就好。』但他會開始噴那些警察髒話。」

這種拒絕退縮的心態，最終也導致了不可避免的衝突。一天，兩名巡邏的馬林城警長看見吐派克在等公車，而吐派克也用眼神回應他們的凝視。當警長的車在旁邊停下時，吐派克和他們起了爭執。幾分鐘後，他就被上了手銬並丟到警車後座。前往警局的路上，其中一名警長問他是不是幫派成員？他脖子上的 O.N.E. 圓牌看起來就像某個幫派的象徵物。吐派克解釋 O.N.E. 是他們饒舌團體的名字，但警長們不相信，並把他扔進了拘留室，同時搜查加州的幫派手冊。

最後，他們找不到任何證據，所以不得不釋放他。

馬林城／米爾谷

開學第一天吐派克沒有去上學，因為這裡沒人管他。在學期開始後一個月（十月十一日），他才前往校園開始高三生涯。他過去所在的城市學校被一片混凝土包圍，塔瑪佩斯高中則位於米爾谷這個富裕小城鎮的紅木林中。每天早上，吐派克和馬林城的其他學生都會搭乘上午八點的金門大橋交通巴士，不到十分鐘便到達距離學校入口僅幾步之遙的站點。這間學校約有一千名學生，其中大部分是白人，馬林城的孩子們僅占不到五％。

這八分鐘的旅程跨越了不同的世界：從馬林城搭公車到米爾谷就像從東哈林區到上東城；從巴爾的摩的格林蒙特到羅蘭公園；從克倫肖（Crenshaw）[7]到比佛利山（Beverly Hills）。沿途，白鷺會在退潮時於泥濘的海岸上覓食，海鷗在空中翱翔，所有這些景象都為馬林的海濱增添了魅力與色彩。對於坐在

6 譯按：皆為非裔美人民權鬥士。
7 編按：二戰後的日裔美人社區，非裔美人則在於一九七〇年代成為主要群體。

公車上的人來說，兩個近在咫尺的城市使這些差異變得更加明顯。在理想的情況下，這兩個社區本應融為一體，成為廣闊又美麗的風景。但事實並非如此。米爾谷從不希望與馬林城有太多瓜葛，出於這個原因，馬林城也持有相同態度。塔瑪佩斯高中（當地人稱為塔瑪高中），是兩個社區唯一有理由聚在一起的地方；然而，在這寬廣的校園中，仍然明顯存在著種族分歧。

不過吐派克並不在乎。他從來都不會讓任何障礙或種族差異，阻礙他與任何新環境中的藝術愛好者、有創造力的人親近。他很快就在塔瑪高中的著名戲劇部——合奏劇團（Ensemble Theatre Company）找到了位置。

在十月第一次上學的那天，吐派克和一群學生一起走進了魯比・史考特（Ruby Scott）劇院。塔瑪的戲劇老師大衛・史密斯（David Smith）介紹了吐派克——他注意到自己的名字被唸對了，露出友好的微笑，感謝每個人的歡迎，並表示自己很高興能來這裡。他說：「這真是太棒了。謝謝大家。」然後他坐在地板上，那永遠不離手的筆記本放在膝蓋上。就像是從長達數年的旅程中回家了，回到熟悉的一切。

在學校的戲劇課程中他認識了一位同學，一個名叫科希瑪・克內茲（Cosima Knez）的混血女孩。很快，他就迷上了她。吐派克愛上了她的金棕色皮膚和金色捲髮，他們在學校對面的速食店花了幾小時認識彼此，談論彼此的生活，吐派克也與她分享了自己的詩和歌詞。隨著友誼加深，吐派克也更加喜歡她。科希瑪說：「他在那裡（在速食店）坐著寫他的詩和歌曲。對於這個年紀的人來說，他的思想是如此有深度。當時我並沒有意識到這一點。他與眾不同，非常不同。智慧方面遠遠超前同齡人很多。」

一開始，對於科希瑪想要保持純友誼的想法，讓吐派克感到相當沮喪：「她說我人太好了，我簡直不敢相信。她認為這樣行不通，因為我人太好了！」吐派克向身邊的每個人都表達了他的挫折。塔瑪高中的同學克里斯汀・米爾斯（Christian Mills）記得他和吐派克每天早上都會一起去圖書館，因為他們兩個都不想上西班牙語：：「吐派克和我每天都會在那裡坐著，從早上八點到八點四十五分，就在圖書館的後面，」米爾斯回憶道：「他每天都穿著一樣的衣服，牛仔褲和一件牛仔外套，當時他留著岡比髮型。他喜歡早上抽菸，所以身上都是菸味。我們會喝咖啡、談論莎士比亞。有時候他會寫一些歌詞，然後聊到科希瑪的話題。他非常喜歡她。」

在圖書館的這段時間裡，吐派克也會寫情書給科希瑪，想靠著文筆來打動她。在接下來的一年裡，他寫了近二十封情書。最終，這些信件發揮了魔力。「我被他吸引住了，」她回憶道：「我想一直接近他，因為我對他很好奇。我們最終擁有了一段非常特別的關係。」

在這段時間裡，吐派克認識了肯卓克・威爾斯（Kendrick Wells）；肯卓克來自獵人角，比他大三歲，住在北邊聖拉斐（San Rafael）的公寓。他很快就發現到肯卓克的公寓是單身漢的樂土，對吐派克而言，那裡充滿了與女生發展的可能性。

某天晚上，他和肯卓克與兩個女孩在沙發上看電影。四人坐在電視機前，女孩們咯咯笑著，模仿《火爆浪子二》（*Grease 2*）的臺詞。除了看電視外，肯卓克當然還有其他目的，他拉吐派克到旁邊，說自己有一個方法可以讓女孩們忘記電視，把目光轉移到他們身上。吐派克同意了。但當他們回到客廳時，發現事情沒有想像的那麼簡單，女孩們仍然沉浸在電影中。後來吐派克沒有按照肯卓克的原定計畫，反而開始和女孩們爭辯《火爆浪子》和《火爆浪子二》哪部比較好看。

然後，當其中一個歌舞片段從電視播出時，其中一個女孩把音量調得更大，並跳下沙發，開始跳起舞來。女孩們模仿舞者的動作，大聲唱歌。吐派克忍不住了，也加入她們。三個人在肯卓克的客廳演起了自己的音樂劇。完全失敗的肯卓克不敢置信的搖頭，只好放棄了。

沒用的「基礎知識」

搬到馬林城的第一年，吐派克在米爾谷的圓桌（Round Table）披薩店找到了一份兼職工作。他經常把工作擺在第一位，有時甚至在上學時間也會去上班。儘管如此，就像在ＢＳＡ一樣，他從未缺席戲劇課。開學幾週後，戲劇老師史密斯宣布了即將舉行的年度演出，以此紀念馬丁·路德·金恩。這部戲是由一位實習老師撰寫的，透過突顯金恩博士的「非暴力抵抗理論」來向他致敬。由於最終的表演將在馬林市政中心舉行，該縣的五所高中都將參加，史密斯老師強調所有參與製作的人都需要長時間投入。當他問誰願意投入時，吐派克立即舉手。

吐派克和一位名叫莉莎（Liza）的同學被選中演出一對情侶。莉莎是一個身材嬌小、有著褐色頭髮的白人女孩；生活在米爾谷，思想開放，心地善良。當學生分組完成時，他們被要求開始練習即興演出。吐派克和莉莎一邊練習一邊聊天。「能做這件事真是太好了，」他說：「但沒有人提到麥爾坎·X或其他偉大的領袖。」

「麥爾坎·X？」莉莎滿臉困惑的看著他

「對，麥爾坎·X。」

「他是誰？」

「他是一個堅強的男人，為人民與正義發聲。不懼怕白人政府。」吐派克解釋道。對於莉莎不知道麥爾坎．X是誰，吐派克並不感到驚訝。即使在塔瑪高中的短暫時間裡，他也能感覺到課程與全國大多數其他高中沒有不同，學生們只會學到最基本的黑人歷史人物。他沒有責怪莉莎不知道這件事，而是指責體制沒有教育這些內容。

那年，吐派克大方的與紀錄片製片人傑米．卡瓦諾（Jamie Cavanaugh）分享有關美國教育課程的各種想法。傑米那時正開始準備影像專案的訪談，這個專案將詳細介紹十年來都會青年們的生活。吐派克對於接受採訪感到興奮，不過預定採訪時間是在工作日，但老闆不允許他休假，於是他當場辭去了圓桌披薩店的工作。

傑米在這個關鍵時刻捕捉到了吐派克的願景。在這一刻之前，吐派克的行動一直在試圖解決城市的衰敗問題，從他協助舉辦集會來提高對青少年懷孕問題的重視，到他寫的歌曲強調閱讀的重要性。隨著在馬林城的成長，他不僅開始尋找被邊緣化生活的解決方案，而且專注於問題的根源。吐派克正在揭示那些非裔美國人面臨更多困境的原因，一條比起白人所面對的，更艱難的道路。

他很清楚的分析了教育系統的問題：「我認為每個社區應該有不同的課程，」他告訴傑米：「我念的是塔瑪佩斯高中，我正在學習人們所謂的『基礎知識』，但對我來說這些不是基礎……那沒辦法幫助我們準備好迎接現實世界。」他繼續說：「我認為應該有一門關於警察暴力的課程；應該有一門關於種族隔離的課程；應該有一門關於美國種族主義的課程；應該有一門關於人們為什麼挨餓的課程……但沒有。有的是體育課。我們來學排球吧！」

艾菲尼在十一月乘坐灰狗巴士抵達馬林城，只帶著一個錢包和手提箱。她把巴爾的摩生活中的一切都留在了身後。這種生活並沒有像姐姐葛洛所希望的那樣成為救命的稻草；相反，它折磨了艾菲尼。在老鼠、窮困、虐待關係，以及曾經賦予她生命意義的黑豹黨社會運動的日益疏離之間，艾菲尼變得比以往更加脆弱。在巴爾的摩，即使幾乎無法維持自己和孩子的生活，她仍在繼續吸毒。但她依然相信這不是問題，只要能在加州重新開始，一切都會好起來。

抵達普拉特的公寓時，艾菲尼發現門上鎖了，燈沒亮，也沒人在家。她問了幾個路人他們可能在哪——馬林城的人們都會互相照應：如果你需要搭車，有人會載你一程；如果你要叫孩子回家，有人會通知他們，他們幾分鐘內就會到。就像打電話一樣，很簡單就能詢問到某人的下落，這是這個小鎮社區的一個小優點。艾菲尼剛說完她在找孩子們時，他們就跑上樓來了。

前腳才到，阿夏琪就跟艾菲尼說，她不打算繼續住這了，正準備搬家；夏庫爾一家不得不找一個新地方住。艾菲尼立即開始找工作賺房租錢。在他們能負擔得起之前，賽琪娃和艾菲尼將和阿夏琪的朋友關（Gwen）住在一起，關有三個年幼女兒，賽琪娃已經和她們相處得很熟了。德米特里也告訴吐派克，在他媽媽找到地方住之前，歡迎他一直住在家裡。艾菲尼回憶說：「德米特里心胸非常寬大……他讓所有逃跑的人、所有沒地方可住的年輕人，都住在那裡……他的房子就是無家可歸之人的家。」

但這樣的舒適持續不久。新年剛過完，吐派克和德米特里的友誼突然結束了。某個晚上，當德米特里不在家時，吐派克決定舉辦一個瘋狂、失控的派對。客廳精緻的玻璃咖啡桌被砸爛了，更糟的是，警察破壞了德米特里珍貴的錄音室大門。沮喪的德米特里把吐派克的麥爾坎·X的演講專輯像飛盤一樣扔到樹上，跟他說他得搬出去。

幸運的是，艾菲尼很快就搬入一間小型兩房公寓，位於德雷克街，就在普拉特家曾經住過的同一個國宅區內。夏庫爾一家再次聚在了一個屋簷下。賽琪娃和艾菲尼睡在房間，而吐派克則睡在沙發上。

有時，吐派克會問自己今天要不要去上學。一天早上，他聽到灣區流行的廣播電臺ＫＭＥＬ播報，全民公敵的「風味」即將前往工作室接受訪問。機會出現了！吐派克早就很崇拜這個團體充滿社會意識的歌詞和政治力量。他知道，如果可以去電臺現場，他就能找到方法見到風味。在心中權衡了得失之後——去上學參加考試？還是去見風味？——吐派克覺得，如果見到風味，也許他可以在饒舌職涯上幫幫自己。幾個小時後，吐派克在ＫＭＥＬ與他的偶像之一合照。帶著一張珍貴照片回家，把它放在潔達的照片旁邊一起好好收藏。

在吐派克決定去上學的日子裡，他則繼續用表現驚艷戲劇系的同學們。莉莎記得，他的表演「過程」雖然不穩定，但結果總是成功。「如果有人的過程不對，那麼他們的成果通常也不好，」她說：「我甚至不知道他到底有沒有在準備。他彩排常常遲到，有時甚至不彩排。有一半的時間他都不記得自己的臺詞，只會臨時胡亂編造。」在回憶與吐派克共享舞臺的日子時，莉莎笑了：「但他的表演總是如此精彩。人們在欣賞他的演出時都感到非常興奮，因為你永遠不知道他會做什麼或者會發生什麼。」

他的天賦在整個學校產生了戲劇性的影響。史密斯記得吐派克曾問他是否可以表演莎士比亞或契訶夫（Anton Chekhov）的作品：「他表演了契訶夫的一部劇《熊》（*The Bear*），我記得自己擔心他是否能記得臺詞。他很討喜，但臺詞從來沒有準備好。然而那天晚上他登臺表演時，他用那迷人的魅力讓全場都為之傾倒。」

英語老師歐文（Owens）經常透過讓學生輪流朗讀課文，吸引孩子們的注意力。某個下午在教莎士比亞的單元時，她讓吐派克飾演奧賽羅（Othello）；她立刻被吐派克對莎士比亞語言的掌握，以及他的專業朗讀打動：「這絕對是我所聽過最出色的莎士比亞表演之一，更不用說《奧賽羅》了。當他讀到奧賽羅與自己爭辯是否要悶死苔絲狄蒙娜（Desdemona）的場景時，他表演得極其出色。我暫停了課堂，對學生們說：『你們這輩子再也不會聽到比剛才更好的《奧賽羅》表演了。』」

我得保護同胞

最大的表演還在後面。幾週以來，戲劇課一直在為每年一度的馬丁·路德·金恩紀念活動做準備，現在就只剩幾天了。演出共有三場，前兩場將在塔瑪高中的魯比·史考特劇院舉行，最後一場則會在馬林市民禮堂，屆時將會有數千名觀眾。

在第一場表演當晚，莉莎想在舞臺升起前排練臺詞進入角色，但她找不到吐派克的蹤影。最後他慢慢向莉莎跑來，嬉鬧似的壓在她身上，讓他們兩人都跌坐在地。這是他表達友好的方式。但莉莎沒那麼放鬆，她把他推開，要他開始彩排。「我當時很認真，試著讓自己準備好演出，」莉莎回憶道：「不過他根本不在乎，一派輕鬆的樣子。我試著對他發脾氣，但他總是能逗我笑。」儘管沒有排練，首演仍然相當成功。

然而，第二晚就沒那麼順利了。吐派克在當天較早時和朋友們一起前往米爾谷北邊三十分鐘路程的諾瓦托（Novato）小鎮。他和萊恩以及另一個朋友波哥（Pogo）去拜訪朋友。中途他們去了喜互惠（Safeway）超市，其中一人摸走了一瓶傑克丹尼威士忌，然後步行到漢密爾頓空軍基地，輪流大口灌那瓶威士忌。他們沿著街道屌兒郎當的閒晃，最後去看了當地學校的籃球賽。

當太陽開始下山時，吐派克注意到時間已經很晚了，於是他趕上了下一班往南的公車，他需要在開演前回到學校。當他轉乘到另一班公車時，他聽到一個上車的乘客叫某人「黑鬼」。

這句話讓吐派克非常火大。

隨著吐派克跳進去理論，雙方隨即打了起來。當公車司機終於勸完架，吐派克要搭去學校的車也早就開走了。

在魯比．史考特劇院，莉莎和劇組等待著吐派克。學生教師和劇組成員開始變得焦慮，因為吐派克的角色沒有替補——沒有他，這場演出根本無法開始。最終，三十分鐘過後，吐派克還沒到達，導演別無選擇，只能向觀眾傳遞壞消息。

演出宣布取消，整個劇院傳出了一陣哀號和嘆息。當人群離場時，後臺的學生們交換著失望和驚愕的眼神。片刻後，劇院裡空無一人。吐派克在圖書館的早晨同伴，也是戲劇課的同學米爾斯回憶，這種情況史無前例：「我在塔瑪高中渡過的四年中，從來沒發生過演員不見這種事情。」

莉莎和她的家人上了車，正準備離開學校停車場時，有個人向他們飛奔過來。「莉莎！等等！」吐派克大喊著，跑著趕上車子。在莉莎甚至來不及問他到底發生了什麼事，讓他放所有人鴿子之前，吐派克就開始戲劇性的演示他遲到的原因。當他詳細的說明究竟發生什麼事時——有個男的用N字辱罵一個乘客——吐派克整個人明顯還處於戰鬥狀態。他告訴莉莎自己必須替那個人站出來。

莉莎的家人就在車上，他們聽了莉莎連續幾個星期對戲劇課「新來的孩子」大加讚賞後，特地來看演出。「喔，好吧！但現在我的家人永遠沒辦法了解你的演出有多棒了。」她取笑道。

「他們會的。」吐派克朝車裡看，讓每個人看見他最棒的笑容：「我會補償你們的，我保證！」接著他便跑開了。

然而，片刻之後，他給出了完全不同的原因。當他走進魯比．史考特劇院時，他遇到了另一位劇組成員，一位名叫艾莉莎．科尼格（Alexa Koenig）的同學。她問他發生了什麼事。艾莉莎回憶說：「他告訴我，他不打算現身為白人的學校演出，因為白人在美國也沒有為黑人群體站出來。」

她站在那裡感到困惑不解，試圖處理她沒有預料到的回應。爆胎？當然可以。車子沒油了？任何其他的理由都可以，但他剛才的答案真的很出乎意料。她曾在丹尼餐廳跟他一起喝廉價咖啡，他們會交流談心，她也把吐派克當成朋友。她無法理解吐派克怎麼能晾著朋友，然後又給出如此充滿爭議的原因。艾莉莎後來說道：「我記得當時對他非常生氣，他居然就這樣缺席，把我們全部晾著，甚至不事先通知。他告訴我，他想用自己的藝術表達立場。當然，隨著時間經過，認識到更多元的社會背景以及人們意識覺醒，我明白他當時所做的許多事情，是在試圖喚醒大眾對社會不公的重視。」

某種行為模式和價值觀，正在逐漸形成。吐派克再次感覺到，無論是家人還是陌生人，**在種族攻擊和警察騷擾面前，他都有責任保護自己的同胞**，儘管這可能會對他自己的生活和周圍的人製造一些麻煩。然而對他來說，不論有什麼後果，這些行動都是值得的。

一九八九年一月三十日，馬林市民禮堂舉行了馬丁．路德．金恩紀念活動的最後一場表演，莉莎與吐派克約在學校前的停車場一起搭車，這樣就可以避免他錯過另一班巴士。

「這次你能出現真是太好了。」她笑著說。

二十分鐘後，他們抵達馬林市民禮堂停車場時，吐派克問莉莎：「妳會緊張嗎？」

整個郡縣有上千名高中生正朝著禮堂準備觀看這場戲劇。在同儕面前表演總是更加困難，他們是最難以取悅的觀眾。

「我們排練得不夠，吐派克。我當然會緊張。」莉莎坦率的說。

吐派克對她笑了笑：「想想馬丁．路德．金恩就好。」

莉莎笑了笑，瞪了他一眼。當他們進入劇院時，吐派克又再次跳起來壓在她身上。

09

黑豹力量

1988-1989

我們國家的先賢從沒在乎過我，
他們將我的祖先禁錮在奴役中。

——〈黑豹力量〉（*Panther Power*）

即便塔瑪高中的戲劇系很吸引人，而且能夠提升表演技能，但很多時候吐派克都會放棄搭乘去米爾谷的公車，留在馬林城。他覺得自己已經修了足夠的數學和科學課程，並且對於學校的整體教育失去了信心（特別是歷史）。現在吐派克比較在意該如何賺錢和生存。

某天早上，他走過酒行和當地小學之間廣闊的乾草地上，看到一個白人女子正在閱讀溫妮・曼德拉（Winnie Mandela）[1]的回憶錄《我靈魂的一部分與他同行》（*Part of My Soul Went with Him*）。

吐派克說：「喔，不錯。那本書很棒。」表達了他的認可。

那個女人是萊拉・斯坦伯格，住在往北四十五分鐘車程的聖塔羅莎鎮上，是一位教育工作者。萊拉每天上午都會通勤到灣區的各個公立學校，為一個名為「青年創造」（Young Imaginations）的跨文化教育非營利組織，舉辦文化自覺集會。

又一次，吐派克的名聲在對方還不認識他時就已傳了出去。過了一會，萊拉想起前一天晚上在當地夜店的舞池上見過他。然後她意識到，他就是那些馬林城學生們一直誇讚的那個新來的孩子。「妳一定要見見這個新來的傢伙，吐派克！」其中一個學生告訴她：「他是一個饒舌歌手，而且非常適合我們的寫作小組。」

萊拉比吐派克年長八歲，而且是一位教育工作者，她覺得自己有必要問他為什麼沒去上課。他的回答給人留下了深刻的第一印象：「今天不想去。太無聊了。我覺得那些老師才是需要上課的人。」

萊拉則說她正要去附近的灣岸（Bayside）小學教一堂跨文化集會課程。當然，吐派克馬上挑戰了這位看起來是白人，但實際上是拉丁裔和土耳其裔混血的女人：「妳有什麼資格教授任何跨文化的東西？」然而他沒有等待回答，並決定給她一個機會。

「帶我去看看妳在教什麼。」他說。

他們一起走向學校。那天她正在教一堂音樂歷史課，吐派克安靜站在教室後面，仔細觀察並分析。下課後，當兩人一起走出教室時，吐派克分享了他的想法。

萊拉對他直言不諱的假設很有興趣，也被他的魅力和好奇心吸引，因此邀請他參加當天下午在家裡舉辦的詩歌交流會。吐派克答應了——讓創作者們聚在一起，分享對文字的熱愛的詩歌交流會？那聽起來一定比坐在化學課或數學課上發呆好多了！他們沿著一〇一號國道向北行駛了一個小時，來到索諾馬縣（Sonoma）的聖塔羅莎市。郊區商場和汽車經銷店在窗外掠過，兩人則繼續交流他們對美國教育狀況的看法。

1 編按：南非著名反種族隔離人士，曼德拉前妻。

朗讀詩歌：〈去他媽的警察〉

吐派克告訴萊拉自己是一位饒舌歌手，並且已經寫幾首歌曲了。「妳想聽一首嗎？」他問道。他不會放過任何機會表演給感興趣的觀眾。吐派克隨著腦中的節奏點頭，即興演唱了他的歌曲〈黑豹之力〉，釋放出的能量和信念足以吸引一小群觀眾。萊拉專心聽著，對歌詞內容感到驚嘆：

就像它看起來的那樣，美國夢
不過是另一個精心策劃的陰謀
把我們關進監獄、槍殺我們、重新上鎖
否定我們的未來、搶走我們的名字
……封存我們的歷史，但現在我明白了
美國夢不是我的夢
因為自由女神是個虛偽的傢伙，她對我說謊
向我承諾自由、教育、平等
……除了奴役，什麼都沒給我
現在看看你們是如何把我變得危險
因為我堅強而大膽，你就叫我瘋子

我手上的槍已經看破你的謊言。

那天晚上在詩歌交流會，吐派克迅速融入萊拉簡樸的家中，認識了一群新朋友，一群和他年齡相仿、背景相似的人們，他將和這些人在未來的幾個月裡交流想法，不論是在寫作還是生活中。

每個人輪流向他介紹自己，然後吐派克發言了。那時，他的創作目標已經確定下來。透過詩詞和歌詞，他將成為社會改革推動者；他將改善那些不幸的、被遺忘的年輕人的生活。

「房間裡的每個人都立刻愛上了吐派克，他們愛上了他的才華。他有那種閃閃動人的影響力。」萊拉回憶道。

雷伊．泰森（Ray Tyson），別名「Rock T」，是那晚吐派克遇到的作家之一。「詩歌交流會是一個隨意寫作的地方。你可以寫饒舌、寫詩，也可以寫故事；你也可以單純只寫下自己的想法。每個人都可以來這裡暫時忘記一下現實生活，做自己的事情。」雷伊說道。萊拉很高興吐派克能遇到雷伊，她猜他們會一拍即合。那天晚上，吐派克為雷伊表演了一個加速版的〈黑豹之力〉，而雷伊也表演了他自己的一首歌曲。萊拉說得沒錯，他們瞬間就建立了默契。

「我們是一個小團體，」萊拉說：「有雷伊和另外兩個有抱負的詩人和作家：肯雅塔（Kenyatta）和哈辛塔（Jacinta）。他們都是吐派克的拍檔。他們是他的同儕。」這個小團體立即因共同的興趣而結合在一起，便利用他們的創造力來促進社會變革。像這樣的友誼，是吐派克的的生命泉源——一個多元的黑人兄弟姐妹社交圈，對社會的許多觀點都與吐派克相似。這能讓他保持在正軌上。

接下來的幾個星期裡，吐派克回來參加了寫作工作坊，其中穿插著長時間的深入討論。吐派克分享了他對黑人社群狀況的想法，以及他認為導致其挫折的原因。他解釋道，許多黑人社群的成員尚未從奴隸制度的影響中痊癒；在奴隸制度下，**黑人母親被迫貶低自己的孩子以保護他們**。這是計畫的一部分，**目的是使孩子們變得虛弱，因為虛弱的奴隸在市場上並不吸引人**。

為了減少年幼的孩子被白人奴隸主賣掉或搶走，母親不得不口頭虐待他們，讓他們餓肚子，甚至在極端情況下殺死自己的孩子。吐派克相信，這種系統性削弱黑人孩童的傳統一直延續至今，**導致黑人母親不懂得如何讚美孩子**，尤其是他們的兒子。萊拉說道：「十七歲的吐派克認為，由於奴隸制度的影響，整個黑人社區的自尊心完全失衡。」

萊拉記得他告訴大家：「白人社群在這個國家創造了悲劇，然後他們也不了解其造成的損害或過程。因此，這五百年的謊言和隱藏的歷史真相，造成了這個潰爛的傷口，開始滲出並影響每個人。」

吐派克的新朋友對他的哲學非常著迷，特別是萊拉，一個生於一九六〇年代的孩子，出身社運家庭，父母曾帶她去樂土公園（Elysian Park）與塞薩爾・查維茲（Cesar Chavez）[2]的勞工運動站在一起。她也出生在一個期待改變世界的家庭，並知道這種共同點將幫助她與吐派克建立起堅固的友誼。這是他們圈子中不可或缺的一部分，正如萊拉所回憶的那樣：「他們年輕又愚蠢，相信自己能夠改變世界。」

在一次寫作工作坊中，萊拉告知團體當地的全國有色人種協進會（NAACP）分會計畫舉辦一個名為「100 Black Men」的活動，以表彰美國黑人男性的進步和該組織的指導工作。她在過去幾年中一直與他們密切合作，舉辦社會正義相關的活動。現在，她給創意小組成員們在活動中表演一首作品的機會。她為每個人分配了一個具體的主題寫作，並邀請有興趣的人下週五回來開始排練。

吐派克立刻反對了萊拉提出的主題：「妳都會告訴大家該寫什麼嗎？」

萊拉對這個意外的挑戰感到吃驚：「對。」

「每個人都聽妳的？」萊拉點點頭。

「這是我舉辦的寫作坊。」

「但為什麼是妳決定？」

「我們大家會一起寫作，所以可以分享不同的觀點。」

「這都沒問題，但為什麼是妳決定主題？」

「這是你第一次來這裡，為什麼要這樣讓我難堪？」萊拉感到沮喪。

不過她的沮喪很快就轉變成了欣賞。儘管其他藝術家和作家也很有活力和才華，但吐派克是第一個挑戰她指導的人。

「那你想寫什麼？」萊拉問道。

「痛苦！」吐派克毫不猶豫的大聲說道。萊拉很快就了解到，這不僅僅是寫作主題而已——吐派克正在接手主導。

「這就是我們要寫的。每個人寫下你最痛苦的經歷，或者是痛苦對你的意義。」他很快就寫出了一首名為〈如果有痛苦……〉（*If There Be Pain...*）的詩：

2 編按：墨西哥裔美國勞工領袖和民權活動家。

如果感到痛苦
你只需要呼喚我
我就會陪在你身邊
在你掛斷電話之前
你將不再孤單
我們永遠不會倒下
因為我們的愛將戰勝一切

如果感到痛苦
伸出手求救
無論我身在何處都會抱住你
我呼吸的每一口氣都會給你
因為沒有你，我的喜悅將消逝殆盡
我的生命在雨中度過
所以如果有痛苦，請呼喚我

「短短三分鐘，他就創造出了傑作。」萊拉回憶道。

在寫作工作坊期間，團體還討論了他們的文學品味。吐派克向大家展示了他廣泛的興趣：朗誦《白鯨記》、改編《馬克白》（*Macbeth*）的臺詞，然後迅速切換到艾斯柏格・史林（Iceberg Slim）[3]的回憶錄《拉皮條》（*Pimp*），並發表自己的看法。

有時候，他會透過自己從指壓按摩書籍所學到的東西，來激發團體的靈感。他告訴團體，首先要治癒自己；專注於身體方面的治療，同時也要關注心靈和心理方面的療癒。他們一起探索並吸收了《西藏度亡經》（*The Tibetan Book of the Dead*）、法國哲學家德日進（Pierre Teilhard de Chardin）的《人的現象》（*The Phenomenon of Men*），以及紐約新時代（New Age）運動哲學家愛麗斯・貝里（Alice Bailey）的《思考》（*Ponder on This*）等書籍。

在團體中他們還分享音樂，當吐派克注意到有人不欣賞他喜歡的歌曲時，他會努力確保他們充分理解該藝術家創作的意圖。無論是王子還是史汀，甚至是他最喜歡的音樂劇之一，吐派克都會讓他的朋友們聽，直到他們和自己一樣欣賞這首歌——特別是他最喜歡的音樂劇《悲慘世界》原聲帶。

即使在馬林城，他也自豪的把這張CD放在口袋裡，讓任何願意聽的人知道這是他最喜歡的音樂。他的思緒從未停止，不斷在不同世界和情境中飛越。萊拉說：「能夠從經典作品《白鯨記》到艾斯柏格・史林，再到朗誦紀伯倫[4]的詩，然後甚至對過路的警察噴垃圾話，他就是這樣的人。」

有天，在一次詩歌交流會活動中，有個警察來敲門。這已經成為了例行公事——自從吐派克開始去萊拉那裡，警察就不斷來處理噪音投訴，因為吐派克喜歡把音樂放得**很大聲**。

3 編按：原名Robert Beck，從十八歲開始拉皮條，一直持續到四十二歲，後來成為作家。

4 編按：Jubran Khalil Jubran，黎巴嫩詩人、作家與畫家，被稱為「藝術天才」。

當萊拉站在門口道歉時，吐派克會從後面探頭出來。「嘿，警官，有什麼問題嗎？」他插嘴說道：「鄰居的搖滾樂也放很大聲。但你就不會去煩他們。」他跑過去調低了音量。然而當警察還站在門口與萊拉交談時，他換了一張唱片——當時他最喜歡的團體N.W.A（Niggaz Wit Attitudes）的熱門歌曲〈去他媽的警察〉（*Fuck tha Police*）。他把音量稍微調高，雖然不是最大聲，但也足夠讓警察聽見了。

接著他匆匆回到門口。「如果這個聲音太大了，還請您告訴我！」吐派克用禮貌的口吻說道。他對著警察微笑，然後回去拿起筆記本寫作。

領導新非洲黑豹

萊拉不是唯一注意到吐派克潛力的人。在這段時間裡，他收到艾菲尼的兩位同志瓦塔尼・泰辛巴（Watani Tyehimba）和喬奎・盧蒙巴（Chokwe Lumumba）的聯繫。喬奎是密西西比州傑克森市的一名律師，一生致力於政治活動，他與艾菲尼因為傑羅尼莫・普拉特案而相識。他也是新非洲人民組織（NAPO）的主席，致力於黑人國族主義運動，起源於一九六〇、一九七〇年代的革命理想，其宣稱的使命是「永遠破壞美國帝國主義的背脊」。

瓦塔尼解釋：「這實際上是我們的自治權和主權。」NAPO的主要目標是在黑人地帶區[5]創建一個國家，包括阿拉巴馬州、密西西比州、南卡羅來納州、路易斯安那州和喬治亞州，其目標是「結束膚色和階級歧視，同時不廢除有益的多樣性，並提升社會中所有人的自尊和相互理解」。

瓦塔尼與穆圖魯一樣，一直是NAPO的領導成員之一，他是其中的創始成員，也與艾菲尼保持著密切聯繫。在過去幾個月裡，瓦塔尼和他的兩個兒子一直在努力工作，與位於洛杉磯南部的黑人生存中心（Center for Black Survival）合作，該中心為NAPO的青年部門「新非洲黑豹」（New Afrikan Panthers）舉辦會議，旨在透過密集的黑人歷史講座、喚起黑人自豪感和韌性的批判性思考，來提高黑人青年的團結意識。

多年來透過艾菲尼密切的關注，喬奎和瓦塔尼認為吐派克是一位有前途的領導人，也是青年部門潛在的主席人選。他們打電話給他提出了這項建議。對吐派克來說，他對青年計畫的目標表現出了極大興趣，並知道自己肯定想以某種方式參與其中。

喬奎讓他開始銷售該組織的報紙，希望吐派克可以擴大西岸的讀者群。他郵寄了幾百份報紙到馬林城，吐派克便開始在街上推銷。萊拉回憶道：「他甚至讓索諾馬的白人孩子也買了新非洲豹的報紙。」

吐派克也持續每天閱讀當地報紙，每天早上至少看兩份。有時是《舊金山紀事報》（*San Francisco Chronicle*），有時是《奧克蘭論壇報》（*Oakland Tribune*），他最常看的還是《紐約時報》。童年最痛苦的懲罰現在成了日常習慣。

埋首新聞的他，天天關注著全國各地，特別是奧克蘭和南洛杉磯等都市地區居高不下的犯罪率，以及激增的槍枝暴力事件。當時快克成癮問題也橫行全國，這種危險且致命的毒品銷售量如火箭般上升，

5 譯按：black belt region，原指美國南方阿拉巴馬州中部與與密西西比州東北部，但因該地區與十九世紀美國黑奴在棉花田的勞動有緊密連結，後被引申做美國南方所有黑奴從事棉花田勞動的地區。

在一九八八年，也就是吐派克十七歲生日那年達到了新高。黑人對黑人的謀殺案件也創下了歷史紀錄。在馬林城對面的奧克蘭，殺人案件以令人震驚的速度增加。從一九八八年到一九九二年，每年的殺人案件數量從一百一十二起上升到了一百七十五起。

貧民社區所面臨的浩劫，因不公正的法律而加劇了黑人男性受到的痛苦。當國會通過了一條價值九億美元的法案：罪犯「故意」造成死亡的毒品犯罪可處以死刑，以及通過了「在毒品案中得以使用非法獲得的證據」的法律時，結果就是讓更多的黑人男性在監獄裡度過終身，或在死囚室裡等死。到了一九八〇年代末期，很少有貧民窟社區能夠免於與快克相關的暴力、刑法系統「武裝化」所帶來的雙重災難。

雖然在巴爾的摩時，吐派克偶爾會不同意艾菲尼的觀點——她認同標準的高中教育是成功的關鍵，或者她對麥爾坎．X哲學的偏愛勝過金恩——但隨著年齡增長，他的信仰更加與母親相符。她的教育一直是他進行社運活動的基石——社會弊病的警告、革命同志的故事，以及對壓迫制度的描述，這些教育就像一波波在他一生中不斷變大變強的海浪。每天新聞中的殘酷現實使這一切變得更加真切，加劇了他的危機感。這些令人震驚的報告、悲劇性的殺人案，令吐派克心碎，使他對改變的炙熱渴望變得迫切。

在這段期間他寫了一首歌叫做〈我的街區〉（*My Block*），生動、情感濃烈的描繪了衰敗、犯罪橫行的黑人社區：

我不禁想知道為什麼，這麼多年輕孩子就這樣死去
因為被AK的子彈擊中，被飛車槍手射殺
膨脹的驕傲和殺人事件不應相伴

吐派克對戰爭和衝突的興趣也越來越濃厚，尤其是在他讀到有關國際事務的報導時。他和朋友們經常分析討論巴勒斯坦和以色列之間激烈不斷的衝突。吐派克對「聖地」成為地球上最危險的地區之一感到著迷。南非及其種族隔離的壓迫性暴力也是他經常思考的話題。萊拉解釋道：「他是一個在年輕時就喜歡討論和研究壓迫制度的人。」但他仍然抱持希望；他和詩歌交流會的成員不僅談論革命，也討論解決問題和全球和解的可能性。

萊拉的詩歌交流會打破了吐派克的日常——去上學還是蹺課。為了北上去聖塔羅莎，投入他自行設計和研習的課程，他越來越少去學校。萊拉的家成了他、雷伊和幾個其他青少年的創作巢穴。他們一起寫作，給予彼此精神上的療癒，使用讀到的技巧，坐在一起互相按摩。彼此分享夢想，並為自己的職業制定計畫。

吐派克甚至主動替雷伊取了了新名字。「我的名字是 MC Rock T，吐派克是 MC 紐約，我們當時正在尋找將自己與其他人區隔開來的方式。有一些藝術家會使用真名，但在那個年代，每個人都有一個代表自己來自何方的綽號。在紐約，那些時髦、充滿自信、穿著時髦的人經常在他們的名字後面加上『Luv』……Run-DMC 是 Run Luv。吐派克也開始叫我雷伊・樂夫。」雷伊・樂夫（Luv）[6]說道。

雷伊和吐派克決定融合他們兩人的創意，組成一個新團體。他們將自己命名為「完全屌」（Strictly Dope），並開始一起寫歌、錄音。很快，這兩人變得形影不離，在來往於雷伊位於聖塔羅莎的住處和馬

6 編按：意指 love。

林城之間的車程中，以及前往艾菲尼時常帶他們去買菜的超市路程上建立了友誼。這條路會經過富裕的、白人居住的索薩利托，他們經常在經過索薩利托的港口和海邊商家時，談論自己的夢想。看到自己的情況與周圍有錢人的差距，雷伊回憶說他們經常互相承諾：「總有一天，我們的生活會變得更好。」

你專心饒舌，我專心販毒

一九八九年四月，吐派克正式輟學了。他在馬林城的時間不到一年，仍然受到生活環境不穩定的困擾，這些因素阻礙了他在學校的學習。「我的學分不夠，」他後來解釋道：「就在我快畢業的時候，他們說我得明年再來拿一個健康學分和體育學分。我說：『哦，別鬧了。』我的錢只夠去上學和買午餐。我得賺錢。我得找個謀生的工作。」

高中沒有畢業的消息讓艾菲尼感到不滿。「我不希望你只能靠社會救濟過日子！」她告訴他。吐派克心裡知道自己不會變成那樣，他相信他不僅會實現自己的目標，而且還能夠激勵那些正在苦苦掙扎的人，讓他們也不必依靠社會福利金。在這個時候，他受到啟發，寫了一首詩：〈政府救濟／我的靈魂〉（*Government Assistance or My Soul*）。

像是一隻黑豹
向一名黑豹獵人

拿走所有的肉
高中輟學生不都是笨蛋
失業者不都是懶蟲
有許多日子我感到飢餓
但在美國政府得到我的靈魂之前
我寧可飢餓和無家可歸

在毒品和毒販隨處可見的環境下，賺快錢的誘惑一直存在。後來，有關吐派克販毒的傳聞也漸漸流傳，但他當時的朋友們迅速澄清了這些謠言。「沒錯，當時可能有人讓他幫忙賣點東西，」吐派克在馬林城的朋友之一包比·伯頓（Bobby Burton）解釋：「但實際上來說，吐派克絕對不是真的毒販。」

「我身上真的沒錢，我得賺錢。我得找到謀生的辦法。我試著賣了大概兩週的毒品，然後那傢伙就說：『唉，兄弟，把毒品還給我吧。』因為我不知道該怎麼做。如果我賣了東西，然後有人不付錢，我可能會說：『哦，沒事，不用給錢了。』」吐派克回憶道。

或許正是因為他不會販毒，**那些真正的毒販反而保護了他**。他們看到吐派克的真正才華在於他的創造力，甚至提供了金錢支持，防止他陷入麻煩。吐派克說道：「那些賣毒品的兄弟們以前總是照顧我，他們會給我一點錢，並說：『不要捲入這些事。去實現你的夢想吧。』所以他們就像我的贊助商一樣。」

其中一位贊助商比吐派克大幾歲，名叫麥克·酷利（Mike Cooley），是一個酷酷但很樸實的黑人兄弟，他的五官精緻，身材中等。酷利是透過他的兄弟跟吐派克認識的：「那是在一九八九年，我剛出獄。

我哥哥過來接我，帶我去了馬林城。我們當時在海頓（Hayden）停車場。吐派克路過。我哥告訴我他來自紐約。他說這裡的人對他不太好，因為他不是當地人。」

當酷利得知吐派克曾與當地的毒販接觸，並試圖賣毒品時，他感到難過：「我告訴我哥叫他過來。我問吐派克：『你抽嗎？』他說：『當然啊。』接著他坐到後座，從那以後我們就一直混在一起。」

在接下來的幾個月，酷利把吐派克當自己人照顧：「我告訴他：『你專心弄饒舌音樂，我專心弄毒品。』」最終，吐派克開始暫時與酷利同住，像往常一樣，他很快就開始傳授他的知識，以及關於黑人解放、平等、進步的討論。「雷伊和吐派克向我介紹了路易斯．法拉堪，」酷利回憶道：「在這之前我從未聽說過法拉堪。我們曾經坐著聽法拉堪的錄音帶好幾個小時……吐派克說：『你他媽怎麼會不知道法拉堪？』」

透過酷利，吐派克認識了查爾斯．富樂（Charles Fuller），又名「男哥」（Man-Man），他是舊金山東灣著名的毒販之一。「當時他需要錢來生活，」男哥回憶道：「他來找我談了筆生意，說要幫我寫一張專輯，或者為我做一張專輯，價格在三千到一萬美元之間。現金交易。他說：『不管怎樣都行，我現在只需要現金。』然後他即興表演了一段，在歌詞中提到了我的名字。我當時很驚訝。我告訴吐派克，無論他需要什麼，我都會支持。我當時和他說——我會投資在你身上，因為我相信你。」

這種支持對吐派克來說意義重大。因為這裡不再有ＢＳＡ那種環境，尤其像是希肯老師這樣總是肯定他的才華的人。因為家裡不穩定，吐派克需要這種愛和支持，這也包括有另一個地方可以住。男哥說：「他當時無家可歸，有時會和酷利住在一起。」這雖然不是一筆唱片合約，但吐派克第一次有了有經濟能力的人幫助他生存和成長，支付錄音室和製作人費用。這些關係對他產生了深遠影響，以至於後來他也在歌曲〈親愛的媽媽〉中寫道：

我和那些惡棍一起生活
儘管他們販毒
但他們對我這個年輕黑人兄弟很有愛

在輟學後，吐派克大部分時間與萊拉或酷利一起生活，他仍然偶爾會回到馬林城看望艾菲尼和賽琪娃。在這期間，他發現自己並不是唯一一個在尋找穩定的人。艾菲尼又一次步履蹣跚，她的癮頭加重了。吐派克的一個朋友回憶起那時他曾去過艾菲尼的公寓，和他們坐在廚房桌旁聊天。

艾菲尼會向他們講述過去的故事，關於黑豹黨以及她努力改善紐約市社區環境的工作。那位吐派克的朋友，當時是馬林城知名的毒販之一，他想起某晚當他們要離開時，艾菲尼悄悄叫了他。吐派克眼角的餘光看見朋友把一小塊快克遞給了她。艾菲尼伸手拿了一些錢，但他不肯收。他覺得如果他收了錢，那就是在賣毒給她。

當他們道別，消失在夜色中時，誰也都沒有提起這一刻。那位朋友後來承認：「我感到很難過，你必須知道那是我的朋友，那是他的媽媽正在經歷掙扎，你懂嗎？」他們兩個從未討論過這件事。

吐派克知道他母親的生活一直都很艱辛。雖然有時跌跌撞撞，但總是盡力保持著優雅和決心。因此，吐派克仍然敬愛著她。艾菲尼是他的英雄。雖然她在吐派克早年的生活中曾缺席，為了「更偉大的目標」而戰。雖然他們有時會爭吵，辯論他們的哲學觀；但他理解這是他們獨特母子關係的一部分。最重要的是，他感激媽媽給了他生活和歷史上最重要的教訓，給了他身分認同和自我價值感，並為他的成長打下基礎。出於這些原因，對母親陷入毒品成癮的深淵也使他傷心不已。

吐派克希望母親的這種狀況，只是偶爾用來逃避困擾她的記憶，但他逐漸意識到情況並非如此。

某天晚上，當吐派克打算回家看望艾菲尼和賽琪娃時，朋友們在他剛到鎮上就把他拉到一旁：「你最好去看看你媽媽。」當他走近艾菲尼的公寓，一個鄰居突然喊道：「嘿，剛才有人賣毒給你媽了。」

聽到人們這樣說，讓他差點喘不過氣來。他慢慢坐在路邊的臺階上，深吸了一口氣。他開始哭了。他告訴自己，也許這只是惡毒的謠言。他決定進去問艾菲尼是否真的買了快克？她點了點頭：「是的，我買了。但我控制得住。如果真的出問題了，我會告訴你的。沒事的。」

然而吐派克知道，如果艾菲尼的情況已經傳到了周圍朋友的耳中，那就意味著他不能再忽視這件事。這代表她的狀況完全稱不上「沒事」。吐派克面臨著他生命中最大的難題。他的母親，那個給了他寶貴教育的女性，他一直尊敬和崇拜的英雄，正在被一種殘酷而無情的癮頭所毀滅。他既受傷又感到生氣：「在她開始吸毒之後，我對她失去了尊敬。」吐派克後來承認。

他試圖透過一首詩來處理自己的情感。那年寫的〈當你的英雄墮落〉（*When Ure Hero Falls*）是他最感人和最有力的作品之一：

當你的英雄從神壇墮落時
所有的童話都被拆穿了
神話揭穿了，痛苦加劇了

最大的痛苦被發現了
妳教會了我堅強
但看到妳如此軟弱，我感到困惑
妳曾說過永遠不要放棄

這份痛苦很難消化，接下來該做什麼也毫無頭緒。僅僅知道問題存在也不能解決問題。一開始，他所能做的就是逃離現場。但心裡的沉重開始折磨他，幾天後，他打電話給了世界上唯一一個他知道可以幫助自己的人：葛洛阿姨。

「妳能來接妳妹妹過去嗎？」

「告訴我，發生了什麼事？」葛洛的回答帶著關切。

「她吸毒了。這裡沒有食物。這個房子裡什麼也沒有了。她需要去那裡和妳在一起，賽琪娃也是。」

雖然夏庫爾一家只在馬林城住了幾年，但在那裡的時間對他們每個人都是一個轉折點，使他們的生活走上了不同的軌道。幾年後，吐派克在一次訪談中總結了自己的那段經歷：「離開那所學校（BSA）對我影響很大。我認為馬林城是讓我偏離軌道的地方。」

「偏離軌道」意味著失去了巴爾的摩藝術學校提供的支持。「偏離軌道」意味著不得不轉學到一所小鎮高中，在那間他誰都不認識、強調學術而非藝術的學校。「偏離軌道」意味著看到他的母親，在巴爾的摩時偶爾會吸毒，如今卻陷入了快克成癮的泥淖。「偏離軌道」意味著他的妹妹不再有母親保護，因此很難找到自己的立足之地。巴爾的摩充滿裂縫且崎嶇的不穩定之路，在馬林城幾乎崩潰。

賽琪娃先離開，比艾菲尼早回到了紐約。「這有點像一場戰爭，」賽琪娃後來回憶說：「就像在一個部隊裡，當有人生病時，你得把自己隔離開來，這樣就不會影響到其他人。你要讓自己恢復過來，然後才能重新團聚。」

10

智慧之言

1989-1990

這是為了大眾、為了底層、為了被忽略的那些人而寫。
工作機會、更好的生活，我們都被排除在外。
想讓我們感到自卑，但我們才是真正的強者。

——〈智慧之言〉（*Words of Wisdom*）

沒有了學校的干擾，吐派克能花更多時間替未來做計畫。他需要找到方法賺錢，但他也試圖透過自己的音樂，以及在新非洲黑豹黨的角色來發聲。他想要一個平臺，可以從中發表他的宣言，向世人傳達對美國年輕黑人男性的關注。一個讓世界聽見他的地方。

饒舌現在成為了吐派克生活的重心。他買了唐納德·帕斯曼（Donald Passman）的書《關於音樂產業的一切》（*All You Need to Know About the Music Business*），並且研讀了它，特別是〈如何挑選團隊〉的章節。按照書中的步驟，他首先讓萊拉擔任「完全屌」的經紀人。「我會告訴妳要做什麼，以及該如何推銷我。」他說道。

萊拉動用了自己在灣區的所有關係。一天晚上，她、吐派克和肯卓克去了聖荷西（San Jose），看De La Soul[1]、阿福羅—萊肯（Afro-Rican）和戴夫·傑夫（Def Jef）的表演。透過萊拉與當地娛樂產業的關係，他們得到了VIP通行證，並在後臺度過了夜晚，與穿著皮夾克的饒舌歌手們在一起，其中有些人還穿著「美味黑膠」（Delicious Vinyl）[2]的衣服。

表演結束後，他們被邀請到了歌手們聚會的飯店。吐派克急切的想為任何願意聆聽的人表演饒舌，一旦得到許可，他就迅速演唱了〈黑豹之力〉。不幸的是，在這群成就斐然的歌手面前，他只得到了無動於衷的表情和聳肩。然而，這些拒絕更加助長了他的熱情；總有一天，他會向所有那些沒有看見他的才華，以及認為他無法替世界帶來貢獻的人證明，他們錯了。

萊拉還聯繫了她的一位商業合作夥伴，灣區本地人，TNT 經紀公司（TNT Management）的老闆阿特龍・古格里（Atron Gregory），一個聰明、毫不庸俗但低調的專業人士。阿特龍希望將更多的人才添加到他已經很出色的客戶名單中，其中包括榮獲葛萊美提名的爵士鋼琴家羅德尼・富蘭克（Rodney Franklin），和三次葛萊美獎得主史丹利・克拉克（Stanley Clarke）。

阿特龍還曾經擔任過傳奇嘻哈歌手 Eazy-E 的巡迴經紀人——N.W.A 成員，也是「無情」唱片公司（Ruthless Records）的創始人。當萊拉聯繫他時，阿特龍在忙著處理一個名為「數位地下會社」（Digital Underground）的新團體發行，該團體正在製作他們首張專輯《性愛小包》（*Sex Packets*）的最後階段，這張專輯將由湯米小子唱片（Tommy Boy Records）發行。

阿特龍要求萊拉先提供團體的影片，以便他決定是否值得進行面對面會議。吐派克和雷伊立即開始動作，在萊拉的後院搭建了一個臨時舞臺。「他們做了一場完整的表演，一個小型音樂會。他們演唱了共同創作的歌曲，也獨唱了自己的歌。」萊拉回憶。吐派克很自然的負責了影片的執導工作。從童年時期在客廳裡指導表親們製作家庭劇開始，他就一直在訓練自己。現在他還擔任攝影師，確認每個角度都完美，以及每個時刻都有對的燈光。他甚至負責了中午的燒烤，確保每個人都吃飽。

影片結尾時，吐派克甚至表演了一段獨白，讓阿特龍知道他不僅是一位饒舌歌手，而且還是一個才華的戲劇演員。

阿特龍喜歡他們的表演，但他告訴萊拉，在他做出任何決定之前，她需要帶著這個團隊去見他管理的其中一位藝人：格雷戈里．雅各布（Gregory Jacobs），又名「夏克．G」（Shock G），他是數位地下會社的幕後推手之一。雖然阿特龍是經紀公司的商務首腦，但在創意和製作的問題上，他經常聽取夏克的建議。

吐派克與夏克的第一次會面是在加州里奇蒙的星光之聲（Starlight Sound）錄音室。里奇蒙距離馬林城只有二十分鐘車程，跨過一座橋，就會進入一個種族和社經狀態遠比馬林城多元的地區，不過犯罪率也高得多。但是，當下最重要的不是這個城市的歷史和它的謀殺率或人口統計。

吐派克控制不住自己的興奮之情。當他和萊拉到達錄音室時，身材高人、瘦削、英俊的夏克——一個皮膚淺褐色的黑人兄弟，頂著阿福羅頭，坐在混音臺旁。吐派克自信的走向他：「你準備好了嗎？你要我現在就表演嗎？」

比吐派克大將近八歲的夏克對這小子的自信感到震驚，但他順著他的話繼續：「我們開始吧。」他帶著吐派克走進鋼琴房，這是最讓夏克感到自在的地方。夏克本人的星途正要起飛，他也實至名歸。他就是個變色龍，除了本色演出，也可以扮演迷人且充滿挑釁的第二人格：「呆駝子」（Humpty Hump）

1 編按：一九八七年於紐約長島成立的美國嘻哈三人組，專輯中使用了大量取樣，並以幽默機智的歌詞而聞名。
2 編按：美國獨立唱片公司，總部位於洛杉磯。

——戴著喜劇演員格魯喬．馬克思（Groucho Marx）風格的眼鏡和假鼻子出場。作為一名出色的音樂家，夏克從朋友那裡得到了令人尊敬的綽號「鋼琴人」（Piano Man）。

吐派克以一首他早些時候寫的歌曲〈不見的麥克風〉（*The Case of the Misplaced Mic*）開始了表演，他認為這首歌能吸引夏克的注意。吐派克用盡渾身解數，展現出洗腦的節奏和精心建構的押韻，講了一個心愛的麥克風失蹤了的故事：

> 他們終於這麼做了。他們偷了我手中的麥克風
> 現在它不見了，我覺得又累又病

多年後，夏克仍然對吐派克的風格和歌詞印象深刻：「很街頭。有學問。很有力量……是個虛構的嘻哈音樂故事，一個間諜在尋找他的麥克風。」

吐派克通過了考驗。

「沒錯，你很厲害，」夏克告訴他：「我會跟阿特龍聊聊。」第二次會議已經安排好，整個數位地下會社都會參加。阿特龍希望團隊的其他成員能參與，因為他知道如果簽了吐派克，夏克和該團體中的其他藝人、製作人，可能都會參與製作他的試聽帶（demo）。這次，雷伊和完全屌的DJ戴茲（Dize）將與吐派克和萊拉一起前往。但在那之前，阿特龍先和萊拉表明：「如果夏克和其他人喜歡這個團隊，那沒問題。但如果他們只喜歡吐派克，那就沒辦法了。」

事實果然如此。數位地下會社的另一名成員曼尼．B（Money B）回憶道，即使在試演之外，吐派

克的存在也很突出：「我認為雷伊和吐派克作為饒舌歌手一樣有才華。不過在表演結束後，即使在平常說話時，吐派克的個性也很會明顯展現出來。他非常引人注意，你可以感覺到：沒錯，就是他了。」

混凝土裂縫中的玫瑰

一九八九年八月二日，吐派克十八歲生日的幾個星期後，他與阿特龍的公司TNT簽下了經紀約。吐派克高興的要命，阿特龍．古格里——Eazy-E的前巡演經理、數位地下會社的經紀人，現在也是他的經紀人！

吐派克將自己的要求納入了合約中，堅持以團體名「完全屌」簽約。他希望確保雷伊和戴茲不會被丟下。但即便合約以團體名義簽訂，萊拉將繼續負責管理雷伊的職業生涯，而阿特龍接手了吐派克的經紀事務。「這樣更簡單，」阿特龍說：「雷伊是一個出色的天才。吐派克也是一個出色的天才，但情況就是這樣。我帶派克，她帶雷伊。」

正如吐派克一生中的起起伏伏，愉悅的心情在幾週後就被澆了一盆冷水，因為他發現他的一位英雄悲慘的去世了。黑豹黨共同創始人休伊．牛頓在奧克蘭西區的一個街角被冷血謀殺。透過艾菲尼的關係，吐派克多年來一直與幾位前黑豹黨成員保持聯繫，透過他們的故事，他非常敬佩休伊在一九七〇年代的開拓和英勇事蹟。對吐派克來說，休伊的一生象徵著為平等進行的艱苦奮鬥，其中許多人都已轉身離開。他認為休伊是一位正派的領袖，一個願意為窮人、藥物成癮者、街頭毒販、無聲者，以及那些勉強糊口的人犧牲自己生命的人。休伊建立了一個挑戰現行體制的組織，這個組織讓艾菲尼的生活有了方向和重心，也透過她影響了吐派克。

當吐派克聽到休伊去世的消息時，內心驅使著他寫一首詩，名為〈墜落之星〉（*Fallen Star*），並在奧克蘭的追悼會上帶給了休伊的家人。

他們永遠無法理解
你立下的目標是什麼
相反，他們選擇了
嘲諷你

當你變弱的時候
他們喜歡那景象
當你的星光變得黯淡
忽明忽暗
他們怎麼能理解那是如此複雜
你是被這麼多人愛著，簇擁著

休伊曾經說過：「我們從來沒有主張暴力。這份暴力是加諸在我們身上的。但我們確實相信必須保護自己，保護黑人社群。」這個觀點深深印在了艾菲尼心中，吐派克也在全國犯罪猖獗的貧民窟裡看到了自己的影子——那裡的許多男人都死於槍枝暴力。

隨著這些年來災難接連落在夏庫爾家族，這在吐派克的記憶和心中激起漣漪，**他開始相信，自己最終也將死於非命**。盧蒙巴死了。札伊德死了。穆圖魯被關在監獄裡。阿薩塔仍然流亡在外。他的母親也在與毒癮的鬥爭中，離死亡越來越近。

吐派克開始公開宣稱自己的生命即將結束，並用統計數據來佐證自己的預測：許多黑人男子無法活過二十五歲。有些被送進監獄，其他則成為了不斷增長的街頭暴力的受害者。這種宿命論的情緒將持續影響著吐派克的一生；不久後，它也出現在他的寫作中。在他的詩作〈在我逝去時〉（*In the Event of My Demise*），他明確的寫道：

在我逝去時
當我的心臟不再跳動
我希望為了信念而長眠
或者為了我信仰的原則
我會在應離世前提前歸天
因為我感受到了深沉的陰影
我想要在死亡前
完成很多事情

我已經接受了可能性
並從眼中擦去了最後一滴眼淚
我愛所有能正面積極看待它的人
在我逝去時

儘管未來充滿黑暗，但吐派克從未忘記黑人社群在全國所貢獻的美和力量。他渴望幫助那些沒有希望的人，讓那些被國家系統壓迫得喘不過氣的人感到驕傲。在他最具代表性的詩作之一〈生長在混凝土的玫瑰〉（*The Rose that Grew from Concrete*）中，他試著提振支離破碎的黑人兄弟姐妹們的精神，讓他們知道，即使一無所有，美麗的事物仍可能到來：

你聽過在混凝土裂縫中生長出的玫瑰嗎？
它證明了自然的法則是錯的，它學會了走路
即使沒有腳
看起來很滑稽，但因它有夢想
它學會了呼吸新鮮的空氣
當沒有人在乎的時候
願那朵從混凝土中長出的玫瑰永存！

隨著經紀合約簽訂完成，吐派克也該錄製試聽帶了，裡面會有三到四首歌的樣本，用來向那些掌握未來命運的主管介紹自己。他知道自己需要留下令人深刻的印象。由於夏克忙著替數位地下會社首張專輯的第二張單曲〈磨蹭之舞〉（*The Humpty Dance*）[3]混音，吐派克便與該團體的一名製作人吉米・卓特（Jimi Dright），又名「切音大師・J」（Chopmaster J）一起進了錄音室。

〈黑豹之力〉將會是第一首錄製的歌曲。幾個月來，他一直在對朋友、陌生人、老師，甚至是知名藝人唸唱歌詞。現在，他已經準備好正式錄音了。切音大師在里奇蒙的一家錄音室安排了第一次錄音。他記得吐派克是多麼的興奮：「他是一個能量爆滿的火球。」然而，充滿活力也讓他散發了魅力。幾個小時後，隨著吐派克不停在錄音室裡進出，他開始和錄音師的妻子互相調情。氣氛很快就變得尷尬。

「當我們在她老公的錄音室裡時，她就在背後公開調情。」切音大師回憶道：「觸碰、撫摸，跟吐派克玩……我甚至認為吐派克不知道她是錄音師的妻子，但最後我不得不把吐派克拉到旁邊，讓他搞清楚情況。要錄音師在吐派克和這個女人玩鬧時混音，太怪異了。」

切音大師知道他必須找到另一間錄音室：「吐派克已經變成像我弟弟一樣了，他既令人討厭但又感染力十足。我能看出這源於他的熱情。」他們最終來到了數位地下會社的巡迴經理「偵探」（Neil "Sleuth" Johnson）的家。偵探和他母親住在奧克蘭西區的第三十九街和市場街附近，由於她很少在家，他已經把一部分生活空間改建成了家庭錄音室。這個地方最近已經成為了數位地下會社的創作空間，對吐

3 編按：發行不到三年就被二十多首流行歌曲採樣，其中大多數都使用了它的鼓聲；後來成為嘻哈藝人取樣次數最多的歌曲之一（超過一百首）。

派克來說，正是時候。

就像他之前在每個城市一樣，吐派克很快就有了一群新朋友。只是這一次有所不同。這個新的團隊已經打響了名聲，環遊世界，向千人以上規模的觀眾展示他們的才華。由於偵探的公寓也兼作數位地下會社的臨時總部，吐派克能夠看到他們專輯發行時所需的一切。他坐在第一排，看著偵探計畫巡演物流並討論商品銷售。他看著數位地下會社成員曼尼・B和其他成員進行新聞採訪，並聽著夏克與唱片公司充滿創意的對話。最重要的是，吐派克不再需要到「山頂」或者下到「前街」賣他的饒舌技藝賺錢。他渴望已久的建議和指教就在面前，且來自一個已經成功的音樂團隊。

在家庭錄音室錄製的另一個好處，就是能認識一些來串門子的新朋友。某晚在偵探家錄音，曼尼帶著一個他的高中同學來訪。當他們走進來時，吐派克告訴他們自己剛剛為試聽帶寫了一首新歌，想要問問他們意見。曼尼回憶起那個女同學看到吐派克表演的反應：「那個女孩開始盯著吐派克看。我看著他，看著她盯著他看，心想：『也許這個傢伙真的很特別。』我從來沒見過有人這樣盯著一個初次見面，而且不是名人的人。她完全被迷住了。」

切音大師帶來了另一位數位地下會社的製作人DJ富茲（Fuze），幾個星期內，他們完成了另外三首歌曲，以供吐派克的試聽帶參考。在另一次與雷伊的錄音室會議中，吐派克注意到垃圾桶裡有一張揉成球的紙。他打開紙條，發現了雷伊寫的一首歌，名為〈受困〉（*Trapped*）。

「我寫了一首歌，關於我在這種環境中的感受。」雷伊回憶道：「我在我的皮膚裡感覺到……身為一個黑皮膚的人，在一個以白人和富人為主的地方，特別是在聖羅莎，這是一個退休警察的社區。像我和派克這樣的人，總會被視為『異類』，而我當時與警察的互動都只有他們叫我『跪下！』和『把你口袋裡的東西拿出來！』他們就是這樣對待我們的……但對於創作，我從來沒有像派克一樣感到自在和開放。」吐派克看著紙條對雷伊說：「嘿，這很屌……讓我試看看寫些東西。」雷伊答應了。吐派克立刻拿出筆記本，開始寫作。

吐派克寫了一首關於黑人男性因為警察暴力而感到絕望的歌。這首歌最終成為他首張專輯的第一首單曲：

他們讓我感到受困
幾乎無法在城市街道上行走，而不被警察騷擾
搜我身然後盤問我的身分

NIGGA——永不無知，實現目標

隨著每一次錄音，吐派克的信心都在增強。他的試聽帶正在進行中，新朋友們可以在錄音室看到他的巨大才華。但是即使唱片合約看似離他越來越近，吐派克仍然想著他的同胞們，社會運動仍強烈的在呼喚他。亞特蘭大的喬奎和瓦塔尼繼續鼓勵吐派克成為未來新非洲黑豹黨的領袖，吐派克甚至告訴切音大師，他正在考慮搬到亞特蘭大。切音大師說：「那個時候我真的警告了阿特龍，最好帶著吐派克一起去巡迴，否則我們可能會失去他。」

不過警告來得太慢了。吐派克於一九八九年十一月飛往喬治亞州，與瓦塔尼和其他人會面，參加了NAPO的會議。那裡聚集了懷抱政治理想的黑人青年，來自加州、亞特蘭大、紐約和密西西比的代表都提名他擔任組織的主席。

瓦塔尼安排了一系列新聞活動，宣傳組織和吐派克的新角色。在亞特蘭大公共廣播電臺（WRFG）《與波馬尼．巴卡爾一起度過午夜》（*Round Midnight with Bomani Bakari*）的採訪中，吐派克解釋了自己作為主席的身分，以及他和組織制定的計畫：「我的職責基本上是成為眾多發言人之一，並將一些程序的原則應用於日常生活中，試圖讓我們正在做的事情、我們正在嘗試做的事情，傳遍這個國家，傳遍美國。」

在另一次採訪中，他的下一步計畫聽起來更加具體：「我們正在馬林城重新開始黑豹黨。首先教導青年們關於黑人的身分認同，接著是教育；然後我們將看看接下來會發生什麼。」

當主持人詢問吐派克關於尤瑟夫．霍金斯（Yusef Hawkins）謀殺案的看法時——一位黑人少年被一群年輕義大利人在布魯克林的本森赫斯特（Bensonhurst）社區謀殺——他說道：「當這件事發生時我在加州，那是我現在的家。目前社會的運作方式是，黑人社群只有負面形象會被全世界看到……這種情況一直在發生，以前發生過，將來還會發生，除非兄弟姐妹們真正停下來，意識到美國的問題。是時候讓我們開始擔心並生氣了。不是生氣並拿起槍，而是生氣並開始開放我們的思想。別再沉睡了。這就是黑豹黨的目的，提供另一個解決方案，讓你能一同參與的運動。」

電臺主持人問吐派克，是否有必要與巴勒斯坦、尼加拉瓜和南美洲的青年聯繫，使行動國際化？吐派克的回答毫不含糊：「我認為這百分之百必要，但我們必須先在這裡團結一致，然後才能考慮出國幫助海外的兄弟。現在我們甚至在自己家裡都無法團結。你必須明白，壓迫者已經洗腦我們數百年，讓我們認為自己是一個低劣、微不足道的種族，現在他讓我們認為一切都好，我們生活在《不同的世界》[4]和《天才老爹》[5]裡，一切都很快樂愉快，每個人都很好。每個人都得到了充分的報酬。但我們都知道，尤瑟夫．霍金斯這樣的情況發生了，也會再次發生。所以一切都不好。」

吐派克在這段時間寫下的詩〈無題〉（*Untitled*），捕捉了他在壓迫與貧困雙重壓力下所感受的情緒窒息，以及一九九〇年代生存在美國的年輕黑人男性——不僅是生存，還要從主流文化那裡獲得某種榮譽與尊重——所必須付出的代價。

請在我自由時叫醒我
我不能忍受被囚禁
他們說我的文化毫無意義
我會在無知中枯萎並死去
但我的心眼能看到一個種族
如國王們在另一個地方統治
樹木豐滿而茂盛

4 編按：*A Different World*，一九八〇年代美國電視喜劇，內容關於一所虛構的黑人大學名校及其學生生活。
5 編按：*The Cosby Show*，一九八〇年代美國電視喜劇，內容關於布魯克林區的一個上層中產階級黑人家庭。

每個人的話語都美麗
男女平等的在一起
戰爭已經消失了，因為一切都和平
但現在，就像噩夢一樣
我醒來卻看見
自己活得像貧窮的囚犯
請在我自由時叫醒我
我不能忍受被囚禁
因為我寧願被打瞎
也不願活著卻不能表達自己的思想

無論是透過詩還是歌詞，吐派克創造了藝術，目的是引導成千上萬的非裔美國人所感受到的原始情感。這些情感是〈黑豹之力〉和〈受困〉的核心。當他回到加州時，他為自己的試聽帶做了另一首歌：〈智慧之言〉（*Words of Wisdom*），這首歌在幾年前就已經寫好了，他重新演繹並擴展了這些主題。

在歌曲的前奏，吐派克改變了「黑鬼」這個詞的涵義，促使聽眾反擊並開始設定目標。他融入了自己成長過程中的經歷，也加入了新非洲黑豹黨任務中的一些題材：

當我說黑鬼時，不是指我們從小害怕聽見的黑鬼

> 不是我們掛在嘴邊，假裝它沒有任何意義的語助詞
> 對我來說，它意味著永不無知，實現目標[6]

吐派克在這首歌裡探討了美國社會的矛盾。他提到林肯（Abraham Lincoln）的《解放奴隸宣言》（*The Emancipation Proclamation*）、自由女神像和美國國旗。幾年後在描述這些歌詞時，他指出：「在他們毆打我們、出賣我們，並做出各種不公正的行為時，同一面旗幟在頭頂上飄著；警察一手高舉國旗，另一手卻將人們壓倒在地。」

在〈智慧之言〉中，他將訊息傳達給了那些被拋棄的人，那些被剝奪權利的「大眾、底層階級、被忽略的人」。

試聽帶的歌曲都製作完成後，阿特龍聯繫了唱片業窗口，首先從他已經做過交易的湯米小子唱片開始。該公司的陣容正在迅速擴大——他們剛剛在今年三月發行了 De La Soul 具里程碑意義的專輯《跳跳樂》（*3 Feet High and Rising*）[7]；而皇后・拉蒂法（Queen Latifah）[8]的首張專輯《女王萬歲》（*All Hail the Queen*）也預計於十一月發售。由於阿特龍才在去年為數位地下會社與湯米小子唱片簽約，而且自從

6 譯按：Never Ignorant Getting Goals Accomplished，吐派克將此句縮寫為 N－I－G－G－A。
7 編按：不同於當時的幫派饒舌熱潮，此專輯以積極、歡樂、充滿智慧的歌曲脫穎而出。一九九八年入選《來源》（*The Source*）雜誌「最佳百大嘻哈專輯」；二〇二〇年在「滾石雜誌五百大專輯」排名第一百零三名。
8 編按：美國饒舌歌手、演員，曾獲葛萊美、金球獎等多項獎項，於二〇〇六年成為第一位在好萊塢星光大道上獲得星星的嘻哈藝人（吐派克也於二〇二三年獲得此榮譽）。

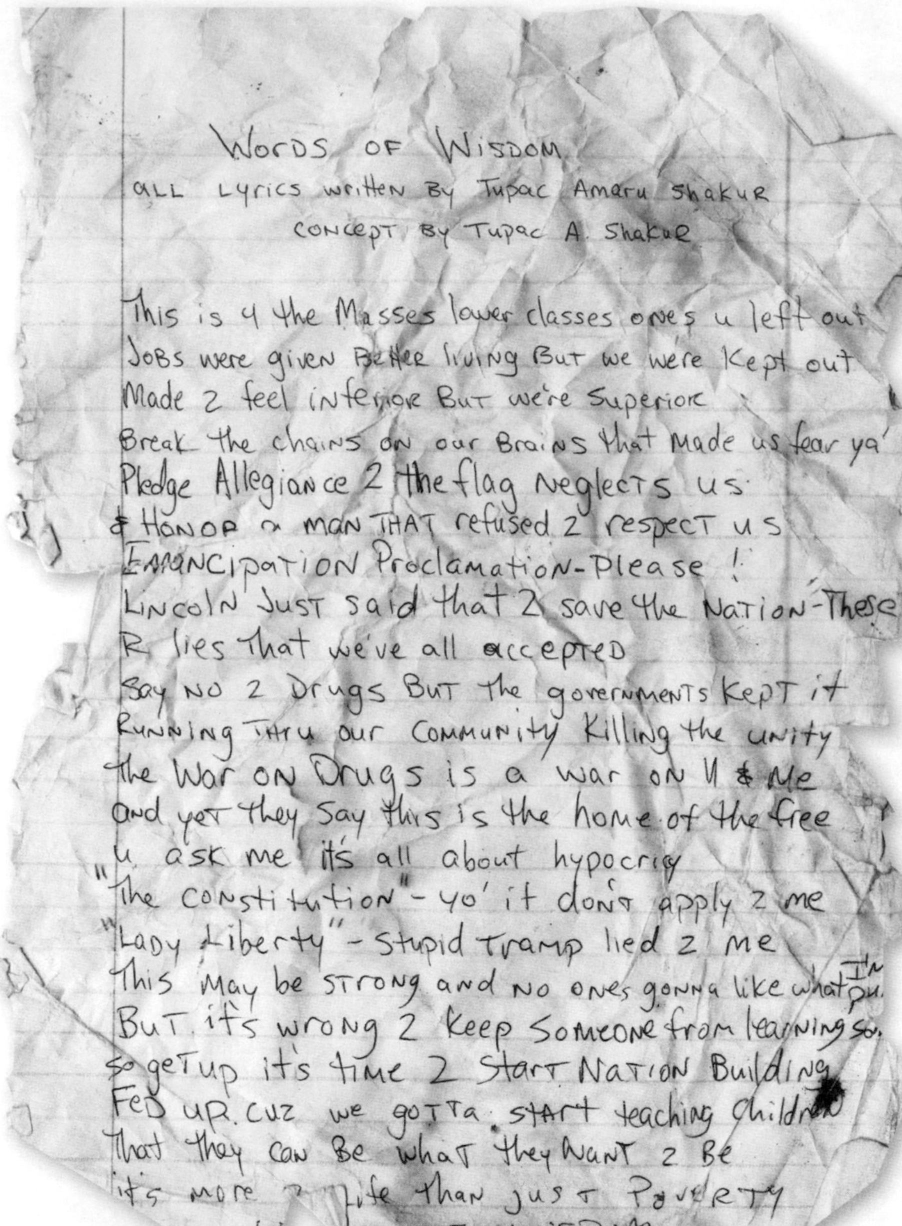

WORDS OF WISDOM
ALL LYRICS WRITTEN BY TUPAC AMARU SHAKUR
CONCEPT BY TUPAC A. SHAKUR

This is 4 the Masses lower classes ones u left out
JOBS were given Better living But we were Kept out
Made 2 feel inferior But we're Superior
Break the chains on our Brains that Made us fear ya'
Pledge Allegiance 2 the flag Neglects us
& Honor a man THAT refused 2 respect us
Emancipation Proclamation - Please !
Lincoln Just said that 2 save the Nation - These
R lies that we've all accepted
Say NO 2 Drugs But the governments kept it
Running thru our community Killing the unity
the War on Drugs is a war on U & Me
and yet they say this is the home of the free
u ask me it's all about hypocrisy
"The constitution" - yo' it don't apply 2 me
"Lady Liberty" - stupid tramp lied 2 me
This may be strong and no ones gonna like what I'm pu...
But it's wrong 2 Keep someone from learning so...
so getup it's time 2 start Nation Building
Fed up cuz we gotta start teaching children
That they can Be what they want 2 Be
it's more 2 life than just Poverty
W...S OF WISDOM

▲約 1989 年，吐派克在〈智慧之言〉，將充滿歧視性的「黑鬼」一詞，轉化成了激勵黑人同胞的話語——永不無知，實現目標（Never Ignorant Getting Goals Accomplished）。

他們簽約以來，這個團體一直在取得巨大成功，因此他希望這次也能順利敲定。

當阿特龍與唱片公司窗口們接洽時，吐派克正等待著。然而，這時也還有其他人在關注著吐派克在新黑豹黨的未來。當喬奎得知吐派克的經紀人正在積極推銷他的音樂時，他立即致電給萊拉，傳遞了一個有力的訊息，表示自己才是「決定這位新青年主席的優先事項的人」。

「他是革命之子，」他告訴萊拉：「妳現在正在讓他錄音，為他取得唱片合約。但妳必須明白目標是什麼。我是正在領導這些事的人。」

感覺到吐派克的注意力可能會被轉移，萊拉也發出了警報，她打電話給阿特龍，後者則立即打電話給夏克。這時夏克正在準備繼續數位地下會社的國內巡演，然後團隊就要前往日本。

「你能做點什麼來幫吐派克嗎？」阿特龍問道。

「什麼意思？」夏克非常困惑。

「你能帶他一起巡演嗎？」

「什麼？我們人數已經滿了。」

「如果不做些什麼，他可能就不會留在這裡了。」

「也許我可以替換掉其中一個巡演管理員？」夏克提議道。

也只能這樣了。但在這之前，夏克讓吐派克坐下，並解釋了巡演管理員的職責，包括替藝人搬運行李這種瑣碎的工作。他告訴吐派克，自己不想讓他感到羞辱，因此不想要求他做這些事——夏克理解吐派克也是一位藝術家，而不是一個提包包的人。吐派克立刻說他不在乎。

「我什麼都願意做。待在這裡讓我快要發瘋了。」因此，夏克把曼尼的兄弟從巡演中拉下來，給了吐派克一個位置。夏克的想法是，曼尼的兄弟不是一名饒舌歌手，但吐派克是。如果必要，他可以充當舞者，甚至表演饒舌。主要的目的是為了讓他看見未來的願景。

「吐派克不會等待任何人，」阿特龍回憶：「當時他感到很沮喪，因為想要展示自己的才華，做其他人正在做的事情。如果不行，他就會離開去別的地方。」

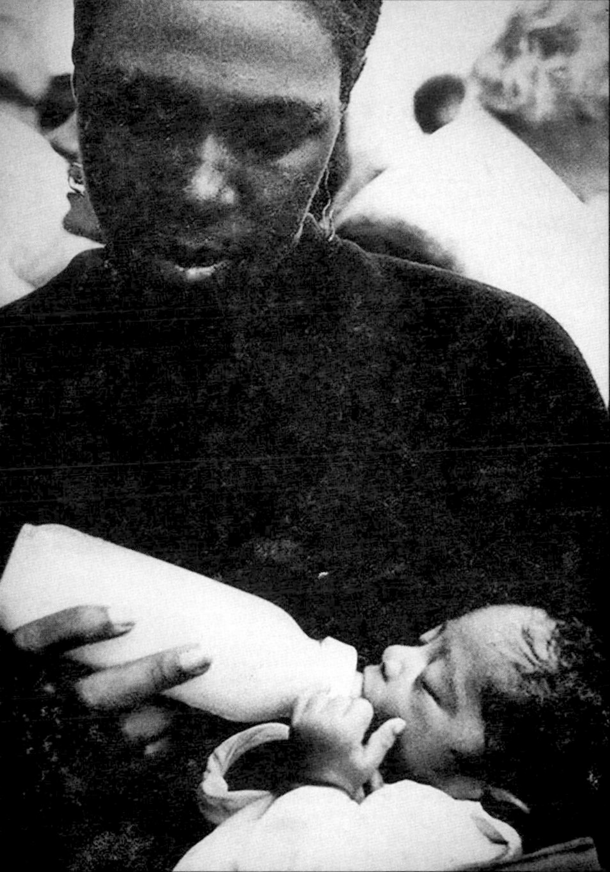

↑艾菲尼和寶寶吐派克，1971年。

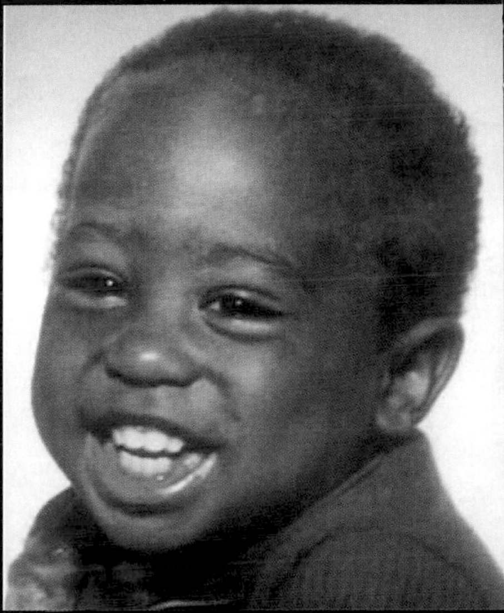

↑一歲的吐派克，1972年。

↑黑豹黨資訊部長艾爾伯特・「大人物」・霍華德（Elbert "Big Man" Howard）、黑豹黨教育部長雷伊・「馬賽」・休伊特（Ray "Masai" Hewitt），以及艾菲尼在費城新聞發布會前的討論

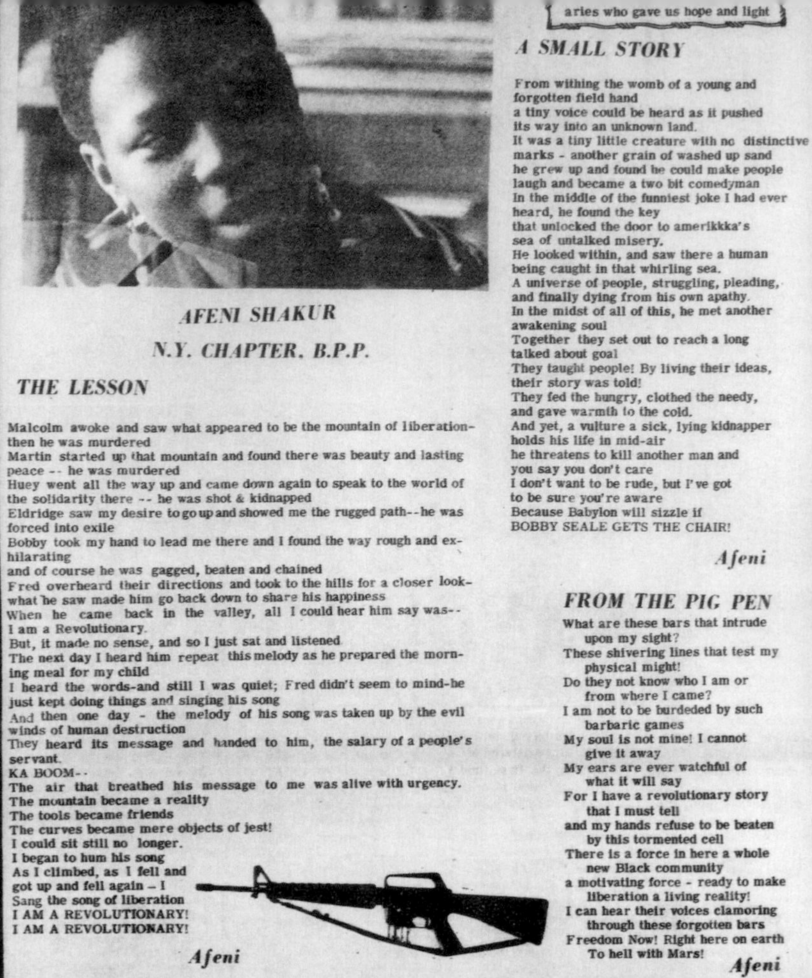

aries who gave us hope and light

A SMALL STORY

From withing the womb of a young and
forgotten field hand
a tiny voice could be heard as it pushed
its way into an unknown land.
It was a tiny little creature with no distinctive
marks - another grain of washed up sand
he grew up and found he could make people
laugh and became a two bit comedyman
In the middle of the funniest joke I had ever
heard, he found the key
that unlocked the door to amerikkka's
sea of untalked misery.
He looked within, and saw there a human
being caught in that whirling sea.
A universe of people, struggling, pleading,
and finally dying from his own apathy.
In the midst of all of this, he met another
awakening soul
Together they set out to reach a long
talked about goal
They taught people! By living their ideas,
their story was told!
They fed the hungry, clothed the needy,
and gave warmth to the cold.
And yet, a vulture a sick, lying kidnapper
holds his life in mid-air
he threatens to kill another man and
you say you don't care
I don't want to be rude, but I've got
to be sure you're aware
Because Babylon will sizzle if
BOBBY SEALE GETS THE CHAIR!

Afeni

AFENI SHAKUR

N.Y. CHAPTER. B.P.P.

THE LESSON

Malcolm awoke and saw what appeared to be the mountain of liberation-
then he was murdered
Martin started up that mountain and found there was beauty and lasting
peace -- he was murdered
Huey went all the way up and came down again to speak to the world of
the solidarity there -- he was shot & kidnapped
Eldridge saw my desire to go up and showed me the rugged path--he was
forced into exile
Bobby took my hand to lead me there and I found the way rough and ex-
hilarating
and of course he was gagged, beaten and chained
Fred overheard their directions and took to the hills for a closer look-
what he saw made him go back down to share his happiness
When he came back in the valley, all I could hear him say was--
I am a Revolutionary.
But, it made no sense, and so I just sat and listened
The next day I heard him repeat this melody as he prepared the morn-
ing meal for my child
I heard the words-and still I was quiet; Fred didn't seem to mind-he
just kept doing things and singing his song
And then one day - the melody of his song was taken up by the evil
winds of human destruction
They heard its message and handed to him, the salary of a people's
servant.
KA BOOM--
The air that breathed his message to me was alive with urgency.
The mountain became a reality
The tools became friends
The curves became mere objects of jest!
I could sit still no longer.
I began to hum his song
As I climbed, as I fell and
got up and fell again – I
Sang the song of liberation
I AM A REVOLUTIONARY!
I AM A REVOLUTIONARY!

Afeni

FROM THE PIG PEN

What are these bars that intrude
upon my sight?
These shivering lines that test my
physical might!
Do they not know who I am or
from where I came?
I am not to be burdeded by such
barbaric games
My soul is not mine! I cannot
give it away
My ears are ever watchful of
what it will say
For I have a revolutionary story
that I must tell
and my hands refuse to be beaten
by this tormented cell
There is a force in here a whole
new Black community
a motivating force - ready to make
liberation a living reality!
I can hear their voices clamoring
through these forgotten bars
Freedom Now! Right here on earth
To hell with Mars!

Afeni

←艾菲尼在監禁期間寫的詩，發表於1970年4月6日的《黑豹報》。

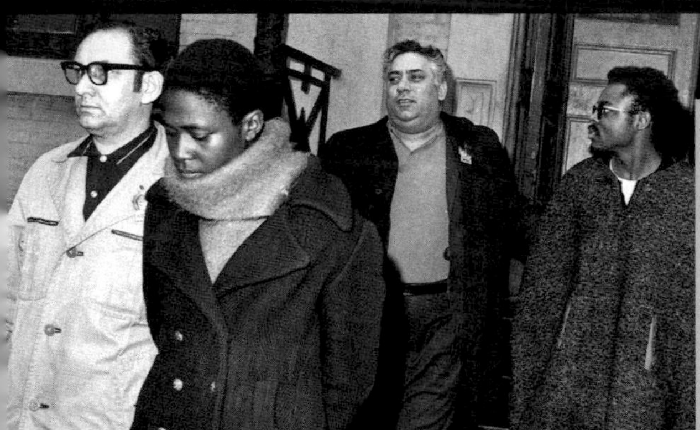

↑被捕後，盧蒙巴和艾菲尼於1969年4月3日從紐約市伊麗莎白街警察局被帶走。

HARLEM MONTH THEATRE FESTIVAL 84
127th STREET REPERTORY ENSEMBLE
the Theatre Company of the 21st Century
ERNIE McCLINTOCK, Dir.
18th SEASON
ZOOMAN AND THE SIGN
CHARLES FULLER
RAISIN IN THE SUN
LORRAINE HANSBERRY
Minnie Gentry GUEST ARTIST
EQUUS
PETER SHAFFER
MOON ON A RAINBOW SHAWL
ERROL JOHN
In Repertory
AUGUST 10 -thru- SEPTEMBER 1, 1984
WALDEN THEATRE 88th STREET & CENTRAL PARK WEST
General admission $8.
Reservations\info: 289 5900

→12歲時，吐派克在具代表性的阿波羅劇院首次登臺，出演《陽光下的葡萄乾》中的崔維斯。

↑約1970年，位在紐約示威現場的艾菲尼

↑穆圖魯、賽琪娃、吐派克和表親們，約1976年，紐約。

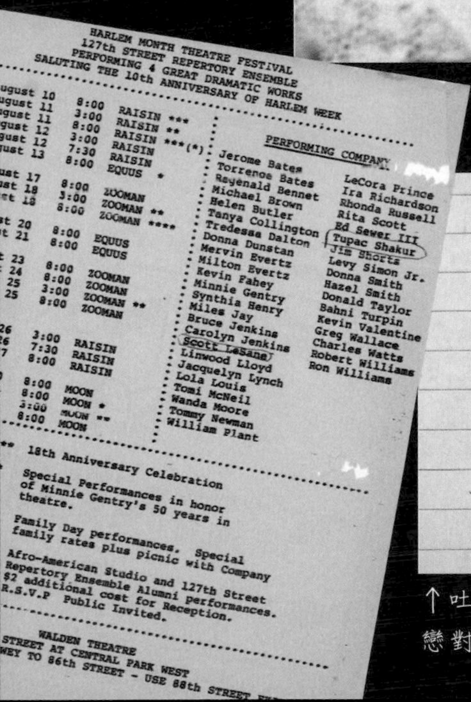

HARLEM MONTH THEATRE FESTIVAL
127th STREET REPERTORY ENSEMBLE
PERFORMING 4 GREAT DRAMATIC WORKS
SALUTING THE 10th ANNIVERSARY OF HARLEM WEEK

ugust 10 8:00 RAISIN ***
ugust 11 3:00 RAISIN **
ugust 11 8:00 RAISIN
gust 12 3:00 RAISIN ***(*)
gust 12 7:30 RAISIN
ust 13 8:00 EQUUS *

ust 17 8:00 ZOOMAN
ust 18 3:00 ZOOMAN **
st 18 8:00 ZOOMAN ****

st 20 8:00 EQUUS
t 21 8:00 EQUUS

t 23 8:00 ZOOMAN
24 8:00 ZOOMAN
25 3:00 ZOOMAN **
25 8:00 ZOOMAN

26 3:00 RAISIN
6 7:30 RAISIN
7 8:00 RAISIN

8:00 MOON
8:00 MOON *
3:00 MOON **
8:00 MOON

PERFORMING COMPANY

Jerome Bates
Torrence Bates
Reyenald Bennet
Michael Brown
Helen Butler
Tanya Collington
Tredessa Dalton
Donna Dunstan
Mervin Evertz
Milton Evertz
Kevin Fahey
Minnie Gentry
Synthia Henry
Miles Jay
Bruce Jenkins
Carolyn Jenkins
Scott LeSane
Linwood Lloyd
Jacquelyn Lynch
Lola Louis
Tomi McNeil
Wanda Moore
Tommy Newman
William Plant

LeCora Prince
Ira Richardson
Rhonda Russell
Rita Scott
Ed Sewer III
Tupac Shakur
Jim Shorts
Levy Simon Jr.
Donna Smith
Hazel Smith
Donald Taylor
Bahni Turpin
Kevin Valentine
Greg Wallace
Charles Watts
Robert Williams
Ron Williams

** 18th Anniversary Celebration

Special Performances in honor of Minnie Gentry's 50 years in theatre.

Family Day performances. Special family rates plus picnic with Company

Afro-American Studio and 127th Street Repertory Ensemble Alumni performances. $2 additional cost for Reception. R.S.V.P Public Invited.

WALDEN THEATRE
STREET AT CENTRAL PARK WEST
WEY TO 86th STREET - USE 88th STREET

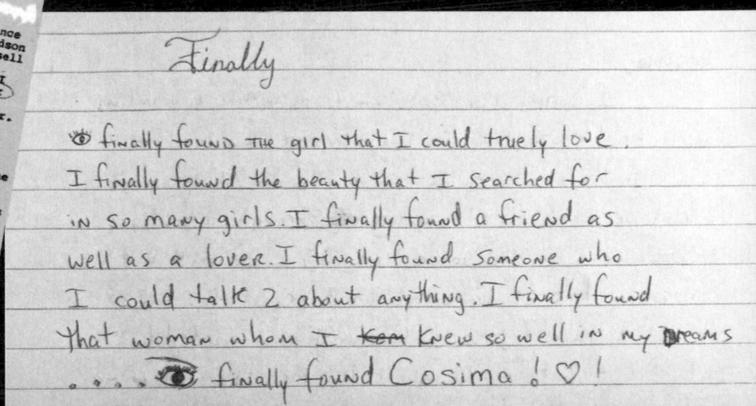

Finally

Eye finally found the girl that I could truely love.
I finally found the beauty that I searched for
in so many girls. I finally found a friend as
well as a lover. I finally found someone who
I could talk 2 about anything. I finally found
that woman whom I ~~Kem~~ Knew so well in my dreams
. . . . Eye finally found Cosima! ♡!

↑吐派克的情詩〈終於〉（*Finally*），關於他的高中暗戀對象，約1988年。

←吐派克與家人們朋友們舉辦寬扎節派對，拍攝於紐約。

→盧蒙巴抱著吐派克，拍攝於紐約，1973年。

↑坐在穆圖魯大腿上的吐派克，拍攝於紐約，約1975年。

↑吐派克、賽琪娃與艾菲尼拜訪吐派克的教父傑羅尼莫·普拉特與他的家人，拍攝於聖昆汀監獄，1980年。

←肯尼斯．「雷格斯」．桑德斯
教導吐派克街頭生活的父親。

→看起來很「狂」的吐
派克與家人，1986年。

←與親密好友潔達，
拍攝於巴爾的摩，約
1987年。

↑與BSA的同學們，約1987年。

↓吐派克的名片，職稱為「抒情狂人／新非洲黑豹黨全國主席」，約1989年。

2PACALYPSE NOW
TUPAC SHAKUR
The Lyrical Lunatic
New Afrikan Panthers
National Chairman
Digital Underground
Pager # (707) 523-6052

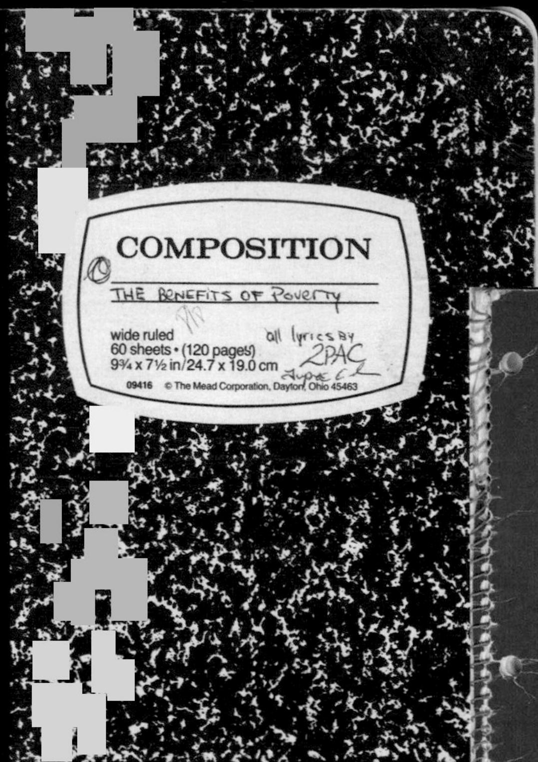

COMPOSITION
THE BENEFITS OF Poverty
wide ruled
60 sheets • (120 pages)
9¾ x 7½ in/24.7 x 19.0 cm
all lyrics By
2PAC
09416 © The Mead Corporation, Dayton, Ohio 45463

其中一本筆記本，名為「貧困之益」（The Benefits of Poverty）。

→新非洲黑豹黨專用筆記本，約1989年。

N.A.P.
THE NEW AFRIKAN PANTHERS
10½x8 in/26.7x20.3cm
notebook
NATIONAL CHAIRMAN

↑與兒時偶像之一「風味」弗拉福的合照，1989年1月30日，全美音樂獎現場。

←第一次拍攝專業形象照，約1989年。

→與數位地下會社在日本的巡演，吐派克「又」脫掉上衣，激情的跑到觀眾面前，1990年。

↑與生涯最初導師夏克·G，約1990年。

↓→在吐派克的「黑豹力量」資料夾中，有他與朋友在馬林城表演的拍立得照片。

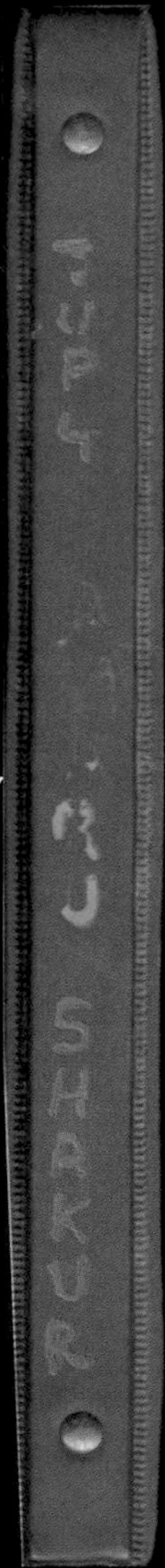

11

名聲

1990-1992

我把一切成就歸功於街頭。

——〈緬懷〉（*Reminisce*）

《凱勒老爹：巧克力城市》（*Big Daddy Kane: Chocolate City*）巡迴演出計畫在兩個月內行遍二十多個城市。凱勒老爹以他引人注目的節奏和吸睛的時尚形象成為了明星，他的專輯《凱勒萬歲》（*Long Live the Kane*）和《大人物的生活》（*It's a Big Daddy Thing*）大受歡迎。

除了數位地下會社外，一同演出的藝人還包括了皇后．拉蒂法，她剛剛推出首支熱門單曲〈女士優先〉（*Ladies First*）；饒舌歌手萊特（MC Lyte）；以及第三貝斯（3rd Bass）。艾瑞克．B與拉金和De La Soul會在途中的城市加入，還有一位逐漸嶄露頭角的藝人Jay-Z也將參與。

當夏克和他的團隊搭乘橫跨美國的航班前往喬治亞州，準備開始巴士巡迴的時候，吐派克生活的新篇章也隨之展開。他的舞臺人生正要啟程，這是他自從五年前首次參演《日光下的葡萄乾》時就夢寐以求的目標。當團隊抵達第一個位於奧古斯塔（Augusta）的場地時，吐派克沒在後面默默觀望，也沒有裝酷。他是一個有責任感的人，直言不諱，直球對決，一看到問題就會修正——即使這意味著必須和巡演中唯一的音控師大吵一架。

在數位地下會社的表演中，麥克風的音量時常受到雜訊干擾。吐派克認為這搞砸了他們的表演。表演結束後他怒不可遏，團隊走向後臺時，吐派克衝向音控師，大聲喊道：「你搞砸了我們的音樂！你他媽是故意的！」

「吐派克差點把他的頭打爆，」曼尼回憶道：「他真的向他揮拳。音控師確實做了一些非常離譜的事，每個人也都想揍他，但吐派克是真的已經準備好要處理他了。」當曼尼告訴他冷靜下來時，吐派克更加憤怒。

其他人（包括阿特龍和夏克）也都在叫吐派克冷靜——他總是第一個做出反應，隨時準備挑戰任何保全或警察。他們花了許多晚上試圖控制吐派克的能量和不可預測性。

「我腳踝受傷過三次，」阿特龍說：「其中一次是當吐派克在表演結束後跑向觀眾席時我抓住了他。我忘記自己是在告訴他冷靜一點，還是叫他不要在表演結束後光著上身跑到觀眾席去。真的不能這樣。下一位藝人要上臺了，所有的注意力都應該集中在他們身上，所以我抓住了他，結果絆了一下，弄傷了我的腳踝。」巡演結束時，「叫吐派克冷靜一點」已經成為了一個笑點。

每天在巴士的會議上，吐派克總是準備好發表評論、修改節目表，或是補充自己的意見。在吐派克證明自己能提包包並完成巡演管理員的工作任務後，夏克叫他與團隊的其他成員一起上臺跳舞。

數位地下會社的演出並不是普通的嘻哈表演。這個團體會跳舞，並使用道具和劇場化的手法令他們成為了一九九〇年代最令人難忘的音樂家之一。夏克是典型的主唱，他能流暢的在自己的第二人格呆駝子之間轉換，用水槍和充氣娃娃瘋狂煽動觀眾，讓他們陷入瘋狂。吐派克毫不猶豫投入其中，準備成為其中一員。

當他以舞者的身分上臺時，他的自信和魅力引起了許多女性粉絲的注意。「吐派克從第一站開始就立刻受到女生們的熱烈歡迎，」夏克回憶道：「那時我們已經知道他能成為藝人。我們已經在籌備他的專輯了，我們相信他，知道他能饒舌。但是那些女孩們的反應，讓我們真正明白他是一位大明星。」

甚至在第一場表演前的試音，吐派克就已經與一位他當天才認識的女孩來到了巴士後面。回想起這件事，曼尼感到非常震驚：「我當時想，這傢伙怎麼會在第一天來這裡就比我先搭訕到女孩？他們坐在巴士後面一陣子，在那邊卿卿我我。那天晚上表演結束後他就在巴士上跟她做了（在大家上車之前）。」

這位女孩和吐派克也引發了一個荒唐的事件，在整車人離開場館時，司機注意到有個人在追著巴士跑。司機停下車，打開了車門。「我女友在裡面嗎？」那個人大聲問道，顯然是一個不爽的男友。巴士上的人一致回答「沒有」。司機關上了車門，留下那個男人站在那裡，而女孩和吐派克則躲在後面。

當夏克注意到吐派克的表演非常受女性粉絲歡迎時，他決定給他一個機會拿起麥克風。一開始，吐派克只會來幾段即興演出，但後來出現了問題；他沒辦法控制自己只少少的演出一個段落。吐派克立刻開始取代其他成員的部分，或者直接替他們饒舌。有時，當其中一位歌手正在唱副歌，而吐派克不喜歡他的表演時，他甚至會試圖覆蓋其他人的聲音，以保持觀眾對自己的關注。「他總是把整個表演掌握在自己手中，」夏克回憶道：「我感覺自己像《疤面煞星》中的法蘭克，而他是東尼．莫塔納。他試圖控制整個局面。」

夏克要求他冷靜下來，但吐派克不理會。他不在乎現在該輪到誰表演——每次夏克把麥克風交到他手上，吐派克都像肩負使命般演出。他並不覺得自己只是一名巡演管理員。

經過幾次警告，以及吐派克又在某個晚上唱掉了別人的主歌，夏克受夠了。他開除了吐派克。

「你不是歌手，派克。」他解釋道。

「但他唱得又不好。」吐派克抗議。

「你怎麼知道。你又不是歌手。」

「但觀眾真的不喜歡那段，我得做點什麼讓大家嗨起來。」

「那如果有人把你的部分唱掉，你會爽嗎？」夏克問。

吐派克直截了當的回答。「去他媽的！怎樣？你要我走人嗎？」

「對，我要你回家，」夏克回答。然後他高聲對所有能聽到的人說：「幹他媽的！對，派克不會繼續巡演了！」

但他沒走。吐派克沒有接受他被開除的事實，那晚他和團隊成員一起聚集在大廳。夏克坐在鋼琴旁，大家圍在一起即興演唱，放鬆一天下來的緊張心情。而吐派克就像什麼事情都沒發生，就好像他沒被解雇一樣。他無法控制自己。他喜歡他的新生活，尤其喜歡演出後大家的即興演唱。第三貝斯的麥可·貝林（MC Serch）總是在那裡一起玩，有時還有皇后·拉蒂法。「每次有機會發言，也就是在那些即興演唱中，吐派克都會表現。他會想要唱整晚。」曼尼說。

就這樣，夏克將吐派克踢出巡演，而吐派克拒絕離開。多年後，夏克笑著回憶：「我經常把派克送回家。我們會互相咒罵，但兩個小時後就會克服這一切。」回顧過去，夏克總結了他們的關係：「我們的關係就是一場漫長的爭吵。」

巡演中的女孩與朋友

當數位地下會社的〈磨蹭之舞〉登上告示牌的嘻哈單曲榜冠軍，該團的知名度和機會也隨之增加。其中一個機會是再次受邀巡迴演出，這次是與吐派克最崇拜的嘻哈英雄之一——帶有政治色彩的嘻哈團體全民公敵，由風味弗拉福和查克．D領軍。僅僅兩年前，吐派克還逃學趕去當地的電臺見弗拉福，為的就是拍張合照；現在，他成為了全民公敵演出名單的一分子，將在全國各地宣傳他們的新專輯《黑色星球的恐懼》（*Fear of a Black Planet*）。海維．D（Heavy D）、冰塊酷巴（Ice Cube）和皇后．拉蒂法也將參加部分巡演。

《黑色星球的恐懼》巡演巴士為藝人提供了更豪華的體驗——更大的床和廚房，更好的電視——比凱勒老爹的巡演還要好，但對吐派克來說，最重要的是巴士上的人。雖然每個團體及其隨行人員，在旅途中都要待在分配給他們的巴士上，但吐派克經常自由行動，時不時就去跟鄰團的女孩們交朋友。

其中一位是二十五歲的蘿西．培瑞茲（Rosie Perez），她是海維的舞者，當時職涯正要起步，後來也和吐派克一樣，在好萊塢的演藝事業上走得很長遠。她被吐派克的氣場所吸引，時隔多年仍然記得第一次見到他的情形。當吐派克登臺時，她與海維站在一起，被他的存在感震撼。「那傢伙是個明星！」她大聲喊道：「當我說出這句話時，所有人都開始注意他，因為我說得很大聲。我記得自己走出舞臺邊，走到前面保全站的地方，這樣我就可以看著他。我不知道為什麼自己這樣做了；吐派克就是讓我不得不這樣做。那就是他厲害的地方。」

兩人一認識，就意識到彼此有相似的背景。之後，他們經常坐在一起，隨著巴士在鄉間行駛。在巡演的某站，吐派克問能不能替她唸一首詩。當他念完時，蘿西說：「這首詩太棒了。你會成為詩人的。」

「我會變得比詩人更有名。」吐派克回答。

吐派克還跟在南洛杉磯出生的十八歲女孩尤蘭妲・惠特克（Yolanda Whitaker）成了朋友，她以「Yo-Yo」作為饒舌歌手的藝名出道，並且曾出現在冰塊酷巴的熱門歌曲〈這是男人的世界〉（*It's a Man's World*）中。當酷巴偶爾加入巡演時，Yo-Yo 會和他一起現場表演這首歌。在那些表演之後，吐派克和 Yo-Yo 經常一起散步，他們的對話交織著人生目標和好萊塢夢想。當他們走在路上時，吐派克會一根接一根的抽菸。「你為什麼總是抽這麼多菸？」每次他點菸時，Yo-Yo 都會問。

「因為壓力。」吐派克告訴 Yo-Yo，自己的事業已經準備起飛，他想成為舞臺的焦點。他在貧困的環境中長大，需要賺錢。儘管吐派克終於開始每週領薪水和生活津貼，但他大部分的收入都用來償還在簽約 TNT 時獲得的預付款。

除了藝術、詩歌，Yo-Yo 和吐派克之間的連結還有對饒舌創作的熱愛，他們也經常討論音樂的話題。「他無時無刻都在創作，」Yo-Yo 回憶：「無論我們走到哪裡，他都會敲打桌子，到處饒舌。」她特別記得吐派克經常談到麥爾坎・X和金恩博士。她被他的激進和對不公不義的抗爭精神所吸引。「他真的關心黑人社群，這就是我如此愛他的原因。」Yo-Yo 說他們的對話有時甚至會持續到天亮。

不久，吐派克開始寫信和詩給 Yo-Yo。在巡演期間，兩人跨越了友誼的界限。「當我們親吻對方時，感覺很神奇。」Yo-Yo 回憶道。

吐派克還交了一個新朋友崔奇（Anthony "Treach" Criss），他是皇后・拉蒂法的隨行人員，來自紐澤西州，最終與他的團體「天生頑皮」（Naughty by Nature）一起闖出了名聲。這兩個年輕人都決心用饒舌天賦在舞臺上立足。「我們一起看到了一個全新的生活，」崔奇說：「來自兩個不同的地區，但是，有著相同思維的兄弟，尋找著同樣的目標。」

儘管參加了另一個全國巡演很令人興奮，但有時吐派克鬱悶的家庭生活仍然壓在心頭。定期打電話到紐約與賽琪娃談話、詢問艾菲尼在馬林城的情況時，讓他對未來仍感到不安。吐派克知道母親要戰勝毒癮還有漫長的路要走，但他仍抱著希望，相信她有足夠的力量走上康復之路。在這些悲傷和沮喪的時刻，他會獨自坐在飯店房間裡聽著瑪麗亞・凱莉（Mariah Carey）的〈愛的幻影〉（*Vision of Love*）：

感到如此孤獨
遭受排斥
獨自承擔重擔

「派克難過的心情都會寫在臉上，」夏克說：「如果你經過他的飯店房間時聽到那首歌，你就知道他現在心情不太好。」

曼尼也很快學會了如何應對吐派克的情緒。兩人在巡演期間經常住一起，當他們發現彼此都是黑豹黨的孩子時，關係也變得更加親近。曼尼在奧克蘭長大，生活在由黑豹黨舉辦的奧克蘭社區學校，更從休伊・牛頓手中收到高中文憑；曼尼知道身為「小黑豹」的感覺。吐派克很高興終於找到一個聽得懂他在說什麼的朋友，了解反情報計畫、弗雷德・漢普頓、他的教父傑羅尼莫・普拉特的冤案，還有黑豹二十一人的困境。

曼尼說，他們的對話經常從黑豹黨和童年，轉向吐派克對母親的愛和深厚連結：「吐派克總是說：『老兄，你得見見我媽，她真的是很棒的人！』無論是談論她吸食快克的問題，還是媽媽教給他的所有事情……他知道的事有一半都是從她那裡學的……我們會談論所有話題，但總是會轉回到一些關於他媽媽的故事。」

禁止「粗俗」

即使演藝前景看似成功在望，但當涉及到與警察的衝突時，吐派克仍然是個激進分子。有天晚上，他們在某家夜店發生了一點插曲，警察也介入了。當夏克準備離開時，吐派克卻加入了衝突。夏克回憶說：「我們都要閃人了。媽的，我們準備去下一間夜店，但是因為有人對皇后．拉蒂法大小聲，派克就對警察發火了。」他盯著警察，大聲問道：「你知道你在和誰說話嗎？那是皇后．拉蒂法。他媽的！沒有人可以這樣對皇后．拉蒂法說話！」一觸即發的狀態，在最後一刻由夏克讓場面平息了下來，他把憤怒的吐派克抱起來，放到一邊試圖讓他冷靜。

但吐派克冷靜不了。如果附近有任何警察，他就會反射性的保持警戒，隨時準備對抗。從艾菲尼教他不要信任警察開始，以及在巴爾的摩和馬林城所看到的一切，吐派克的反應變得像是身體的本能。

當數位地下會社在聖經帶[1]的場地演出時，他們必須修改舞臺表演，因為當地法律禁止「粗俗」的行為——當然包括與充氣娃娃共舞（這已經成為他們表演的特色）。但是，與其放棄道具，團隊想出了一個計畫。他們將像往常一樣與充氣娃娃嬉戲，但節目結束後，他們不會走回後臺——因為那裡會有警察在等著——而是會跳下五英尺高的舞臺，落入觀眾之中；與人群融為一體，舞臺旁的警察就沒辦法找到他們。

有天晚上節目結束後，夏克第一個跳進觀眾席，後面是吐派克和曼尼。當夏克和曼尼冷靜的與粉絲們混在一起，確保不會引起注意時，曼尼看到吐派克衝出人群直奔停車場。「他就像在《不可能的任務》（*Mission Impossible*）中一樣躲在車後。」曼尼開心的回憶道。然而，這種太誇張的動作使吐派克一下就被警察看見，後來導致他因為公眾行為失當被捕入獄一晚。

儘管吐派克討厭保全和警察，但他其實很樂意做一些調查工作，如果他在乎的人受到了委屈，他會親自出面。在奧克拉荷馬時，有人進入了全民公敵的化妝室，偷走了查克．D的黑色皮夾克。吐派克極為憤怒（或許是因為艾菲尼從小教導他不能說謊和偷竊的關係），他搜查了該地尋找嫌犯，並向查克．D保證：「我想我知道是誰做的。我會找出是誰做的。」

幾個小時後，當團隊聚集在飯店大廳準備上巴士時，一個男人突然衝破玻璃拉門。吐派克追趕在後，趕上了男人，趁他跳到櫃檯後打了幾拳。沒人知道發生了什麼事。吐派克急著抓住那個人，但巡演團隊的某人制止了他。在那一刻，小偷跳出櫃檯並逃跑了。

---

1 譯按：Bible Belt，又稱聖經地帶。美國基督教福音派在社會文化中占主導地位的地區。俗稱保守派的根據地，多指美國南部（以美南浸信會為主流）。

「老兄，你幹嘛抓著我？！」吐派克喊道：「我找到了那傢伙！那就是偷了查克．D夾克的人。放開我！」但那時已經太遲了。儘管似乎只有吐派克真正關心這件事，但他仍然因為自己的努力而贏得了尊重。「他在那次巡演中創造了自己的傳奇，」曼尼說：「每一個與我們同行的樂隊和樂團都懷著好奇心離開，想知道會發生什麼事，或者我們會怎麼處理他。但他們都知道，未來一定會再見到他。」

全世界都是〈同一首歌〉

全民公敵的巡演讓吐派克更接近他為自己的饒舌事業設定的目標，也為他成為電影演員的志向播下了種子。巡演途中，數位地下會社被邀請在加州好萊塢的「皇宮」（The Palace）[2]為比茲．馬基（Biz Markie）開場。演員丹．艾克洛德（Dan Aykroyd）也在觀眾席；表演結束後，他到後臺會見樂團，並提出了一個他們無法拒絕的提議——在他的下一部電影《鬼屋二十四小時》（*Nothing but Trouble*）中客串出演，並為電影原聲帶錄製幾首歌曲。

不久，他們便開始計畫在洛杉磯拍攝電影。這不僅是吐派克第一次出現在好萊塢電影中，而且還將與一流演員：艾克洛德、黛咪．摩爾（Demi Moore）、吉維．蔡斯（Chevy Chase）和約翰．坎迪（John Candy）共同出演一場戲。

雖然夏克說他和吐派克的關係是「一場漫長的爭吵」，但他無法否認吐派克的才華，也承認這個新人正在朝著偉大的目標邁進。最終，他給了吐派克一個絕佳的機會：在數位地下會社將收錄在電影原聲帶中的其中一首歌曲，寫下並錄製一段歌詞。吐派克非常興奮——如果這首歌成為熱門歌曲，便可以正式將他介紹給更廣大的受眾。更重要的是，這可能有助於提高他簽約的機會。

夏克心中所想的歌名為〈同一首歌〉（*Same Song*），是一首數位地下會社的經典派對歌，充滿夏克和曼尼放克味十足的節奏，最後夏克會丟出一句開場，讓吐派克負責饒舌：「吐派克，秀一下讓他們看看吧。」他照著自己的風格，表現得非常自然。**其他饒舌歌手大多專注於炫耀與派對，而吐派克的歌詞幾乎像一篇傳記，告訴聽眾他的生活如何產生改變——儘管如此，他仍然致力保持真實。**

拍攝MV時，服裝設計師為團體打造了搭配歌曲hook（記憶點）：「全世界都是同一首歌」的服裝。

「我們穿著各種不同國籍的服裝，代表〈同一首歌〉，代表『全世界都是同一首歌』；我告訴曼尼他必須是哈西迪猶太人，然後告訴派克他要當非洲人。」夏克回憶道。

他們替吐派克拿來了一套閃亮的金色非洲長袍、一條棕色的腰帶、一串精緻的非洲珠子項鍊，以及配成一套的金色庫法帽（kufi）[3]。配件是一根大又精美的棕色木製非洲拐杖。吐派克對他的服裝表達了一點意見：「為什麼我要扮演非洲人？」他半開玩笑，但也半認真的問道。

但是當吐派克發現，在MV中他們會把他舉起來，像皇族坐在轎子裡一樣抬著他時，他對非洲服裝的懷疑變成了興奮。

夏克說：「他做到了，而且做得很好。他成為了歷史上的一位非洲國王。」幾週之內，他出現在全

---

2 編按：即 Avalon Hollywood。

3 編按：西非男士的傳統帽子，與伊斯蘭文化及泛非自豪感有著密切聯繫。

球各地的電視螢幕上，在MTV[4]上唱著〈同一首歌〉。

夏克給吐派克在〈同一首歌〉中錄製八小節的機會具有重大意義。不僅收音機聽眾將第一次聽到吐派克的聲音，而且電影客串也為他贏得令人垂涎的演員工會會籍——這個過程通常需要一個有志投身戲劇的演員好幾年時間才能實現。這首歌的MV使用他們選擇和製作的服裝拍攝，並與電影的片段交替，成了吐派克在MV中的首次亮相。

吐派克說了謊

吐派克後來談到他與數位地下會社一起巡演的日子，是他生活中最美好的時光之一。自從一年前與阿特龍的TNT簽約以來，他已經和夏克和曼尼一起出現在《阿森尼奧・霍爾秀》（*The Arsenio Hall Show*）上，遊歷全國並進行了第一次國外旅行（到日本），而且還出現在一部重要的電影中。

儘管取得了一系列成功，吐派克仍然無法放下母親在馬林城所面臨的困境。他還沒有接受英雄墜落的事實，而當他在外面演出時，他打給媽媽的次數也越來越少。最終，他們兩人幾乎不再交談。然而艾菲尼從來沒有因為吐派克對她感到不滿而指責他。她明白對於任何孩子來說，發現自己的母親在吸毒是一個沉重的負擔。

吐派克計畫在巡演結束後立即與艾菲尼連絡；當母子倆終於重新聯繫時，他感覺時間可能不多了。艾菲尼一直在朋友關位於馬林城的公寓，以及一個住在北邊四小時車程太浩湖（Lake Tahoe）的男人住的地方間來回移動。但她的狀況仍然沒有改善，吐派克和艾菲尼都知道她不能再留在馬林城。是時候讓她回到紐約，與姐姐在一起了。

「我正邁向死亡，我知道我正在邁向死亡，因為我的靈魂完全不在那裡，」艾菲尼在她的回憶錄中寫道：「晚上上床睡覺時，我真的不在乎自己是否會醒來。然而內心的某些東西推動著我回家，回到紐約和我的家人身邊。」

再次，吐派克打電話給他的阿姨葛洛，這次是為了最終確定艾菲尼離開加州和隨後抵達紐約的計畫。或許是為了試圖緩解目前的艱難情況，吐派克說自己也會很快過去。

「吐派克說了一個謊，」葛洛回憶道：「他說：『我會先讓她去，然後我會跟著過來。』這就是他說的謊……為了讓事情更順利一點。他知道告訴我這件事情，我就會去做，因為他是我的心肝寶貝。但我知道他不會來。他為什麼要來呢？他的一切才剛剛起步。他只是想讓母親待在一個安全的地方，這樣他就可以專注於自己的事業。」

十二月一個寒冷的日子，艾菲尼終於離開加州。

在安排艾菲尼離開的那一天，吐派克和雷伊、酷利一起乘車到了位於聖拉斐第四街和希瑟頓街（Heatherton）的巴士站。酷利回憶道：「葛洛告訴我們，如果我們能讓艾菲尼去紐約，她會照顧她。我幫她買了張灰狗巴士票，一盒肯德基炸雞，還裝了一些錢。我告訴她：『妳不用擔心妳兒子。他有我這

4 編按：音樂電視網（Music Television），原為專門播放音樂錄影帶（尤其是搖滾樂）的有線電視網，後來也播放觀眾對象鎖定在青少年的許多不同型態節目。

裡可以住，有一點錢，他會沒事的。』」

吐派克很難過，他的母親沉溺於毒癮之中，需要離開加州。這是吐派克一生中第一次和母親遠隔千里，唯一能讓他感到些許安慰的，就是能送母親回到阿姨安全穩定的家中。吐派克將手伸進口袋，給了她一疊現金。當艾菲尼登上巴士時，他們默默道別。

「我的家人將我帶回了家，」艾菲尼回憶起穿越整個國家的多日巴士旅程：「每一站我都打電話給他們，哭泣，又冷又餓，孤獨。他們把我帶回了家——我的女兒、我的外甥卡塔里，最小的那個，他在電話那頭給了我力量。他告訴我他愛我，他想我，他想要我回家。」

幾天後，當巴士終於抵達紐約港務局巴士站時，葛洛在車站找到了艾菲尼，她坐在地板上，旁邊是她的行李箱。當艾菲尼看到她的姐姐時，一股寬慰之情湧上心頭。「當我看到自己的家人從樓梯走下來時，這是我第一次感覺到自己還活著，」她說：「我不知道自己是誰了，甚至不知道自己曾經是誰。我真的不知道。所以當我看到他們時，就像是一個信號，告訴我自己屬於這裡。我真的屬於某個地方，你知道的。他們溫柔的愛護我，讓我恢復健康。」

12

只有麻煩

1991

以前對我不屑一顧的女孩，現在都會靠過來，
以前取笑我，擦身而過時還嗆我、騷擾我，
但現在她們卻問能不能吻我。

——〈同一首歌〉

〈同一首歌〉在一九九一年一月六日發行，就在艾菲尼離開加州的幾週後。當吐派克、雷伊和萊拉在那個星期駛向里奇蒙—舊金山聖拉斐大橋時，收音機調到了KMEL，他們聽到吐派克的聲音從車上的喇叭傳出，大家都超級興奮！

萊拉回憶道：「我叫大家拿出錢，我需要兩美元過橋。大家在口袋裡摸來摸去，沒有人有錢，最後我不得不寫張支票。」

吐派克也注意到了這有多麼諷刺：「這將是我最後一次付不起兩美元過路費了。」

這也是他最後一次與萊拉或酷利住在一起。在最親密的朋友和知己之一酷利和男哥的一點幫助下，再加上日本海外巡演、《鬼屋二十四小時》電影和原聲帶中獲得的支票，吐派克已經有錢租自己的房子，一間位於奧克蘭麥克阿瑟（MacArthur）大道的單人公寓，步行即可到達梅里特湖（Merritt）。數位地下會社成員「滑順」施莫夫（Schmoovy-Schmoov）是該公寓的物業經理，也協助辦理了入住文件。「我

們就像家人一樣，」夏克回憶道：「我們總是一起處理、負擔任何大小事，甚至借用信用卡，共同簽一些文件。」

吐派克也終於準備去考加州的駕駛考試，買自己的第一輛車。男哥同樣相當期待這件事：「我已經厭倦了要一直開車載他去女孩們的家。我說：『老兄，我不能一直這樣，我們得給你弄輛車。我得教你開車。』」男哥曾做過汽車經銷商，最近買了一輛破舊的豐田天堂（Celica）敞篷車。「我花了大約七百美元買的。我告訴他：『老兄，你就開這個吧。』」

當吐派克的事業開始起步時，他便開始考慮如何將自己的成功，透過提早培育其他有抱負的藝術家傳遞下去。他想要組建一個有才華的年輕人團體，並試圖幫助他們將反叛的情緒轉化為音樂，而不是將其帶到街頭。

考慮到這一點，他啟動了一個名為「地下鐵路」[1]的計畫。「我在歌詞中說的所有東西，都是因為我的成長環境。我應對這些問題的方式，不是去看心理醫生，而是找一群正在經歷的孩子們，來一起處理年輕一代所面臨的難題，」吐派克向嘻哈新聞記者戴維．D（Davey D）解釋道：「這背後的概念與廢奴主義者塔布曼的理念相同，是要讓那些可能參與毒品交易或其他非法活動，或是被當今社會邊緣化的兄弟們，能透過音樂重回社會……現在我們有二十個強大的團隊成員。『地下鐵路』的成員來自各地——巴爾的摩、馬林城、奧克蘭、紐約、里奇蒙，到處都有。」

就在這個時候，吐派克與繼兄莫里斯（Maurice Shakur）重逢了，別名莫普里梅（Mopreme），他是穆圖魯的兒子。自從他們在紐約生活時慶祝寬札節的日子以來，已經有好幾年了。比吐派克大四歲的莫普里梅在吐派克之前進入了音樂界，成為「東尼風格」樂團（Tony! Toni! Toné!）一九九〇年熱門單曲〈感覺很讚〉（*Feels Good*）中的一名跨刀饒舌歌手，該曲曾在告示牌百大單曲榜排名第九位。

當涉及到朋友和家人時，吐派克總是盡可能的讓他們一同參與。那年，卡塔里、馬爾科姆和雅法飛到美國另一端，度過了在奧克蘭的暑假，吐派克讓他們沉浸在藝術生活中，鼓勵他們開始寫作並進入錄音室。

儘管卡塔里和馬爾科姆還在上高中，雅法只有十四歲，但吐派克知道，他們在西岸與他待在一起的時間越長，畢業後他們就有越充分的準備來製作專輯。同時，吐派克還指導了一位名叫米斯塔（Mystah）的饒舌歌手和一組來自奧克蘭、年齡從十一到十三歲的五位年輕歌手，他們取名為「孩子幫」（Kidz）。吐派克投入了自己所剩不多的錢，用在租借這些年輕人的錄音室。

在孩子幫、米斯塔和為自己錄製更多試聽帶之間，吐派克幾乎住在里奇蒙各個錄音室，尤其是星光之聲。當白天孩子幫還在上學時，吐派克就在這裡工作。放學後，孩子幫就直接來到錄音室錄製歌曲。吐派克答應他們，只要他們維持成績，準時抵達錄音室，遠離街頭麻煩，就每週帶他們去玩具反斗城。其中一次，男孩們決定買超威水槍（Super Soaker）。回到公寓後，吐派克加入了水槍戰，他首先替孩子們穿上塑膠袋，然後就開始扮演他的《疤面煞星》角色，爬到公寓屋頂，用超威水槍將孩子們一一擊倒。

然而，在他培養像「窮小子」（The Have Nots）這些藝人的事業時，吐派克經紀人阿特龍帶來的消息則表示，他自己的成名之路將會遇到一些波折。某天晚上，當吐派克在星光之聲錄音時，阿特龍把他

1 編按：Underground Railroad，十九世紀用來幫助非裔奴隸逃往自由州和加拿大的祕密路線與避難所，也用於指代幫助奴隸逃亡的廢奴主義者。

拉到旁邊。

「我們能出去散個步嗎？」他問。

阿特龍直言不諱的說：「我只是想讓你知道，我正在努力為你爭取一份合約。」他已經開始將吐派克的試聽帶推薦給與他有關係的每個唱片公司。

起初，阿特龍認為湯米小子唱片會簽下他，因為該公司的公關勞拉·海因斯（Laura Hines）曾在日本和吐派克與數位地下會社一起巡迴了一段時間。看到吐派克在舞臺上能自然的吸引人群後，海因斯告訴阿特龍她印象深刻，且會試圖說服公司的總監簽下他。但最終，他們還是說了不。除了湯米小子唱片，艾蕾特拉（Elektra）和 Def Jam 也放棄了。

吐派克接受了壞消息，但他的渴望、決心和意志力，讓他仍舊能專注於未來的事業。「我想要發行一張專輯，演一部電影。這就是我想要的。」

然後他又加了一句：「如果做不到，那我就會去當新非洲黑豹黨的主席。」

幾個星期後，數位地下會社巡迴經理偵探接到了卡拉·路易絲（Cara Lewis）的電話——她是威廉·摩瑞斯（William Morris）經紀公司的經紀人——一位名叫歐內斯特·狄克森（Ernest Dickerson）的導演正在尋找電影《哈雷兄弟》（*Juice*）的演員，他們邀請曼尼去試鏡。

狄克森以曾擔任史派克·李（Spike Lee）攝影指導的一系列電影而受到讚譽，包括《美夢成箴》（*She's Gotta Have It*）、《學校萬花筒》（*School Daze*）、《為所應為》（*Do the Right Thing*）、《愛情至上》（*Mo' Better Blues*）和《叢林熱》（*Jungle Fever*）。現在，他正在編寫並執導自己的第一部電影，一部關於四名青少年在哈林貧民區生活與成長的故事。

進好萊塢，本色演出

當吐派克和數位地下會社搭乘豪華禮車穿過紐約街道，參加「新音樂研討會」（New Music Seminar）以及各種媒體記者會時，曼尼讀起了劇本。他仔細閱讀鋼鐵（Steel）的臺詞，這是他預定要試鏡的角色，但另一個人物也引起了他的注意。曼尼把劇本遞給吐派克：「看看畢夏普（Bishop）。這傢伙就跟你一樣，你應該來試鏡這個角色。」

吐派克幾個月前才在巡迴時認識的朋友崔奇，由皇后．拉蒂法推薦給了試鏡經紀人，他也將參演該片。第二天，曼尼、崔奇和吐派克走進了威廉．摩瑞斯經紀公司。只有曼尼和崔奇有正式的試鏡。他們坐在一起，耐心等著為各個角色試鏡。「我們事先想像了，如果一切順利，我會演鋼鐵、吐派克會演畢夏普、崔奇會演Q。我們幾個真正的朋友在劇中演彼此的朋友，那一定很讚。」曼尼回憶道。

曼尼先進去，很快就收到了謝謝再聯絡的回應。接著是崔奇，雖然他沒有獲得主角之一，但最終還是得到了一個配角。然後，狄克森在候補區看到了吐派克，問他是否想試鏡。幾分鐘後，吐派克就站在一個擁擠的房間裡，面對試鏡經紀人和製作人，要試鏡Q這個角色。

「你叫什麼名字？」

「吐派克。」

「喔，這名字滿有趣的。那是什麼意思？」

吐派克自豪的解釋了名字的由來。當他試鏡完Q之後，狄克森想到了一個點子：「你能再多待一下子嗎？試試看這個角色？」狄克森一邊問，一邊遞給他一部分劇本——這是畢夏普的臺詞，就是那個讓曼尼想起吐派克的角色。吐派克點了點頭，看了一眼劇本，然後走到外面研究了一會。當他準備好後，他走進去站在掌握了他的夢想和命運的狄克森與其他製片人面前：「我沒有事先演練過，拿起對白就讀了起來，然後我得到了那個角色。那是上帝的旨意。」

曼尼回憶道：「吐派克走進房間，突然我們就聽到歡呼聲。人們都站起來拍手，甚至還吹口哨。」

吐派克離開房間時，狄克森和其他人交換了一下眼神。他們知道自己已經找到了畢夏普。「吐派克擁有其他人沒有的特質。那就是痛苦。」狄克森說。製片人大衛・海曼（David Heyman，後來製作了《哈利波特》〔*Harry Potter*〕系列電影）也在場，他記得試鏡後：「吐派克走出房間，接著又把頭伸了回來，眨了眨眼，露出一個頑皮的微笑說：『你們最好給我這個角色，因為我知道你們住在哪裡哦。』然後關上門走出去。」

後來製片人邀請了四位主角候選人一起吃晚餐，想藉此確認他們是否有化學反應。那天晚上和吐派克一起吃飯的有傑曼・霍普金斯（Jermaine Hopkins），他曾在經典電影《鐵腕校長》（*Lean on Me*）中出演，將扮演鋼鐵；奧馬爾・愛普斯（Omar Epps），一位紐約拉瓜地亞（LaGuardia）音樂藝術高中的學生，他將飾演Q；以及卡里爾・肯恩（Khalil Kain），他曾在《萬惡城市》（*New Jack City*）中演過小配角，並試鏡了拉希姆（Raheem）的角色。晚餐結束時，製片人對這四個年輕人的默契感到滿意。這是個完美的組合。

當吐派克等待正式確認他在《哈雷兄弟》中的角色時，阿特龍繼續在紐約和洛杉磯的唱片公司傳播他的試聽帶。雖然拒絕名單不斷增長，但阿特龍還是收到了一些令人充滿希望的好消息：「魅力唱片

（Charisma Records）的傑夫・芬斯特（Jeff Fenster）是業界唯一一個理解吐派克音樂的人。」但希望很快就破滅了。芬斯特無法說服魅力唱片的主管提出報價。

在這些拒絕中，導演狄克森則帶著響亮的一聲「好」到來——吐派克正式獲得了《哈雷兄弟》中的角色。這是個光榮回歸的圓滿時刻，因為《哈雷兄弟》將在他的家鄉哈林區拍攝，距離阿波羅劇院——六年前吐派克在《日光下的葡萄乾》第一次體驗到表演的魅力的舞臺——只有短短幾步。那段時間全美各地的戲院都在上映描繪貧民窟生活的電影；尤其是那一年，隨著《萬惡城市》和《街區男孩》（*Boyz n the Hood*）等電影取得了巨大成功，《哈雷兄弟》似乎也蓄勢待發。

電影製作於一九九一年三月十四日開始，距離羅德尼・金（Rodney King）[2]被四名洛杉磯警官在一場高速追逐後暴力毆打不到兩週。毆打的過程被錄影並在所有新聞平臺上不停播放，這起事件象徵著美國種族關係的一個分水嶺。許多黑人都準備對這個可恥行為背後的種族壓迫群起反抗。

吐派克也感到憤怒，且厭倦了這些警察繼續濫用他們的權力，他希望這些警察能被起訴，希望世界能終於開始出現一些變化。但在事情好轉之前，洛杉磯的情況會變得更糟：拍攝開始的兩天後，一位就讀西徹斯特（Westchester）高中的黑人女學生拉塔莎・哈林斯（Latasha Harlins），被一名韓國雜貨店老闆因為一瓶一・七九美元的柳橙汁而槍殺。哈林斯將柳橙汁放在背包裡走向收銀臺時，手裡正拿著兩張一美元的鈔票，打算付錢。**這個城市就像一個火藥桶，隨時都可能爆炸。**

2 譯按：非裔美國人。一九九一年三月三日，因超速被洛杉磯警方追逐，被截停後拒捕襲警，遭到警方用警棍暴力制服。一九九二年，法院判決逮捕羅德尼・金的四名白人警察無罪，進而引發了一九九二年洛杉磯暴動（LA Riot）。

在美國的另一端，吐派克已安頓下來，為首部電影做好了準備。電影製片替他租了一間公寓，位於第五十一街和第七大道的一座九層樓建築中，供拍攝期間居住。這個地方很快就成為了演員同伴聚會的地方，以及與他在巡演中結識的朋友，比如 Yo-Yo。

一開始，吐派克每天到片場的行程都順利進行。他大多數時候都準時到達，只有在某幾天早上，他無視了拍攝行程，讓整個劇組等待了一陣子。其他演員回憶起了這件事，但吐派克對此不以為意。「派克有時會生氣的直接離開片場。」傑曼．霍普金斯回憶道。霍普金斯說吐派克甚至會告訴他的演員們：

「他們需要我們，比我們需要他們多得多。你知道如果現在換掉我們中的任何一個人，然後再重新來一遍要花多少錢嗎？」

然而，通常情況下，吐派克會把自私的行為留在家裡，和藹可親且準時出現在片場。大部分時間拍攝都在戶外進行，許多演員和工作人員都注意到吐派克天生喜歡與路人和無家可歸者交流的特質。自小受到無家可歸問題的困擾，他毫不猶豫的前去關心這些人的身心狀態，與他們交談，並盡力給予他們鼓勵。有時候，當路過的粉絲經過片場時，他甚至會與他們聊天。

雖然社交能力很強，但當談到表演時，吐派克相當專注。他深入研究了畢夏普這個角色——這部電影的反派，背負著沉重的過去，來自嚴重失能的家庭，內心深處懷有巨大的痛苦。吐派克在ＢＳＡ以及塔瑪高中戲劇部的訓練全都完美的呈現出來；其中一位製片人普雷斯頓．霍姆斯（Preston Holmes）回憶起自己最初的懷疑是如何被一掃而空的：「我非常驚訝，可以這樣說，吐派克相當認真對表演藝術。當時我認為這個傢伙只是個饒舌歌手，導演把他塞進這部電影中，因為他賣了一些唱片，而我們可能每天都要處理他的麻煩事。但事實是這傢伙是一個完美的專業人士。吐派克太優秀了。他讓我們所有人都印象深刻。」

吐派克找到方法將自己的生活經歷融入他強而有力的表演中，挖掘了他內心深處的憤怒。吐派克後來解釋了他的表演過程：「當我得到一個角色時，首先我只是試著找出，就是，這個角色的感覺是什麼？我在腦海中想像這個人，他是什麼樣子？試著給他一張臉，即使是我的臉也沒關係。給他一個走路的樣貌。給他一種態度。你真正需要做的就是與角色產生共鳴。」

在另一次採訪中他回憶道：「我始終保持真誠，我從來不會編故事，從來沒有劇本，沒有假的人設。即使我扮演一個角色，我也真的是那個角色。沒有任何虛假。我只是把所有事情都內化了。」

吐派克也試圖挖掘，當時他認為許多年輕美國黑人男性共有的情感：「你必須理解這個角色。他來自一個破碎的家庭，」他在一次採訪中解釋了角色畢夏普：「沒有學習的對象，沒有人坐下來跟他好好聊聊，他只能在家裡把早餐吃完，然後走入街頭接受社會教育。」

在另一次採訪中，他說《哈雷兄弟》是**「今日年輕黑人男性的故事，這個故事需要被講出來，因為警察還會在街上毆打黑人兄弟們。所有這些事情仍然在發生。所有的一切都需要被講出來」**。

從畢夏普的角度來看，他解釋道：「我沒有榜樣。這就是為什麼我這麼失控。」在扮演畢夏普這角色的高潮時刻，他說出了經典的邪惡臺詞：「我是瘋了，但你知道嗎？我他媽才不在乎！……我他媽根本不在乎自己。」這些話不僅是吐派克曾有過的絕望經驗，也代表了整個美國許多絕望的年輕靈魂。

吐派克對畢夏普的刻劃如此令人信服，導致一些觀眾最終模糊了角色和演員之間的界限，甚至將劇中角色具侵略性的特質全然投射於演員身上。這種交互作用遠不止如此。同劇演員霍普金斯說：「吐派克是畢夏普嗎？不是。畢夏普的態度存在於吐派克體內嗎？是的。有沒有某些情況可以將吐派克內心的畢夏普帶出來？有。畢夏普是一個紙上的角色。吐派克．夏庫爾的個性、生活方式，以及曾經歷過的考驗和磨難，都讓畢夏普這個角色有了生命。劇本上的那些對白如果沒有放入任何感情，就只是一些文字罷了。」

《哈雷兄弟》的製作並非一帆風順。吐派克的電影拖車——他的私人空間，用於在場景之間換衣服和休息——成為了一個活躍的聚會場所，朋友和演員們來來往往，空氣中彌漫著大麻的煙霧。根據他的家人說，吐派克不喜歡獨自待著，所以經常與朋友和家人圍在一起。有時候，他甚至會歡迎對電影感興趣的粉絲和路人進入拍攝現場。但是，有一個下午，這種友好態度讓他付出了代價。在邀請一個陌生人進入拍攝現場幾個小時後，吐派克發現到他所有的金飾都不見了。

吐派克對這個違反艾菲尼基本原則的事件——永遠不要偷別人東西——感到非常生氣。狄克森試圖安撫他，向他保證他們會賠償被偷走的一切，但吐派克告訴他，這件事他會自己處理。幾天後，有人在拍攝現場的周邊發現了嫌犯。吐派克和他的朋友們向他跑去，並在街上揍了他一頓，直到他逃走。

事件發生後，吐派克感覺他需要一位保護自己的人，一雙警惕的眼睛。他找來了一個迅速成為他生活中不可或缺部分的朋友。

史崔奇（Randy "Stretch" Walker）是一位饒舌歌手和音樂製作人。他和他的兄弟陛下（Majesty）是湯米小子唱片旗下的藝人，團體名稱叫做「現場小隊」（Live Squad）。當他們在奧克蘭相遇，並發現彼此都喜愛描繪街頭生活的饒舌音樂時，史崔奇和吐派克立刻就成為好麻吉。在史崔奇身上，吐派克找到了一個朋友，他的歌詞來自與自己相同的背景：犯罪猖獗的貧民社區，以及其對年輕黑人心理的不良影響。這兩個人很快就變得形影不離。

「無論去哪裡，他們都要一起去，」夏克回憶道：「他們超愛彼此，簡直瘋了。他們會站在客廳，手臂勾著互踢對方。我們會看著他們一下，然後回去玩骨牌。他們就這樣持續了二十分鐘。」

史崔奇本來就偶爾會出現在《哈雷兄弟》的拍攝現場。現在，吐派克則請他幫忙確保在剩下的拍攝過程中，沒有其他人會進入他的拖車。史崔奇認真對待這項責任。自從他六呎七吋的身影每天早上出現，每個人都相信再也沒有人會偷竊吐派克的東西。

結束快克抗戰

在《哈雷兄弟》的製作過程中，吐派克把去曼哈頓華盛頓高地一三七〇號拜訪艾菲尼、賽琪娃、葛洛阿姨和表親們當成了首要任務。一天晚上，吐派克帶著曼尼、史崔奇和崔奇一起去享受他最喜歡的晚餐：羽衣甘藍、馬鈴薯沙拉、炸雞和烤棉花糖甜薯，都由葛洛阿姨招待。在探訪過程中——距離將艾菲尼送到紐約差不多五個月時間——吐派克很清楚她仍然身陷毒癮。她還在葛洛阿姨的浴室裡吸食快克，將煙霧吐出窗外，仍然在毒品的深淵中游移掙扎。

一九九一年五月，在黑豹二十一人獲釋二十週年紀念日的聚會上，艾菲尼的戰友們出手協助了，最終使她走上了戒毒的道路。黑豹二十一人之一阿里・貝伊・哈桑（Ali Bey Hassan）說服了猶豫不決的艾菲尼來參加慶祝活動。之後，他和他的妻子蘇（Sue）邀請她在康乃狄克的家中過夜；第二天早上她被阿里和蘇的女兒托妮亞（Tonya）——本身也是戒毒者——邀請參加匿名戒毒會。一開始，托妮亞和艾菲尼一起去了兩次聚會。後來，艾菲尼每天會參加三次。這一刻象徵著艾菲尼與快克多年的抗戰即將結束。

艾菲尼意識到這造成了多大的傷害，特別是對她的孩子們。多年後她回憶道：「我的毒癮影響了他們的成長，影響了一切，我的輔導員鼓勵我去理解我的孩子、我的姐妹、我的外甥、我的家人，他們都有權利對於我造成的毀滅性影響，花時間進行消化與反應……我永遠都不想再看到過去在嗑藥時兒子看我的眼神。我不想在他的眼中看到那種樣子。」

吐派克在艾菲尼戒毒期間去看望她，並表達了他的痛苦與失望。有話直說一直是他們母子關係中的關鍵元素，從吐派克的角度來看，艾菲尼違反了自己對孩子們灌輸的教導，他需要對她實話實說，然後才能原諒她。

在某一次探視時，吐派克將一個信封交到艾菲尼手裡。裡面是一封信，寫在棕色信紙上，共有十三頁。艾菲尼說道：「他花了很多時間向我解釋我給他帶來了什麼痛苦，儘管他很高興我正在接受治療，但在真正康復之前，他不會因為我這麼說就相信我。吐派克是個很棒的道德尺。他告訴我，如果我要因他所做的一切好事居功，我也必須對他所做的壞事負責。」

〈布蘭達有了孩子〉

在拍攝現場，吐派克沒事就會讀報紙。某天早上，他讀到了一篇年輕媽媽把自己的新生兒丟入垃圾桶的事件。他整個禮拜都追著這篇報導的後續發展，對於內容的細節感到非常震撼。他讀到這個女孩只有十二歲，而她懷孕是因為被自己的表哥強暴。

吐派克不僅因為這篇報導沒有上頭版而感到灰心，更無法理解怎麼有任何聽聞到這樣事情的人，沒有意識到這恐怖悲劇的嚴重性。亂倫，將孩子丟到垃圾桶——這些描述實在讓他難以忘懷。他整天都與劇組成員和工作人員討論這個問題，最後拿起其中一本筆記本，匆匆寫下了歌詞。

「派克整個早上都感到心煩意亂。」《哈雷兄弟》的演員奧馬爾回憶道：「他無法理解一個女人怎麼會做出這樣的事情。所以幾個小時後，他喊道：『嘿，O，過來。』然後開始唱他的饒舌。」

這首歌就是〈布蘭達有了孩子〉（*Brenda's Got a Baby*）。「拍攝《哈雷兄弟》時，我在拖車裡寫下了它。那時我哭了。我知道其他人聽了也會哭，因為要讓我掉眼淚不是一件容易的事情。我當時哭了，因為這個黑人小女孩孤身一人，但翻開報紙下一頁，我看到的是一些關於社交名媛之類的鳥東西。這讓我太難受了。」吐派克回憶道。

《哈雷兄弟》的拍攝於四月中旬結束。在片場的最後一天，全體演員和工作人員聚在一起慶祝，對電影在大螢幕上的未來充滿了希望。仍在等待唱片合約的吐派克將返回加州繼續錄音。當他離開片場時，電影的一位製片人尼爾・摩里茲（Neal Moritz）祝賀了他的表現，並開玩笑說他花了太多錢在金項鍊和戒指上。吐派克引用了他最喜歡的羅伯特・佛洛斯特詩歌中的兩句：「自此黎明已落向白晝。輝煌之物難久留。」（So dawn goes down to day. Nothing gold can stay.）

摩里茲再次向他保證，十年後他一定會成為一位大明星。然而，吐派克對那如瘟疫般肆虐美國年輕黑人男性的可怕謀殺統計數字很清楚，他對自己悲慘的預言已成形。

「我活不到那時候的。」吐派克回答道。

回到西岸，吐派克繼續錄製歌曲，希望能吸引唱片公司高層的注意。六月，當世界上其他人都已經忘記了紐約的新生嬰兒被他十二歲的母親扔進垃圾桶的事情時，吐派克在里奇蒙的星光之聲進行了一次錄音，因為這個悲劇仍然沉重的壓在他的心頭。他找來了一位透過曼尼認識的製作人大D（Deon "Big D the Impossible" Evans）。大D坐在控制臺，吐派克抓起麥克風，錄製了他兩個月前在《哈雷兄弟》片場上寫的歌曲。這首歌也成為了他最具代表性的歌曲之一。

我聽說布蘭達有了孩子
但布蘭達也幾乎是個孩子
真是遺憾，這女孩甚至還不會拼自己的名字

這首歌最終會成為他首張專輯的單曲之一。「我的目標是真正建立形象，」他解釋道：「用〈受困〉讓大家知道我是誰，我支持誰——年輕的黑人男性。而透過〈布蘭達有了孩子〉，我想讓每個人都知道，雖然我支持年輕的黑人男性，但這也包括年輕的黑人姐妹。」

他的一切都順風順水——與數位地下會社的曝光，廣播上聽得到他唱的一段歌詞，他出演的首部大製作電影已經拍完，等待發行。現在，他只需要一份唱片合約。

13

暴力

1991-1992

我的文字是武器，沉默的都會被我點名。
我只想喚醒大眾，但你卻說我很暴力。

——〈暴力〉（*Violent*）

一九九一年夏天，洛杉磯的娛樂律師金・古根漢（Kim Guggenheim）打了通電話給阿特龍；誰也沒想到，他隨意提出的建議，改變了吐派克的人生軌跡。「我剛剛遇到了一個來自一家新成立的公司新視鏡唱片（Interscope）的藝人與製作部（A&R）人員，名叫湯姆・威利（Tom Whalley），」古根漢告訴阿特龍：「或許你應該跟他聯繫一下。」

威利來自紐澤西，三十九歲，看起來像個衝浪好手，有一雙敏銳的耳朵，在這個行業裡已經是一位重要人物，從華納兄弟唱片公司的郵件收發室一步步晉升到藝人與製作部門，簽下了像「現代英格蘭」（Modern English）和「怪人合唱團」（The Cure）這樣的頭牌。然後他轉到了國會唱片（Capitol Records），簽下澳洲樂團「擠屋合唱團」（Crowded House）和藍調巨星邦妮・雷特（Bonnie Raitt）。當時他與國會唱片高層因簽下雷特而發生了爭執——他們認為她不適合該唱片公司——但當專輯《千鈞一髮》（*Nick of Time*）贏得三項葛萊美獎且銷售超過五百萬張後，威利再次證明了自己精準的眼光。

在與電影製片人，馬歇爾．菲爾德（Marshall Field）零售帝國的繼承人泰德．菲爾德（Ted Field）會面時，威利正在尋找一些新的挑戰。菲爾德喜歡音樂，想開辦一家獨立唱片公司，這家公司將培育那些重視表達自由的藝術家。對於威利來說，他相當尊重音樂家的創作過程，且最看重的就是他們的願景，這聽起來就是完美的商業組合。

菲爾德建立的夢幻團隊包括威利和行業老手約翰．麥克連（John McClain）；最終與製片人吉米．洛維恩（Jimmy Iovine）——曾與布魯斯．史普林斯汀（Bruce Springsteen）和約翰．藍儂（John Lennon）合作——共同創立新視鏡唱片公司。他們不局限音樂風格，而是尋找那些能讓聽眾一窺他們生活，甚至是靈魂的藝術家。他們在尋找非傳統的故事講述者。

「我們挑選極端的藝術家，給予他們自由，然後讓主流來找上他們，而不是讓藝術家妥協去迎合主流。」威利如此說道。他們的商業決策也都建立在公司的宗旨「藝術家為先」之上。「我能夠給我簽下的藝人們提供協助。我有從菲爾德那裡得到的全力支持，這讓藝人們的事業能夠有強力的財務支援。」

洛維恩在前一年用厄瓜多爾流行歌手傑拉爾多（Gerardo）的〈風流男子〉（*Rico Suave*）替這家唱片公司帶來了第一個熱門單曲。接著威利又簽下了主教樂團（Primus），然後是舊金山的「非金髮四美」（4 Non Blondes）。不久之後，來自波士頓的馬克．華伯格（Mark Wahlberg），將以他的團體「馬克與時髦小子」（Marky Mark and the Funky Bunch）的形象出現在世界面前，以及特倫特．雷澤諾（Trent Reznor）的九寸釘樂團（Nine Inch Nails）。

當阿特龍給威利聽吐派克的試聽帶時，他立即被〈智慧之言〉和〈受困〉的歌詞所吸引：「我對自己聽到的內容感到很興奮，然後把音樂交給了菲爾德、洛維恩和麥克連。」

當時，菲爾德只把吐派克當作夏克的舞者，但很快他就會闖出自己的名號。菲爾德聽試聽帶的習慣是把錄音帶放到汽車音響裡，一邊開車一邊聽；如果不喜歡，他就會把錄音帶丟到後座，然後插入另一個。吐派克的試聽帶從未被丟到後座。相反，它被送到了菲爾德十二歲的女兒丹妮爾（Danielle）手中，她喜歡聽饒舌音樂，所以菲爾德知道，她會給出更客觀的意見。結果是，丹妮爾超愛的！

威利也有同樣的感受。阿特龍給了他一堆試聽帶，而威利從中選了兩位藝人：曼尼和吐派克。聽完後，他打電話給阿特龍，要求與兩位都進行會面，而當曼尼已決定與好萊塢唱片（Hollywood Records）簽約時，為了避免失去吐派克的風險，威利馬上告訴阿特龍：「我要簽下他。」

幾天之內，吐派克就從奧克蘭飛到了加州柏本克（Burbank），他、威利和威利的助理在機場假日飯店的一張長椅上迅速共進了一頓餐。威利請吐派克談談歌曲背後的意義，吐派克的回答充滿了對社群的真誠關懷。一如既往，他說他想要「代表年輕的黑人男性。我的社區裡沒人相信自己會活過二十五歲，他們感到受壓迫。」威利既印象深刻又感動：「我正在尋找一個有藝術觀點的人。」

會議結束後，吐派克回到機場趕上返家的航班。威利回想起當他和助理離開餐廳時，助理說道：「他真帥。你看到他的睫毛了嗎？還有他的眼睛！」威利確實看見了。但他看到的遠不止這些。在回家的路上，他心想：「這傢伙是個有重要事情要說的詩人，我會支持他的。」

幾天後，吐派克回到洛杉磯，在費爾法克斯（Fairfax）的成吉思科恩（Genghis Cohen）餐廳與威利和菲爾德共進晚餐。菲爾德立即用令人興奮的好消息讓他放心：「聽著，我想先讓你知道我們會簽下你，這樣一來這個晚餐就可以輕鬆一些了。你不用擔心。如果你想和我們一起做點什麼，那這件事就成了。」

吐派克非常高興，也如釋重負。終於，他可以喘口氣了。在那一刻，他的歌手夢成真了。有人給了他一個平臺，讓他可以向世人傳播對美國社會壓迫的控訴。「你知道的，如果這沒發生，我不知道我該怎麼辦，」吐派克說：「我感覺自己要爆炸了。我內心裡有太多東西，太多想說的話，太多想做的音樂。」

餐桌上的氛圍轉變成了慶祝。「很好，現在你不用爆炸了！」菲爾德說。

一九九一年八月十五日，吐派克簽署了正式合約：他是新視鏡唱片上的第一位饒舌歌手。

當吐派克回到錄音室替首張專輯進行最後收尾時，威利飛越整個國家，前往新視鏡唱片合作夥伴大西洋唱片的子公司美國東西方唱片（East West Records America）和高階主管會面。由於新視鏡唱片還是一家新公司，且那時業界的主流是搖滾和流行音樂，他們沒有經營饒舌歌手的行銷和宣傳經驗。

這是一個完全不同的世界。與搖滾或流行樂手相比，嘻哈藝人和唱片公司在試圖將新藝術家推向市場時面臨著重大障礙。除了像KDAY這樣的小型電臺外，一九八〇年代幾乎沒有任何廣播電臺會播放饒舌音樂。KDAY位於洛杉磯，是最早將饒舌和嘻哈音樂融入其日常播放清單的電臺之一。在電視上，能獲得最大曝光機會的地方則是《影像音樂盒》（*Video Music Box*）和《Yo! MTV Raps》等在半夜專門播放饒舌音樂的節目。推出一位饒舌歌手，意味著需要利用新的市場行銷管道，威利希望大西洋唱片的都會音樂部門東西方唱片能夠提供幫助。

威利在大廳等待了一個多小時，最終被請入了東西方唱片的一名行銷主管的辦公室。簡短聽過音樂後，這位高階主管看著威利說：「這行不通。」威利感到困惑，不知道該說什麼。

「你憑什麼覺得自己懂饒舌音樂？」這位高階主管面無表情的問他。

「我不懂，」威利回答：「但我知道什麼是好音樂。」

「好吧，我可以告訴你，你根本不懂什麼是饒舌，因為這音樂一點也不好。」這位主管說著便把錄音帶遞還給他。

威利驚慌失措的回到了辦公室。他告訴菲爾德，大西洋唱片公司不打算幫助推廣吐派克的專輯。他還告訴菲爾德自己不想用虛假的希望欺騙吐派克，他將打電話給他告知這個壞消息：他們沒有資源能推動專輯，並且會解除與他的合約。因為如果沒有對的市場行銷，以及一支知道如何推出和支援饒舌專輯的團隊，這位新藝人就幾乎不可能成功。

但菲爾德卻不這麼認為。他先問了威利他是否喜歡這張專輯？威利說是。

「好，我也喜歡這張專輯。你相信吐派克嗎？」

「當然相信。」

「我也相信他。」菲爾德的信任也意味著他的財務支持；他有自己的方式來為任何大西洋唱片公司沒有信心支持的新視鏡唱片藝人行銷。「你是個聰明人，自己想辦法吧，」菲爾德說：「告訴我你需要多少錢就好。」

威利立刻打電話給阿特龍，他正忙著接聽來自各大唱片公司的電話，其中有許多曾拒絕了吐派克的人，比如湯米小子唱片和 Def Jam 的主管。「你們到底為什麼要讓新視鏡唱片來搞饒舌音樂？」他們說這間唱片公司的經驗不足。

阿特龍的回答很簡單：「你們又沒有人想簽他。那你要我怎麼辦？」

威利告訴阿特龍大西洋唱片公司不會幫忙宣傳，但沒關係。「我們得到了菲爾德的支持，我們就自己來做。」他說。

嘻哈是文化的鏡子

有了新視鏡唱片的預付版稅，吐派克也換了一間房，這個公寓位於洛杉磯的聖費爾南多谷（San Fernando Valley），距離大多數好萊塢電影片場和洛杉磯的錄音室僅幾步之距。這個三房的公寓要容納艾菲尼綽綽有餘，她正走在康復的途中，並飛到加州來慶祝吐派克日益增長的成功。

很快，這張唱片有了一個暫定的名字，《吐派克啟示錄》（*2Pacalypse Now*），發行日期是十一月十二日。為了吐派克的首張專輯，音樂記者薩爾瓦多．曼納（Salvatore Manna）將在吐派克家採訪他。在他們約好見面的那天，曼納抵達了吐派克的新公寓，艾菲尼拿著一盤溫暖的自製巧克力脆餅在門口迎接他；曼納在他的職業生涯中曾採訪過史努比狗狗（Snoop Dogg）、德瑞博士（Dr. Dre）和寇特．柯本（Kurt Cobain）等人，對此他感到非常愉快且驚訝：「從來沒有任何藝人或藝人的母親做過這樣的事。」

他們安靜的坐下來，只有吐派克和曼納兩人在場；吐派克的團隊、朋友，全都沒有出現。沒有響亮的音樂，背景也沒有派對。吐派克告訴曼納，他的音樂最重要的部分是積極的訊息：「人們是善良的，而且存在希望。」但他也不避諱講述了現實的一面：「年輕的黑人男性的生活很困難。這不是《天才老爹》的戲碼。」

吐派克希望他的聽眾能夠理解他「在貧窮中成長的痛苦」。他告訴曼納：「我們需要一個還在街頭的人，一個代表某種理念的人。」在總結專輯的主題時，他說：「《吐派克啟示錄》是一聲戰吼。一張關於我們真實生活，真實感受的唱片。嘻哈是當今文化的一面鏡子。刻錄在唱片上的所有內容都將被人們記住，然而，安穩的祈禱並不是我們在九〇年代的生活方式。」

「你的兒子非常特別。」曼納告訴艾菲尼。

「他會取得偉大的成就，」她自豪的說。然後停頓了一下，表情變得堅定起來：「如果他能活得夠久的話。」

一九九一年九月二十五日，就在他與新視鏡唱片簽約僅兩個月後，《吐派克啟示錄》的宣傳隨著首支單曲〈受困〉拉開序幕。那時吐派克已經計畫好MV要怎麼拍。他透過曼尼認識了正在嶄露頭角的雙胞胎製片人亞倫和亞伯特・休斯（Allen, Albert Hughes），他們曾為曼尼的另一個團體「原始融合」（Raw Fusion）拍過MV。吐派克讓唱片公司安排了時間讓兄弟倆來辦公室。他告訴威利：「我想聘請他們拍我的MV。他們還在唸大學。」

「在唸大學？」威利擔心的問道，懷疑他們是否有足夠的經驗來處理大規模拍攝。他問吐派克需要付給他們多少錢。

「七萬五千美元。〈受困〉和〈布蘭達有了孩子〉一共兩支。」

威利不確定自己是否聽錯了：「兩支？這樣就夠了嗎？」這個數字比起業界人士簡直微不足道。

最初，吐派克設想的〈受困〉MV是以唱片公司的會議作為開頭。他坐在會議桌前，周圍全是白人主管，不過會議內容是由另一群「真正的黑人青少年」來對每個主管的想法點頭或搖頭。但當休斯兄弟加入後，影像概念則改成了青少年在奧克蘭街頭擲骰子。吐派克找了他的朋友酷利、男哥和曼尼出演。當警察車一出現，他們便拔腿就跑。接著鏡頭切換到吐派克在牢房中饒舌，並穿插與夏克在會客區交談的場景。夏克唱著hook：「哦不，他們關不住黑人。」

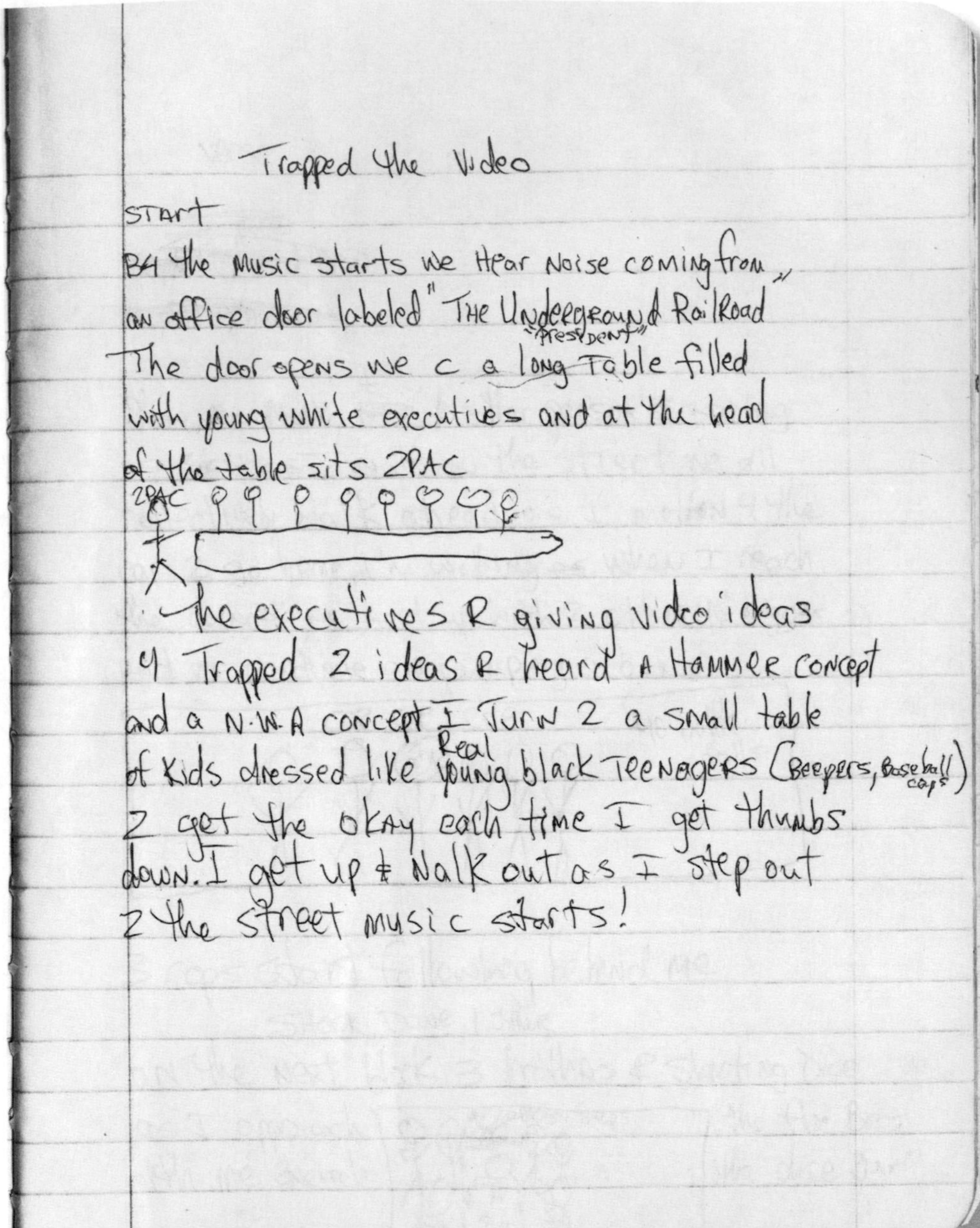

Trapped the Video
START
B4 the music starts we Hear Noise coming from
an office door labeled "THE Underground Railroad"
"PRESIDENT"
The door opens we c a long Table filled
with young white executives and at the head
of the table sits 2PAC
2PAC
the executives R giving video ideas
4 Trapped 2 ideas R heard A Hammer concept
and a N.W.A concept I Turn 2 a small table
of Kids dressed like Real young black TEENAGERS (Beepers, Baseball caps)
2 get the OKAY each time I get thumbs
down. I get up & Walk out as I step out
2 the street music starts!

▲吐派克對〈受困〉MV 的最初構想：由一群「真正的黑人青少年」主持唱片公司會議。

「當那支音樂錄影帶在MTV播放時，我就坐在他旁邊，」雷伊回憶道：「我們在吃東西，等待影片播放。我們不停說：『老哥，今天一定會播。我知道今天一定會播。』我們就坐在舊金山聖拉斐原創雞翅店裡吃雞翅。然後主持人德瑞博士和艾德．拉佛（Ed Lover）播了那支MV，我們都瘋掉了。」

在〈受困〉發行不到一個月後，一九九一年十月十七日中午十二點四十五，距離《吐派克啟示錄》的發行日期僅剩下幾週，吐派克與數位地下會社的成員一起乘坐豪華轎車穿過奧克蘭。當他們停在市區的聯合銀行時，吐派克在車裡拖了幾分鐘才下車，而其他人則急忙越過街道進入銀行。夏克回憶起那天：「我們要做某件重要的事，也許是要領薪水，也許是要領錢出差用。反正整個團隊都進了銀行……但出於某種原因，派克還在外面。」

最後，吐派克從豪華轎車出來，走過第十七街的百老匯大樓往銀行入口走去。但在他走到那裡之前，兩名奧克蘭警察，凱文．羅傑斯（Kevin Rodgers）和亞歷山大．博約維奇（Alexander Boyovich），擋在他面前，阻擋了他前進。他們要求吐派克出示身分證明，其中一名警官翻開了他的罰單本，告訴吐派克因為他擅自穿越馬路，所以得開一張單。吐派克難以置信：「他們竟然因為我穿越馬路就要對我開罰單。我發誓，我甚至不知道什麼是『擅自』穿越馬路。」

吐派克問他們為什麼要用這種小罪找他麻煩？並解釋自己是數位地下會社的成員，其他人已經在銀行裡面了。他進一步解釋說，他只是來這裡領錢的，並將他的駕照和另外兩份身分證明交給了其中一名警察。當警察盯著身分證看時，他笑了：「吐派克？！你媽為什麼給你取這個名字？」

一直以來吐派克都討厭人們嘲笑他的名字。從紐約開始，當地的孩子會嘲笑他和表兄弟的服裝與名字；到他在巴爾的摩的時，老師不太會唸他的名字，同學們也都笑他。現在，就連警察也還在取笑他？

吐派克希望能透過他的首支ＭＶ，向世界傳達年輕黑人男性在社區中感到「受困」，並強調了持續存在的警察騷擾和濫權問題。然而，就在拍攝完成的幾個星期後，吐派克又一次憤怒的演出ＭＶ裡的戲劇化場景，只不過這一次是在現實生活中。

吐派克滿腔怒火的反抗：「去你媽的警察！罰單拿來。」

其中一名警官勒住吐派克的脖子，將他摔到地上。

吐派克向他們大聲喊道：「我不是奴隸，你們也不是我的主人！」

「主人？」羅傑斯說：「我喜歡這個稱呼。」接著便把吐派克的頭猛烈撞向人行道。

幾個星期後在記者會上，吐派克回憶起這則事件：「我的精神被摧毀了。當我恢復意識時，這些警察還在開玩笑的模仿我說：『我不能呼吸！我不能呼吸！』當時就是他們讓我呼吸不到空氣。」

警察把神智不清且流著血的吐派克拖起來，扔進警車後座。在接受治療之前，他整整在拘留室待了七個小時才離開。比瘀青更糟糕的，是這起事件對他內心造成的傷痕。艾菲尼一直擔心這種事會發生在兒子身上。她說這種情況有點像一種成年儀式：「在他被奧克蘭警察打過之後，這改變了吐派克。年輕的黑人男子都會經歷這樣的過程，他們會對自己的現實生活感到極度憤怒。」

當吐派克頭受重創，躺在奧克蘭街頭的人行道上時，他清楚的明白，母親長年以來一直在打的那場仗，現在已經找上了他。

幾週後，吐派克聘請了奧克蘭的民權律師約翰．伯里斯（John Burris）向當地警察局提出一千萬美元的民事賠償。伯里斯安排了一場記者會，讓吐派克公開講述自己的遭遇。他解釋說，當警察們告訴他要搞清楚自己的身分地位後，下一秒他便失去了意識，倒在水溝；醒來時臉上沾滿了血，並發現自己因拒捕而被送進了監獄。他堅定的對著麥克風說：「對我來說，那不是執法，而是騷擾。我在馬路中間被攔住，被像我的同胞們在南非一樣要求出示身分證。博約維奇警官接連著把我的臉往地上撞，羅傑斯警官則拿著手銬抓住我——這根本不應該發生的——只因為擅自穿越馬路。」

在一次採訪中，吐派克清楚解釋了如果獲得任何賠償，他將會怎樣處理：「如果我贏了（官司）並拿到錢，奧克蘭警察局將會建立一間流浪兒之家，為我買一間房子，為我的家人買一間房子，並成立一個阻止警察暴力中心。」該案後來以和解解決。賠償金僅四萬兩千美元。

次年，在一次BET電視臺的採訪中，吐派克坐在主持人譚雅·哈特（Tanya Hart）對面，向美國展示了奧克蘭警察局在他臉上留下的傷疤，同時討論了警察暴力的問題：「讓我給你們看看奧克蘭警察局對吐派克·夏庫爾做了什麼。所有那些電影，對奧克蘭警察局來說都沒有意義。我仍然是一個死黑鬼。他們很清楚的證明了這點。所有這些都是我將帶到墓地裡的傷疤。這些是『學著當個黑人』的傷疤。」

終究，吐派克也逐漸理解，這次的暴力事件更像是對他成功的一種回應。「我一生中從未有過任何犯罪紀錄，直到我錄了一張唱片。」他告訴BET電視臺的記者艾德·戈登（Ed Gordon）。

海報上的黑鬼不能拿槍

一九九一年十一月十二日，吐派克的首張專輯《吐派克啟示錄》仍然按照排程發行。

隨後的幾個星期充滿了慶祝活動。TNT和新視鏡唱片在舊金山的六五〇俱樂部舉辦了一場睡衣派對。吐派克的夢想：發行一張專輯、參演一部電影，現在都已經實現——在二十歲之前，他已經完成了這兩項目標。現在他正穿著一套格紋睡衣，和他最親密的人一起慶祝。「這是吐派克一生中少數幾次真正慶祝自己成就的時刻，」回憶起那個晚上，阿特龍說道：「但即便如此，這是一場專輯發行派對，因此基本上它還算是工作。」

隨著《吐派克啟示錄》發行，派拉蒙影業（Paramount）也開始推出《哈雷兄弟》的行銷活動。吐派克對自己在海報上的突出形象感到滿意：是正面照，表情凶狠，穿著連帽衫罩頭且握著一把左輪手槍。但隨著電影上映日期越來越近，阿特龍接到了來自電影公司的電話，告訴他將修改海報，拿掉那把槍。

「我們認為這四個年輕人的張力已足夠強大。我們把槍拿掉了。」派拉蒙在聲明中寫道。吐派克不相信這種說法。他立刻認為是電影公司覺得，在海報上有一個黑人拿槍太具威脅性了。幾天後，當他打開報紙，看到修改後的電影海報與一部名為《我的子彈會轉彎》（*Kuffs*）的電影廣告相鄰時，便證實了自己的想法。

《我的子彈會轉彎》由克利斯汀．史萊特（Christian Slater）主演，他的角色就拿著槍。吐派克對這種種族雙標感到憤怒。「我真的很痛苦。他們允許一個白人拿槍，克利斯汀．史萊特，就在我旁邊的版面上，」他告訴《中肯！》（*Right On!*）雜誌：「他可以拿槍，但黑鬼們不行？」

他說這不僅僅是《哈雷兄弟》的問題：「我不喜歡《終極尖兵》（*The Last Boy Scout*）中，布魯斯．威利（Bruce Willis）拿著槍，而戴蒙．韋恩斯（Damon Wayans）拿著足球。我不喜歡《魔鬼終結者二》（*Terminator 2*）中，阿諾（Arnold Schwarzenegger）拿著一把超巨大的槍，然後他是美國的英雄。」

一九九二年一月十七日星期五，《哈雷兄弟》在全國各地上映。《紐約時報》稱吐派克為「該片最

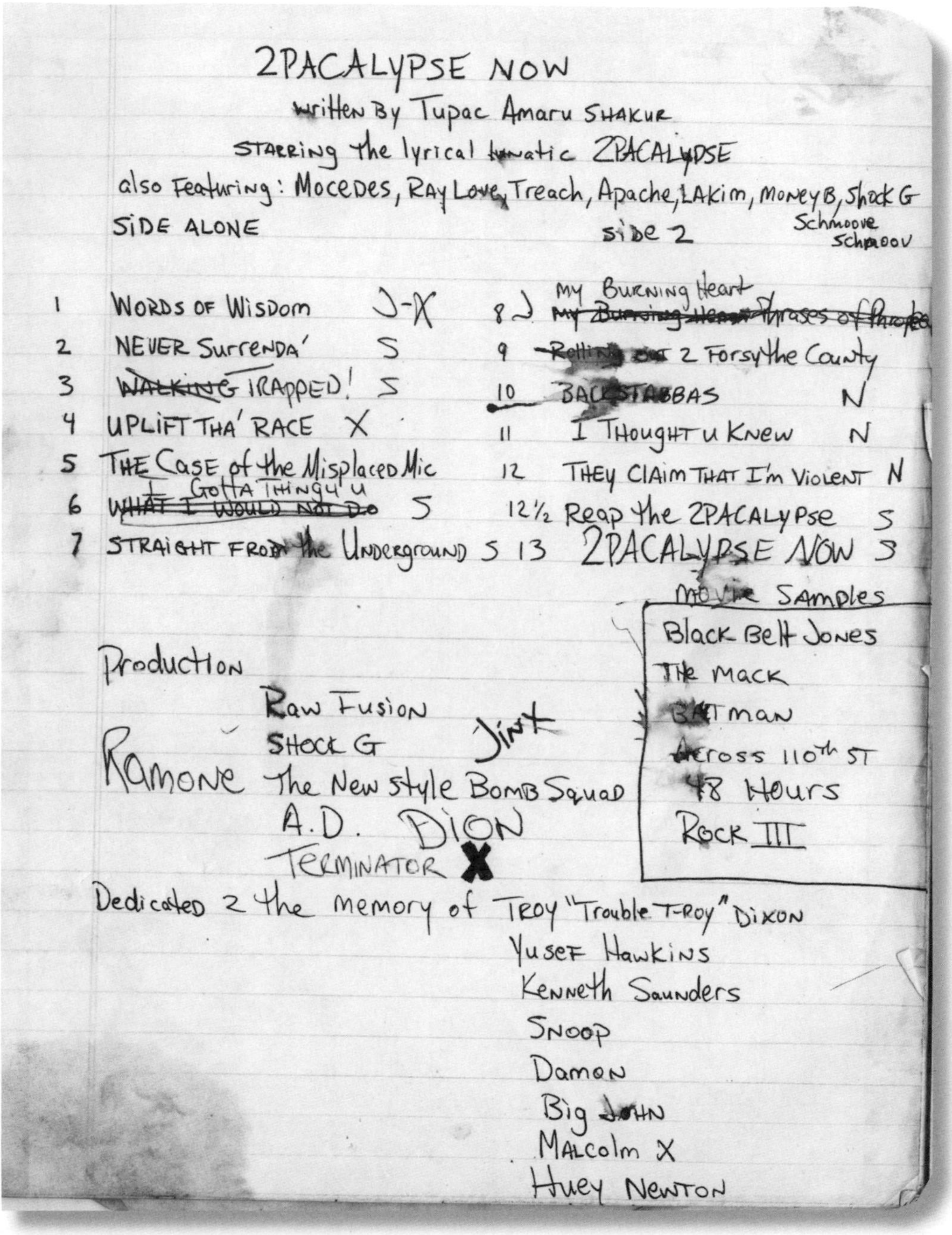

2PACALYPSE NOW
written By Tupac Amaru SHAKUR
STARRING the lyrical lunatic 2PACALYPSE
also Featuring: Mocedes, Ray Love, Treach, Apache, LAkim, Money B, Shock G
Schmoove Schmoov
SIDE ALONE
SIDE 2
1 WORDS OF WISDOM J-X
2 NEVER SURRENDA' S
3 WALKING TRAPPED! S
4 UPLIFT THA' RACE X
5 THE Case of the Misplaced Mic
6 WHAT I WOULD NOT DO I GOTTA THING 4 U S
7 STRAIGHT FROM the UNDERGROUND S
8 My Burning Heart My Burning Heart Phrases of Prophecy
9 Rolling out 2 Forsythe County
10 BACKSTABBAS N
11 I THOUGHT U KNEW N
12 THEY CLAIM THAT I'm VIOLENT N
12½ Reap the 2PACALYPSE S
13 2PACALYPSE NOW S
MOVIE SAMPLES
Black Belt Jones
THE MACK
BATMAN
Across 110th ST
48 Hours
ROCK III
Production
Raw Fusion
SHOCK G
Jinx
Ramone
The New style Bomb Squad
A.D. DION
TERMINATOR X
Dedicated 2 the memory of TROY "Trouble T-Roy" DIXON
Yusef Hawkins
Kenneth Saunders
Snoop
Damon
Big JOHN
MALCOLM X
Huey Newton

▲吐派克為首張專輯《吐派克啟示錄》親筆寫下的其中一版曲目表。

具魅力的人物」。

現在，透過《吐派克啟示錄》充滿政治色彩的歌詞，〈受困〉和〈布蘭達有了孩子〉的MV，以及他的第一部電影，美國已經認識了吐派克。隨著一九九一年到來，吐派克從路人變成了眾所皆知的人物：一個正在崛起的饒舌歌手和好萊塢電影明星。

在電影剛上映的幾個月裡，無論是在奧克蘭、洛杉磯還是紐約街頭，吐派克經常被粉絲包圍（其中許多是女孩），到處有人在叫著他的名字，有時甚至叫他在《哈雷兄弟》中的名字畢夏普。

這部電影同樣被強烈的能量包圍著。全國各地的電影院擠滿了喧鬧的人群，帶來了混亂，有時甚至有暴力情況出現，造成數場放映取消以及維安人員增加。在與劇組成員一起進行的新聞發布場次，記者們經常直接向吐派克提問，暗示畢夏普具有攻擊性和精神錯亂的性格，是導致暴力的主要原因。

吐派克則挺身捍衛了角色及電影：「這部電影談論的是今天正在發生的、非常現實的問題。不管我們是否談論它們。不管我們是否有一部關於它們的電影。它們都會發生。而不管這部電影是黑人電影、拉丁裔電影還是菲律賓電影，在電影院裡都會有暴力事件。不是狄克森的《哈雷兄弟》讓人們想去打架。現在每一部正在上映的電影都出現了槍，但沒有人會說話，除非那是一部黑人電影。」

隨著電影將更多焦點轉移到吐派克身上（其中很多都是負面的），他在新視鏡唱片的公關洛瑞·厄爾（Lori Earl）知道是時候找人來幫忙了。她打了通電話給凱倫·李，從前在羅傑斯和考恩（Rogers & Cowan）公關公司的同事之一，她們曾一起工作過。然而巧合的是，凱倫以前見過吐派克——在二十年前，當時他只是兩個月大的嬰兒，裹著毛毯。艾菲尼抱著他，在紐約華盛頓堡軍械庫一起聽路易斯·法拉堪演說。

凱倫立刻認出了這個名字，但她不確定是否是同一個吐派克，直到她在洛杉磯斯都蒂奧城（Studio City）[1]的哥倫比亞廣播公司製片中心（CBS Studio Center）見到他。吐派克引起了她的興趣，因為他非常像她的老朋友比利．加蘭，她知道他一定是比利的兒子。為了不要節外生枝，她隨口提到自己和吐派克的母親有一個名叫比利．加蘭的朋友，住在紐澤西的澤西市。而當凱倫意識到吐派克不認識這個名字時，她決定不再提及。

從凱倫與吐派克的合作開始，她就有很多事情要做。首先是取消他在《哈雷兄弟》中的所有即將進行的新聞採訪。「他與電影院裡的暴力事件無關。他只是電影中的一名演員，我認為他因為此事被指責非常不公平。」凱倫說道。

我正訴說著他們的感受

然而，凱倫能做的事情有限。更多的曝光意味著更多的審查，隨著《哈雷兄弟》的發行以及隨後的電影院暴力事件，吐派克發現自己不僅受到了對電影的公開指控，《吐派克啟示錄》專輯中的歌詞也遭受批評。

1 編按：以電影製片人馬克．森內特（Mack Sennett）一九二七年在該地區建立的拍攝場地命名，現為哥倫比亞廣播公司製片中心。

該專輯被捲入「幫派饒舌」的風暴中。這一類型在十年前由西岸的 Ice-T 和 N.W.A，以及東岸的史酷利．D（Schoolly D）等饒舌歌手推廣，其歌詞內容反映了貧民窟的現實和街頭幫派文化，他們的熱門歌曲包括〈去他媽的警察〉和〈P.S.K.〉[2]。

到了一九九二年初，整個國家的種族對立一觸即發，這個問題變得政治化，引起了全國各地州議會和執法機構之間的爭議，甚至還進入美國參議院的議程。兩黨的倡導者試圖審查和停止這種音樂的銷售，認為這種暴力歌詞對美國的道德基礎有害。

引起爭議的還有 Ice-T 的鞭擊金屬（Thrash Metal）樂隊「死亡人數」（Body Count），其歌曲〈警察殺手〉（*Cop Killer*）出現在同年三月由賽爾唱片（Sire Records）發行的專輯中。歌詞提到了羅德尼．金事件，並激烈抨擊警察的暴行，以滿滿的憤怒引起了全國注意。**但饒舌歌手們堅持他們只是在報導，而不是煽動**。他們在分享自己的觀點，讓聽眾透過他們的視角深入了解世界。然而，〈警察殺手〉把風暴直接引向了時代華納（Time Warner）[3]也就是新視鏡唱片的母公司。

吐派克的音樂會如此直接的被捲入這場爭議，是因為一九九二年四月十一日晚上在德州發生了一起悲劇性事件。十九歲的羅納德．雷伊．霍華德（Ronald Ray Howard）因汽車前燈破裂，而被德州警察比爾．戴維森（Bill Davidson）攔下，隨後發生了致命的爭執，霍華德開槍射擊了戴維森，後者三天後死亡。然而，為了希望免除死刑，霍華德的辯護律師聲稱他是受到了《吐派克啟示錄》中的歌詞影響，這捲錄音帶被發現在霍華德開的贓車中。他們特別舉了〈戰士的故事〉（*Soulja's Story*）這首歌的歌詞為例。

在吐派克的生涯中，他經常得花時間來捍衛自己的作品。一次針對他的專輯的訪談中，他解釋自己的歌曲是「叛逆的歌曲，你知道的，回到一九六〇年代，我們以前有民謠，像〈十六噸〉那些歌……就是這個意思。這是靈魂音樂。這是讓我們繼續前進的音樂……戰鬥之歌……歌曲談論強壯的黑人男子反擊的故事……你從來沒有聽過一首歌是關於我突然走過去開槍射一個警察。開槍總是有原因的。永遠都是為了保護自己。我不想唱我們將克服並帶來和平，因為那根本是痴人說夢。」

當公眾持續對幫派饒舌、暴力、提及警察的歌詞感到憤怒時，威利開始感受到來自時代華納高階主管的壓力。他請求吐派克到辦公室與他坐下來討論那些歌曲引起的爭議。

吐派克向威利解釋，他並沒有叫人們去對警察開槍，而是在談論年輕黑人男性坐在窗戶前，看著警察每天在他們社區巡邏時所經歷的感受。此外，他解釋，黑人男性之所以有這些感受，是因為當他們走出前門時，大部分的時候都會受到警察的騷擾。他說，**這種持續不斷的戲碼是種在年輕黑人男性心靈中的種子，最終就會變成對執法機關的激烈仇恨。**「而我正訴說著他們的感受。」他告訴威利。

威利了解了。他聽見也聽懂了吐派克所說的。他發誓要支持自己的藝人，儘管當時他甚至還不知道吐派克將面臨多大的考驗。

2 編按：Park Side Killas 的縮寫，史酷利所屬的街頭幫派；這首歌被認為是第一首幫派饒舌，並首次使用「nigga」一詞。

3 編按：即現在的華納媒體（Warner Media）。

14

只有上帝能審判我

1992

警察先生，請你試著理解一下。
有百萬個像我一樣壓力山大的傢伙。

——〈只有上帝能審判我〉（*Only God Can Judge Me*）

儘管《哈雷兄弟》爭議不斷，但仍然取得了成功；吐派克則希望下一個電影角色能夠擴展他的戲路。「我想要一個像是《魔鬼終結者二》的角色，」他在一次訪談中說：「一些不同的東西，讓人們真正看到我的多樣性。因為即使是現在，我認為某些人可能還是在想：『等等，那不就是他在本色演出嗎？演個瘋子是有多難？』現在我想演一些聰明的角色，或者是愛情戲，讓人們看到我不同的演技。」

很快，他將獲得這個機會。曾經拍攝過票房大片《街區男孩》的電影製片人約翰・辛格頓（John Singleton）透過吐派克的經紀人與阿特龍取得聯繫，安排了一次會面討論他的下一次演出，一部名為《馬路羅曼史》（*Poetic Justice*）的愛情電影。

最初，辛格頓考慮讓饒舌歌手冰塊酷巴出演男主角，但後來辛格頓拒絕了酷巴修改劇本的要求；即使流行巨星珍娜・傑克森（Janet Jackson）已經確定出演，最終還是無法說服酷巴。吐派克知道這個愛情故事能讓自己的作品集更加多元，而當他發現將與珍娜搭檔演出時，他更決心要得到這個角色。

阿特龍回憶，最初的會面非常隨興：「吐派克、辛格頓和我就坐在我的車裡聊天，在對話過程中，辛格頓突然看著派克說：『我想要你成為我的勞勃·狄尼洛，我會成為你的史柯西斯[1]』。」

為了評估吐派克和珍娜之間的化學反應，辛格頓安排了一次在電影拍攝場地之一，拉德拉高地（Ladera Heights）的一家美容院進行試鏡。阿特龍說：「在我面前他笑得很開心，興奮到不知所措，但當他到現場準備演出時，周圍的人完全看不出來他剛剛的情緒。他很酷，擺出一副嚴肅的表情，完成了試鏡。」

在看到吐派克的表現後，辛格頓立刻就知道沒問題了：「我們讓吐派克和珍娜參加試鏡，因為哥倫比亞影業有點懷疑他們的演技。然而當他們一起演出時……魔法出現了。電影直接準備開拍！」

一九九二年四月十四日，吐派克開始了《馬路羅曼史》的拍攝。幸運（Lucky）這個角色是迷人的郵差，他愛上了想成為詩人的女主角賈斯蒂（Justice）——吐派克需要做出與畢夏普截然不同的轉變。

「《哈雷兄弟》中的畢夏普反映了現今年輕黑人男性，如果我不一同展示他們的另一個面向，那就太不真實了，」他在一次拍攝現場的訪談中說道：「並不是所有的年輕黑人男性都很暴力。不是所有人都會用私刑，或用某種極端的方式達成目標。成功的方式有很多種，這部電影就展現了年輕黑人男性能

1 譯按：美國導演馬丁·史柯西斯（Martin Scorsese）和美國演員勞勃·狄尼洛（Robert De Niro）自一九七三年以來，一起拍攝了共九部長篇電影及一部短片，其中包括《計程車司機》（*Taxi Driver*）、《四海好傢伙》（*Goodfellas*）等，他們的合作創造了許多偉大的電影。

如何透過正當管道去實現自我。幸運以和畢夏普相反的方式做到了。他認真工作，非常負責任，做事謹慎。他照顧女兒，是個有禮貌的人。他和母親一起住在家裡且樂在其中。他立下目標，並想要有所成就。」

雖然吐派克很高興能獲得這個角色，但衝突仍找上了他。某天下午，吐派克和電影中的臨時演員出現了爭執。這個臨時演員一直在嘲笑吐派克，叫他「Four-Pack」。吐派克沒有放過這件事，很快兩人就陷入激烈爭吵。

這場爭吵平息的方式出乎意料的優雅。傳奇詩人馬雅．安傑洛（Maya Angelou）當天在片場；辛格頓將她的詩歌融入了電影的劇本中，並問她是否願意客串演出。當她走出電影拖車，看到兩個年輕人幾乎要打起來時，她覺得自己有必要介入。為了讓吐派克的情緒平靜下來，她輕輕把手放在他的肩膀上，以她高貴、撫慰人心的聲音說：「讓我和你談談。」

起初，吐派克無法平靜下來，繼續對那個臨演咒罵，某些人四散而去，其他人則圍過來想看打架。

但安傑洛堅持，保持著溫和的語氣：「讓我跟你談一談。」她一再重複。

這花了一點時間，但她的堅持起了作用。當他們遠離了那些想看到主角揍臨演一頓的人時，安吉洛看著吐派克的眼睛說：「你知道你對我們有多重要嗎？你知道這幾百年來的抗爭都是為了現在的你嗎？寶貝，請花點時間想想。不要把你的生命浪費在一件小事上。」

她把手臂搭在吐派克的肩膀：「你知道我們的族人過去曾在骯髒的奴隸船艙裡，像湯匙一樣疊在一起睡覺，所以你才能在兩百年後站在這裡嗎？你知道我們的先人曾被當成奴隸拍賣，目的就是為了讓你活下去嗎？」

吐派克專心的聽著。

「你很重要，吐派克。有沒有人這樣和你說過？」安傑洛後來在一次訪談中回憶起了這一刻：「他開始哭泣。淚水不停流下來。那就是吐派克·夏庫爾。我帶著他走到旁邊，讓他背對著人們，以免被看見。我用我的手擦乾了他的臉頰。」

在《馬路羅曼史》開拍幾天後，吐派克的公關凱倫想到了一個主意。由於雷格斯已經去世，比利不在，而穆圖魯和普拉特仍然在監獄里，凱倫認為如果有一個強大的黑人「父親」典範，即使只是類似職涯導師的人，也會對他很有幫助。

基於這個想法，她將比爾·杜克（Bill Duke）——一位當時快要五十歲的黑人演員和導演——介紹給吐派克認識。杜克是一位身材高大的專業角色演員，在《魔鬼司令》（*Commando*）和《終極戰士》（*Predator*）等動作片中飾演了令人印象深刻的角色，同時也正往電視導演的目標邁進。前一年，杜克執導了他的第一部電影《哈林風暴》（*A Rage in Harlem*），與佛瑞斯·惠特克（Forest Whitaker）和丹尼·葛洛佛（Danny Glover）合作。凱倫認為，由於杜克在好萊塢螢幕前後都已有相當閱歷，吐派克可能會有興趣和他認識。她想，說不定杜克可以分享他的表演經驗給吐派克，陪伴他踏上頂級演員的旅程。

吐派克和杜克在皮可大道（Pico Boulevard）的羅斯科鬆餅屋（Roscoe's House）享用了雞肉和格子鬆餅，並且開始互相了解。杜克告訴吐派克自己剛完成的電影，而吐派克則分享了他的生活和未來計畫。杜克對這個年輕人印象深刻：「他談到了他的信仰，他談到了我們的社群。他談到了這個國家和世界。他是一個聰明的年輕人。」杜克接受了凱倫賦予他的導師和榜樣角色，幾個星期後，他邀請吐派克參加他的新電影《臥底羔羊》（*Deep Cover*）首映會。

凱倫也看到了吐派克和珍娜在《馬路羅曼史》拍攝過程中發展出的友誼。珍娜已經因其暢銷專輯《控制》（*Control*）和《節奏國度》（*Rhythm Nation 1814*）而成為家喻戶曉的名字。有天，吐派克想既然他們已經成為了朋友，便邀請珍娜在他的 MV 中客串演出。珍娜欣然接受，並出現在洛杉磯聯合車站的拍攝現場，這是吐派克首張專輯的第三首單曲〈當我的兄弟需要我〉（*If My Homie Calls*）。

在另一個休息日，珍娜和她的丈夫、舞者及導演小勒內．埃利桑多（René Elizondo Jr.）邀請吐派克和他們一起去距離好萊塢北部三十英里的「六旗」（Six Flags）遊樂園遊玩。雖然他們安排在《臥底羔羊》首映會當天，但吐派克認為自己能夠及時回到好萊塢。不過當天結束時，這一行人還逗留在樂園附近，吐派克開始感到焦慮，並發現自己可能無法準時回去。

吐派克意識到自己處於一個新的生活環境，需要在名人朋友和各種承諾間取得平衡。最終他錯過了首映，對於沒有遵守對杜克的承諾感到非常抱歉。凱倫記得：「沒能及時趕回來真的讓他很沮喪。」因為吐派克當時希望能與他的新導師建立起良好關係。

《馬路羅曼史》開拍後兩週，一九九二年四月二十九日，洛杉磯郊區西米谷（Simi Valley）的陪審團裁定無罪釋放毆打羅德尼．金的四名警察——許多人認為這是令人作嘔的司法不公。全洛杉磯黑人居民的憤怒湧上街頭，約三小時後，洛杉磯南區（South Central）就陷入了火海。

在《馬路羅曼史》拍攝現場，全體演員和工作人員都看著這一切，眾人情緒高漲。辛格頓暫停拍攝，讓所有人回家。幾天後，在一場週末壘球賽人山人海的公園裡，有個外媒記者接近了吐派克，把注意力從球場轉移到了吐派克身上，詢問他對暴亂的看法：「上週看到這所城市發生的事，你有什麼感覺？」

「我不喜歡講『我早就說過了』，但我真的早就說過了。看到所有人團結起來，我覺得很美好，但同時也感到擔憂。因為我知道美國不會讓騷亂持續下去，我擔心我們將失去很多同胞。現在正是美國重新檢視他們如何看待少數族裔的時候了。」吐派克繼續說：「你要不因無知而死，要不因無知而活。要不我們改變，要不我們全部一起倒下。」

能表達情感的 beats

由於《馬路羅曼史》暫停拍攝，吐派克有機會趕上紅眼航班去亞特蘭大，與數位地下會社的夏克、曼尼和其他成員會合，他們當時正在南方進行六場巡迴演出。經過五個小時的飛行後，吐派克一落地便搭計程車直奔飯店。他在飯店前看到了巡迴演出巴士，便跳上車輕輕推醒成員們。仍然半睡不醒的夏克用一隻眼睛看著吐派克。然而，在他說任何話之前，一個迷迷糊糊的聲音從巴士後面傳來：「老兄，你真的在和珍娜．傑克森一起混？」

早上和眾人敘舊後，他們翻閱了最新的《告示牌》雜誌。當夏克查看數位地下會社新專輯《P之子》（*Sons of the P*）的排行榜時，吐派克則查看了《吐派克啟示錄》的銷售成績。他注意到自己的專輯沒有像數位地下會社那樣登上排行榜。後者的最新單曲〈回吻〉（*Kiss You Back*），最近將他們的專輯推向了金唱片認證，銷售超過五十萬張。然而，吐派克的專輯距離排行榜頂端還差得很遠。

要登上那些令人覬覦的位置，他必須與皇后．拉蒂法、瑪麗亞．凱莉、U2、麥可．傑克森（Michael Jackson）和女子組合TLC等當紅藝人一較高下。儘管他的唱片銷售剛剛突破了三十萬張，但顯然還不夠好。吐派克瞪大眼睛看著《告示牌》雜誌，然後轉身望向正等待他說話的夏克。

吐派克把《告示牌》丟在桌子上。沮喪的說：「如果我能得到像〈回吻〉那樣的曲子就好了！」夏克答應他會給吐派克一些 beats（指編曲或伴奏）。然而，這不僅僅是一個簡單的要求，它標誌著吐派克在音樂路上的一次重大轉變。

夏克說：「以前都是派克自己挑選專輯中的音樂，有些選擇我認為根本難以製作出白金唱片；派克的音樂不是流行、通俗的類型，也不是針對電臺而做。他是在尋找能表達歌詞情感的 beats。他在創作藝術。所以，當那天他在巴士上和我提出要求時，那是我第一次從他口中聽到這種情緒。那讓我感到心碎，什麼都說不出來。」

在錄製《吐派克啟示錄》期間，吐派克與數位地下會社的其他製作人合作，因為當時夏克正忙於自己的團體。但現在情況有所不同。是該他親自出馬的時候了。夏克給了他一卷有兩首曲子的錄音帶。

吐派克在《馬路羅曼史》拍攝現場度過了他的二十一歲生日。在這個重要的日子之前，阿特龍計畫送吐派克一輛全新的黑色吉普車作為驚喜。雖然吐派克有頭期款，但信用額度不足，所以阿特龍將貸款放在自己的名下，從經銷商那裡提車，然後讓莫普里梅開到加州海濱市（Seaside）。那天他們正好在那裡拍攝外景。吐派克在整個電影團隊前收到這份驚喜，他很開心得到一輛新車，而且終於能夠把那臺破舊的豐田車鑰匙交出去。「那天他很開心，幸好他沒有開到懸崖下去，他的技術實在不太好。不過那時候大部分都是莫普里梅或鼠男在替他開車了。」阿特龍說。

隨著時間過去，吐派克逐漸突破新的里程碑，無論是唱片銷售量還是電影；當然金錢也隨之而來，這讓他終於能夠擺脫畢生困擾著他的貧困。凱倫記得，對吐派克來說，最令他感到驚訝的竟然是自己能活到現在：「我記得他二十一歲生日那天……他對自己能活到現在感到很驚訝。我們經常談到這個問題，我會告訴他：『你必須停止開口閉口都在講死！』」

回到馬林城……

《馬路羅曼史》的殺青派對苦樂參半，主因是吐派克和珍娜因為〈當我的兄弟需要我〉MV產生了矛盾。珍娜的公司打電話給阿特龍，要求將珍娜從一些場景中刪除，認為她出現得「太多了」。吐派克非常生氣，並決定將她的戲分全部剪掉。在派對上他們也保持了距離，沒有說話。吐派克反而和其他賓客熱絡交談，包括冰塊酷巴、麥克・哈伯特（Michael Rapaport）等人。

那天晚上，吐派克還遇到了饒舌歌手史努比狗狗。「我在電影《哈雷兄弟》中看過他，我告訴他我覺得那部電影很酷，我喜歡他的風格，」史努比回憶道：「他也對我說了同樣的話，所以我們一起捲了根大麻到外面抽。當我們回到派對時，辛格頓拿麥克風給我。我唱了一點freestyle，派克也唱了。之後，我們交換了電話號碼。我們就這樣建立了聯繫。他喜歡的一切，我也喜歡。我們就像兄弟一樣。」

電影拍攝結束後，吐派克的口袋終於有了些錢，也有車可以往返洛杉磯和灣區，他便開始與奧克蘭的製作人合作，錄製第二張專輯，最初名為《黑色星空》（*Black Starry*），後來改名為《麻煩二十一》（*Troublesome 21*）。在往返洛杉磯和灣區的六小時路程中，吐派克經常用他的音樂品味折磨車上的人。「有一半的路程我們會聽《悲慘世界》或史汀。」莫普里梅說。在車上的每個人都等到吐派克睡著才敢換音樂。不幸的是，吐派克很少睡覺，所以《悲慘世界》的錄音帶會反覆播放。吐派克完全無視他們的

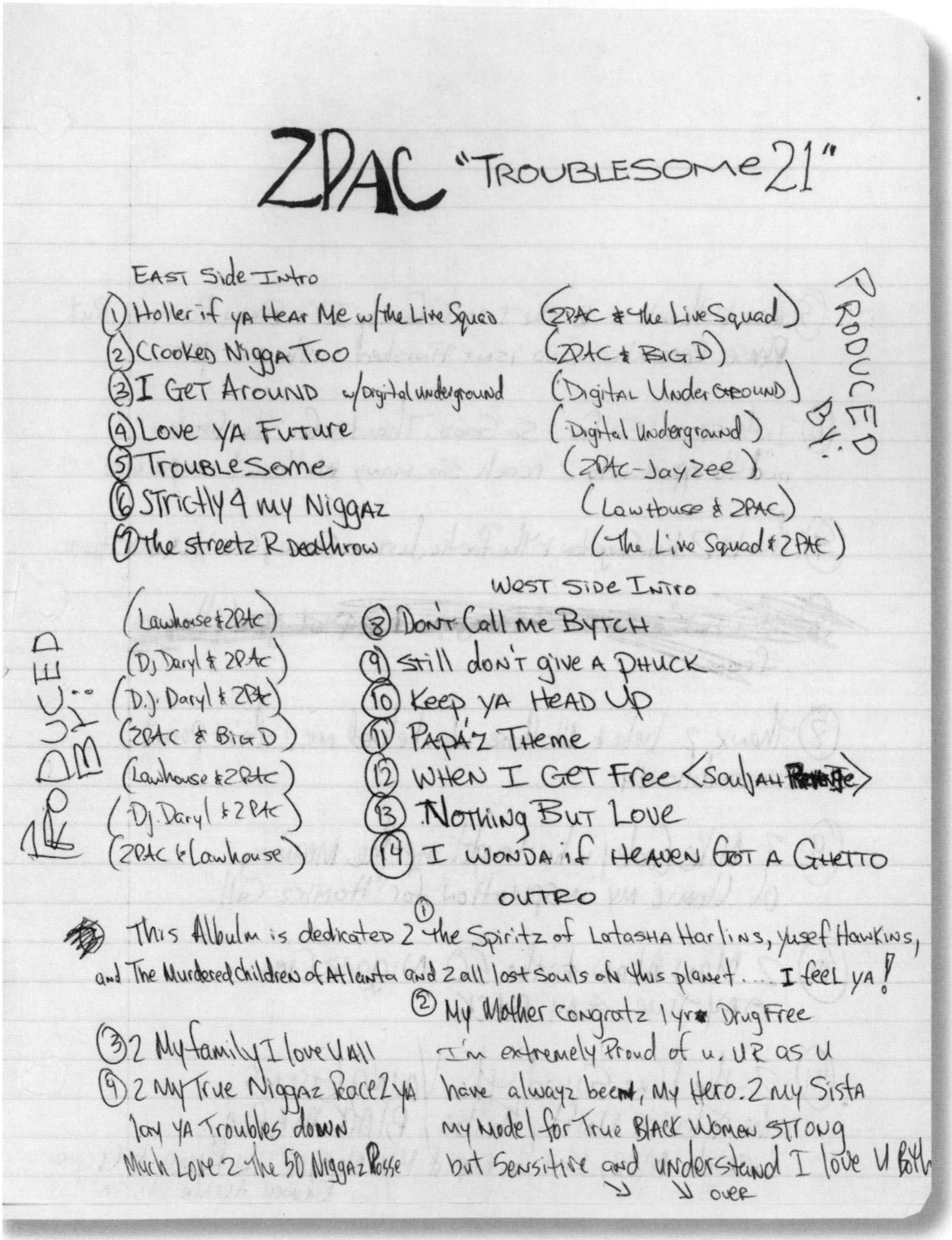
2PAC "TROUBLESOME 21"

EAST Side Intro

① Holler if ya Hear Me w/the Live Squad (2PAC & the Live Squad)
② Crooked Nigga Too (2PAC & BIG D)
③ I Get Around w/digital underground (Digital Underground)
④ Love ya Future (Digital Underground)
⑤ TroubleSome (2PAC-Jayzee)
⑥ Strictly 4 my Niggaz (Lawhouse & 2PAC)
⑦ the streetz R deathrow (The Live Squad & 2PAC)

PRODUCED BY:

WEST SIDE Intro

(Lawhouse & 2PAC) ⑧ Don't Call me BYTCH
(DJ Daryl & 2PAC) ⑨ still don't give a PHUCK
(D.J. Daryl & 2PAC) ⑩ Keep ya Head Up
(2PAC & Big D) ⑪ Papa'z Theme
(Lawhouse & 2PAC) ⑫ WHEN I GET Free <Souljah Revenge>
(DJ Daryl & 2PAC) ⑬ Nothing But Love
(2PAC & Lawhouse) ⑭ I WONDA if HEAVEN GOT A GHETTO

PRODUCED BY:

OUTRO

This Album is dedicated ① 2 the Spiritz of Latasha Harlins, Yusef Hawkins, and The Murdered children of Atlanta and 2 all lost souls on this planet.... I feel ya!

② My Mother congratz 1 yr Drug Free I'm extremely Proud of u. U R as U have alwayz been, My Hero. 2 My Sista my Model for True BLACK Women strong but Sensitive and understand I love U Both

③ 2 My family I love U All

④ 2 My True Niggaz Race 2 ya lay ya Troubles down Much Love 2 the 50 Niggaz Posse

over

▲《麻煩二十一》的手寫曲目表，此專輯後來改名為《僅為我的弟兄們》（*Strictly 4 My N.I.G.G.A.Z*）。

抱怨：「我就愛這屌貨，老兄。」

有一首歌吐派克很期待要在錄音室裡製作，那是夏克在《告示牌》排行榜對話後給他的錄音帶。夏克說吐派克告訴他，這正是他想要的那種 beats。「對，就是這個！」吐派克透過電話對夏克大叫：「錄音帶上的第一首，我想要這個。對，我想搞這首。我只聽了一小節就把它關掉了，然後打給你……對，就是這個節奏。」

抵達錄音室時，吐派克告訴夏克他只有幾個小時的時間，然後就要飛回洛杉磯。夏克不想趕著錄音，所以他叫吐派克先錄自己的部分，剩下的他第二天會錄。曼尼也會之後找一天錄他的部分。「不行，」吐派克搖了搖頭：「我們現在就要在這個編曲上唱點東西。」

「老弟，我現在真的很累，」夏克抱怨道：「我整個禮拜都在工作室。」

吐派克無視他的抱怨，拿起筆記本開始亂寫。幾分鐘後，他塞了一張紙給夏克。「來，你就唱這個。」

夏克低頭看著紙上的字：

就算我很色不代表我們可以色色

寶貝，我看得出妳不認識這位哥哥

我是夏克，讓妳換上性感內褲上課

夏克喜歡這段歌詞，他點了點頭說：「好吧，這蠻酷的。」吐派克為夏克匆忙寫下的歌詞，後來便成為後者傳唱度超高的經典之作。夏克說道：「是的，吐派克就是給我那段惡名昭彰歌詞：『讓妳換上性感內褲』的人，我就是因這句歌詞而聞名。」

吐派克先走進了錄音室。他戴上耳機，聽著音樂。夏克坐在控臺前。「好，我想要副歌是這樣的，」吐派克指揮完後對著麥克風開始唱：「Round and round, here we go。」

夏克一開始還沒有感覺，但當吐派克說：「放點夏克的風格進去」時，夏克快速寫了一段旋律並在鋼琴上彈奏。每個人都很喜歡。幾個小時之內，兩人就錄製了〈四處遊蕩〉（*I Get around*）的歌詞，然後吐派克便啟程前往機場。

隨著電影成為了吐派克生活和事業中日益重要的一部分，嘻哈音樂也在洛杉磯迅速崛起，吐派克完全有理由直接搬離灣區。但他沒有這樣做。他保留了奧克蘭的公寓，繼續來回奔波。他還沒有準備好離開他曾經說過自己「學會娛樂產業運作法則」的地方。

多年以後，吐派克對奧克蘭的忠誠依舊不減。他在一次訪問中說：「我把所有的愛都給了奧克蘭，如果要說自己來自哪裡，我會說是奧克蘭。」他知道自己在加州北邊的工作關係很重要，而他的第二張專輯有許多金曲正是透過這些合作製作的。然而，其中一次返鄉之旅卻為他的未來投下了一片陰影。

一九九二年八月二十二日，吐派克跳上吉普車，與他的團隊——男哥、酷利、卡塔里、馬爾科姆、鼠男（從巴爾的摩搬來）和莫普里梅——一起參加了每年一度的馬林城音樂節。吐派克計畫先和一些馬林城的老朋友享受下午，然後再前往舊金山參加雷伊的首張專輯發布派對。當時吐派克提到希望能與他在社區的老朋友和仰慕他的孩子分享自己的成功。**希望讓人們能看到「只要努力就能實現夢想」**。

不過隨著事業發展，吐派克回馬林城探望老友的次數越來越少。最終，他的「大嘴巴」傷害了自己在當地的名聲。在一次訪問中，他一句侮辱和以偏概全的話，刺傷了所有馬林城的居民。這句話傷害了整個城鎮的自尊心，激怒許多居民。

消息很快就傳到了吐派克那裡，有人警告他最好不要靠近馬林城，但他不在意。男哥回憶：「我們聽說有人對吐派克所說的話很不高興，但他並不擔心。」吐派克認為一切都沒事，一旦他到音樂節現場後，那些對他公開抨擊而感到不滿的居民都終將釋懷。

這個活動是一個週六下午的聚會，現場播放著音樂，週末的氣氛輕鬆愉快。賓客們躺在地墊上，喝著葡萄酒，沈浸在海風和陽光中。幾個當地樂團，包括已經將團名改為51.50的老伙伴O.N.E.，都被安排在「法蘭基．比佛利與迷宮樂隊」（Frankie Beverly & Maze）的表演前演出。

吐派克對當地孩子們的看法是正確的。他一下車，就有一群興奮的孩子們上來迎接他。在他們眼中，吐派克已經從前街的「窮人」，變成了真正的大明星。孩子們把紙筆遞給他，請他簽名。

但他誤判了所有人都會釋懷這件事。蟻狗解釋說：「馬林城不恨他，只有幾個人恨他而已。」那些仍懷有怨恨的人在那天找上了吐派克。這些人認為他冒犯了他們的社區，沒有權利待在那裡。男哥則說道：「他去那裡並不是故意要挑起事端。他去是為了回饋那些曾經看著他、幫助過他的社區。我們並不是去那裡找麻煩的。」

吐派克感受到了威脅，爭執隨即變成了打鬥。其中一個男子打了吐派克一拳。但接下來發生的事情將帶來可怕的後果，並且在多年後仍留下許多爭議。

在打鬥中，槍聲響起。接著是一陣混亂。吐派克和他的朋友們跑向籬笆，想跳過去到他們的車子旁。但是卡塔里因為腿骨折而拄著拐杖，馬爾科姆不得不跑回去幫他。他記得當時看到整群人都在追著他們跑，不明白一場小衝突為什麼會惹來這麼多人。

他們到了停車場，吐派克跳進吉普車的副駕並關上車門，但有人打破了窗戶，伸手進來，試圖把他拉出車外。吐派克連忙爬到後座，趴在卡塔里和馬爾科姆身上，為他們擋下飛濺的玻璃。

就在這時縣警局獲報，並發現了群眾激憤的原因：一發子彈擊中並殺死了一名在音樂節旁騎自行車的年輕男孩。綠白相間的馬林城警車向吐派克的吉普車飛馳而來，封鎖了出口。警察們拔出手槍，命令吐派克和其他人下車趴下，憤怒的馬林城居民則朝著他們丟瓶子和石頭。

車裡的人全都被銬起來，丟到警車後座，帶到附近的拘留所，並就六歲男孩卡伊德．沃克－蒂爾（Qa'id Walker-Teal）的命案接受詢問，但最終沒有人遭起訴。

當吐派克得知卡伊德的死訊時傷痛欲絕，也對自己牽扯進這起意外而感到恐懼。他的奮戰歷程正要開始，他的使命是改善他人的生活，尤其是年輕的黑人男性。這是吐派克最在意的事，他發誓要**傾聽他們說的話**，更要**聽進去**，並在那些無法保護他們的人缺席時**陪伴他們**。為了保護他們，他自願扮演大哥的角色，開始在他的歌詞和公開場合中，指責那些忽視青少年的人，譴責不保護他們的成年人。

然而就在他開啟這項宏偉願景，想要為黑人社區帶來改變與希望的過程中，吐派克遭遇到了這起可怕的事件，一個年輕黑人男孩的死亡。卡伊德代表了吐派克想要保護的未來一代，希望他們免受貧困和暴力的傷害，但他已經離去了。這件事情擊碎了他的靈魂，永遠改變了他。馬爾科姆回憶道：「吐派克深受打擊。他從未在內心裡原諒自己。他從未真正從那次事件中恢復過來。」

不久，吐派克身邊的人紛紛勸他離開灣區。因為有傳言說有人在追殺他。吐派克收拾好他在奧克蘭的公寓，將所有東西都放在吉普車後座，搬到洛杉磯生活。

PART 4

洛杉磯

15

戰士的復仇

1992

這是給審查委員會的訊息——
誰才是城市裡最大的幫派？
是那些評論家還是警察？

——〈戰士的復仇〉（*Souljah's Revenge*）

一九九二年八月，當時吐派克剛在洛杉磯的家安頓下來，美國總統競選活動則開始升溫。隨著選戰日益激烈，老布希（George H. W. Bush）總統感受到了來自競爭對手億萬富翁商人羅斯·佩羅（Ross Perot）和阿肯色州州長比爾·柯林頓（Bill Clinton）的壓力；關於種族、犯罪和警察職權的問題，也因全國性的社會動蕩成了焦點。這些時事議題都在當下與饒舌歌詞交織在一起。

副總統丹·奎爾（Dan Quayle）在那年的演講中強調了家庭價值觀的重要性，並**將高犯罪率歸咎於饒舌音樂產業**，特別是像Ice-T這樣的藝人，因為他的歌詞表達了強烈的反警察情緒。

經過整個夏天群眾的強烈抗議，唱片公司承受了巨大壓力。在時代華納的董事會上，甚至開始討論該如何約束旗下藝人，並安撫批評者。起初，湯姆·威利和泰德·菲爾德堅持立場，堅定的支持藝術家們，支持他們自由表達而不受任何形式的審查。但是，新視鏡唱片是一家獨立公司，由大西洋唱片公司發行，而大西洋又是時代華納底下的一個部門。儘管他們一直堅持立場，但最終也不得不與母公司站在同一陣線。

阿特龍記得最後的裁決，是由華納兄弟音樂負責人莫．奧斯汀（Mo Ostin）主持的會議決定。當時有阿特龍，Ice-T和「現場小隊」的兩位成員，以及吐派克的朋友史崔奇和他的兄弟陛下。奧斯汀解釋道，華納必須首先考慮股東的利益。因此他告訴這些藝人，從現在開始**公司不會發行有關「反對警察暴力」主題的唱片**。此外，時代華納旗下的任何品牌或藝人，都必須在作品發布前提交所有歌詞內容讓公司審查。奧斯汀告訴藝人們，他尊重他們的工作，但公司實在無法承擔風險。

最終，寫出整起爭議核心歌曲的Ice-T決定自己處理〈警察殺手〉的問題。他決定將〈警察殺手〉下架，並繼續堅持這首歌是他的「抗議歌曲」，他只是「被誤解了」。他在記者會上解釋：「這首歌不是在呼籲人們去殺警察。這首歌講的是憤怒的群眾，以及為什麼會有這種情況發生。」

只有壓迫者才會怕這些音樂

吐派克的首張專輯《吐派克啟示錄》不會被收回，但新的規定將直接影響吐派克已經為新專輯錄製的歌曲，這張專輯暫時被稱為《麻煩二十一》。威利跟阿特龍告訴吐派克，他得重新思考專輯的構想，有一些歌也得重錄。

起初，吐派克非常憤怒，但最終也同意重新調整一些歌曲。某天下午在錄音室開會時，他甚至開起了這件事的玩笑。當時在場的有史崔奇、製作人大D、莫普里梅，以及「世界上最好的音樂家之一，我的老友布希（Bush）——與喬治．布希並無血緣關係。」

吐派克拿著《麻煩二十一》專輯的封面說：「看看這個——這就是原本這張專輯的封面，但猜猜怎麼了？時代華納說：『把它拿下來！』」吐派克在工作室的朋友們跟著合唱：「把它拿下來！」

新視鏡唱片選擇以任何可能的方式支持吐派克，包括經費。然而，即使吐派克做出了華納要求的修改，他仍拒絕接受自己的饒舌歌詞，或是他在《哈雷兄弟》中的表演是「提倡暴力」的說法。他在那年告訴一位記者：「那些伊朗門[1]的事情，那場戰爭，對我來說就是暴力。那才是真正的暴力。我們饒舌的內容，就是街頭正在發生的事情……我們所做的就是用自己的頭腦來擺脫貧民窟，所以我們講述這些故事，而這些故事的背景往往充滿了暴力。」

Ice-T將〈警察殺手〉從「死亡人數」樂團的唱片中撤下，最終也未能緩解時代華納的壓力。到了九月，除了先前羅納德．雷伊．霍華德的律師主張吐派克的音樂在犯罪行為中起到了一定作用，副總統奎爾也將矛頭從Ice-T轉向了這位藝術家。

在《紐約時報》九月二十三日的「競選活動」版面上，標題是：〈奎爾的名單：一位饒舌歌手和一家唱片公司〉。文章報導了奎爾在休士頓與遭殺害的高速公路巡警比爾．戴維森的女兒會面時發表的評論，他指責新視鏡唱片和時代華納「做出了不負責任的企業行為」，因為他們推廣和散布了《吐派克啟示錄》。奎爾說：「一家有社會責任感的公司，絕對不會發行這樣的唱片，我建議時代華納的子公司新視鏡唱片下架這張專輯。它在我們社會中毫無存在的必要。」

國會的激烈反應是一回事。現任副總統對公司提出批評是另一回事。新視鏡唱片的公關洛瑞．厄爾回憶道：「當吐派克開始引起政治家的憤怒時，當然也引起了時代華納的注意。所以我在他們之間，告訴時代華納冷靜下來，同時也試圖說明吐派克真實的想法。值得稱讚的是，公司選擇支持吐派克，並付了錢找律師來幫助他。」

各方面來說，無論是在個人還是職業上，這是一段黑暗和令人沮喪的時期。馬林城死去的孩子卡伊德還沉重的壓在吐派克心頭，現在又面臨奎爾的公開攻擊和時代華納的限制，這意味著他必須對自己的藝術做出妥協。然而，吐派克的作品正是他自我表達的核心。他公開表示，他的歌詞僅是對不公正社會的一種反應：「在我的音樂和許多其他饒舌音樂中，都只是在談論受壓迫者反抗壓迫者——唯一害怕這些音樂的人就是那些壓迫者。唯一會受到傷害的人也只有壓迫者。」

但現在，這些限制在他動筆創作時始終縈繞在腦海中，他感到沮喪，因為他再也無法暢所欲言，為那些被遺忘、那些不斷被警察攻擊和騷擾的人發聲了。如今，如果經過沒有白人的批准，他便無法表達自己想說的話了。

美國的種族問題情勢持續升溫。那年夏天拉塔莎．哈林斯案的裁決被許多非裔美國人視為司法制度的再次失敗，凶手僅獲判緩刑、社區服務和五百美元罰款。吐派克對這個結果感到憤怒。他對受害者及其家人的痛苦表示同情，並將這種憤怒和悲傷轉化為幾首歌曲。其中一首歌，是他和製作人達里爾（Daryl）當年錄製的〈把頭抬高〉，後來成為吐派克最受歡迎的歌曲之一。他也把這首歌獻給了哈林斯。

1 譯按：Iran-Contra Affair，指一九八〇年代中期，美國雷根政府向伊朗祕密出售武器一事被揭露，造成嚴重政治危機的事件。

2Pac: 2 Produce and Create

吐派克認為是時候團結起來了——和他的兄弟姐妹們一起領導人們。利用音樂講述美國的壓迫故事只是計畫的一部分。他也認為，開始一場運動，一場全國性的行動，來賦予黑人社區力量是至關重要的。他決定將這個倡議命名為「50 N.I.G.G.A.Z.」——沿用了過去吐派克為 N.I.G.G.A.Z. 一詞創造的意涵「Never Ignorant, Getting Goals Accomplished」（永不無知，實現目標）；數字五十則代表了美國的各州。

吐派克的「50 N.I.G.G.A.Z.」使命源於他的信念，即如果他能招募每個州的一位「戰士」，一位黑人男性站出來承擔領導角色，成為社區的大使，那麼他們就可以共同解決不公平問題，在國會制定議程，並開始看到社會走向平等公正。

由於他的第二張專輯中有幾首歌需要替換，吐派克決定重新命名專輯，將忠誠的主題融入他的團結運動中。《麻煩二十一》變成了《僅為我的弟兄們》（*Strictly 4 My N.I.G.G.A.Z*）。

作為進一步證明他的投入，吐派克找來了刺青師達戈（Dennis “Dago” Coelho），在他的胸前刺了兩個刺青，一個是埃及王后娜芙蒂蒂（Nefertiti）的肖像，象徵著女性的力量和美麗；另一個是他的藝名「2Pac」，由他前一年想出的另一個句子縮寫延伸而來：「2 Produce and Create」（去生產和創造）。接著他請達戈將新運動的名稱刺在他的肚子上，然後把 AK-47 步槍的圖像刺在字的下方。這個標誌最初的意圖是象徵著一個人在全國各州領導黑人民族，他們將比任何槍枝的力量都更強大。

但幾天後，吐派克放棄了「50 N.I.G.G.A.Z.」的概念。他有了新的想法，並調整了原本的運動標語，

▲吐派克喜歡創造縮寫單詞，他把「N.I.G.G.A.」這個在歷史上帶有負面意涵的字，轉變成一個正面且充滿力量的標語：「永不無知，實現目標」。

將它改為「T.H.U.G. L.I.F.E.」。他的計畫是讓大眾接受那些被美國貼上「暴徒」（Thug）標籤的人，並改變這個詞的負面涵義，就像一些黑人透過將「nigger」的拼寫改為「nigga」來重新定義一樣。他將負面的意義轉變為歸屬感和自豪感。

什麼叫Thug Life？

「Thug Life」代表了吐派克畢生投入社運的新階段。他決心要給那些堅強卻缺乏機會的人們帶來希望和幫助；那些因為超過兩百四十六年[2]的奴隸制度餘波，而困在社會底層的人們；那些因膚色而持續受到歧視的人。

許多人指責吐派克在美化暴力。但他不在乎。對他來說，這是一種正面的行為，會喚起人們認同感，進而啟發他們。**重點是讓人們感到被看見、被聽見、被接受**。「當我說『我過著暴徒生活，我感到絕望』時，有些人可能聽到這句話，只是喜歡它聽起來很酷，但我是為那些真正過著暴徒生活並感到絕望的孩子而做的。」他解釋道。

但是，即使是吐派克最親密的家人們也很難理解他的想法。

吐派克尋求了紐約的賈馬爾．約瑟夫幫助。自從當年作為艾菲尼黑豹二十一人的戰友，以及後來成為吐派克的導師與其中一位教父以來，賈馬爾一直在參與黑人民族解放軍的活動，最終因窩藏逃犯而遭判在萊文沃斯（Leavenworth）監獄服刑十二年半，於五年半後獲釋。他在監獄裡取得了三個學位，於一九八七年出獄，然後在紐約杜魯學院（Touro）找到了一份工作，最終成為哥倫比亞大學的教授。隨著吐派克年齡的增長，賈馬爾便成了他尋求建議的對象。

賈馬爾表達了他的疑慮。他自豪的堅持黑豹黨傳統和該組織的原則，黑人認同和忠誠，他不理解為什麼吐派克會選擇「暴徒」這樣帶有負面含義的詞來代表他的計畫。賈馬爾擔心這可能會被其他人群誤解，且會妨礙吐派克組織他的運動。

「吐派克，Thug Life 是怎麼回事？」賈馬爾問道：「你是黑豹之子。休伊・牛頓和巴比・席爾原本是暴徒沒錯，但後來他們成了革命家。麥爾坎・X原本是暴徒，後來也成了革命者。所以你生來就是個革命家，為什麼要走回頭路？」

吐派克迅速回答道：「這是為了與那些孩子們有交集，表達那種痛苦，然後專注於一些正面的東西上。」他進一步解釋：「那些是對我保持真誠的兄弟，我也會那樣對待他們。他們是給我愛的人。他們是照顧我的人。」

吐派克認為，人們所謂的暴徒和毒販，是除了他的家人之外唯一給過他無條件之愛的人，並且在過去給他帶來了自信和安全感。雷格斯是第一個，然後是巴爾的摩社區的兄弟們，再來是灣區的毒販酷利和男哥。這些非典型的榜樣，已成為吐派克最認同的人物。

當他打電話給穆圖魯討論這起計畫時，穆圖魯告訴吐派克必須「定義它」。他告訴了吐派克「暴徒」一詞的歷史，追溯其印度教起源（來自 thag 一詞，意思是「賊」或「騙子」），以及它與一九三〇年代

---

2 編按：應指一七七六年簽署《獨立宣言》後至今的美國。

印度職業刺客團體的連結。這些暴徒會勾搭旅行者，然後殺害他們並偷走貴重物品。隨著英國殖民勢力試圖消滅這些暴力刺客，「thuggery」一詞成為了他們社會中所有暴力事物的代名詞。穆圖魯還提醒吐派克，夏庫爾家在政府中有敵人，這更會使他成為箭靶。公然宣稱一個表面上可能被認為是在「美化暴力」的口號，可能會引起當局不必要的注意。

為了幫助吐派克進一步找到他的使命，穆圖魯建議他納入一套規則，一套正式的街頭規則，以幫助解決他所謂的「同儕暴力」問題。這套原則像是：不搶車；不在學校販毒；不虐待老人；停止毫無意義的暴力行為和強姦；不可傷害兒童。

吐派克解釋說：「我認為即使是幫派也可以是正面的。它必須有組織和系統，並且必須遠離自我毀滅之路，轉為自我創造。」Thug Life 守則的最終宣言是：「團結能帶來力量。」

為了表示對新 Thug Life 運動的奉獻，吐派克決定要刺上另一個圖案。「它必須有意義，並且必須是其他人沒有的東西。」吐派克如此對達戈說道。這次，吐派克離開時，身上多了「THUG LIFE」這幾個字母，其中「I」變成了一顆子彈。

吐派克不止將 Thug Life 視為一個口號；他想要將其建立成有組織的運動，類似黑豹黨運動。就像一九六〇年代的黑人男女一樣，他們在休伊．牛頓、巴比．席爾的領導哲學中找到了慰藉，吐派克認為一九九〇年代的暴徒也同樣受到了社會剝奪。**吐派克希望這個社群的人能被聽見和理解。對他來說，讓這些人們知道，有人看到了他們的掙扎是至關重要的。**

吐派克需要組建合適的團隊，來幫助他支持和發展這項運動。首先，他問起一生中啟發他最多的人——他的母親。在完成戒毒後的第一年，艾菲尼搬回了姐姐葛洛家。吐派克為她感到無比驕傲，並認為一起工作將有助於修復他們因毒癮而惡化的關係。毫不猶豫，艾菲尼接受了兒子的建議，來洛杉磯與他一起工作。她將負責管理所有社區外展計畫、募款活動和監督其他慈善活動。為了資助這些工作，吐派克將使用他從電影和音樂賺來的錢，首先是他剛從《馬路羅曼史》中拿到的二十萬美元。

吐派克的下一項業務是確保幫助他發展事業的人，能全心全意支持他和他的願景。雖然阿特龍從一開始就看到了他的潛力，但吐派克仍然只是他的其中一位藝人，得和其他一長串藝人分享時間與注意力。吐派克覺得自己需要一個可以將百分之百的時間奉獻給他的經紀人。有天，阿特龍在洛杉磯國際機場接了吐派克並沿著四〇五號州際公路向北行駛時，吐派克告訴他，他不想與數位地下會社或他的其他藝人共享一個經紀人。阿特龍記得吐派克說：「我要成為最好的。如果你不能專注在我身上，只和我一起工作，我只能去找其他人了。我需要成為你最重要的人，如果你不願意這麼做，我也只能繼續前進了。」

阿特龍希望他能找到方法讓吐派克留在他的名單上，然而他仍同時在管理數位地下會社、女饒舌歌手MC思慕（Smooth）、多位音樂製作人和饒舌團體「金錢」（Gold Money）。這時，他的管理公司已經發展到在加州北部和南部都設有完整人力的辦公室。他完全理解吐派克的擔憂，以及希望與經理人建立一對一的關係，但他不能就這樣放下其他所有人。「所以他了打電話給他信任的瓦塔尼。」阿特龍回憶道。

然而，在接下來的幾個月裡，阿特龍很快就發現自己並沒有完全被排除在圈外。吐派克不僅繼續打電話問他問題，有時還會向他表達自己的情緒；而瓦塔尼也偶爾會打電話給他，請求他的建議。

在吐派克短暫擔任新非洲黑豹黨主席期間，他和瓦塔尼已經建立了牢固的關係。現在，它將進化到新的層面。吐派克和艾菲尼都認為瓦塔尼將是處理接下來所有管理事務的合適人選。雖然他沒有唱片或電影行業的經驗，但他們有信心瓦塔尼能勝任這個工作。

由於凱倫要離開去王子的工作室「派斯利公園」（Paisley Park）工作，瓦塔尼找來了塔利巴・莫博尼西（Talibah Mbonisi），是他新非洲黑豹黨的同事。吐派克去年就已經見過她，並很快就對她的力量以及能夠挑戰自己的膽識感到欣賞。吐派克相信她能處理公關事務，並控制他的「大嘴巴」。

就像穆圖魯、賈馬爾一樣，瓦塔尼也擔心吐派克與他的 Thug Life 團員會引來更多爭議和混亂。作為他的新經紀人，瓦塔尼希望透過他的訊息引導吐派克。他建議使用「outlaw」（法外之徒）一詞代替 thug。但吐派克毫不動搖。因此，瓦塔尼只能像穆圖魯一樣，讓他試著創造一個道德概念，可以支撐 Thug Life 背後的正面思想，以對抗那些批評它的人。

扼殺下一代的壓迫與仇恨

此運動的道德標準和使命很快就變得更加清晰：**吐派克想要接觸到被社會忽視的人們——那些被迫自己長大的年輕黑人男子，沒有任何榜樣或方向，創造了影響整個貧民窟的惡性循環**。他想要傳播艾菲尼灌輸給他的價值觀，利用黑豹黨的原則來賦予人們力量，將他們的靈魂充滿黑人自豪感。他想要讓黑人同胞們明白，儘管祖先受到了壓迫，但從幾個世代傳承下來的力量和韌性，將作為他們繼續面對壓迫和逆境的基礎。

吐派克知道——因為艾菲尼教導了他——黑人需要擁抱這種韌性，並以此感到自豪。由此鞏固的團結將促進所有黑人的自我價值與認同。

吐派克還計畫讓社會上的其他人知道，**正是這種壓迫和仇恨，扼殺了年輕黑人男子的成長，限制了他們真正的潛力**。這一刻很快就要來臨了，在某個晚上，瓦塔尼安排吐派克在亞特蘭大為「麥爾坎・X草根運動」（Malcolm X Grassroots Movement）的晚宴致詞。吐派克站在擁擠的舞池前，談到了他的母親、黑豹運動，以及父母教育的重要性。他也稱讚了艾菲尼選擇留在家裡教育他，而不是繼續在掙扎中戰鬥。

當他轉向談論社會上持續存在的不公平，以及自己無法忽視的問題時，他的信念更加堅定了。吐派克告訴觀眾，這對他來說是一個至關重要的時刻。他有機會讓人們知道令他內心沈重的一切。他的話語變得越來越激動，當他呼籲社群做出改變時，人們也激昂了起來。

吐派克問聽眾，為什麼美國到處都是大學，但仍然有「受困的黑鬼」，仍然有年輕「布蘭達」懷孕？他坦率的討論了自己感受到的責任重擔：「這讓我很困擾，不是讓我受傷，而是讓我感到困擾——我必須這麼在年輕時就站出來做一些別人應該做的事情。這裡有很多男人，本不應該輪到我來做。我應該跟在他們後面學習知識。」

隨著演講漸入高潮，吐派克揭示了新口號「Thug Life」的更深層含義：「未來將會反映你們當下付出的努力。所以如果你們什麼都不投入，事情出問題時就別抱怨。」他告訴群眾。

吐派克相信，當年輕的黑人孩子成長在社會的忽視、壓迫和種族主義這些仇恨的環境時，整個世界都要一起承受後果。在另一次訪問中，他解釋了關於這場運動標語：「T. H. U. G. L. I. F. E. ——The Hate U Gave Little Infants F-u-c-k Everybody——這些你們餵養的仇恨種子，未來將在社會面前爆發。」

「這就是 Thug Life。」

洛杉磯南區，與街頭的首次接觸

瓦塔尼同意幫助吐派克塑造他的運動。但是如果吐派克要接觸和代表街頭人士，瓦塔尼希望他先了解洛杉磯的街頭、社區，尤其是幫派的情況。一九八〇年代和一九九〇年代，洛杉磯南區的幫派勢力越來越大，毒品銷售達到高峰，也發生許多槍擊事件。這與吐派克在馬林城和奧克蘭瞥見的情況截然不同。

瓦塔尼認識瘸幫（Crips）和血幫（Bloods）兩派的成員，這對吐派克組建聯盟非常有幫助，希望無論隸屬哪個幫派的黑人男子，都可以聯合起來。他相信，如果大家能夠團結，他們將對美國最具壓迫性的「幫派」——由政治和執法機構代表的白人權力結構——做出最強烈的反抗。吐派克在一次訪談中說道：「這個國家就建立在幫派之上……共和黨、民主黨、警察局、ＦＢＩ、ＣＩＡ……這些都是幫派。美國就是 Thug Life。」

瓦塔尼安排了吐派克和塞爾吉（Anthony "Serge" Bryant）的會面，瓦塔尼認為這可能有助於吐派克適應洛杉磯，也就是好萊塢電影片場燈光以外的生活。塞爾吉帶吐派克去了位於阿特沃特村（Atwater Village）的迴聲工作室（Echo Sound Studios）。他還介紹了他在洛杉磯西南部城市英格爾伍德的朋友。

其中一位朋友是賽克（Tyruss "Big Syke" Himes），一位嘻哈歌手，正在錄製他的首張專輯；比吐派克大幾歲，他們的成長環境完全不同。在英格爾伍德街頭度過生活的賽克，完美代表了吐派克試圖觸及的人群。他們很快就成了好朋友。「我們一拍即合，因為我真的來自街頭，想脫離街頭，做我的小事業。」賽克回憶道。兩人交換了如何銷售唱片的想法和策略，同時也試圖激勵洛杉磯南區的年輕黑人男子團結起來，修補他們之間的分歧。

吐派克分享了他對 Thug Life 運動的計畫，以及他打算製作一張同名的合作專輯。在他的想像中，這張專輯將充滿反映街頭年輕黑人經歷的真實故事。「當他說起 Thug Life 時，一切都無須解釋。我知道自己一定會想參與其中。他幫助我找到了自己。」賽克回憶道。

在頻繁拜訪賽克位於英格爾伍德帝國村（Imperial Village）期間，吐派克也認識了「精神疾病」（Mental Illness），一位饒舌歌手，以及大凱托（Big Kato），他為賽克提供資金支持，就像酷利和男哥曾為吐派克所做的那樣。凱托也為賽克的組合「邪惡黑幫」（Evil Mind Gangsta's）提供錄製專輯《一切都亂套了》（*All Hell Breakin' Loose*）的資金。

瓦塔尼說：「那是派克和街頭的第一次接觸，接著他開始改變了，他的作品也反映出這一點。他告訴我：『我要確保自己保有街頭的元素。我想讓他們知道我沒有拋棄他們，並能夠與他們產生共鳴。』他正在找尋平衡。他感受到了壓力，因為他必須向街頭證明自己，畢竟他不是出身於那種街頭。」

有事就打給我的經紀人！

就在這時，執導吐派克前兩部 MV 的休斯兄弟亞倫和亞伯特，聯繫他參演他們的首部電影作品，暫時名為《社會的威脅》（*Menace II Society*）。兄弟倆已經與新線影業（New Line Cinema）達成了發行協議，但這筆交易的條件是吸引一位白金唱片藝人來出演其中一個角色。

亞倫向吐派克介紹了這部電影：一部生動、真實展示洛杉磯南區街頭生活的作品。亞倫認為吐派克是飾演夏里夫（Sharif）的不錯人選；他是一個年輕的穆斯林，試圖改變他的朋友凱恩（Caine，電影主角）暴力的生活，但最終以悲劇收場。

吐派克立即同意了，但在接受邀請之前，他想確保亞倫明白，自己只能在他們的戲中飾演配角，因為他得將出演主角的機會留給約翰．辛格頓。「我會參演《社會的威脅》，但我和約翰．辛格頓就像狄尼洛與史柯西斯一樣。我只會在和他合作時才演主角。不過我很願意為你們擔任配角，一個綠葉。」吐派克說。

提出這樣一個直率的條件後，他們便簽署了合約，吐派克將可以在為期三週的拍攝中賺取三十萬美元。當休斯兄弟替電影選角時，吐派克立即想到了潔達．蘋姬。多年來他們一直想合作，所以吐派克便要求亞倫考慮讓她出演其中一個角色。潔達表示：「吐派克先參與了《社會的威脅》，是他介紹我去的。他打電話給休斯兄弟說：『你們必須見見我的好朋友，潔達。』接著他打電話給我說：『我參與了這部電影。我真的覺得妳很適合這個角色。』所以我就去見了他們。我們談得很順利，所以我也得到了出演機會。」

這是吐派克和潔達自BSA時期以來的第一次合作，另外也促成了他與比爾．杜克的合作，後者將飾演一位警探；這也讓他有機會更加了解杜克，或許能彌補前一年在《臥底羔羊》首映會上的缺席。

第一次集體讀劇本時，吐派克抵達了電影的製作辦公室。他很高興開始電影工作，但更高興的是在大樓裡看到了潔達。「吐派克第一天來的時候，他直接跑向了潔達，把她抱起來，丟到了房間的另一邊，接著他們擁抱在一起。他們就像兄妹一樣。」亞倫回憶道。然而，那天的其他事情都沒有按計畫進行。

在深入讀劇本時，似乎有一條鴻溝出現在吐派克和休斯兄弟之間。他們對角色的想法出現了分歧。根據那天在場的其他演員回憶，每次輪到吐派克讀劇本時，他都會停下來，看著面前的劇本，然後嘆氣；接著再次停下來，拿起桌上的玻璃杯喝口水，最後又嘆了氣。他會在劇本圍讀時不停開玩笑，然而不知道是出於緊張還是真的有趣，有時候其他演員也會跟著笑。

亞倫從未露出笑容。這對他而言一點都不好笑。他希望吐派克拿出專業態度，而不是來娛樂其他演員。但在吐派克的態度背後，似乎是他對這個角色感到的沮喪，他希望該角色能有更多深度。飾演電影中歐狗（O-Dog）的勞倫斯・泰德（Larenz Tate）回憶道：「吐派克對劇本、對話，以及如何塑造角色都有建議……他會提出有建設性的想法：『你聽我說，這是我想要這個角色被塑造的方式。』」

在劇本圍讀中的另一位演員，饒舌歌手艾倫・泰勒（Aaron Tyler，藝名 MC Eiht），依然記得當時吐派克具體提出的抱怨內容：「他想讓他們在劇本中寫明他為什麼成為穆斯林。解釋為什麼，描述出原因是他的弟弟被殺了。但他們不打算說明這些背景……這讓他很生氣……『如果你想讓我扮演一個正義的角色，你就必須解釋我為什麼會變得正義。』但他們不想這樣做。」

亞倫試圖制止吐派克，但什麼都不能說服他放棄為故事增添和修改內容的努力。他告訴在場的每個人「自己並不是在不尊重劇組」，但他堅持理想中說故事的正確方式。一旦吐派克認定某件事，那就是這樣了。很難使他放手讓步。

那天稍晚，當化妝師要來替他化妝時，吐派克拒絕了。亞倫試圖安撫他，但吐派克的古怪行為還在繼續。第二天，吐派克來之前，亞倫要求演員們不要被吐派克的俏皮話逗笑，希望行程能順利一些，但吐派克繼續搞笑。他從座位上站起來，繼續開玩笑，儘管其他演員們都一言不發。

最後，亞倫再也忍不住了。他看著桌子對面的吐派克說：「吐派克，你為什麼要像個婊子一樣胡鬧？」然而這只讓局勢更惡化。最後，亞倫叫吐派克到他的辦公室，希望私下解決問題。但吐派克不想和他談話。

「他對我說了一些很挑釁的話，在我的辦公室裡來回走動，整個大抓狂。」亞倫解釋道：「後來他大喊：『打給我的經紀人！』接著便氣急敗壞的走出了大樓。」

即使吐派克已經聘請了瓦塔尼，阿特龍仍然參與了他的一些日常業務，特別是如果這些業務與他曾經參與過的合約有關。吐派克立即打電話給阿特龍說：「我不拍那部電影了。我要退出！」

阿特龍立即想到了他剛剛為吐派克購買的賓士車：「你不能退出。」

「我要退出。這些混蛋沒有料！沒辦法教我怎麼演電影。」

當晚，亞倫打了電話給吐派克，希望能平息爭端，解決問題。不過吐派克毫不留情。「有事就打給我的經紀人！」他再次喊道，直接掛了電話。亞倫並沒有打算打電話給吐派克的經紀人。

在吐派克離開《社會的威脅》製作辦公室幾天後，便有消息傳出這件事已成破局。「吐派克被《社會的威脅》團隊解雇了，因為合約規定演員必須出現在現場。這些事讓新線影業不想承擔風險，便解除了合約，由另一個演員接手這個角色。」亞倫回憶道。

不過根據吐派克的說法，他從未收到正式的通知，而是透過ＭＴＶ的娛樂新聞報導才得知這個消息。他氣炸了。

16

如果聽到就回應我

1993

無論要付出多大代價，你都得想辦法生存和立足，因為沒有人會在乎你。
我們像被困住的野獸一樣生活，等待著讓憤怒平息的那一天。

——〈如果聽到就回應我〉（*Holler If Ya Hear Me*）

吐派克的第二張專輯《僅為我的弟兄們》於一九九三年二月十六日發行，首週銷量為三．八萬張，登上美國《告示牌》專輯榜第二十四名，並在R&B／嘻哈專輯榜上排名第四。儘管專輯在《告示牌》專輯榜上超過邦．喬飛（Bon Jovi）、保羅．麥卡尼（Paul McCartney）和瑪麗．布萊姬（Mary J. Blige），但他仍希望能夠拿下冠軍寶座。首支單曲〈如果聽到就回應我〉（*Holler If Ya Hear Me*）由史崔奇製作，乘載了呼籲美國開始行動的迫切要求。為了吸引聽眾對專輯主題的注意，吐派克在MV開頭以旁白方式介紹，明確表達了他的信念：

無數家庭因為社會不公而陷入困境。
這個體制和國家撕裂了我的家庭，我們的家庭。
沒有一個黑人家庭能團聚一堂。
我們還得參加多少葬禮？還要看多少犯罪現場，讓他們在地上勾勒出黑人同胞的輪廓，才能意識到擺脫這種困境的唯一方法，就是奮鬥求生？

如果想要改變，就必須為之奮鬥。沒有人會白白拿給我們。我們只能靠自己爭取。

被迫離開《社會的威脅》劇組讓吐派克感到諸多不滿，其中之一是他將無法在電影中與潔達一起合作。但很快就有新的機會出現了，吐派克將客串潔達的電視節目《不同的世界》。與先前如災難般的劇本圍讀不同，這次經歷非常愉快。

潔達回憶起節目工作人員與吐派克一起工作的興奮心情：「我記得自己只是提出個建議，每個人就都說『好！』」

製片人為他安排了一個角色：比可羅（Piccolo），萊娜（Lena，潔達飾）的前男友。編劇也將潔達和吐派克的終身友誼融入了兩個角色的對話中——比可羅對萊娜說：「或許未來我們會結婚也說不定。」兩人甚至在鏡頭前親吻了彼此。

但在鏡頭外，吐派克和潔達始終是好朋友，從未有過進一步的發展。吐派克在一次訪問中公開表達了對潔達柏拉圖式的愛，甚至為她寫了一首詩，這首詩在他去世後出版：「潔達是我的心，她是我一生的朋友。我們將一起變老。她可以擁有我的心。我的肝臟。我的肺。我的腎臟。我的血。骨髓。所有的一切。」

潔達也知道他們之間有著特別的連結，她回憶道：「我們之間的那種關係……這是一生中只會遇到一次的。」

在《不同的世界》的片場，潔達向飾演令人難忘的角色惠特里（Whitley）的潔絲敏．蓋伊（Jasmine Guy）介紹了吐派克。潔絲敏回憶起他們相遇的那一天：「我知道他的音樂，但沒有其他太多的關注，

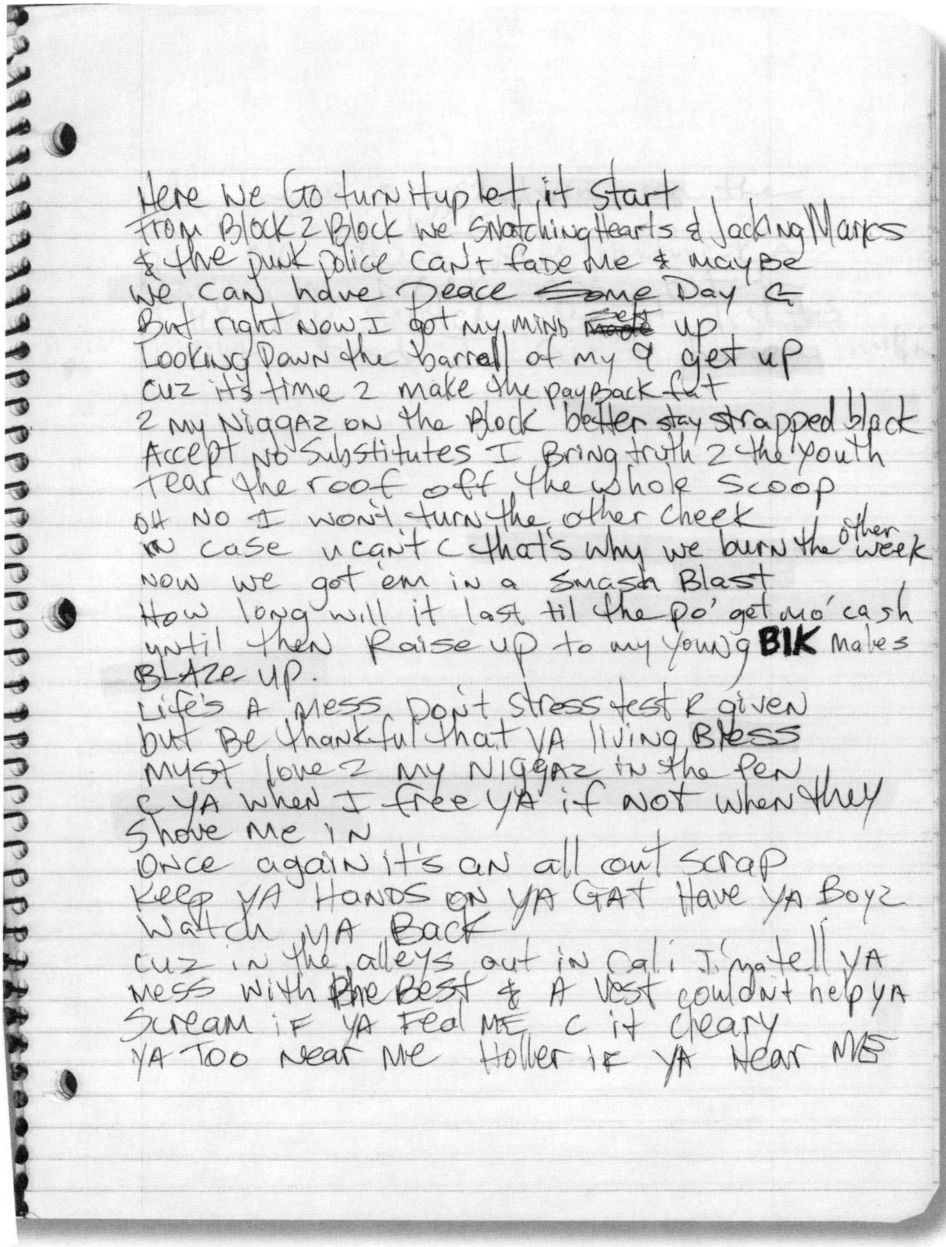
Here we Go turn it up let it start
From Block 2 Block we snatching Hearts & Jacking Marks
& the punk police can't fade me & maybe
we can have peace ~~some~~ Day G
But right now I got my mind ~~made~~ set up
Looking Down the barrell of my 9 get up
cuz it's time 2 make the payback fat
2 my niggaz on the Block better stay strapped black
Accept no substitutes I Bring truth 2 the youth
tear the roof off the whole scoop
oh no I won't turn the other cheek
in case u can't c that's why we burn the other week
now we got 'em in a smash blast
How long will it last til the po' get mo' cash
until then Raise up to my young BIK makes
Blaze up.
Life's a mess Don't stress test R given
but Be thankful that ya living Bless
Must love 2 my niggaz in the pen
C ya when I free ya if not when they
Shove me in
Once again it's an all out scrap
Keep ya Hands on ya Gat Have ya Boyz
Watch ya Back
cuz in the alleys out in Cali I'ma tell ya
mess with the Best & a Vest couldn't help ya
Scream if ya Feel me c it cleary
ya too near me Holler if ya Hear me

▲第二張專輯《僅為我的弟兄們》的第一首歌〈如果聽到就回應我〉，歌詞傳達了吐派克對黑人的愛與關切，並希望能讓同胞們一同起身奮鬥。

直到他走進片場，我才發現他的表演很厲害！」

吐派克知道潔絲敏曾在《名揚四海》（*Fame*）和《新鮮王子妙事多》（*The Fresh Prince of Bel-Air*）節目中出演過，他渴望與她交朋友並向她學習。他知道有志同道合的朋友，和擁有一位可以交換人脈與資源的朋友同樣重要。

在接下來的幾個月裡，吐派克不斷向潔絲敏尋求建議，以便為電視劇積累演出經驗。她經常對吐派克說的話是：「別讓任何人說你不會演戲，或是你只是在利用你的饒舌事業。你真的很會演戲！你是一個演員！」作為回報，吐派克也鼓勵潔絲敏正在發展的音樂事業。他甚至告訴她，希望在他擁有自己的唱片公司後能簽下她。

瑪丹娜想當我的情人

儘管吐派克花越來越多時間在錄音室，但他仍然會抽出時間，與他在數位地下會社巡演期間結交的朋友們保持聯繫。一天下午，他打電話給蘿西．培瑞茲閒聊，隨著越聊越多，蘿西開始哭了起來，並解釋她剛剛被約會的人放鴿子了。他們本來要去參加《靈魂列車》（*Soul Train*）音樂晚會。

「別管他！我在路上了！他看到我和妳一起去一定會超嫉妒的。」吐派克告訴她。

兩人一起搭了禮車前往活動現場。在路上，他們抽了大麻，並討論了晚上的活動。蘿西回憶道：「那時候我不太抽大麻。結果因為太嗨了，我們在禮車裡望著對方，我便問派克：『我們應該接吻嗎？』他說：『不，因為妳是那種可以娶的好女孩。』」

吐派克和蘿西始終保持著純粹的友誼關係，然而那晚激發了另一段戀情。當吐派克和蘿西在會場走向座位時，瑪丹娜拉住了蘿西說道：「幫我介紹一下！」聽到瑪丹娜在打聽他的事，吐派克當然很興奮。幾天後，他們就正式交往了。

來自截然不同的背景；她比他大十幾歲；他還是個正在崛起的明日之星、而她已是世界知名的流行偶像……然而這些都不重要。吐派克和瑪丹娜除了享受了一段短暫的浪漫關係，也聊了很多關於工作的事。瑪丹娜分享了自己的理財經驗和生活教訓，教導吐派克存錢的重要性以及不要隨便揮霍。他們還討論合作開設服裝品牌和餐廳，甚至錄了一首名為〈我想當你的情人〉（*I'd Rather Be Your Lover*）的歌曲。

史努比狗狗在《馬路羅曼史》首映會後與吐派克變得熟識，他談到某次在《週六夜現場》（*Saturday Night Live*）電視秀拍攝現場，吐派克跟瑪丹娜來找他的事。吐派克打給在拍攝的史努比說：「最近怎麼樣老黑？你在哪？」

「我在《週六夜現場》，我身上沒草了。」

吐派克馬上相挺：「不用擔心，兄弟。我現在過去《週六夜現場》，馬上到。」

多年後史努比在接受霍華德・史登（Howard Stern）訪談時回憶起那晚：「猜猜他跟誰一起來？瑪丹娜……他還帶了很多好酒，讓我見識到他混得有多好。」

在吐派克與瑪丹娜交往期間，吐派克得以窺見一種與他，以及大多數人背景截然不同的富裕、特權和VIP地位的生活。莫普里梅回憶道：「有時候我會載吐派克到瑪丹娜家。其中有一晚，他們本來要一起搭她的私人飛機去某個地方，但他遲到了，害我得在路上狂飆。但最後還是沒趕上。」

〈他們會為我哀悼多久？〉

那年春天，吐派克這個名字在報紙上出現得越來越頻繁，不是因為唱片銷售或電影，而是因為法律糾紛。三月十三日，他和三個朋友在前往《活色生香》（*In Living Color*）的片場途中，於好萊塢與禮車司機發生了衝突。美聯社（Associated Press）的一篇文章部分內容如下：「警方表示，昨天饒舌團體『2Pac』的兩名成員因涉嫌襲擊抱怨他們在禮車內使用藥物的司機而被逮捕。當兩人坐在前座——這違反了禮車公司的政策——並涉嫌使用非法藥物時，司機表達了不滿。『他們顯然很生氣，然後攻擊了他，對他拳打腳踢甚至踩踏。』約翰．佐羅夫斯基（John Zrofsky）警官說道。」一個月後，吐派克再次被逮捕，這次是在密西根州蘭辛（Lansing）的某場演出之前，他與在他之前演出的當地饒舌歌手昌西．韋恩（Chauncey Wynn）起了爭執，並用球棒揮他。

一些吐派克身邊的人發現他正開始步上一條危險的道路。〈四處遊蕩〉的MV預計於夏天作為《僅為我的弟兄們》的第二支單曲發行；在拍攝現場，夏克把吐派克拉到旁邊說：「派克，聽著，你得把步調放慢一點。我們都很擔心你。」吐派克毫不在乎，但夏克又攔住了他。「等等，你聽著，」他說，拿出一把鑰匙放在吐派克面前：「如果你想離開人群，放鬆一下，看點電視，這是我家的鑰匙。那裡很安靜，沒有人會知道你在那邊。」

「夏克，你不明白，」吐派克告訴他，自己已經實現了當初設定的兩個目標——主演電影和推出唱片——他人生已到盡頭了。「我已經做完想做的事了。此時此刻，我他媽什麼都不在乎。」討論結束。

吐派克對尋求新的創意合作樂此不疲，再加上無與倫比的工作態度，他的人脈不斷擴大。某天晚上，聽到即將在《馬路羅曼史》原聲帶中發行的熱門歌曲《印度煙霧》（*Indo Smoke*）後，他打了幾通電話，最終與製作人華倫‧G（Warren G）聯繫上；華倫是饒舌歌手和製作人德瑞博士的繼弟，而德瑞博士的首張個人專輯《加州大麻》（*The Chronic*）[1]的爆炸性成功，迅速使他成為明星。

華倫曾經和他的兒時玩伴史努比組過一個叫二一三的團，而當德瑞和史努比與「死囚唱片」（Death Row）簽約時，華倫則還在探索新的機會。他和吐派克約在迴聲工作室見面。「當他打電話到我姐姐位於雪松（Cedar）街上的家時，我還睡在她的地板上。」華倫回憶道：「我抓起我的噴子……我有一把點四五手槍。拿起我的小袋子，裝了混音機和唱盤，然後跳進我的破爛別克車出發。」

華倫抵達錄音室後，短暫的閒聊很快就變成了一首新歌——〈惡棍黑鬼的定義〉（*Definition of a Thug Nigga*）。華倫回憶道：「我走進錄音室，吐派克就開始問我近況如何？我告訴他自己正在經歷很多事情。我沒有錢，正在努力賺錢吃飯；我覺得自己被拋下了，因為沒能再和史努比、德瑞、死囚一起工作，我感到落魄失意。我告訴他我前陣子還在街上和人拿槍互開，各種有的沒的狗屁。就在那之後，他說：『華倫，給我一個beat。』所以我把音檔載入，然後播了其中一首。他拿起筆就開始寫歌詞，一邊隨著音樂搖擺一邊寫。他頭上戴著一頂有一條線垂下來的毛帽，嘴裡叼著一根大麻，然後開始唱（後來成為）〈惡棍黑鬼〉的副歌。當他進入錄音間後，便把我剛剛告訴他的一切完美的演繹出來。」

當華倫和吐派克完成這首歌時，他們接到了一個令人難過的消息：他們的好朋友凱托被謀殺了——

1 編按：Chronic為一種加州特有的大麻品種，延伸為代表屬於加州的音樂。

因為一套價值兩千五百美元的代頓（Dayton）輪圈。「吐派克那時感覺有點崩潰，有些女孩來到錄音室，每個人都很難過，都在互相擁抱之類的。」華倫回憶道。

在哀悼中，吐派克問華倫是否有其他的 beat。幾分鐘之內，他們錄製了第二首歌，名為〈他們會為我哀悼多久？〉（*How Long Will They Mourn Me?*），並將這首歌獻給凱托：

該怎麼對人生保持樂觀？當你的朋友們不斷陳屍在人行道上……

也正是在那段時間，吐派克結識了一位促成他多首傳奇名曲的製作人。透過賽克，他認識了強尼．傑克遜（Johnny Jackson），他的朋友們都稱他為強尼．J。他比吐派克大幾歲，是洛杉磯南區本地人，曾為他的高中朋友約翰．謝弗（John Shaffer），別名糖果人（Candyman），製作了一九九〇年的熱門歌曲〈敲響的靴子〉（*Knockin' Boots*）。

「我當時正在製作賽克的專輯，」強尼回憶道：「然後他來找我說：『J，吐派克想見你。他想和你合作。』」

「吐派克？你是說真的嗎？」

「那個老兄聽到你幫我做的 beat。他想和你合作。」賽克很認真的說。強尼沒有浪費時間就馬上出發了：「賽克馬上就把我帶到錄音室。因為我沒有車，所以他就來接我和我的鼓機（Drum Machine）。結果一切都很順利。」他們首次錄製的其中一首歌是〈為他們倒點酒〉（*Pour Out a Little Liquor*），這首歌曲向那些因街頭暴力而死的人致敬。

現在他們已入土，
有時我的視線仍會變得模糊。
因為我正在失去我的兄弟們，這令我憂慮愁苦。

與強尼相遇，讓吐派克終於找到了一個和他一樣喜歡快速、努力工作的合作夥伴。強尼的編曲將幫助吐派克記錄街頭生活。他們在短短三天內錄製了另外九首歌，這正是吐派克喜歡的工作節奏。當他專注時，沒有什麼能讓他分心。甚至在二十二歲生日當天，他也在錄音室工作。

瓦塔尼問吐派克要不要在繁忙的日程中休息一晚，一起吃個晚餐慶祝，但吐派克拒絕了：「兄弟，我很感激你，但我要去錄音室。」

「今天是你生日耶。」瓦塔尼勸道。

「對，但我就是想去錄音室。」

錄音室已經成為吐派克的避難所。在那麼多事情發生的情況下，這是一個他可以逃避並表達自己的空間。隔音室是他的沙發，麥克風是他的心理治療師。除了表演或接受採訪，他都待在錄音室裡。吐派克解釋道：「我在錄音室裡淨化了自己的噩夢、夢想、希望、願景、計畫、陰謀、回憶、幻想。那個小隔間是我的告解室。它是我的藥。也是我的一切。」

無論他如何努力，每一件好事似乎都會尾隨更多的插曲讓他墜入困境，從像凱托這樣的朋友過世到被《社會的威脅》演出除名，從應付訴訟到《僅為我的弟兄們》首波銷售乏力的單曲〈如果聽到就回應我〉。但這種循環在那年的六月十日瞬間改變了，當時新視鏡唱片發行了第二支單曲〈四處遊蕩〉。〈如果聽到就回應我〉談論了政治和社會問題，〈四處遊蕩〉則單純展示了吐派克和數位地下會社朋友們的嬉鬧玩樂，並誇張的炫耀他們的豐功偉業。這首歌在美國《告示牌》榜上停留了二十五週，最高達到第十一名，並在美國 R&B 榜上排名第五。

我曾是個平靜、快樂的傢伙

新視鏡唱片在一九九〇年簽下了吐派克作為首位嘻哈藝人，但到了一九九三年春天時，情況即將改變。一年前，在有關調查嘻哈歌詞的政治鬥爭中，約翰．麥克連進入了新視鏡唱片公司，替威利、洛維恩和菲爾德播放了德瑞博士的專輯《加州大麻》的初版。一轉眼，新視鏡唱片便完成了一項交易，使該品牌深入到爆炸性的幫派饒舌世界中。

他們以一千萬美元資助並發行一家即將成為傳奇（且惡名昭彰）的獨立唱片公司——死囚唱片。由康普頓出生的前高中、大學明星運動員蘇格．奈特（Marion "Suge" Knight），以及 N.W.A 饒舌歌手／製作人德瑞博士、饒舌歌手 The D.O.C. 和製作人迪克．葛瑞菲（Dick Griffey）共同創立的死囚唱片，在發行《加州大麻》後達到了空前的高度；該專輯最終售出了數百萬張，使德瑞和跨刀歌手史努比狗狗聲名大噪。

當《僅為我的弟兄們》在排行榜上站穩腳跟時，吐派克的名字也出現在蘇格想要納入死囚旗下的名單中。「我經常見到蘇格，當他們製作了《黑幫殺人事件》（*Murder Was the Case*）的原聲帶時，我正在處理所有那些法律問題。他和我說：『嘿，兄弟，給我一首歌。』我便給了他一首歌，接著就收到了我生涯中拿過最高的酬勞。那幾乎是整張專輯的預算，我得到了大約二十萬美元。他們甚至沒有用那首歌，但我仍然拿到了錢……他曾邀請我加入死囚，但我告訴他自己還沒準備好。蘇格沒有覺得我背叛他，他就是真心為了我做這件事。我很感謝他。」吐派克表示蘇格並沒有強迫自己做任何事。

那一年，吐派克專注於發展自己的唱片公司，並將名稱從地下鐵路更改為「走出貧民窟」唱片（Out Da Gutta Records）。他聘請了一位朋友，同時也是艾菲尼的黑豹黨戰友：視覺藝術家埃莫里・道格拉斯（Emory Douglas），來設計一個標誌，描繪一個從人孔蓋爬出來的人；他也在計畫簽下他的藝人朋友，包括米斯塔和窮小子。

然而，當吐派克告訴威利他的計畫時，威利擔心他在自己的事業穩定之前就開始簽下新的藝術家，可能有點操之過急。他擔心吐派克會因為其他藝人的事業，而沒有足夠的時間專注在自己身上。威利回憶道：「我記得當時心想，這一切才剛開始，衝得太快可能會導致災難。我告訴他不要一次就承擔這麼多風險。」吐派克努力試著保持耐心。同時，他告訴大家《惡棍人生》（*Thug Life*）專輯正在進行中，而他創作的歌曲也都將與這場同名運動有關。

到了夏天，持續不斷的法律訴訟開始帶來巨大壓力。大約在這個時候，吐派克注意到自己的頭髮以驚人的速度脫落。一位皮膚科醫生診斷他得了鬼剃頭，這是一種自體免疫性疾病，會導致週期性的落髮。原因可能是遺傳，也可能是由急性壓力引起。所以吐派克便把光頭都剃了。

為了平息越來越嚴重的焦慮，吐派克每天都會抽大量的大麻和香菸，一根接一根的抽。最終，吐派克感覺這種習慣已經逐漸失控，便要求艾菲尼和瓦塔尼帶他去看針灸師，減輕這種成癮的症狀。瓦塔尼回憶道：「那只持續了一天。他出來後就打爆了一個窗戶。」

一九九三年七月三日，吐派克在第二十三屆印第安納州黑人博覽會（Indiana Black Expo）上發言，他站在講臺前，毫無保留的表達了自己的看法。他充滿激情的演說了三十分鐘，將自己日益增長的憤怒與美國白人持續的漠不關心連結在一起。他告訴觀眾：「你們可能都會認為我有問題，因為我快要失控了。我是認真的……我知道假如你們在報紙上看到我，都會說那個人有問題。我確實有……但我們都有問題。而我的問題是關於他媽的我自己。」他向觀眾講述了自己在巴爾的摩青年時期面臨的困境，提到了母親艾菲尼的毒癮，還有其他更多的事情。

接著，吐派克將焦點帶回到了他的 Thug Life 計畫：「當我說『Thug Life』時，我是認真的，因為這些白人就是把我們當作暴徒。我不在乎你們怎麼想。我不管你是律師、男人、非裔美國人……無論你是誰，或者你覺得自己是誰——對這些混蛋來說，我們都是暴徒，都是黑鬼。直到整個社會改變之前，我都會如實說出真相。」

吐派克將自己的憤怒與摧毀美國黑人的事件，以及他對此感到的挫折和無助聯繫在一起，他說道：「這些事情改變了我。我曾是個平靜、快樂的傢伙……但該死的，他們帶走了拉塔莎．哈林斯，然後殺死了尤瑟夫．霍金斯。他們把比我年輕的黑人幹掉了。我們什麼也沒有做……我們已經遊行了將近一百年了。我們在二十五年前遊行的週年紀念日上遊行。這真他媽的可恥。」

最後，他懇求大家團結起來：「所以我要說的是，我們必須團結起來……別讓任何事情拆散我們。不管你來自加州、紐約還是其他地方；不管你是血幫或瘸幫，學生或老師。無論你是什麼身分，別讓任何事情再阻止你。我們必須不惜一切必要的手段團結起來，我們必須奮戰！」

儘管吐派克在臺上呼籲人們別計較外在因素，試著團結起來，但當涉及到個人的問題時，他似乎也在掙扎中。大約在這個時候，吐派克去饒舌歌手辣味一號（Spice 1）〈扳機不長眼〉（*Trigga Gots No Heart*）的MV拍攝現場探班，這首歌將出現在《社會的威脅》的配樂中；這也是自從他在MTV新聞上得知自己被解雇以來，第一次和休斯兄弟們出現在同一個空間。

當吐派克向朋友們打招呼時，他看到了休斯兄弟，接著便對他們大喊了一串粗言穢語；亞伯特急忙走向出口，吐派克和其他人則圍住了亞倫。吐派克揮出了第一拳，當亞倫試圖反擊保護自己時，所有人都圍了上來。亞倫回憶道：「我抓住了吐派克的脖子，準備打他。當時就像電影一樣，全身都是血。我從來沒有被圍毆過。」

幾週後，吐派克被指控襲擊休斯兄弟，最終也進了洛杉磯法院。

吐派克迫不及待要告訴世界發生了什麼事。一九九三年七月十六日，在紐約參加《Yo! MTV Raps》的訪談時，儘管還在進行民事訴訟中，他仍自豪的談論了這起事件：「我揍了《社會的威脅》的導演。讓我告訴全世界……」主持人艾德．拉佛試圖阻止吐派克，以免他再說出任何可能對自己不利的話，但吐派克不肯停下。他直視鏡頭，告訴所有觀眾：「休斯兄弟以一種迂迴、卑劣的儒夫方式讓我走人，所以我扁了他們一頓。」

這時，現場的人試圖打斷他。但沒有用。「事情還沒完，」吐派克大喊道，儘管他顯然很開心，但或許他完全沒有意識到說這些話的法律後果。「我就是休斯兄弟的噩夢。」最後，拉佛用手捂住了吐派克的嘴。

訪問結束時，他仍然興奮的補充道：「你能替我和休斯兄弟安排一場慈善拳賽嗎？就當作是為了慈善募款，怎麼樣？讓我在擂臺上對付那兩個蠢蛋。」這可能是吐派克在試圖緩和氣氛，但休斯兄弟沒有接受他的邀請。對他們來說，傷害已經造成了。

Pac & Big

一週後，一九九三年七月二十三日，《馬路羅曼史》在全國各地的影院首映，迅速取得成功；首週票房收入近一千兩百萬美元，足以使其蟬聯榜首。儘管評論家們對導演辛格頓是否成功拍出了足以媲美處女作《街區男孩》（*Boyz N the Hood*）的作品有著不同看法，不過吐派克飾演的郵差「幸運」一角則廣泛獲得了好評。《綜藝》（*Variety*）雜誌表示：「吐派克做出了真正出色的表演。」《娛樂週刊》（*Entertainment Weekly*）寫道：「吐派克·夏庫爾在《哈雷兄弟》中扮演了令人怵目驚心、迷茫的反社會角色後，又成功的將熱情洋溢的幸運塑造成了一個複雜且引人注目的樣貌。」

就在數千名電影觀眾前往電影院觀看吐派克的電影時，紐約鈀金夜店（Palladium）的另一小群觀眾即將目睹另一種具有里程碑意義的時刻。吐派克正在那裡和一位新朋友一起登臺表演——克里斯多福·華萊士（Christopher Wallace），又名「聲名狼藉先生」（Notorious B.I.G.）、大個子（Biggie）。兩人在幾個月前透過史崔奇認識（當時吐派克正在拍攝《馬路羅曼史》），並迅速成為了朋友。

在拍攝期間，吐派克經常在他的拖車裡播放大個子的歌曲〈派對和屁話〉（*Party and Bullshit*）。大個子有時會在吐派克的洛杉磯公寓的沙發上過夜，反之亦然，他帶吐派克去了布魯克林的貝德福德—斯泰弗森特（Bedford-Stuyvesant）區，那是大個子長大的地方。

「我一直認為那是一種雙子座的默契，我們一見面就合得來，從那時起就一直很不錯。」大個子在一次訪談中談到了他們的關係。

十月，吐派克再次和大個子一起上臺，這次是在麥迪遜花園廣場舉行的百威狂歡節（Budweiser Superfest），一場由知名歌手佩蒂・拉貝爾（Patti LaBelle）領銜的R&B演唱會。友誼越來越深厚的兩人拿起麥克風開始了表演。

汗水從吐派克的額頭上滴下來，他以急切的語氣向觀眾闡述自己的信念，這種信念隨著他開始在路上宣傳他的Thug Life運動而變得更加重要。他告訴觀眾：「在開始下一首歌曲之前，讓我告訴你們關於Thug Life的事情。Thug Life並不是這些白人試圖描繪的那樣……如果我們所有人聚在一起，利用這些白人對我們的恐懼，我們可能會有所作為。一個黑人什麼也幹不了。但是一百萬個黑鬼，我們會征服這他媽的國家。」

那天晚上，大個子高喊他的經典臺詞：「布魯克林，讓我聽到你們的聲音！」吐派克則演唱了他的歌曲〈沒什麼好失去的〉（*Nothing to Lose*），兩人一起帶動了擠滿麥迪遜花園廣場的觀眾。ＤＪＣ先生（Mister Cee）回憶道：「這是有史以來最猛烈的嘻哈表演之一。我們只是把他們所有人都帶上臺，魔法就發生了。」

同一個月，這對搭檔再次登臺，在馬里蘭包伊州立大學，與一大群喧鬧的同行饒舌歌手一起，其中一些是吐派克招募的Thug Life運動成員，一些是來自紐約的朋友。每個人都一起在舞臺上搖擺，輪流拿起麥克風。大個子用〈派對和屁話〉震撼了觀眾，並在結束時高呼「Thug Life！」吐派克則讓觀眾給他一些掌聲。那晚的氣氛、笑容、所有的一切，都讓人相信他們的友誼在那天晚上，因對彼此才華的認可而更加堅固了。

有趣的是，那天晚上吐派克和大個子設計了一個戲劇性橋段；那是一場在舞臺上的爭吵，詭異的預示了嘻哈音樂史上最具標誌性的衝突之一。當大個子在表演時，吐派克大步走上舞臺，猛烈撲向他，讓觀眾以為真的即將爆發激烈衝突。但是當音樂停下後，舞臺上知情的MC便大喊道：「等一下，等一下，等一下！」大個子接著唱出了他歌曲中的歌詞：「Can't we all get along?」（我們就不能和平相處嗎？）所有人都爆發出了笑聲。[2]

貧民天堂

一九九三年夏天，吐派克的知名度達到了生涯高峰。《吐派克啟示錄》和《哈雷兄弟》幫助他崛起，《四處遊蕩》和《馬路羅曼史》則讓他更加出名。在上半年，他踏上了巡演的旅程。艾菲尼送他出門時，給了他專屬的旅行套裝包，裡面有保險套、保釋人的電話號碼、祈禱布和維他命。然而，巡演的參加人數比預期的要少，有些場地幾乎是空的。賽克回憶道：「我記得有一次，好像是在俄亥俄的某個地方吧，完全沒有人來。所以我們就弄了點酒，自己開始派對。我們走到了舞池中央，自己跳起舞來。」

隨著《馬路羅曼史》成功，吐派克的公眾形象也迅速上升。「如果吐派克人好到可以親吻珍娜・傑克森，那麼他對大眾來說也是個好人。」賽克說道。無論是他扮演的角色幸運，還是與珍娜的螢幕戀情，吐派克的人氣似乎一夜之間大幅增長了。電影剛上映幾天後，原本空曠的表演場地，瞬間擠滿了不斷尖叫的粉絲們。

到一九九三年底，吐派克為他的《惡棍人生》專輯做了最後的調整。專輯中有賽克、莫普里梅、史崔奇和辣味一號，還有限制級（Rated R）、馬卡多什（Macadoshis）和有錢里奇（Richie Rich）。英國《選擇》（*Select*）雜誌的麥特・霍爾（Matt Hall）稱其為「一張令人震驚且深思熟慮的饒舌專輯……同時也非常令人毛骨悚然。」

甚至新視鏡唱片也被崇拜吐派克的新群眾所打動。它改變了最初的立場，提供了一份合約來發行《惡棍人生》專輯。於是，「走出貧民窟」唱片正式以合作方式與新視鏡唱片簽署了契約。現在，吐派克也將能夠簽其他藝人到他的唱片公司。

自簽訂唱片合約以來，吐派克在兩年內以超高效率完成了三張專輯、主演了兩部電影。然而他絲毫沒有減速的跡象，繼續著手進行一個又一個的作品。隨著他遊走在電影片場和錄音室間，他的粉絲數也在不斷增長。〈四處遊蕩〉獲得了〈如果聽到就回應我〉沒有取得的成功，從首週起就攀升至《告示牌》榜上。一九九三年七月底，《馬路羅曼史》成為票房冠軍，〈四處遊蕩〉獲得了白金唱片認證，銷量超過一百萬張。

身陷在爆紅和持續官司纏身兩者的漩渦中，吐派克發現自己比以往任何時候都更需要一個家來支持

2 編按：讀者可上網搜尋 2Pac & Biggie-party and bullshit (real live 1993)，即可看到此片段。

自己。他也需要他的家人。透過從音樂和電影作品賺到的錢，他決定在喬治亞州購買他的第一間房子。

艾菲尼和葛洛阿姨早就到了那裡。幾個月前，他們在紐約的一個雨天午後接到了家族老友馬爾科姆．格林尼奇的電話。葛洛回憶道：「他打來告訴我們，那邊的黑人過得很好。一聽到那裡的房子比紐約便宜得多，我們就決定搬過去。而且既然我老公考克斯已經退休了，現在是個好時機。」

葛洛和考克斯安頓下來後，艾菲尼也搬進了位於迪凱特（Decatur）鎮上的公寓。吐派克同樣遵循了馬爾科姆的建議。在瓦塔尼的幫助下，他在喬治亞州郊區的立陶尼亞（Lithonia）找到了一間面積兩千四百平方英尺的房子。這間房子很大，大到足以讓每個家人都可以聚在一起慶祝節日，創造回憶。

家具送到的那一天，葛洛和艾菲尼在房子前迎接了貨運卡車。他們從過去哈林區的無電梯公寓走到了這一步。他們坐在新房子的門廊上，沈浸在吐派克成功的喜悅中，品味著這個重要時刻。

自從一九五〇年代，他們的曾祖母米莉．安（Millie Ann）在北卡羅來納州倫伯頓買下房屋以來，這是家裡第一次有人能買得起房子。葛洛說道：「這次不是一輛小拖車，也不是舅舅和表兄弟們幫忙把床墊拖上樓梯。這是一輛搬家卡車。對我們來說，這是一個重要的日子。」

吐派克將這棟新房子命名為「貧民天堂」（Thugz Mansion），最終也寫了一首同名歌曲。在這首歌裡，吐派克將他的家描述為一個庇護所，「一個可以度過寧靜夜晚的地方。是時候放鬆一下了，我的生活中有太多的壓力。」

17
與世為敵
1993

在我死後，在我嚥下最後一口氣之後，
我才能在這壓迫下得到休息嗎？

——〈與世為敵〉（*Me Against the World*）

在第一部電影中扮演反派後，再到第二部電影飾演同時是郵差和詩人的浪漫主角，吐派克已經成功詮釋了兩個非常不同的角色。他迫不及待想知道下一個角色將會帶他走向哪裡。

在告訴亞倫他和辛格頓之間的勞勃狄尼洛／馬丁史柯西斯關係後，很快辛格頓便打了電話給他，邀請他參與下一部電影《校園大衝突》（*Higher Learning*），這是一部關於大學校園中種族主義和文化偏見的電影。吐派克將飾演一名大學生，這個角色會進一步拓展他的戲路。

在等待與電影公司達成協議的過程中，吐派克開始為他的第四張專輯錄製歌曲，他打算將其命名為《與世為敵》。對於這張專輯，他希望以更為深思熟慮和內省的方式，繼續他揭露社會不公、關注貧民生活的使命。他絲毫沒有放慢腳步的打算。

在迴聲工作室的某個深夜，大約是凌晨兩點，除了吐派克和他的混音師之外，還有一個人也在工作，他叫托尼．皮薩羅（Tony Pizarro）；幾個星期以來，他一直在請求吐派克和他一起錄製一首歌曲。皮薩羅是一位製作人和混音師，最近剛與泰文・坎貝爾（Tevin Campbell）和提娜・瑪莉（Teena Marie）完成了成功的合作，並幫 Ice-T 做了一些混音。但吐派克感興趣的不僅僅是皮薩羅與誰合作過，而是他徹夜工作的態度，這才是吐派克在合作對象中重視的特質。於是兩人計畫一起合作。

他們錄製的第一首歌是〈嗨到死〉（*High 'Til I Die*）。但有一天晚上，吐派克帶著一首新歌來到皮薩羅那裡。這是他創作到一半的歌曲，後來成為他最具代表性的音樂之一；捕捉了吐派克短暫的生命中最重要的一段關係。而就像之前的許多歌曲一樣，他也只錄了一次就完成了。

〈親愛的媽媽〉是吐派克對母親的愛的宣言，這份愛在挫折、挑戰和痛苦中堅持並成長。近年來，他們修復了大部分關係中的裂痕。母親的毒癮給了他沉重的一擊，使他對母親的尊重曾一度動搖；但隨著時間流逝，吐派克意識到無論發生了什麼事，自己對媽媽的愛都勝過世界上的任何人。

母親賦予了吐派克力量，讓他認識到自己是一個強壯、值得尊重的黑人男子，即使這個世界不會善待他。這首歌表達了非凡的寬恕，揭示了母子之間最神聖的一面，並講述了一個將會引起全國，乃至全世界母親與孩子共鳴的故事。

一個靠社會福利金生活的單親媽媽，告訴我妳是怎麼做到的。
妳的恩情我永遠無法報答。
但我會讓妳知道，我明白妳的付出。我對妳所做的一切感激不盡。

在幾年後接受比爾・貝拉米（Bill Bellamy）的MTV訪問時，吐派克說：「〈親愛的媽媽〉是我寫給媽媽的情歌……我當時只是把這些話寫下來，眼淚就流了出來。寫完後，我立刻打電話給媽媽，在電話裡唱給她聽。她聽了之後也哭了。當時我就知道這會是一首熱門歌曲。」他說得沒錯。當吐派克繼續為第四張專輯錄製歌曲時，他與威利在新視鏡唱片辦公室坐下來討論他的進展。

吐派克直接了當的說：「我需要更多beats。」

威利困惑的盯著他。

吐派克再次說道：「我需要更多曲子。」

威利完全不明白他的意思。「吐派克是新視鏡唱片簽下的第一位嘻哈藝人，我需要學習非常多東西，才能提供足夠的支援。」他回憶道：「我記得自己當時心想，我不能搞砸這件事，不能辜負對他的承諾。我主要是與音樂家和樂隊一起工作，協助他們進入錄音室製作唱片。尋找beats不是我的工作。因此，我打電話給一個朋友，蘭迪・科恩（Randy Cohen），我知道他可以幫忙。」

幾天後，吐派克有了幾個新的beats可供選擇。他挑選了幾個自己喜歡的，並打了通電話給威利，相約在錄音室見面。

不久後，吐派克接到了科恩的電話，柯恩是「靈魂震撼與卡林」（Soulshock & Karlin）的經理，這對丹麥的詞曲作者／製作人組合引起了吐派克的注意，他希望能安排一次會面。靈魂震撼笑著回憶起他打電話給科恩之前提出的一個要求：「你能不能先告訴他我們是白人？」掛斷電話後，吐派克立刻打給了威利。

「威利，」吐派克說。

「怎麼了？」

「你認真的嗎？」

「什麼意思？」

「那些製作人。」

「你見過他們了嗎？」威利問

「他們兩個是白人耶。」

「你喜歡那些 beats 嗎？」

「喜歡。」

「那就去製作這該死的歌吧。」威利笑著說。

無論是吐派克還是靈魂震撼（本名卡斯坦・夏克〔Carsten Schack〕），都沒有意識到他們之前曾有過交集。但在他們見面之前，吐派克突然想起來：靈魂震撼是皇后・拉蒂法的ＤＪ之一，當時他正擔任團隊的巡演助理和備用舞者。在他們第一次見面當天，靈魂震撼接到一通電話，是發覺此事的吐派克打來的：「我知道你是誰了！我以前替你扛過他媽的唱片機，還有幫你準備表演器材！所以快帶著你的白屁股過來！」

回憶起第一次錄音的情形，靈魂震撼表示那並不是他們雙人組熟悉的工作環境：「那裡大概有二十個人，一些女孩。每個人都把他們的槍放在錄音臺旁邊，到處都是軒尼詩白蘭地和大麻。我只記得我的搭檔卡林說：『我要離開這裡了。』而他也這麼做了。」

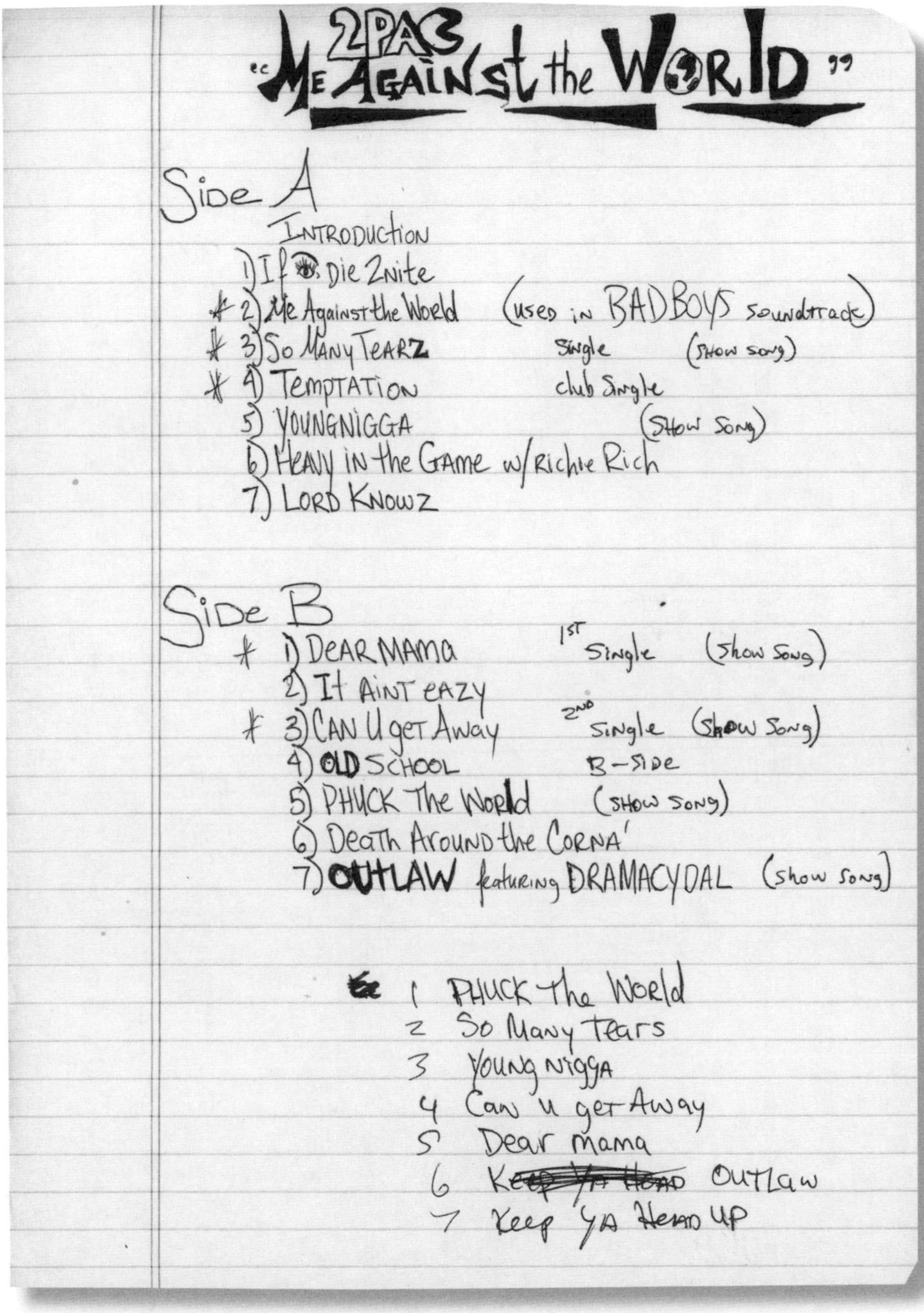

2PAC
"ME AGAINST the WORLD"

Side A
INTRODUCTION
1) If I Die 2nite
* 2) Me Against the World (USED in BAD BOYS soundtrack)
* 3) So Many TEARZ Single (SHOW SONG)
* 4) TEMPTATION club Single
5) YOUNGNIGGA (SHOW SONG)
6) HEAVY in the GAME w/Richie Rich
7) LORD KNOWZ

Side B
* 1) DEAR MAMA 1ST Single (Show Song)
2) It AINT eAZY
* 3) CAN U get Away 2ND Single (SHOW Song)
4) OLD SCHOOL B-SIDE
5) PHUCK The World (SHOW SONG)
6) Death Around the CORNA'
7) OUTLAW featuring DRAMACYDAL (show song)

1 PHUCK The World
2 So Many Tears
3 Young Nigga
4 Can U get Away
5 Dear mama
6 ~~Keep Ya Head~~ OUTLaw
7 Keep YA Head UP

▲吐派克為專輯《與世為敵》手寫的曲目列表，B 面的第一首歌〈親愛的媽媽〉是一位兒子對母親最真情的告白；後來也成了他最具代表性的歌曲之一。

靈魂震撼留了下來，幾天內他們便在錄音室裡完成了兩首歌：〈老學校〉（*Old School*）和專輯的主打歌〈與世為敵〉。仍在尋找 beats 的吐派克又找來了夏克．G。見面當天，吐派克迫不及待開始工作，在房間裡走來走去，等待夏克設置設備。吐派克手裡總是拿著一根大麻，有時會停下來靜靜的審視自己的歌詞，接著指令一下就迅速行動。夏克清楚記得那一天：「就像賽馬在閘門打開時一樣，當是時候進入錄音間時，他就會衝進去，一次性錄了整首歌三遍。他每次都會唱完整首歌，包括三段主歌和副歌，一口氣錄完。」

在那次錄音過程中，吐派克和夏克創作了他最具預言性的歌曲之一，〈無盡的淚水〉（*So Many Tears*）。歌詞充滿了痛苦，從他在巴爾的摩少年時期，到對 Thug Life 計畫的覺醒，並傳達這一使命所需的團結。吐派克在歌詞中寫道：

> 我的每個動作都精心計算過，
> 將我拉近以擁抱英年早逝。

這首歌為聽眾提供了一個窺探吐派克內心的窗口，他在歌詞中記錄下了自己的痛苦和自殺念頭；這是從一個陷入痛苦循環的藝術家心中發出的呼喊，他正面對——甚至是走向——英年早逝的結局。這些歌詞讓人不禁想起他四年前寫的詩〈星夜〉（*Starry Night*），該詩描述了梵谷孤獨、不被欣賞的生活，以及他因自殺早逝。

吐派克的專輯《與世為敵》充滿了他迄今為止最脆弱的歌曲。他解釋說：「這全都出自我的內心，

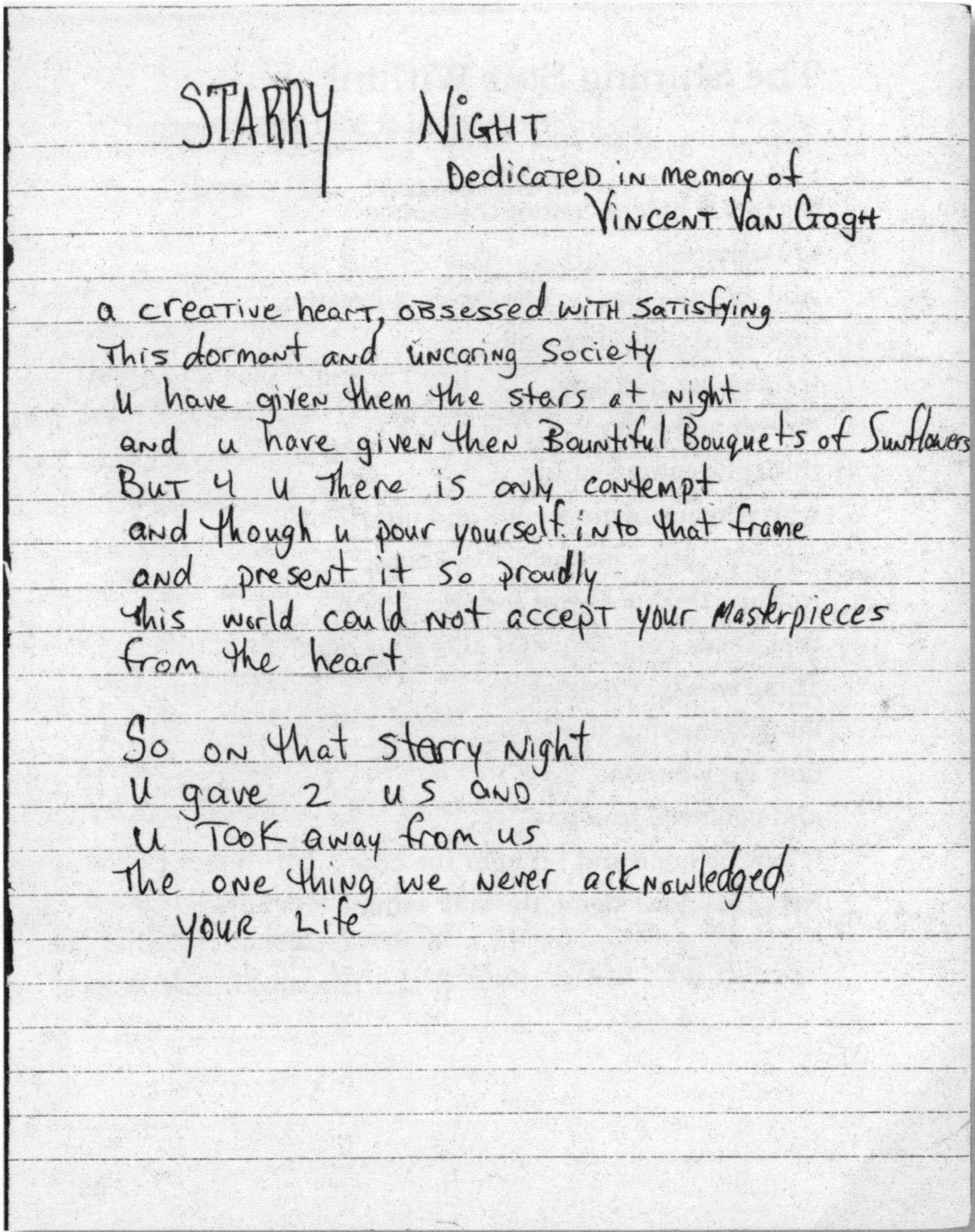

STARRY NIGHT

Dedicated in memory of
Vincent Van Gogh

a creative heart, obsessed with satisfying
This dormant and uncaring Society
u have given them the stars at night
and u have given then Bountiful Bouquets of Sunflowers
But 4 u There is only contempt
and though u pour yourself into that frame
and present it so proudly
this world could not accept your Maskrpieces
from the heart

So on that starry night
u gave 2 us and
u Took away from us
The one thing we never acknowledged
your Life

▲受梵谷生平故事啟發，吐派克在青少年時期寫下這首詩，後來收錄於吐派克的詩集《生長在混凝土的玫瑰》。

這是我最盡可能保持真實且兼顧商業層面的方式。回顧過去的專輯，我的大多數音樂都是這樣的。我只是試圖講述影響我的事情和影響我們社群的事情。有時我是旁觀者，有時我是參與者，有時這只是帶有道德或潛在主題的寓言故事。」

儘管吐派克對即將推出的新歌感到正面積極，但他事業的其他部分仍然在掙扎。越是成功，每次的失敗似乎就越具災難性。

由於哥倫比亞影業對他的法律糾紛表示擔憂，吐派克在《校園大衝突》中的演出暫時停擺。同時，製片人貝里．麥可．庫柏（Barry Michael Cooper）、班尼．梅迪納（Benny Medina）和導演傑夫．波拉克（Jeff Pollack）近期開始為他們的電影《霹靂硬小子》（*Above the Rim*）進行試鏡，該故事講述哈林的洛克公園（Rucker Park）街頭籃球和在公園周邊工作的毒販。他們邀請吐派克在電影中飾演博蒂（Birdie），一個紐約的街頭毒販。透過死囚唱片的老板蘇格，吐派克也有機會為電影的原聲帶錄製音樂。

吐派克的合作演員包括杜恩．馬汀（Duane Martin）、萊昂．羅賓遜（Leon Robinson）、伯尼．麥克（Bernie Mac）、伍德．哈瑞斯（Wood Harris）和馬龍．韋恩斯（Marlon Wayans）。吐派克和韋恩斯被安排一起住在一個兩間臥室的拖車裡，這意味著韋恩斯必須忍耐吐派克抽大麻的習慣。

「他真的把我們的拖車變成了一根大麻雪茄。」韋恩斯開玩笑說。但兩人建立了一種可愛的拍攝友誼。「我曾經叫他棕櫚皂（Palmolive）惡漢，因為他的手很嫩，就像棕櫚皂模特兒的手一樣。還有他的睫毛。我跟他說，他的睫毛就像芝麻街裡的史納菲（Snuffleupagus）。」他們的友誼大多充滿笑鬧，然而韋恩斯也試圖給他一些關於 THUG LIFE 計畫的建議：「也許你應該劃掉 T，把 THUG LIFE 改為 HUG LIFE（擁抱人生）。」

貧民窟的福音

一九九三年十月底和十一月即將發生的事件，將使部分群眾確立吐派克充滿暴力和憤怒的形象。當然，整件事要比它看起來複雜得多，就像在這個時期發生的一起事件顯示的那樣，它表現了吐派克的善良和對孩子的愛。

十月中旬，在拍攝片場整天工作、享受紐約夜店場景和在錄音室通宵達旦之間，吐派克透過馬里蘭州的WPGC電臺得知一位名叫約書亞・托雷斯（Joshua Torres）的年輕男孩被診斷患有絕症。這個十一歲的男孩崇拜吐派克，希望能在病倒之前與他通電話。兩人進行了一次簡短的交談，通話結束時，約書亞問吐派克是否能親自拜訪他。吐派克告訴他，他會試著安排看看。

當吐派克告訴製片人他必須離開城市幾天時，他們猶豫了，擔心他的離開會造成片場停擺，但吐派克還是走了，前往馬里蘭州的阿伯丁（Aberdeen）。約書亞的母親回憶起吐派克來到她兒子床邊的時刻：「約書亞非常虛弱，但他對他微笑並唱了他的一些歌詞。」兩人一起相處了一段時間，他們一起笑，一起哭，並認識彼此。吐派克盡力安慰約書亞，一邊與他交談一邊握著他的手。

這次相遇對吐派克產生了深刻的影響。在他回到片場幾天後，約書亞的父母打電話來感謝他去看望他們的兒子，並讓他知道約書亞在吐派克離開他們家不到一小時後就去世了。為了紀念這個年輕男孩，幾週後，吐派克將他的出版公司從「貧民窟的福音」（Ghetto Gospel）改名為「約書亞的夢」（Joshua's Dream）。

有時吐派克也會在忙碌行程中的休息時間，打電話跟他在亞特蘭大的家人聯繫。一天晚上，葛洛阿姨的電話響了。另一頭是吐派克，當時他正在聽一九七〇年代魅力樂隊（Enchantment）的歌曲〈葛洛麗雅〉（*Gloria*），所以便決定打通電話給她。當她聽著外甥透過電話大聲唱歌時，她溫暖的微笑著，笑著聽著他高聲唱出：「葛洛～～～～麗雅，我的葛洛麗雅！自從妳離開以來，一切都不同了。」在通話期間，吐派克稱她為「葛洛」，從那一刻起，她從葛洛阿姨變成了葛洛，再也沒有變回去。

如果休息時間長達一、兩天，他也會飛去亞特蘭大探望家人。或者去看看自己的子弟兵饒舌團體，該團體由卡塔里和他在紐約童年時期的朋友，雅法．富拉、馬爾科姆．格林尼奇組成。在和吐派克一起度過了北加州的夏天後，他們回到家裡繼續上高中，然後專心做音樂並追求饒舌生涯。該團體的名稱已從「逃離紐約」（Escape from New York）更改為索羅黑茲（Thoroheads）。吐派克持續給這個菜鳥團體鼓勵和建議，熱切幫助他們準備進入音樂產業，並計畫在高中畢業後立即帶他們進錄音室。

穆塔．比爾（Mutah Beale，雅法的童年朋友），也飛到亞特蘭大，搬進了夏庫爾家。起初，穆塔是一位獨立藝術家，但在四人一起寫了一首歌〈殺戮場〉（*Killing Fields*）後，他成為了該團體的一員。穆塔回憶道：「派克一聽到就說他很喜歡，他喜歡我與其他人的化學反應。他說：『我想要你加入團體。』隨後將團名改為『戲劇性殺戮』（Dramacydal）。」在吐派克播放〈殺戮場〉給新視鏡唱片的一些人聽後，唱片公司提議資助戲劇性殺戮進行他們的專輯錄音。

照顧戲劇性殺戮的成員成為了吐派克生活中的重要任務。他教他們生活常識，也教導他們歷史和社會的現實。當他們不聽建議時，吐派克會加以責備，並堅持他們必須努力工作，培養與他一樣強烈的職業道德。也許是因為自己沒有父親，所以吐派克很重視他對戲劇性殺戮成員所扮演的父親角色。他經常回到亞特蘭大查看他們的狀態。

親愛的媽媽，是我對警察開的槍

在一次去亞特蘭大探望艾菲尼、賽琪娃、葛洛和表兄弟的旅途中，吐派克在附近的克拉克亞特蘭大大學（Clark Atlanta）表演。活動期間，人群中爆發了一場鬥毆，瓦塔尼和吐派克的表哥比爾將吐派克護送下臺，從後門離開。吐派克駕駛著他的新BMW，後面跟著一大群朋友和家人，朝著他的飯店開去。

當汽車在飯店路口的紅燈停下時，吐派克注意到路旁兩個白人和一個黑人的爭執。其中一個白人用拳頭打了黑人的頭，將他打倒在地。任何種族衝突都會引發吐派克的憤怒，即使參與其中的是完全陌生的人。他從車上跳下來，準備面對攻擊者。

吐派克的表親丹堤（Dante），當時開在後面，他回憶道：「派克下了車。因為他看到了一個黑人被白人襲擊。當時他大可以轉進飯店，當作沒看到，但是那個（白人）傢伙拿出了一把槍，然後說：『你們這些黑鬼，我要殺了你們所有人！』」

當吐派克下車時，其中一個男人走向他，並用槍直指他。

「我腦中閃過羅德尼・金和昆塔・金德（Kunta Kinte）[1]的畫面。」吐派克後來回憶道。

吐派克毫不退縮，目光注視著那個男人和他的槍，並對車上的人說：「拿槍給我！」

沒有人動作。

他再次大喊：「把槍給我！」

突然，其中一個男人用槍托猛烈的砸了吐派克車上的一扇窗，然後兩人都跑了。被打倒在地的黑人受害者則爬到車上開走了。

吐派克伸手進車內拿起他的槍。

他迅速掃視街道，看到了那兩個男人。接著單膝跪下，像個軍人一樣瞄準。「所有人都趴下！」他喊道。據《紐約時報》報導，兩顆子彈擊中了目標。兩人都被擊倒在地。一人被擊中臀部，另一人被擊中腹部。

然後，彷彿剛剛發生的一切都不存在一樣，吐派克邀請隨行人員到他的飯店房間。史崔奇的兄弟陛下朝著飯店窗外望去，看著剛才發生事件的場景。醫護人員正在帶走那兩個被吐派克射擊的人。「他們好像是警察，」陛下對房間裡的人說：「老兄，你剛剛開槍射的那兩個人是警察。」

丹堤無法相信，吐派克在剛剛在外面開槍射了兩個人後，竟然還在飯店房間裡招待客人：「我嚇壞了，我剛剛看到這個傢伙對兩個白人開槍……快打給我媽，我要閃人了。」

吐派克對著房間裡的大家喊：「喂，大家等一下……我想讓你們聽聽我的新歌！」

幾秒鐘內，〈親愛的媽媽〉開始播放，吐派克的聲音填滿了房間。

丹堤回憶當時的情景：「他就在那邊捲著大麻，笑著，放著音樂，彷彿剛剛對兩個人開槍的事沒有發生過一樣。」

不久，房外傳來敲門聲，所有人都被嚇了一跳，除了正在冷靜捲著大麻的吐派克。有人透過門上的貓眼往外看，回頭說：「是警察。」

「好吧，讓他們進來吧。」吐派克說。

丹堤感到相當震驚：「我說：『什麼？什麼意思？讓他們進來？你剛剛才在外面殺了兩個人！』」

警察進入房間後直接看向了吐派克：「你！出來。」

吐派克站起來，毫不猶豫的說：「對，是我幹的。是我幹的。」

吐派克被逮捕，以五萬五千零五十九美元的保釋金獲釋。是的，那兩個人是警察，雖然他們沒在執勤，但這也不能改變吐派克對兩名警察開槍的事實。但他的直覺並未讓自己失望。檢察官很快就調查出那兩名下班的警察喝醉了，而他們用來砸吐派克車窗的槍，原來是在一次毒品搜查中沒收，後來從證據儲存室偷走。在一系列驚人的轉變中，對吐派克的指控被撤銷了。

自從吐派克簽了唱片合約以來，他一直在快速前進，沉浸在一夜成功帶來的名望和財富中。隨著生活和職涯的節奏不斷加快，幾乎沒有人能跟得上，他沒有選擇停下來，讓自己的頭腦休息一下，避免做出可能帶來負面後果的決定。

女士們，把頭抬高

隨著吐派克繼續魯莽的前進，就在與下班的警官在亞特蘭大發生衝突幾週後，他又遇到了另一起事

1 編按：小說《根》中的人物，他是一名甘比亞人，出生於一七五〇年左右，被當作奴隸帶到美國。

件。這一次將使他的生活停滯不前，並推入最黑暗的道路之一，一條使他再也無法完全找回自己的路。

在紐約拍攝《霹靂硬小子》期間，吐派克在八角（Octagon）夜店結識了一位出生於海地，在布魯克林長大的音樂活動企劃雅克·阿格南（Jacques Agnant）。阿格南在紐約享有盛譽，不僅在街頭因搶劫毒販而聞名，而且在全市的夜店中也都有人脈；他和許多音樂、體育界的重要人物都有交集。吐派克對他身邊的人提到，他想跟阿格南待在一起，以作為他在《霹靂硬小子》中的角色博蒂的模板。阿格南為吐派克提供了另一個窺探美國街頭文化的窗口。在認識阿格南後不久，吐派克購買了一輛全新的七系列BMW和一只勞力士手錶，並將他的寬鬆牛仔褲換成了幾套高級設計師西裝。

吐派克最親密的朋友和家人都曾警告他不要與這個朋友來往，其中也包括瓦塔尼：「我和男哥告訴他：『這傢伙不對勁。』所有人都這麼說。我們都看得出來。我們都告訴他不要理這個傢伙。連麥克·泰森也跟他講別鳥他了……當麥克都這樣告訴你時，或許你就真的該當一回事了。」

吐派克沒有聽從警告。相反的，他加入了阿格南的社交圈，在曼哈頓最高級的夜店中開起香檳。十一月的某個夜晚，在一個叫尼爾斯（Nell's）的夜店閒逛時，吐派克遇到了一位十九歲的女子，名叫阿亞娜·傑克遜（Ayanna Jackson）。

接下來幾天發生的事情充滿了爭議。根據某些報導，吐派克是被介紹給阿亞娜的；其他報導則說是他是主動向她自我介紹。很快，他們兩人就一起到舞池裡跳舞。吐派克後來向記者凱文·鮑威爾（Kevin Powell）回憶了接下來的情景，當時他們跳舞時，整個俱樂部都在播放著震耳欲聾的雷鬼音樂，他說她在舞池裡替他口交。阿亞娜後來聲稱她沒有，她只是「親了一下」，但她承認他們當晚在中央公園艾美酒店裡發生了「兩、三次合意性交」。

幾天後，十一月十八日晚上，阿亞娜又回到艾美酒店吐派克的臥室，親吻他，按摩他的背，因為他說自己在《霹靂硬小子》片場工作了一天，感到非常疲憊。

飯店套房裡還有阿格南、男哥和另一個至今未確認身分的男人。吐派克沒有在隨後的審判中出庭，但他後來與《氛圍》（*Vibe*）雜誌進行了一次長時間的採訪，講述了他和阿亞娜發生的事：「我們進入了房間，我趴著，她按摩我的背。接著她開始按摩我的前胸。這持續了大約半個小時。在這期間，我們會停下來互相親吻。我以為她又要給我口交，但還來不及做這個，一些傢伙就進來了，我比她更緊張……他們開始摸她的屁股……我就站起來走出了房間。我去找塔利巴（在另一個房間），我們聊了一些隔天要做的事，然後我就去躺在沙發上睡覺。」

接下來，吐派克記得自己在客廳的沙發上醒來，阿格南站在他身旁，叫著：「派克，派克。」幾分鐘後，阿亞娜氣憤的從房間裡出來。「你怎麼能讓這種事發生在我身上！」她對他喊道。

阿亞娜的故事完全不同，她說吐派克並沒有在其他男人進入房間時離開，而是強迫她先替其中一個男人口交，然後再幫自己。阿亞娜離開了飯店套房，走進走廊搭電梯，找到了飯店的保全，後者便立即打電話報警。

吐派克和阿格南、男哥一起下樓。他們原本打算在大廳與大個子和他的團隊會面，然後一起前往紐澤西演出。但當他們出電梯時，警察已經在那裡等候了。吐派克、阿格南、男哥，以及大個子和他的團隊都被拘留並接受了詢問。

吐派克、阿格南和男哥被逮捕並被控持有武器、強迫口交，以及兩項性虐待指控，具體罪證包括「強制觸摸臀部」。吐派克在監獄裡度過了五天，以五萬美元的保釋金獲釋，等待審判。男哥在那天晚上說：

「我知道我兄弟派克喜歡女人。他永遠不會傷害女人。對她所受到的待遇，他感到沮喪和受傷，但我和派克並沒有犯下他們指控的罪行。」

在過去的兩年裡，吐派克已經和法院有過不少次交手。但這次的指控使他和他的家人陷入了極度震驚與不信任之中。葛洛回憶道：「對於我和他的母親來說，這就像是又一次噩夢來臨。艾菲尼對這個女人感到同情，但她從來沒有懷疑過吐派克的清白。」

吐派克繼續堅決否認所有性虐待指控，並對他認為是完全虛假的指控感到困惑和憤怒。葛洛回憶道：「他不僅生氣，而且感覺自己被這些指控侮辱了。」

更加痛苦的是，這一次他將不得不起身對抗一位黑人女性。這些指控讓他深受傷害，因此感到被背叛。他一直相信，自己的使命和對社群不懈的愛，將保護他免受這樣的虛假指控。

吐派克所擁有的只有他自己的說詞。在接下來的一年中，他花費了大量時間對抗扭曲的媒體報導和反對者，公開證明自己的清白。諷刺的是，就在吐派克繼續堅決否認對他的指控時，他為了讓世界知道自己關心年輕黑人女性的苦難而寫的歌曲〈把頭抬高〉，登上了《告示牌》排行榜。該歌曲於當年十月二十八日作為《僅為我的弟兄們》的第三支單曲發行，歌詞讚美了黑人女性的力量和他對她們的尊重：

既然我們都是來自某位女人
我們的名字來自女人
我們的成就來自女人
我實在不懂為什麼只會從女人那邊拿好處

為什麼要強姦女人，憎恨女人？
我認為是時候為我們的女人而戰
是時候好好療癒她們
向她們表現真誠
他們會憎恨養育嬰兒的女人
未來將會有一代孩子
如果我們不做些改變
他們會憎恨養育嬰兒的女人
而且既然男人不能生孩子
他就沒有權利告訴女人何時何地該生一個
所以真正的男人應該站起來
我知道你們受夠了，女士們
但記得把頭抬高，昂首闊步

對於吐派克來說，那是一段黑暗的時期。在爭議、被捕以及媒體瘋狂渲染的背景下，他失去了在《校園大衝突》中的角色。「我為他寫了《校園大衝突》。吐派克遇到了麻煩，然後在紐約發生了那一切。從邏輯上講，這是不可能的。」辛格頓在多年後告訴《氛圍》雜誌。

當吐派克試圖捍衛自己的榮譽時，即使是好消息也往往會助長他周圍的爭議。接近年底，當全國有色人種協進會形象獎的提名公布時，吐派克因其在《馬路羅曼史》中飾演的角色幸運而被選中。他與丹佐．

華盛頓（Denzel Washington）並肩入圍，後者在史派克・李的膾炙人口的傳記片《麥爾坎・X》中飾演了麥爾坎。但是，有關吐派克被提名形象獎的消息進一步將他推入了公眾批評的火海。

由首位黑人女性國會議員雪莉・奇瑟姆（Shirley Chisholm）和德洛麗絲・塔克（C. DeLores Tucker）創辦，具有幾十年歷史的非營利組織「黑人女性政治國會」，要求NAACP撤銷他的提名，並禁止他出席當晚的頒獎典禮。對塔克來說，吐派克這個名字並不陌生，她曾發起反對黑幫饒舌的運動，並在唱片行外舉行抗議活動，說服消費者拒絕購買饒舌專輯，她甚至稱之為「文化垃圾」（cultural garbage）。歌手狄昂・華薇克（Dionne Warwick）也加入了塔克，一起抨擊吐派克獲得獎項提名。

NAACP頒獎典禮於一九九四年一月五日舉行，當晚丹佐・華盛頓擊敗了吐派克獲得了獎項。吐派克的朋友和知己潔絲敏・蓋伊在那天晚上也因她在《不同的世界》中的表演而獲獎。當她在節目結束後抵達媒體聯訪棚時，記者們紛紛向她提問——大多數問題都是關於吐派克的。她回憶道：「他們想知道我認為以他的形象是否應該得到形象獎，起初我不知道他們在說什麼。我感到很不自在。我本來準備談的是節目，而不是吐派克。」

形象獎周圍的爭議困擾著他。幾週後，在藍棕櫚（Blue Palm）錄音室，吐派克與作家兼紀錄片製作人漢普頓（Dream Hampton）對談，猛烈抨擊了那些對他落井下石的人：「那些傢伙不想讓我去那裡，他們還替他媽的麥可・傑克森起立鼓掌？」

二月，吐派克在洛杉磯市政法庭出庭與休斯兄弟的案子。當書記宣布案件名稱為《人民訴夏庫爾》（*The People v. Shakur*）時，所有人都在最後一刻才被通知要換法庭。在走廊，吐派克走向了休斯兄弟的四名保全，他們著正裝、打領帶，看起來像是來自伊斯蘭民族的男子。吐派克對他們不客氣的說：「現在連自己的黑人兄弟都要擋了嗎？」

在他們回答之前，休斯兄弟出現了。亞倫和吐派克互飆髒話，而吐派克的律師拉謝爾·伍德特（La'Chelle Woodert）則盡力平息他的情緒。但她的努力沒有什麼效果。也許是休斯兄弟的出現，或是那些總是令他爆發的話——「冷靜點」。無論是什麼原因，吐派克都把情況搞得更緊張了。

然而，吐派克通常的回應是：「我他媽才不在乎咧。去他媽的！」

婚禮會在妳生日時舉行

接下來幾個月吐派克在洛杉磯和紐約之間搭機往返，遨遊在演藝圈為生活帶來的低谷和高峰之間。他繼續致力於完成《與世為敵》，在「起源大獎」（Source Awards）上表演，接受了許多採訪，並於一九九四年三月八日上了第三次《阿森尼奧·霍爾秀》。在多年後的一次訪談中，阿森尼奧說：「我記得吐派克打電話給我是因為，他想為一件他跟某位年輕女士在舞池裡發生的瘋狂事情洗清自己的名譽。」

在節目中，吐派克與阿森尼奧交談，坦率的談到自己被指控而感受到的背叛感，以及不確定結果所帶來的壓力。「我這一輩子的成就，生活中的一切都來自一個只有女性的家庭。我都走到這一步了，卻突然有一個女人說我欺負了她，這讓我非常困擾。」他告訴阿森尼奧。

兩天後在《人民訴夏庫爾》案中，儘管約書亞·托雷斯（他於前一年拜訪的一位重症末期年輕男孩）的父親寄了一封關於吐派克品德的感人信件給法官，但與休斯兄弟的案件還是結束了。吐派克被判傷害罪定讞。隨著案件進展，吐派克得知休斯兄弟的律師已經傳召 MTV 提供他在《Yo! MTV Raps》訪談中自我揭露的片段，這使得法院迅速確立判決。三月十日，吐派克被判在洛杉磯郡監獄服刑十五天。在法庭外，他對著麥克風說：「我認為法官是公平的。雖然我覺得自己沒有得到想要的判決，不過他也盡量公正的審理了。打架就是打架，鬥毆就是鬥毆。但兩分半鐘的問題得讓我在監獄裡待十五天。」由於這個判決，他錯過了三月二十二日《霹靂硬小子》的首映。

隨著夏天到來，在吐派克最沒有預料到的時刻，他竟然與一個年輕女子建立了一段特殊關係，她成為了前方茫茫未知汪洋中的定心錨。他們在紐約首都夜店（The Capitol）的一個派對上相遇；那時是父親節，吹牛老爹（Puff Daddy）辦了個派對。在當晚結束時，他們遇見了彼此，這位女孩身材嬌小、二十歲、有著焦糖色的皮膚，她站在出口附近的走廊上。她對吐派克說：「我知道你現在過得很辛苦，但你要知道這裡還有一些支持你的人。只是你得小心身邊的人。」在吐派克有機會回答之前，人群就把他們推開了。

這次互動使他留下了深刻印象。一個月後，吐派克在隧道夜店（Tunnel）看到了同一位女子，隨後便走向她說道：「妳就是那天穿黑色裙子和黑色靴子的女孩。」

她無法相信吐派克在短暫的相遇一個月後還記得她。

「我到了每個夜店都在找妳！」吐派克說。

「你才沒有哩。」她聳了聳肩，笑了。

「我是說真的，妳叫什麼名字？」吐派克說。

「凱莎（Keisha）。」

在一起跳了幾首歌之後，吐派克彎下腰，撿起一張傳單，撕下一角，把他的電話寫下來：「明天我帶妳出去玩。」

「我明天得工作。」凱莎回答道。她是紐約本地人，夏天時擔任夏令營輔導員，秋天則在約翰杰刑事司法學院（John Jay College of Criminal Justice）上課。

「那妳什麼時候下班？」他問。

「下午六點。」

凱莎不覺得吐派克會打電話來，但他真的打了。「他在六點準時打了電話給我說：『嗨，我是吐派克。』我當時心想……這是真的嗎？」

他請她到飯店的大廳見面。「好吧，但我不想和一大群人在一起。」她說。

凱莎穿了一條牛仔褲、一件白上衣和一雙運動鞋。「我不想穿得引人注目，不想讓他對我有錯誤的印象。」她說。

當她到達時，吐派克已經選好了等等要看的電影。「《阿甘正傳》（*Forrest Gump*）？」凱莎問。

「對，我原本有機會試鏡布巴（Bubba）這個角色。所以我想看看自己錯過了什麼。」

電影結束後，他們走到了第八大道和二十二街的一家小而舒適的義大利餐廳。凱莎告訴他自己在約翰杰學院的課程，以及她在夏令營輔導的孩子們。他談論著自己的下一張專輯，還讓她聽了新歌〈誘惑〉（*Temptation*）的片段，並在餐桌另一端唱給她聽。他們聊了幾個小時。吐派克向她吐露心事，表示他對自己所取得的成就感到驚訝，更不敢相信自己已經賺了一百萬美元。還談到自己的法律問題，解釋說訴訟是在簽下第一份唱片合約後才開始發生的。然後他突然說道，自己可能在二十五歲之前就會死掉。

「你在說什麼？你怎麼會說這麼可怕的話？」凱莎問。

「我的口無遮攔會讓我惹禍上身。我知道。」

吐派克沉浸在這段新關係帶來的平靜中。他找到的這個女孩，不僅享受在夏令營擔任輔導員的時光，還花了很多時間攻讀大學學位。與凱莎在一起的日子，可能是在娛樂產業風暴中唯一的寧靜時刻，讓他能暫時逃離身邊的混亂。

隨著時間過去，吐派克覺得和凱莎在一起相處真的很愉快，因此下一次他探視亞特蘭大的家人時，也帶了她一起飛回去。在這次旅行中，他們一起去購買雜貨，大部分時間都在家裡悠閒放鬆，直到他要離開去參加演出。當他們在深夜回到家時，吐派克在門口叫住了她。

「等一下，」吐派克把凱莎抱了起來，穿過門口：「結婚典禮的時候我就要這樣把妳抱過門檻。」

然而，那天晚上吐派克的浪漫儀式差點釀成大禍。他在睡覺時點了床頭櫃上的蠟燭，結果不小心讓枕頭著火了；後來他們被熱醒，並驚慌失措跑出房間，最後吐派克用一杯蘇打水撲滅了火焰。後來，吐派克笑她自己跳下床還丟下他逃到房外。

「我不敢相信妳竟然把我一個人留在房裡。妳應該和我待在一起的。」吐派克說。

「床著火了耶！」她笑著說。

「對，但我們原本可以一起被燒死的。」吐派克說。

那年九月，他替凱莎買了一枚戒指和一隻小狗。他說當自己出差時，這條可卡犬就可以陪著她。而這枚戒指是表達心意的方式。他拿出了紅色天鵝絨包覆的戒指盒，把它放進小狗的嘴裡。凱莎從狗的嘴裡拿出盒子，打開了它。她說不出話來。那是一枚古董鉑金戒指，形狀像皇冠，上面鑲嵌著四十二顆閃閃發光的鑽石。

沒有求婚。沒有單膝跪地。只是吐派克簡單的一句話：「我們差不多會在妳生日時舉行婚禮。」凱莎對這個提議既震驚又興奮：「我們在六月認識，他在九月給我買了戒指，打算在十一月結婚。」

在那幾個月裡，吐派克持續花很多時間往返於洛杉磯和紐約，這對訂婚夫婦也試圖盡可能多待在一起。在紐約時，吐派克交還了他的飯店鑰匙，和凱莎住在她的公寓裡。有些晚上，他們會一起吃晚餐、看電影，甚至是音樂劇。某個週末，吐派克買了兩張票去看他最喜歡的舞臺劇之一《悲慘世界》，而且不止一次。凱莎回憶說：「我討厭它。我心想：『吐派克，你不是認真的吧？在百老匯所有的節目中，你想帶我去看這個？』」

吐派克對這齣戲的愛毫不掩飾。「沒錯！這是一個強而有力的愛情故事。」他回答。凱莎總是對他豐富多彩的性格感到驚訝。每次他開口，都會用一些新事物來驚喜她。

早上在凱莎的公寓裡，浴室成了吐派克的辦公室，他會在筆記本上塗鴉，一旁的小狗則會在他的腳趾上輕咬幾下。當他結束漫長的寫作活動，有時會看到凱莎在廚房裡做早餐、跟他打招呼。他喜歡荷包蛋只煎單面、蛋黃向上，要煎得很硬，再配上培根和燕麥。晚餐，他喜歡吃烤雞跟起司通心麵。有時候當凱莎準備做晚餐時，他會把她推開，說道：「好了，到旁邊去，妳已經做夠多了。剩下的讓我來吧。」吐派克喜歡煮飯，因為他在凱莎的家裡已經感到很自在，她的廚房成了他的實驗室。

他們在一起的時間，讓吐派克能暫時逃離外界的混亂和生活中的不確定性。他們從來沒有討論過他的電視訪問或媒體醜聞。他們甚至從未討論過他的官司。相反的，他們只是一起在沙發上放鬆，享受彼此的陪伴，夢想著未來。有些晚上，當哈林區的空氣從窗戶吹進來時，他們默默躺在一起，吐派克會想起他的童年。

不斷踏上黑街

那年秋天，吐派克踏進了他第四部電影《黑街殺手》（*Bullet*）的片場。他扮演一個叫坦克（Tank）的戴眼罩的毒品販子，將與米基．洛克（Mickey Rourke）、安德林．布洛迪（Adrien Brody）和唐尼．華伯格（Donnie Wahlberg）等人合作，並在著名MV導演朱利安．坦普（Julien Temple）的指導下工作。

一如往常，吐派克很快就交到了新朋友。他與洛克更是立刻就建立起關係。談起他們的友誼，洛克說：「吐派克和我都來自街頭，這種情況要不就相處融洽，要不就鬧翻。然而我們一拍即合。」在電影製作過程中，兩人在曼哈頓的廣場飯店住同一間套房。他們藉此一起探索紐約的夜生活，同時也毀了飯店房間（甚至嚴重到洛克被提告）。兩人經常在城市各地的酒吧閒逛，洛克記得他們當時的名聲非常響亮：「有天我們正準備要過馬路去一間夜店，我在對面就已經聽到保鏢說：『他們兩個一起來了，這下怎麼辦？』」

「我帶他去了市中心，介紹他給約翰．高蒂（John Gotti）[2]認識，他很開心。但說實在的，我們兩個都真的不應該和那種環境有瓜葛。」幾年後，洛克回憶道，時間已讓他將世事看得更加透澈。

到了一九九四年底，吐派克每天閱讀的報紙開始越來越常報導他的故事。最近，他的歌詞再次引起了爭議。就像在德克薩斯州州警事件中一樣，他的歌詞被引用為密爾瓦基兩名殺死一位警官的青少年的犯罪靈感。

吐派克聘請了艾菲尼的朋友、試圖引導他走向新非洲黑豹黨之路的喬奎・盧蒙巴當他的律師，並在《洛杉磯時報》上發表了評論：「吐派克是一位藝術家，他的作品是社會評論。任何人被殺都是個不幸的事件，吐派克從來沒有告訴任何人去射殺警察。的確，他唱的是關於警察的問題，但那些問題在他出生之前就存在了。」

隨著吐派克備受關注的審判日接近，這件事無論他走到哪裡都跟著他。某天晚上在紐約的一個喜劇俱樂部，一位女喜劇演員看到他在現場，便對這個案子開了一些玩笑。雖然他對這些玩笑感到受傷，但吐派克保持了冷靜，笑了笑，耐心等待她轉移話題。「他不僅一直堅持自己的清白，還保持了冷靜。那段時間對所有人來說都是非常動盪不安的時期。」吐派克的表哥比爾回憶道，這一切都給他帶來了沉重的打擊。

2 編按：義大利裔美國黑幫、紐約市甘比諾犯罪家族的老大。

18

給我未出世孩子的信

1994

告訴全世界我只認了焦慮這條罪。
我絕對不可能是強姦犯。

——〈給我未出世孩子的信〉（*Letter 2 My Unborn*）

一九九四年十一月二十九日，吐派克靜靜坐在紐約州最高法院的法庭中。二十多年前，身懷吐派克的艾菲尼，也曾經在這棟建築物裡，為了自己以及未出世孩子的生命奮鬥。吐派克被指控犯下了他堅決否認的罪行。他懷疑美國政府可能再次牽涉其中。「我覺得有人在設計我，因為我是吐派克．夏庫爾。我的母親是黑豹黨成員。這都是因為過去黑豹黨的歷史以及我現在做的事造成的。」吐派克如此告訴《氛圍》雜誌記者凱文．鮑威爾。

艾菲尼很關心這件事。這一生中，她一直希望不論如何都要讓兒子遠離監獄。當年在尋找為自己辯護的人選時，她設定了很高的標準，最終相信只有自己才能達成無罪判決。現在，她必須找到一位律師來幫忙兒子辯護，確保能同樣獲得無罪。

在穆圖魯和喬奎的推薦下，她聘請了麥可．沃倫（Michael Warren），他曾打贏許多知名案件，包括她的一些黑豹黨朋友和同事的案件。沃倫曾代表穆圖魯參加他的假釋聽證會，值得一提的是，八年後，他也是中央公園五少年案的首席辯護律師，這些少年在一九八九年時被錯誤的指控於中央公園強姦和襲擊一名白人女子。

沃倫的團隊中還有一位名叫艾莉絲・克魯斯（Iris Crews）的律師；多年前當她還是一名法律系學生時，也曾經協助穆圖魯的案子。克魯斯告訴沃倫，她想要在投入這案子前先見見吐派克，因為她不願意替自己不信任的人辯護。

我所做的只有饒舌和說出真相

他們在布魯克林的河岸咖啡（River Café）見面。克魯斯回憶道：「我們談論了那個年輕女士。我們談論了這起事件，他告訴我發生了什麼事，更重要的是，他給了我繼續進行這個案件所需的尊重，因為我必須能夠在看著他的眼睛、傾聽他的聲音時，相信這個年輕人。他替我開門，也替我拉開椅子。我見到的不是虛張聲勢，也不是那些髒話。我見到了一個非常不同的人。他與電視上的模樣非常不同。吐派克感到害怕、受傷，也認為自己遭到背叛，他對我說：『我尊重女性，沒想到有人會這樣設計、背叛我……』這傷害了他。這真的讓他很痛苦。」

當沃倫和克魯斯得知丹尼爾・菲茲傑羅（Daniel P. Fitzgerald）將擔任首席大法官時，他們便明白這會是一場硬仗。菲茲傑羅是紐約市長魯迪・朱利安尼（Rudy Giuliani）的親密盟友，他的政治觀點與吐派克完全相反。沃倫表示：「菲茲傑羅是朱利安尼的傀儡，就像操偶師在背後提線控制他。」

整個審判過程中，吐派克都保持沉默。他一邊聽著每天的日常議程，一邊不停在黃色紙本上寫作。他寫了歌詞，曲目清單和詩。他甚至手寫了一部名為《十二號休息室》（*Dayroom 12*）的九十九頁劇本，之後將題目改為《懷疑的陰影》（*Shadow of Doubt*），最後是《長不大的男人》（*Manchild*）。主角是卡洛·肯恩·帕克（Karlo "Kane" Parker）——一位正處於事業巔峰的成功饒舌歌手，遭人設計了自己未曾犯下的罪行。故事的最後一頁，卡洛被判無罪，與他的愛人凱倫（Karen）一起奔向日落。片尾最後註記，主角後來仍然「在娛樂產業工作，但已經不是饒舌歌手，而是作家」。

克魯斯好奇吐派克每天坐在她身邊都在寫些什麼。她回憶說：「有天他在寫羅伯特·佛洛斯特的詩。我看了他寫的內容，接著請他讓我看看。」克魯斯看了一下筆記本，第一百頁上寫的是〈輝煌之物難久留〉，吐派克將這首詩題為〈輝煌之物〉。

然而在法庭外，他就沒那麼安靜了。有些日子，在法庭休庭後，吐派克會在人行道上對新聞記者為自己的案子辯護。當他被一小群記者包圍，一堆麥克風擠向他的臉時，他把這場審判說成是對他以及更廣泛群體的攻擊：「他們認為我的行為無法無天，就是個街頭惡棍，所以他們認為只要能夠懲罰我，那麼就能繼續懲罰那些不像我這麼勇敢的人，不像我這樣會開口反擊的人。」

他繼續說：「三十項指控，沒有一項與我有關。」

一名記者問為什麼吐派克的指控者會捏造這些故事？吐派克堅定的回答：「我的確犯了很多錯。我可能是個大男子主義沙豬。我可能對很多事情不夠關心。我可能沒有花足夠時間陪伴那些我應該陪伴的人。但我不是強姦犯。」

他最後在人行道替自己的證詞下了總結：「我所做的一切就只有饒舌音樂！我所做的一切就只是饒

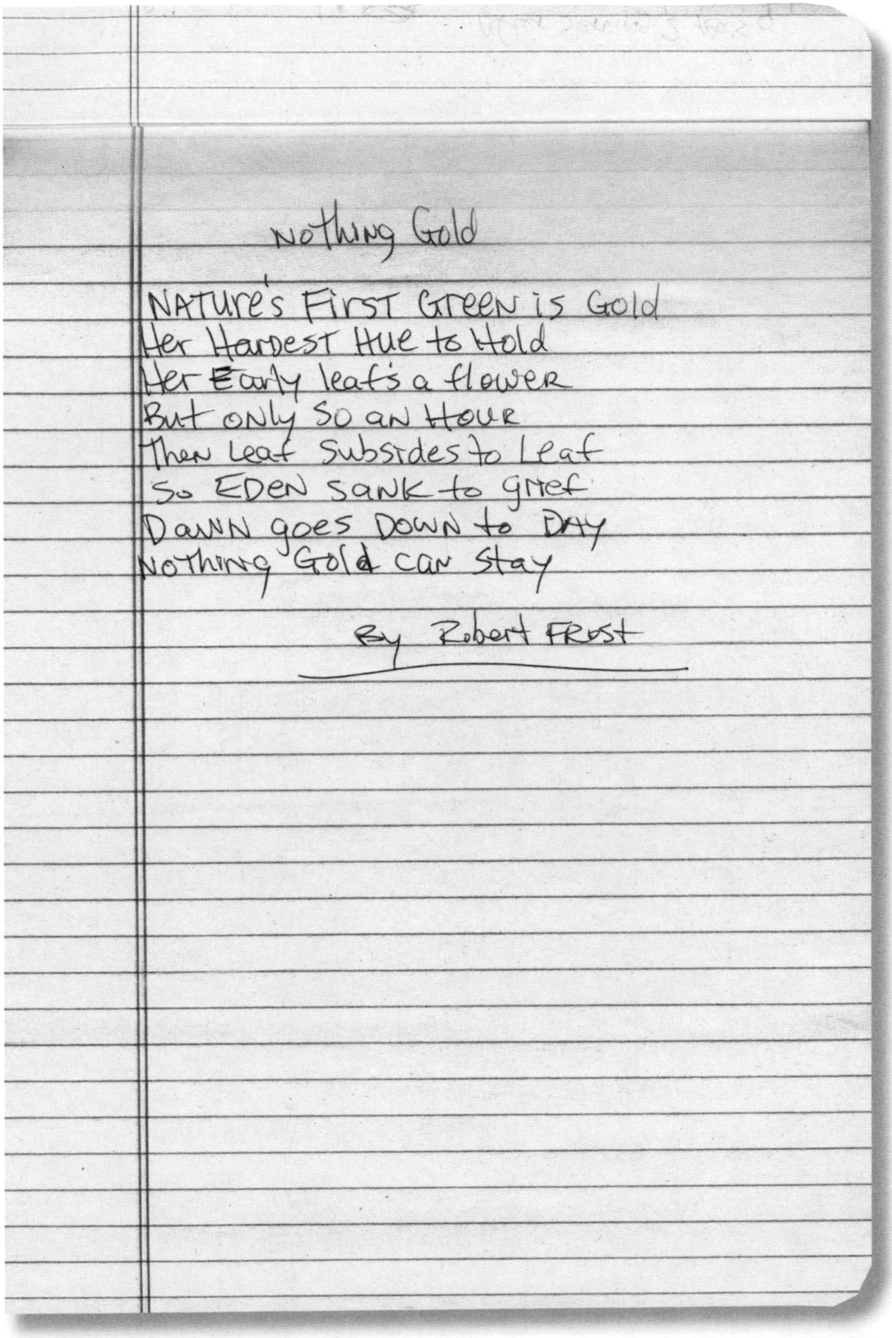

Nothing Gold

Nature's First Green is Gold
Her Hardest Hue to Hold
Her Early leaf's a flower
But only so an Hour
Then Leaf Subsides to Leaf
So Eden sank to grief
Dawn goes Down to Day
Nothing Gold can Stay

By Robert Frost

▲在審判期間，吐派克經常在他的筆記本上寫字；其中一頁他寫下了佛洛斯特的詩〈輝煌之物難久留〉，或許表達了他的無奈，並只能接受即將到來的命運。

舌和勇於發聲。我最大的罪行就是說出真相……除了這個，你們什麼證據都沒有。」

「五槍打不死我，我笑著挺住了」

十一月三十日，隨著審判接近尾聲，陪審團開始進行審議。吐派克、札伊德、史崔奇和另一位朋友佛萊迪．五毛．摩爾（Freddie "Nickels" Moore）前往哈林區當地 DJ 羅恩．G（Ron G）的錄音室錄製一首叫做〈致命組合〉（*Deadly Combination*）的歌曲，與出生在哈林的饒舌歌手大 L 合作。在這個過程中，吐派克的呼叫器收到了來自「追隨者娛樂」（Henchmen Entertainment）的吉米．亨奇曼（Jimmy Henchman）的訊息，兩人是透過阿格南認識的。亨奇曼問吐派克有沒有興趣為他的客戶「小尚恩」（Little Shawn）錄一段主歌，小尚恩是壞小子唱片公司（Bad Boy Records）的藝人。談妥了七千美元的費用後，吐派克便前往時代廣場的四方工作室（Quad Studios）準備錄音。

當吐派克和團隊於淩晨十二點二十五分抵達錄音室時，一個熟悉的聲音從上方的窗戶向他問好。那是饒舌歌手小西斯（Lil' Cease），他是大個子的好友。在進入錄音室前，吐派克總是會保持警戒，當時他注意到有個穿著迷彩服的男人站在門口。吐派克回憶道：「當我們走到門口時，他甚至沒有抬頭看，我從來沒遇過有黑人不屌我的，他們要不是嫉妒，要不就是會對我打個招呼表示尊重，不論怎樣都一定會注意到我。但這人只是看了我一眼，然後就低下了頭。事情有點不對勁，但因為當時我正在抽大麻，所以沒有想到會在大廳遇到什麼事。」

進門後，他們經過了警衛，進入了一個小區域等待電梯。突然，兩個年輕的黑人男子從後面跑進來，大喊著：「你們這些黑鬼趴下！」接著將槍口對準了吐派克、佛萊迪、札伊德和史崔奇：「把你們的珠寶都交出來！」

吐派克沒有趴下。相反，他迅速轉過身來面對這些人。其中一個試圖抓住他的手臂。吐派克急忙抽回了手。札伊德回憶道：「他眼中沒有絲毫恐懼。」

當吐派克撲向瞄準他的槍時，他同時也伸手拔了自己的槍。其中一名搶匪大喊：「有槍！」劫匪扣動了扳機，一陣槍聲爆響。札伊德記得接下來聽到的就是吐派克倒地時靴子在地板上碰撞的聲音：「兩顆子彈穿過了他的皮膚，你可以看到子彈進入的地方。然後是兩條平行的線，從他的頭皮上劃過。他們擊中了他的頭，也擊中了他的手……他被擊中後便也扣下了扳機。」子彈穿透了吐派克身體的多個部位，但究竟是哪把槍發射的子彈至今仍然是未解之謎。吐派克認為自己被襲擊者開了五槍。

吐派克回憶道：「他們把我的頭猛踹向水泥地，我只看到白色，一片白色。」

其中一名搶匪將槍對準了史崔奇、札伊德和佛萊迪，他們趴在地板上，而另一名拿了吐派克兩把槍的其中一把，以及價值約四萬美元的鑽石和黃金珠寶。在這些人離開之前，他們用槍捶了吐派克並踹他的頭。

當吐派克躺在地板上時，札伊德向他喊道：「欸，你還好嗎？」

「我中槍了。」他勉強說道。

札伊德抓起吐派克剩下的一把槍，衝到外面追那些人。吐派克站了起來，流著血跟在後面走了出去。他們試圖尋找那兩個搶匪的下落，但沒有找到。片刻後，他們搭電梯到了八樓。吐派克一瘸一拐走進錄音室，他的頭和身體都在流血。數十人在場，包括大個子、吹牛老爹和上城唱片（Uptown Records）的總裁安德烈．哈瑞爾（Andre Harrell）。

吐派克找到一臺電話，打電話給凱莎，叫她跟艾菲尼說，然後打了九一一。

救護人員和警察很快就到了。吐派克注意到，這些警察就是他被捕當晚在中央公園艾美酒店現場的那些警察。其中一個還剛在審判中作證對抗他。救護人員為他處理傷口，將他固定在擔架上，然後穿過一群記者把他抬出建築物。所有記者看到吐派克出現時都非常激動，憤怒的吐派克則挑釁的向他們比出中指說道：「我不敢相信你們連我躺在擔架上都還要拍！」

當他們把吐派克抬進救護車時，警察站在附近，救護人員正在處理他的胯部。吐派克後來回憶說：「其中一個臉上帶著笑容，看著我的睪丸說：『你好啊，吐派克，還好嗎？』」

就在那時男哥趕到了，他跳進救護車和陪同吐派克。當兩人朝醫院趕去時，凱莎乘計程車趕去布朗克斯表妹賈瑪拉的公寓，那是艾菲尼和葛洛阿姨陪吐派克進行審判的落腳處。然而凱莎只知道街道地址，不知道公寓號碼，且賈瑪拉也沒有電話。在沒有其他選擇的情況下，凱莎只能站在建築物前面大喊：「賈瑪拉！吐派克中槍了！吐派克中槍了！」幸運的是，葛洛聽到了她的聲音，從窗戶探出頭來。

「他在貝爾維尤！」她對他們喊道。

艾菲尼、葛洛阿姨和凱莎趕到了貝爾維尤醫院，那裡的醫護人員向她們更新情況，並告訴她們吐派克仍在手術中。在等待室裡度過了幾個小時後，醫生通知他們吐派克正在康復。但就在片刻之後，他又被帶回手術室，治療一條止不住流血的腿部血管。

第二天下午四點，記者和粉絲湧入醫院，全世界開始得知吐派克．夏庫爾中槍的消息。吐派克從麻醉中醒來時，仍感到昏昏欲睡，艾菲尼先進去看他，然後是葛洛。吐派克對她們說：「看看他們對我做了什麼。」艾菲尼迅速整理了情緒，回到了等候室，開始處理越來越多的訪客。瓦塔尼確保了場地安全，下令提升保全層級，並找了來自 X-Men 保全公司的人員，由伊斯蘭國的前成員擔任。

在等待室裡那些混亂和急切的交談中，葛洛注意到大個子獨自一人站在一旁。她回憶道：「大個子看起來很傷心。他不像其他人一樣站在一起試圖探望吐派克。他只是獨自一人站在牆邊。」然後艾菲尼注意到，吐派克的「生父」比利．加蘭出現了。多年之後，他突然急迫的想見自己的兒子。

作為看門人，艾菲尼自然可以決定誰能看望兒子，葛洛說：「她感到不知所措。那天醫院裡一片混亂，她也試圖弄清楚當時該做什麼才是正確的。」無論是基於情感還是理性，艾菲尼同意讓他進去。站在吐派克的床邊，凱莎傳來了消息：「等候室裡有個人說他是你的父親。」

「什麼？」

「而且他長得跟你一模一樣。」

片刻之後，一張熟悉到出奇的臉出現在他旁邊。「你還好嗎？老兄。」

吐派克抬頭看著比利，他以前見過這個男人，當時艾菲尼帶他去看他時，他還是個嬰兒，但因為比利有自己的家庭，並且那時似乎對父子關係不感興趣，所以艾菲尼轉而讓熱情宣稱吐派克是他兒子的男人——雷格斯擔任了這個角色。

當雷格斯出現並站在吐派克的搖籃旁說「對，他是我的孩子」時——那正是艾菲尼需要的一切。雷格斯希望吐派克成為他的兒子，並對成為他的父親感到興奮，即使他並不是最常在身邊的父親。在雷格斯去世多年後，吐派克也一直在想念他。

而現在，九年後，吐派克對於幼兒時期訪視比利毫無記憶，站在他身邊的人只是一個陌生人，這個人宣稱自己是他的父親加劇了吐派克剛剛經歷的震撼。但他們的外貌相似到令人不可思議。葛洛說：「吐派克告訴我們，當他抬頭時，他以為自己已經死了，因為他看到了一個看起來和自己一模一樣的人。他想著，我是在天堂嗎？我死了嗎？」

即使有一群私人保全在病房外警戒，吐派克仍然無法放心。這個聲稱自己是他父親的男人來訪，加劇了他對再次受到突襲的恐懼。吐派克的心像一張由偏執、痛苦和困惑糾結而成的網。他承受的壓力到了臨界點。他需要離開那張床，抽根大麻或香菸，任何能讓他頭腦清醒的事都好。

在部分麻醉的情況下，他站起來走出了房間。其中一名保安似乎感受到了吐派克的絕望，所以沒有試圖讓他回到床上，而是幫助他走下電梯，到等候室找他的媽媽。

在接受手術不到三個小時後，吐派克在充滿腎上腺素和焦慮的狀態下，穿著病人服、外套和鞋子走進了等候室。他的頭、手臂和腿被紗布包裹著，拖著點滴架。當艾菲尼正在與剛到的賈馬爾交談時，她抬頭看到了兒子。

「你要去哪裡？」她平靜的問吐派克。

吐派克開始懇求母親，認為如果自己不立即離開醫院，他的生命將受到威脅。「現在就帶我出去。」他的眼睛因恐懼而瞪大。

沒有任何猶豫，葛洛便跑出醫院去找車，而艾菲尼找到了一輛輪椅。然而，當他們快要走出門時，一名醫院保全阻止了他們。「你們不能走。」他說。

賈馬爾知道沒有人能改變吐派克的主意。他將保全帶到一邊，小聲對他說話，以免讓等候室裡的其他人聽見：「看看周圍，我這裡有大約十個兄弟。有前黑豹黨成員，還有伊斯蘭民族的人。我建議你現在去拿需要簽的文件給我們，然後跟我說後門的出口在哪。」

艾菲尼對兒子剛做出的衝動決定感到害怕，但她也覺得在這個充滿恐懼和不確定性的時刻支持他是很重要的。她推著吐派克出了醫院。那時是下午六點四十五分，自從槍擊事件發生還不到二十四小時。

當他們準備離開醫院時，記者、粉絲和攝影師都湧向了後門的出口。這時，米基．洛克擠過人群出現了，他一聽到吐派克中槍就從邁阿密衝上飛機，剛好趕上吐派克離開醫院的時刻。當他們前往凱莎在哈林區的公寓時，醫院的創傷外科醫生帕切特（Pachter）才得知吐派克已經自行辦理出院，他對記者說：「在我二十五年的職業生涯中，從沒見過有人像這樣離開醫院。」

艾菲尼和瓦塔尼聘請了一名私人醫生照顧吐派克，讓他藏身在凱莎的公寓裡。穩定了吐派克的狀況後，醫生向凱莎解釋了治療細節。醫生告訴她要注意的事項，並警告她一旦發現某些特定徵兆，就要馬上打電話給他。當醫生在講話時，吐派克拍了拍凱莎說：「妳沒在聽醫生說話！」

「我在聽，吐派克。」

「妳沒在聽。認真一點聽醫生講話。」

「我已經四十八小時沒睡了，吐派克。」

「我剛剛還中槍了哩！」

醫生離開後，凱莎發現到吐派克的腿仍然在流血。她打電話給艾菲尼和瓦塔尼，他們在當天勸說吐派克回到醫院，並化名為鮑伯．戴（Bob Day）入院。吐派克和凱莎在病床上看電視。槍擊事件和審判的報導讓他成了十一點新聞的頭條。當然，在新聞之後，深夜脫口秀主持人也發表了評論。看著新聞和喜劇演員的嘲弄，吐派克變得越來越沮喪。

當他正試圖在醫院的床上休息時，電話響了。由於他們使用了化名入院，吐派克認為可能是家人打來的，但當他接聽電話時，卻聽到了一個陌生且充滿嘲諷的聲音：「你還沒死啊。」

吐派克大力掛了電話。他需要找一個絕對沒有人能找到他的地方。是時候切斷所有他不信任的人了，他已經厭倦了隨便與人往來。他認為那晚在四方工作室的每個人都知道搶劫和開槍的人是誰。而且因為大個子當時在場，吐派克相信他也知道幕後黑手是誰。

吐派克懷疑阿格南在性侵案中設局陷害他，甚至參與了這次的槍擊，不過阿格南否認了這一切。吐派克甚至結束了與摯友史崔奇的友誼，因為他覺得史崔奇應該在他被攻擊時做出一些行動保護他。

十二月一日，也就是中槍後僅僅四十八小時，吐派克坐著輪椅回到了法庭，頭上包著紗布，戴著紐約洋基隊的棒球帽。陪審團也來到現場。今天他將得知自己的命運。但午餐後，沃倫通知法庭，吐派克因為受傷腿部必須返回醫院。所以他不會在場聽取宣判結果。

陪審團進入法庭後，菲茲傑羅法官詢問陪審團他們的決定：「第一項指控你們的裁決是？」

陪審團團長：「無罪。」第一項指控是猥褻未遂罪。

「第二項指控呢？」

「雞姦，無罪。」

「第三項指控呢？」

「雞姦，無罪。」

對於三項持有武器的指控也是「無罪」。

但在一級性虐待上，陪審團認為「有罪」。
吐派克一直堅持自己沒有強姦或雞姦他人，最終這些指控他都被判無罪。而關於性虐待的有罪判決原因則是「強制觸摸臀部」。
在宣判後，吐派克的共犯男哥立即被護送走並關押，等待判刑日期。吐派克將繼續保有自由之身；由於他的健康狀況，法官給予他額外的時間康復，法定日期延長到十二月二十四日，他才需要返回監獄。
在那三週時間裡，由於家人非常害怕有人會再次傷害吐派克，艾菲尼知道她得把兒子藏起來。但是，新聞媒體的追捕使情況一天比一天更加困難。
吐派克想到了潔絲敏．蓋伊。她每天都來法庭支持自己，成為了他最忠實的朋友之一。吐派克認為也許能待在她家恢復身體，不受到新聞媒體的打擾或擔心有人找到他。
潔絲敏回憶道：「對他來說，沒有其他的避風港了，他身上有那麼多傷口。這是一個可怕的時刻，要應對外部世界的紛擾，還不能在醫院接受治療。」她毫不猶豫幫助了吐派克，讓他住進她在曼哈頓棕磚石的房子。「吐派克同時還在試圖釐清誰背叛他、對他開槍，以及誰是他真正的朋友這些問題。這快把他搞瘋了。」

別讓他們碰我的屍體

吐派克整日坐在潔絲敏的沙發上，憂鬱又絕望，對於自己從未犯下的罪行感到痛苦。吐派克已經到了崩潰的邊緣。一天下午，當艾菲尼、葛洛和家族友人路易莎來看望他時，他們見到了難以想像的場景。

他們進入潔絲敏家，穿過黑暗的走廊進入客廳。震驚的發現吐派克坐在沙發上，一手拿著散彈槍，另一手拿著點四五毫米手槍。他的前額上用黑色麥克筆寫著「去他媽的世界」（fuck the world）。葛洛說：「我彷彿看到一個魔鬼在吐派克的肩上。他當時非常沮喪。」

他們三人悄悄走進後面的房間喘息片刻。

過了一會，艾菲尼走回客廳，跪在她唯一的兒子面前。

她希望吐派克能堅強，並告訴兒子他需要「為這個世界上的美好而戰」。

這是一場關乎生死的對話，後來艾菲尼也回憶起這個時刻有多麼關鍵：「那天我坐下來，說服了我兒子繼續活下去。」

第二天，卡塔里、雅法、馬爾科姆、穆塔、葛洛和富拉都來了。仍痛苦不堪的吐派克坐在沙發上和他們交談，並提出了一個令人震驚的請求。

吐派克已經詳細計畫好了一切。他希望大家開車把他帶到樹林裡，他們會在那裡一起分享最後一根大麻。然後，他們會先離開，把吐派克和散彈槍留在那裡。「事情發生後，不要讓他們碰我的屍體。我不想讓他們碰我的身體。請你們把我帶走。」吐派克說。

他們焦慮的聽著他的懇求。他沒有抱怨，也沒有哭泣。只是神情絕望的坐在沙發上。他說，除了逃跑或自首，他別無選擇。他擔心逃跑會讓所有人都處於危險，這是他最不想要的。他特別擔心在布朗克斯的表妹賈瑪拉和她年幼的女兒伊馬尼（Imani）。如果他逃跑了，他認為警察會首先破門進去。當局會騷擾他的家人，有人會因此受傷。但**如果他自殺，一切都結束了。沒有追捕，沒有其他問題。一切都將**

結束。「就像在拍電影一樣。他一點也沒有陰鬱的感覺，」葛洛回憶起吐派克向大家詳細說明這個計畫的情形：「他要我們告訴穆圖魯：『有人成功以自由之身死去了』。」

吐派克要求每個人立下承諾。但沒有人說話。他們只是直直盯著他，一臉不敢相信。富拉堅定的站在原地，搖了搖頭。葛洛跑到浴室，關上了門。她說：「對我們所有人來說，這是一段非常痛苦的時期。這太不現實了。我絕對不同意我的外甥這麼做，但我們仍必須試著度過這個該死的時刻。」

吐派克無視了所有家人的勸阻。後來，他反思了那一刻，以及那場審判對他靈魂的影響：「我感覺到自己很想自殺，但我沒辦法。我只是希望找人替我殺了自己。」

一週過去，外界得知吐派克藏在潔絲敏的家裡。電話與門鈴不斷響起。家人和朋友開始不打招呼就來，擠在潔絲敏屋內的狹小空間。新視鏡唱片希望凱倫能回到吐派克的團隊，協助與審判相關的公共關係工作。她打了通電話給吐派克，問是否可以帶比利來看他？凱倫和比利認識很久了，也知道他一直渴望建立父子關係。

儘管吐派克仍在試圖消化父親仍然活著的事實，但他還是同意了讓比利來看他。在與比利一起坐了幾個小時後，吐派克被他的存在壓得喘不過氣。凱倫回憶：「他打了電話給我說：『妳答應過不會把他留在這裡太久的。他只是想坐在這裡喝酒抽大麻。我已經有很多人會和我一起喝酒抽大麻了。』」凱倫推測道：「我想吐派克一直在尋找那種父親的感覺，就像他從穆圖魯那裡得到的一樣。」吐派克意識到自己無法從比利那裡獲得這種感覺，這令他當時生活中一切的殘酷現實變得更加沈重。

在潔絲敏的房子住了兩週後，吐派克該搬家了。當家人收拾他的東西時，吐派克問潔絲敏是否可以借一頂假髮，讓他在走出紐約的人行道時可以偽裝一下。

一走出門，吐派克立刻感受到了冷酷的東岸。他不想搭計程車，在室內待了這麼長時間之後，他打算在外面走走，感受室外和冰雪在他腳下嘎吱作響。他用步槍當拐杖，蹒跚的走了將近五個街區，沿著曼哈頓的街道到了下一個安全屋：艾斯普奈德飯店（Esplanade），位於西七十四街和西端大道。然後他打了電話給凱莎。

「妳能來幫我做飯嗎？我想吃塔可。」凱莎立刻就到了，做飯的同時，吐派克反覆播放著瑪麗·布萊姬的專輯《我的一生》（*My Life*）[1]。直到深夜，他都還在尋找不向當局自首的辦法。

當吐派克繼續思索解決方案時，密友潔達和潔絲敏籌措了他的保釋金，但還是遠遠不夠。法庭將保釋金設定為驚人的三百萬美元。

十二月二十三日，就在吐派克報到的前一天，他仍然表示抗拒。「去他媽的，我不進監獄。」他如此告訴他的家人。

凱倫試圖向吐派克解釋，如果不自首，他將成為逃犯。法律將追捕他和所有認識他的人。最後，他的律師克魯斯和麥可·沃倫抵達酒店，帶來了一個說服他的計畫。在審判過程中，克魯斯和吐派克在法庭上坐在一起吃了許多午餐，建立了深厚的情誼。克魯斯相信，如果能和他待在一起幾分鐘，她就有機會說服他去自首。克魯斯後來回憶說，當她那天抵達艾斯普奈德飯店時，腦海中閃過的想法是：「我希望上帝能給我合適的話語，讓我幫助這位年輕的兄弟。」

當他們在房間裡獨處時，她靜靜說道：「吐派克，我們可以做到的。我們所有人都會一起陪著你。」

吐派克回答說：「看看穆圖魯發生了什麼事。我不會讓那種事情發生在我身上。」

「我們會照顧你的。」

「不。我不會在監獄裡度過餘生的。」克魯斯讓吐派克說他想說的話，直到他無話可說時，她擁抱了他。

「抱著他和他說話……這一切都源自那兩個月我們建立起的信任……最終他說：『好吧，我去自首。我去自首。』」克魯斯回憶道。

幾個小時後，十二月二十四日凌晨兩點，為了避開媒體和預期的人群，吐派克自首了。他和家人以及律師一起抵達了貝爾維專營醫院的監獄病房，在那裡他將繼續在醫生的照顧下康復，等待著即將到來的判決日期。

隨著聖誕節過去和新年臨近，艾菲尼和葛洛在醫院監獄病房的大廳裡度過了漫長的日子，迎接一波又一波前來支持的客人。當賈馬爾來訪時，吐派克在探視室裡與他見面，身穿著醫院長袍，由監獄警衛護送。他們的談話很快就轉移到了吐派克的 Thug Life 計畫上。

我沒有創造 Thug Life

多年來，賈馬爾、瓦塔尼和穆圖魯一直與吐派克討論 Thug Life 的整體願景、方向和目標。他們三個都來自政治背景，也都誓言堅守黑人力量和身分認同的主題。不過賈馬爾希望有更進一步的討論，希望

1 編按：許多歌曲主題都涉及憂鬱症、布萊姬與毒癮和酒癮的鬥爭，以及處於虐待關係中的經歷。

理解吐派克未來的願景。賈馬爾解釋說：「他會反覆和我討論 Thug Life 計畫，因為其他人從來都沒有真正同意它過。」

但是當賈馬爾在貝爾維尤醫院提到 Thug Life 時，吐派克打斷了他：「賈馬爾，在你開始說話之前，我想告訴你這裡幾天前來了一個孩子。你知道這孩子對我說了什麼嗎？」

「我不知道，他說了什麼？」

「他說：『吐派克，你是我的英雄。老兄，我簡直不敢相信是你。』我對他說：『等一下，老弟。我為什麼是你的英雄？』他說：『你總是泡到女孩子，你還向警察開槍……』我對他說：『如果這是我成為英雄的原因，那我寧願不要成為任何人的該死的英雄。』賈馬爾，我在那一刻知道了，這個『Thug Life』必須結束。它結束了。」

「我早就告訴過你它早該結束了。」

「那時候我還不理解。我現在清醒了。」

「很好。」

「而且既然我無論如何都要死，它就需要——」

賈馬爾打斷他：「你為什麼老說這個？」

「因為我是夏庫爾家的一員。」

「吐派克，你不會死的。」

「我會死的。而且我寧願像麥爾坎那樣離開，也不要像個罪犯死去。」

就這樣，Thug Life 運動成為了歷史。在離開貝爾維尤後的一次訪談中，吐派克反思了 Thug Life 的結束：「很多人一直因為 Thug Life 的事攻擊我。所有 Thug Life 所做的一切都歸咎於我。任何人都可以說『Thug Life』，但最後總是落到我頭上……警察被殺，變成了我的問題。各種暴力事件都跟我扯上了關係。我沒有創造『Thug Life』。我只是揭露了這件事。」

一九九五年二月七日，吐派克出庭接受菲茲傑羅法官的判決。法庭裡擠滿了家人、親密朋友和忠實的粉絲，他們都希望能在吐派克人生中最艱難的一天給予他支持，並向法庭傳達他們全心全意相信吐派克。他們想要表達自己愛他、尊重他，把他視為黑人社群中的重要成員。

當法官問他是否有什麼要說的時候，吐派克眼含淚水，謙卑的說了一些話，首先向阿亞娜道歉。但他想明確表示，自己並不是為了他被指控的罪行而道歉。他為這件事必須在法庭上解決而道歉。接著對她說：「我希望未來妳能站出來說出真相——我是無辜的。」

他表達了自己對上帝的信仰，並向被判監禁一到四個半月、五年緩刑的男哥表示深深的歉意；男哥是在吐派克一無所有時在經濟上支持過他，並在多年來一直陪伴在他身邊的忠實朋友。吐派克告訴法官，他的本意是要把朋友們帶離街頭，遠離「街頭遊戲」，而不是讓他陷入法律問題。

他最後直接對菲茲傑羅法官說：「法官，我沒有任何不敬之意，但你從來沒有認真關注過我；你從來沒有看著我眼睛。你從來沒有運用所羅門的智慧。我總覺得你對我有偏見。我太過於專注在事業上，以至於沒有預見到這一切。我不感到羞愧。我不覺得羞恥。我把這個案子交到上帝手中。」

吐派克的話使法庭裡陷入一種不可思議的寂靜。夏克回憶道：「你可以感受到法庭裡的緊張氣氛。這段話感動了檢方。法庭裡每個人的眼睛都含著淚水。」包括吐派克。

「他幾乎要哭了，」麥可・沃倫回憶道：「因為他沒有做過那件事……他真的很受傷。如果他因為其他事情而被判三十五年，而不是因為性侵犯的罪名，他也會接受。他是一位年輕、有原則的黑人兄弟。」

菲茲傑羅法官最後判處吐派克一年半至四年半的刑期。麥可·沃倫認為這個判決過度嚴厲：「根據他被判的罪名，他本該被判緩刑。C級罪，那是最輕的重罪，過去的例子幾乎都是緩刑。」

阿特龍解釋道：「在紐約，吐派克被判的罪行是重罪，但在加州，這只是輕罪；他本可以被釋放的。據我了解，陪審團認為他會被釋放。但法官極其嚴厲的處罰了他。把他送到了紐約最糟糕的州立監獄。」

19
這並不容易

1995

即使你無罪，在他們眼中你還是個黑鬼。

——〈這並不容易〉（*It Ain't Easy*）

判決宣布後，當局將吐派克和男哥送往雷克島監獄（Rikers Island），暫時羈押他們。男哥回憶說：「他們直接把我們從法庭帶走了，把我們安排在保護監獄，與那些重罪犯關在一起。地板上有大約三十張床給這些囚犯睡覺。因為派克是名人，所以他們把他關在獨立牢房，不讓任何人靠近。我可以在這層自由走動，但他每天只能出來一個小時。他非常不爽這點。」

幾個星期過後，吐派克被帶到紐約菲什基爾（Fishkill）的下州（Downstate）監獄進行評估，該機構將審查他的案件、心理因素和個人背景，並決定將他分配到哪個設施服刑。最終，分級委員會將他定為「中等安全」，但矯正部將他分配到了最高安全級別的設施。麥可．沃倫感嘆道：「真正的悲劇是他們把他送到了最高安全級別的監獄。他不應該被送到那裡。」

三月，一輛監獄巴士將吐派克帶到紐約丹尼莫拉（Dannemora）的克林頓（Clinton）監獄，那是一個州立監獄，曾是連續殺人犯「山姆之子」（Son of Sam, David Berkowitz）服刑的地方；著名黑手黨吉諾維斯（Genovese）犯罪家族的查理・盧西安諾（Charles "Lucky" Luciano）[1]也在這裡度過了許多年；而「雅痞殺手」羅伯特・錢伯斯（Robert Chambers）則因在中央公園勒死一名婦女而關在這裡。克林頓是二十五年以上至無期徒刑囚犯的家園。「所有窮凶惡極的混蛋都在這。」賽克回憶道。

在監獄，登頂告示牌

抵達克林頓後，吐派克的名人身分很快成為一種祝福與詛咒。他的獄友們對他極度尊重，吐派克還記得他在入獄的第一天時受到的歡迎：「兩小時內，我拿到了所有需要的東西，兄弟們給我帶來了牙膏、牙刷、一條臘腸。」但由於他的名氣和持續的媒體報導，克林頓當局立即將他分類為「中央監控案件」，這意味著額外的監視。他們鼓勵吐派克自願進入保護監獄，但他堅決反對，認為這會削弱他在其他囚犯中的信譽，並讓人懷疑他是告密者。最終，當局無視了他的拒絕，還是將他關進了強制保護監護單位中。

當吐派克盡力適應監獄生活時，威利和新視鏡唱片的市場行銷經理史蒂夫・伯曼（Steve Berman）正在洛杉磯，忙著籌備吐派克在自首之前完成的專輯發布計畫。在這張專輯極其不尋常的製作過程中，威利花了好幾個小時與吐派克通電話，也前往丹尼莫拉與吐派克親自討論專輯封面設計、歌曲選擇和發行日期，盡其所能確保專輯成功。

伯曼負責執行威利和吐派克制定的計畫，他回憶起有關《與世為敵》的討論時說道：「我記得當時在房間裡參與這些對話，並思考它很可能走向另一個方向。這傢伙在監獄裡，這張專輯會怎樣？我們要投資這筆錢嗎？所有這些有的沒的。但很明顯，吐派克非常重要，這張專輯也很重要，我們只能繼續戰鬥和努力推進。我記得和威利和吉米的那些對話真的就只有『拚了』。」

由於吐派克身處牢籠之中，無法拍攝MV或接受訪談來宣傳自己的專輯，不會在BET電視臺或《Yo! MTV Raps》等電視節目中露面。新視鏡唱片、阿特龍和吐派克的家人和朋友團隊，則持續與在牢房裡的他進行對話，策劃接下來的行動。他們討論了專輯封面照片和設計，並一同腦力激盪專輯單曲MV要使用的內容。

隨著這些創意對話的展開，艾菲尼、瓦塔尼、阿特龍和富拉努力工作，每天替吐派克準備有關所有法律事務的備忘錄，向他保證律師正在努力上訴他的案件。一旦上訴獲准，並且支付了保釋金，吐派克便能獲得自由，案件將重新審判。在那之前，他所需要做的就是專注於《與世為敵》的發行，以及思考市場的反應。

伯曼在幕後投入了大量時間安排專輯的發行和推出。他的策略是打破傳統的分類歸類，突破「文化守門人」的禁錮，不僅要將《與世為敵》推向都會市場，還盡可能推向所有城市的所有商店。當伯曼開始從最主流的銷售管道（以及在通常不會購買嘻哈音樂，或者可能會因為因爭議而下架的連鎖商店所在的地區）聽到肯定的聲音時，他就知道這張的唱片已經獲得了成功。

伯曼回憶道：「我記得當時電話那頭說：『伯曼，K-Mart要買七萬五千份。』那真的很令人驚訝。

1 編按：因創立了第一個黑手黨委員會而被稱為「美國現代組織犯罪之父」。

那是改變一切的時刻。那是我意識到嘻哈真的深入到文化中，它已經遠遠超出了你原本所想的饒舌音樂。它遠遠大於此。不管這些孩子來自哪裡，他們都能和吐派克產生共鳴。」

一九九五年四月一日，吐派克正處於最黑暗的時期；他在牢房中醒來，得知《與世為敵》已經在《告示牌》排行榜上登頂第一名的驚人消息。**以前從未有歌手、音樂家、樂團或饒舌歌手在入獄期間登上第一名。而所有那些文化守門人也完全支持這張專輯。**《滾石雜誌》的奇歐．寇克（Cheo Coker）稱其為吐派克最好的專輯：「這張專輯總體來說是一張充滿痛苦、憤怒和迫切絕望的作品……吐派克第一次直面他心中拉扯並相互衝突的力量。」《紐約時報》的喬恩．帕雷萊斯（Jon Pareles）寫道：「這張專輯會讓任何人都感到驚訝，裡面訴說的不是一個硬漢最野蠻的自誇……《與世為敵》圍繞著回憶和哀悼而展開。」

作為專輯的第一支單曲，〈親愛的媽媽〉在告示牌熱門饒舌單曲榜上排名第一的時間長達五週，並迅速進入了全國廣播電臺播放列表的不斷輪播中，CD迅速銷售一空，僅在第一週就售出了五十萬張，讓《與世為敵》衝向白金唱片。吐派克後來說：「我打敗了我媽媽以前聽的那些傢伙，像是布魯斯．史普林斯汀和其他所有人。我當時心想：『媽的。你知道這有多猛嗎？』那讓我感覺很好。那是我唯一真正想要的復仇方式。」

然而，雖然吐派克終於取得了職業生涯的重大突破，但他在獄中卻無法慶祝。身處監獄意味著曾經繁忙的日程完全停止了：不再整夜待在錄音室裡。沒有電影拍攝。不能在尖叫的粉絲面前臺上表演。不再有大麻，也沒有女人。他唯一能做的就是反思自己的決定，分析過去二十三年的生活。是時候為下一章制定策略了。

首要任務是信守他對賈馬爾的承諾——結束 Thug Life。他在一次長篇訪問中對《氛圍》雜誌的凱文・鮑威爾說：「對我來說，Thug Life 已經死了。如果它是真實的，就讓其他人來代表它吧，因為我對它感到厭倦了，我已經為它付出太多了……我將向人們展示我的真正意圖，展示我的真心，讓他們看看我母親養育的那個男人。我會讓所有人都感到驕傲。」

頭腦清晰的吐派克恢復了他童年時保持的狂熱閱讀習慣，每天閱讀一、兩本書。「我在最初的八個月裡每天獨自一人待了二十三個小時，鎖在牢房裡閱讀和寫作，」他後來在一次訪談中提到：「我讀了很多馬雅・安傑洛的書，還有《孫子兵法》。我也聽音樂，我會聽許多不同類型的音樂來平靜我的靈魂。迪安內・法里斯（Dionne Farris）的作品幫了我很多。」

吐派克也反思了自己過去破壞的工作關係，在《氛圍》雜誌的訪問中，他公開向休斯兄弟就暴力事件道歉，並對導演約翰・辛格頓表達了自己的沮喪，因為之前他失去了《校園大衝突》中的角色。雖然他沒有像對休斯兄弟和昆西・瓊斯（Quincy Jones）那樣道歉，但他感謝辛格頓激勵了自己去寫劇本，而且自從他「解雇」了他後，他便想要「成為他的競爭對手」。

吐派克開始構思幾個故事，其中一個已經完成了，那是一個半自傳式故事，名為《活著講述》（*Live 2 Tell*）。在同一次與《氛圍》的訪談中，吐派克解釋說：「這是關於我的生活，一半真實，一半是虛構的。」《活著講述》是關於一個年輕人史考特・所羅門（Scott Solomon）的生活，他來自一個破碎的家庭和充滿衝突的環境，並成為了毒販，最終在克林頓監獄服刑。史考特對女主角卡拉・詹姆斯（Carla James）抱有堅定的愛，這個角色他希望由潔達扮演，她的角色成為了電影中最關鍵的部分之一。

他寫下了一份完整的演員名單，其中包括 Yo-Yo、賈馬爾、潔達、電影《新鮮》（*Fresh*）的西恩・

尼爾森（Sean Nelson）、佛萊迪・福克斯（Freddie Foxxx）、潔絲敏、托尼・丹扎（Tony Danza）、穆塔、卡塔里、雅法、安東尼・克里斯（Anthony Cryss）、莫普里梅、泰勒斯・海姆斯（Tyrus Hymes）和瑞奇・哈里斯（Ricky Harris）。

然後他也寫信給他的家人和朋友——很多很多，全部都是親筆手寫。他寫信給艾菲尼和葛洛、賈馬爾和穆圖魯，告訴他們自己在監獄的生活。他還給朋友們寫了長篇的信，感謝他們在監禁期間給予的支持。吐派克也收到了名人的信——潔達、瑪丹娜、潔絲敏、Yo-Yo、查克・D，甚至是他從未見過面的托尼・丹扎——並回信給他們。

後來，當他被釋放時，吐派克對托尼寄來的信表示很開心。「那是我入獄期間收到最棒的信之一。托尼說他是我的粉絲，他喜歡那張專輯。還告訴我要堅強挺住，當我出來的時候，一定會變得強壯。」這些信成為了他與外界的重要連結。

他也打了很多電話給凱莎。「我們真的是知己，他會告訴我一切。」為了讓她前往監獄的路途更加輕鬆，凱莎暫時住在克林頓附近的一家飯店，並租了一間公寓，她在那裡幫助吐派克處理一些日常工作和差事；像是打業務電話、為他購買CD、Gap的新衣服、書籍和雜誌。

凱莎就像吐派克的錨，使他能正常的生活，與讓他所陷入的混亂世界不同，這樣平凡的日子對他來說更有吸引力。另一方面來說，一些實際、法律上的理由，也使他們在吐派克入獄期間結婚的決定變得合理。「他希望我能以妻子身分得到其他人的尊重，而不只是他的『女朋友』。他希望人們能認真對待我。這與親密探視權無關，我們不是為了這個，而是更深層的理由。」凱莎說道。

因此，在一九九五年四月二十九日，經過了一個月在克林頓的預婚輔導後，凱莎和吐派克對彼此說出了「我願意」。在結婚當天，由吐派克的表哥比爾和凱莎的繼母作為證人。

吐派克穿著一件有領子的襯衫，凱莎穿著一套淺色套裝和高跟鞋。監獄當局安排了一名女性主持人來引導他們完成誓言。在整個儀式期間，吐派克一直幽默的開玩笑並保持微笑。「我願意把我所有的世俗財產都交給妳，」他說，然後看著凱莎：「但妳不准拿走我的撞球桌和大螢幕電視！」

第二天，當凱莎來探望他時，吐派克情不自禁的欣賞起婚戒。他看著她，微笑著說：「我不敢相信自己結婚了。」兩人共享無比的喜悅，不過始終夾雜著監獄與這一切帶來的壓力。「他真的很開心，但我們處於可怕的環境中。只能盡力應付當下的情況。」凱莎回憶道。

誰對你開槍？

吐派克繼續在牢房裡閱讀和寫作，而他的律師團隊，由著名的黑人律師和哈佛教授查爾斯．奧格萊崔（Charles Ogletree）領導——他說這個案子「充滿了不正當行為」——在法庭上為他的上訴而奮鬥，拚命想讓他脫離監獄。阿特龍說：「我們需要一個像奧格萊崔一樣能監督其他律師的人，他很聰明。是一位聰明的黑人兄弟。」

隨著吐派克寫了許多長篇劇本草稿和信件，以及閱讀了無數書籍後，他發現不需要太多創造力的工作，最能讓他集中注意力。「監獄真的會擊垮你的意志。這裡沒有創造力，完全沒有。它擊垮了我，」他在被釋放後接受訪問時說道：「除了劇本之外，我最近才開始寫作。劇本就像是我以前生活的回憶，所以並不需要太多的靈感。現在我剛寫完幾首曲子，監獄並不能真正激發創造力。」

每天不斷增長的粉絲群，在這段黑暗時期為吐派克帶來了希望。隨著《與世為敵》繼續主宰榜單，聽眾們也想要了解〈親愛的媽媽〉歌詞背後的「媽媽」。現在已經康復四年的艾菲尼，完全投入到了支持兒子事業的角色中。她接受了訪問，並利用大眾的關切讓吐派克的粉絲們團結起來。

當她被邀請出現在BET電視臺的《青少年高峰會》（*Teen Summit*）時，她鼓勵觀眾一起寄信「破壞監獄」。後來吐派克收到的粉絲信件數量相當驚人——然而有些是寄給克林頓監獄的工作人員。每天送到他牢房的信件很快成為了吐派克和監獄人員之間衝突的原因。在一次訪問中，吐派克描述了粉絲信件的內容：「女孩們寫信給我，告訴我我幫了她們的忙。我至少收到了一千封女性的信，她們說我幫她們度過了這個，挺過了那件事，全都因為〈把頭抬高〉這首歌。」

在監獄牆內，吐派克也在爭取自己的隱私權。他發現當自己在淋浴時，看守經常趁機搜查他的牢房，他寫信向監獄投訴，這既是一種抗議，也是在防範有人可能會在他的牢房放東西栽贓。他在八月底寫道：「我向您提出此事是因為我並沒有收到任何關於搜查牢房的正式通知，我認為這侵犯了我的隱私；過去我遇到了很多問題，例如違禁品的指控和吸食大麻。我將這些訊息發送給您和我的律師，作為任何意外問題的保障，以防發現了我的牢房中的某些東西導致未預見的問題。」

獄警們以吐派克在牢房中吸大麻和生活區未能保持「清潔」為由，提交了不良行為報告作為報復。吐派克天生的叛逆性格，也導致他與監獄工作人員之間爭議持續不斷。當吐派克因為他認為獄警拒絕讓他淋浴而生氣對抗一名看守人員時，那名獄警提交了報告寫道：「揮動（他的）手臂並以大聲且粗暴的方式說：『不要他媽的惹我，我要沖澡。』」

另一次，他因替一名獄友簽名而被提報，這個違規行為很奇怪：「囚犯不得在未經授權的情況下交換自己擁有的物品。」還有一份報告聲稱吐派克在牢房中吸大麻。他後來回憶道：「我看新聞才發現：『吐派克剛剛因大麻被抓。』當時我甚至還沒有被抓到！我說：『等等。這絕對有問題！』這些事真的很奇怪，也不好笑。這非常羞辱人。」

有消息說吐派克因涉嫌吸食大麻而被關進了單獨監禁室，這促使艾菲尼迅速採取行動。她與她的黑豹黨朋友聯繫，並致電一名在紐約市擔任市議員的盟友。他告訴艾菲尼，他將致電民權運動家阿爾・夏普頓（Al Sharpton）牧師，看看他是否能提供幫助。

幾天之內，吐派克和夏普頓在克林頓監獄的餐廳同桌坐下談話。在兩次會面期間，以及長時間的交談中，夏普頓提醒他保持良好行為的重要性，以避免遭到單獨監禁，並敦促吐派克取得GED證書[2]。在其中一次訪視中，吐派克告訴這位牧師，他的牢房鄰近一位名叫喬伊・法瑪（Joey Fama）的囚犯，他聲稱自己是因夏普頓而被關在監獄。

法瑪在一九八九年因謀殺尤瑟夫・霍金斯案遭定罪，而當時夏普頓曾在布魯克林的本森赫斯特（Bensonhurst）協助組織了一系列示威遊行。數年前，當吐派克聽到這樁悲慘的謀殺案時，他寫了一首詩給霍金斯的母親（後來刊登在他的遺作詩集中）。諷刺的是，現在他與嫌疑犯的距離僅隔幾個牢房。

在兩人共度幾個小時之後，夏普頓告訴吐派克：「你和新聞上的形象完全不一樣。」

2 編按：General Educational Development，普通教育發展證書，是為驗證個人是否擁有美國或加拿大高中級別學術技能而設立的考試。

他們笑了。吐派克回答道：「你也是啊，你應該看看他們把你說得有多狂野！」多虧夏普頓，克林頓的工作人員同意讓吐派克離開單獨監禁，將他送回評估和程序準備單位，與其他因名人地位或媒體關注而受到額外保護的囚犯一起生活。

在這段入獄期間，仍然有一個未解決的問題：是誰在四方工作室槍擊了吐派克？為什麼要對他開槍？當吐派克在一月接受《氛圍》雜誌鮑威爾的採訪時，他詳細描述了自己對這次襲擊的想法。他說自己一直很懷疑吉米．亨奇曼，因為他與阿格南有關聯。他告訴記者鮑威爾，在遭到槍擊後他走到樓上：「那時我真的被嚇壞了。」

即便吐派克無法想像，曾經睡在他沙發上的好友大個子會直接參與這次襲擊，但他也認為大個子一定知道是誰開的槍。然而，就在吐派克到達克林頓監獄、雜誌訪問即將要發表的幾週前，大個子重新發行了他的爆紅單曲〈大老爹〉（*Big Poppa*），並附加了一首新歌〈誰對你開槍？〉（*Who Shot Ya ?*）。吐派克堅信這首歌是在講他。首先，歌詞提到了西岸，他認為這直接指向了他本人。然後，大個子在歌中直接、簡單的問道：「誰對你開槍？」

大個子聽到了吐派克很生氣的傳聞。他也否認了所有關於〈誰對你開槍？〉是在談論吐派克的指控，並聲稱自己在很久之前就錄製了這首歌。他曾經去醫院看他，甚至試圖前往監獄探視。

瓦塔尼回憶道：「大個子一直很關心吐派克，也因為吐派克認為他與此事有關而感到受傷。他一直試著前往會見吐派克。」但是，無論大個子多麼努力修復他們的友誼，過去一年建立起來的連結已經破裂。吐派克堅信大個子知道是誰對他開槍，並對大個子感到徹底失望。

吐派克的《氛圍》雜誌封面故事和訪談在全美發行後，大個子和吹牛老爹終於打破了沉默，公開向妙手佛迪（Fab 5 Freddy）[3]發表了聲明，該聲明刊登在八月的另一篇《氛圍》文章中。

大個子否認了吐派克聲稱他與槍擊案有關的說法。他甚至試圖為吐派克說的話找理由：「我不知道他試圖隱藏什麼，或者他是否很害怕，我認為他在採訪中說的那些話，只是因為他感到很困惑。當你被人開槍，然後又因為一件你根本沒做的事情進了監獄，那很可能會扭曲一個人的思想。」大個子再次堅決否認〈誰對你開槍？〉是在談論吐派克。

然而，吹牛老爹卻在 Thug Life 這件事上開了槍：「我希望這個 Thug Life 的事情真的結束了。講坦白的，如果你要當一個他媽的惡棍，不論死活你都要像個惡棍。沒有人這樣跳進跳出的。如果這是你選擇的生活方式，你也得照道上規矩死去。」

這個回應激怒了吐派克。他感到被冒犯了。聽到吹牛老爹在貶低他試圖發起的改變，並在此過程中質疑他的目的，讓他非常激動。

與此同時，吐派克在上訴期間獲得保釋的可能性仍然存在。紐約州最高法院上訴部門的法官恩斯特．羅森伯格（Ernst. H. Rosenberger）設定了一筆新的保釋金額，一百四十萬美元，考慮到吐派克已經花費了大量的法律費用，這仍然是一個巨大的負擔。為了讓吐派克在案件被上訴部門審查期間獲釋，他不僅需要支付保釋金，還需要足夠的錢來支付律師團隊的法律費用，以處理上訴程序。

威利回憶道：「籌保釋金並不容易，因為他所有錢都被用於支付法律費用了。我們都在試圖想辦法

3 編按：《Yo! MTV Raps》主持人。

完成這項任務。有些名人們在討論提供資金的事。瓦塔尼和阿特龍也每天都在努力工作。」

新視鏡唱片的業務負責人大衛・科恩（David Cohen）不僅努力籌措吐派克的保釋金，還制定了策略應對媒體提出的問題，以保護新視鏡唱片的母公司華納免受負面宣傳的影響。他回憶道：「華納希望保持低調……他們不想被視為是幫助吐派克付保釋金的人，所以當所有的律師都在設法處理保釋時，我們也在想該由誰來出面支付保釋金。」他們曾討論過讓潔絲敏、瑪丹娜和潔達來做這件事，但最終都失敗了，吐派克需要另一個計畫。

出獄的死囚

死囚的蘇格持續在拉攏吐派克，希望吐派克跳槽到他的唱片公司。他打電話給吐派克，甚至到克林頓監獄探訪了他，希望培養更深層的關係。對吐派克來說，這樣的舉動有些吸引人。在過去幾年裡，死囚旗下藝人受歡迎的程度已經飛速上升，他們發行了許多白金專輯。

但是，這個廠牌內部也出現了令人不安的跡象。死囚的頭號藝人史努比狗狗被捲入了一場遭高度關切的謀殺審判中（幾個月後被無罪釋放），而且有傳言說德瑞博士正在考慮與死囚斷絕關係。但在同一時期，任何想與德瑞博士合作的人都必須加入死囚，而吐派克對與德瑞博士合作也非常感興趣——甚至在其中一次討論中提到自己對此的興奮。阿特龍回憶：「他說：『我想和德瑞合作……而我唯一能和德瑞博士合作的方式，就是簽約加入死囚。』阿特龍立即阻止了吐派克：「你不需要這麼做，你現在做得很好。專輯已經賣出了兩百萬張。你是業界的第一名。我不認為這是一個好主意。」

但是沒人能阻止吐派克，他的回應是：「你可以和我一起去。你可以打電話給他。或者我會讓別人打電話給他。」

阿特龍堅定的表示：「我不會這麼做的。」

瓦塔尼也試圖阻止吐派克與死囚簽約。但隨著時間經過，吐派克開始更加認真考慮死囚的提議。甚至連史努比都試圖促使蘇格讓吐派克加入：「我們需要把那傢伙帶來這裡。」

一九九五年九月十六日，吐派克在克林頓監獄的探望室簽署了一份合約，宣布蘇格和大衛・肯納（David Kenner）是所有吐派克音樂的經紀人和法律代表。由於阿特龍和瓦塔尼不願意與蘇格合作，吐派克的事業將正式移交給死囚。

這是一份是三張專輯的合約，預付一百萬美元，再加上十二・五萬美元購買一輛汽車，十二萬美元的支票，以及額外的二十五萬美元法律費用。合約中還有一項條款保證史努比狗狗「將在第一張專輯中跨刀合作」。還有一項合約中未提及，但吐派克相當重視的條件：買一棟房子給艾菲尼以及他的妹妹。他想要的一切就是這些，當然還有他的自由。

當時賽克就站在吐派克旁邊，看著他簽署合約，正式成為一名死囚唱片的藝人。然而，賽克也對這件事抱持懷疑態度：「他竟然在一張餐巾紙上簽字！而且我認為他的三張專輯應該價值五百萬美元。」

但由於新視鏡唱片與死囚合作，吐派克仍然會在新視鏡唱片旗下。大衛解釋說：「他仍然是我們簽約的藝人。我們允許他加入死囚，因為它是我們的專屬合作對象。所以這並不是讓他離開公司。」

由於死囚繼續由新視鏡唱片資助和發行，轉移到死囚並不代表完全脫離，而比較像是公司內部的轉移。有些人認為這是一個好主意。吉米・洛維恩也鼓勵吐派克這樣做，他相信既然德瑞博士和史努比狗狗都在死囚取得了巨大成功，吐派克在那裡也會很適合。「當蘇格告訴我他想要和吐派克一起做音樂時，我腦中想到的是德瑞和派克的超強組合。」洛維恩解釋道。

最終，新視鏡唱片決定預付吐派克版稅，用來支付他的保釋金。瓦塔尼解釋道：「死囚透過新視鏡唱片提供資金。所以嚴格來說死囚唱片並沒有幫助他離開監獄。這是派克自己的版稅。」

隨著保釋金終於籌集到位，吐派克只需要等待他的上訴得到批准。但這將是一個緩慢的過程。他的上訴在夏季之前提交。「在提出上訴時，上訴委員會有三位法官，他們分別在這段期間都去度假了，所以一直到年底才開始審查。」阿特龍回憶道。

突然之間，吐派克過去八個月的計畫變得更加緊迫。他開始提出下一張專輯的想法。他將它命名為《至高無上的樂生安死》（*Supreme Euphanasia*[4]）。

知道自己即將獲釋，給了吐派克希望。在監獄的最後幾天，沒有熱水、噁心的食物，以及因為不清理自己的牢房而收到的「罰單」，都不再是困擾了。在一次訪談中，吐派克解釋了他在克林頓的那段時間是如何堅持到最後的：「我心裡一直在想的是，有一天我會回來的。」

與死囚唱片簽約一週後，吐派克在一九九五年九月二十二日收到了奧格萊崔的信，得知他的上訴得到了批准。一旦文件簽署並匯款完成，吐派克就會獲得自由。賽克記得這一刻，他回憶道：「他們以為蘇格會控制吐派克，但是你怎麼能控制一根炸藥呢？所以他們加了更多的火藥，讓一切炸得更猛烈。」

4 編按：「Euphanasia」是吐派克將 euphoria（狂喜）和 euthanasia（安樂死）組合而成的一個字。這個詞代表了個人選擇的終極自由。

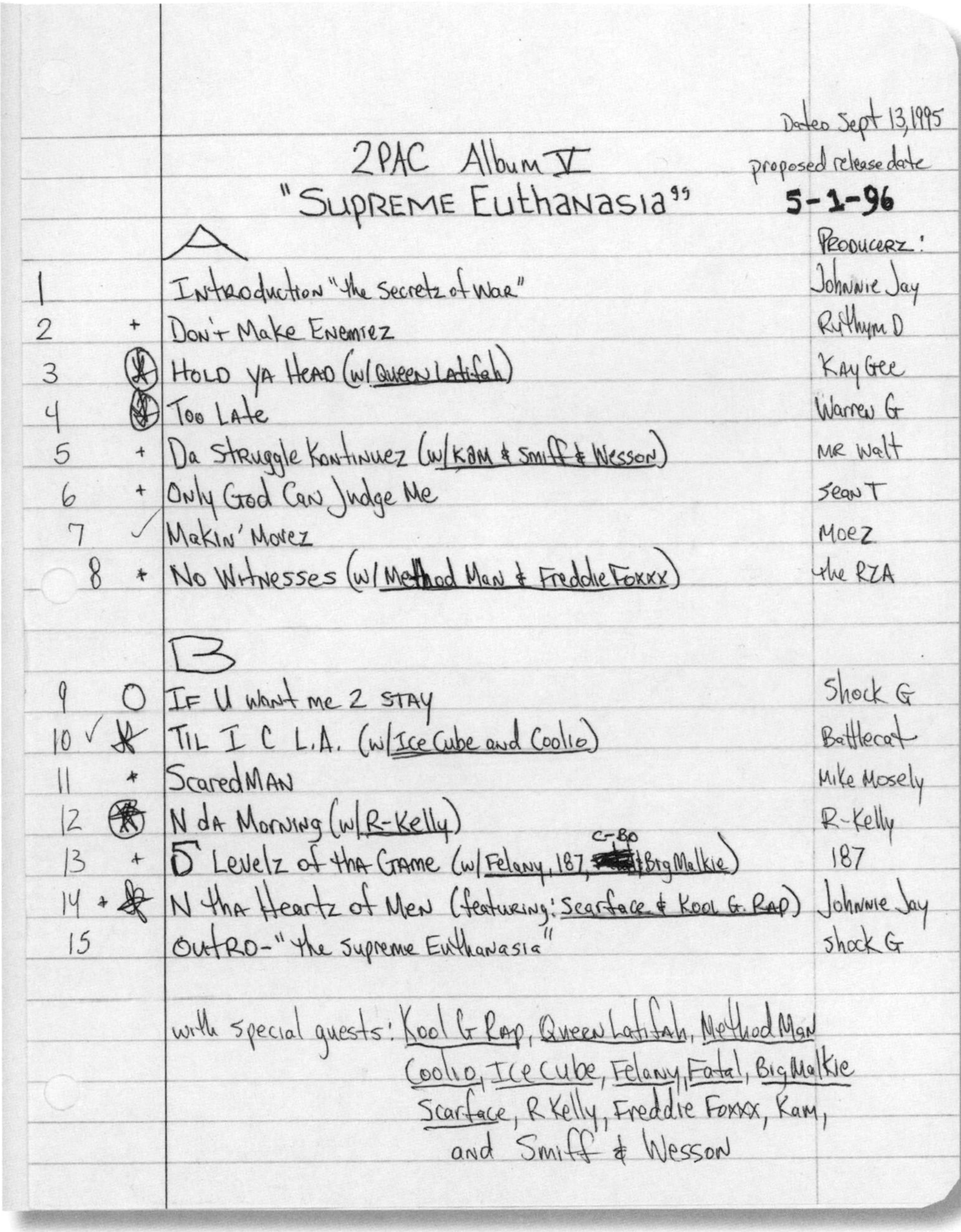

Dated Sept 13, 1995
proposed release date
5-1-96

2PAC Album V
"Supreme Euthanasia"

A

Producerz:

1		Introduction "the Secretz of War"	Johnnie Jay
2	+	Don't Make Enemiez	Rithym D
3	✱	Hold ya Head (w/ Queen Latifah)	Kay Gee
4	✱	Too Late	Warren G
5	+	Da Struggle Kontinuez (w/ Kam & Smiff & Wesson)	Mr Walt
6	+	Only God Can Judge Me	Sean T
7	✓	Makin' Movez	Moez
8	*	No Witnesses (w/ Method Man & Freddie Foxxx)	the RZA

B

9	O	If U want me 2 Stay	Shock G
10 ✓	✱	Til I C L.A. (w/ Ice Cube and Coolio)	Battlecat
11	*	Scared Man	Mike Mosely
12	✱	N da Morning (w/ R-Kelly)	R-Kelly
13	+	5 Levelz of tha Game (w/ Felany, 187, C-Bo [illegible] & Big Malkie)	187
14 +	✱	N tha Heartz of Men (featuring: Scarface & Kool G. Rap)	Johnnie Jay
15		Outro- "the Supreme Euthanasia"	Shock G

with special guests: Kool G Rap, Queen Latifah, Method Man, Coolio, Ice Cube, Felany, Fatal, Big Malkie, Scarface, R Kelly, Freddie Foxxx, Kam, and Smiff & Wesson

▲ 1995 年 9 月 13 日，在獄中構思下一張專輯時，吐派克寫下了這張曲目表 ——正好是他因槍擊身亡的整整一年前。

PART 5

生是洛城人，死做洛城魂

20

加州愛

1995-1996

保釋出來，剛離開監獄，做著加州夢！

——〈加州愛〉（*California Love*）

一九九五年十月十二日星期四中午，吐派克再次重獲自由。他走出克林頓監獄，迎接他的冷風撲面而來，富拉和賽克在監獄門口用一輛白色加長豪華轎車迎接他，直接前往附近的一家汽車旅館。房間裡準備了亞莉婕熱帶香甜酒（Alizé）、香檳和大量的大麻。已經將近一年沒有喝酒、感受捲好的大麻雪茄帶來的平靜，吐派克一坐到床邊，就滿足的享用了這些好貨。他對於擺脫克林頓這個地獄般的地方感到無比興奮。

結束汽車旅館的歡迎派對後，豪華轎車載著吐派克、富拉、賽克和他的朋友波．尼提（Bo Nitty，又名波加特〔Bogart〕）前往機場。據賽克說，「這個機場小得像個該死的足球場」，死囚唱片公司安排了一架私人飛機等著他們。他們飛往紐約JFK機場，然後登上了一架前往加州的班機。到達加州後，吐派克迎來了死囚生涯的新篇章，走出機場航站時，有一群私人保全迎接他。「就像CIA在等我們一樣。」賽克回憶道。

在比佛利中心購物中心買完新衣服後，吐派克和隨行人員入住了比佛利山莊半島飯店，然後按計畫與蘇格・奈特和死囚家族的成員在西木區（Westwood）的蒙提（Monty's）牛排館共進晚餐。晚餐上，吐派克見到了未來將負責他所有公關事務的人：喬治・普萊斯（George Pryce），同事們都稱他為 Papa G，是死囚雇用的公關。

> 「所有員工在那晚都參加了替他辦的歡迎晚宴，」普萊斯回憶道：「所有死囚的藝人都出席了，享受了豪華的牛排、龍蝦大餐——當然還有像水在倒的路易・侯德爾水晶香檳（Louis Roederer Cristal）。」

然而，普萊斯還記得吐派克當晚謹慎的情緒：「我一直在觀察他，注意他和房間裡每個人相處的方式。

> 我立刻發現到他和外界有點疏遠。我想他被放出來是很高興，但他對這些人的笑話一點也不感興趣。」

晚餐後，吐派克直奔加美（Can-Am）工作室，死囚位於塔扎納（Tarzana）的錄音室，但不久後，由於過量吸食大麻，加上慶祝活動、跨國飛行和一夜的狂歡，他累倒了。「我們像瘋了一樣又抽又喝的，」賽克說：「當那個傢伙出獄時，那是我一生中最美好的時光。我就算當時就死了，也不會有任何遺憾。」當吐派克開始饒舌時，他一百六十五磅（約七十五公斤）的身體在中途因疲憊而倒下。幸運的是，在摔倒之前蘇格接住了他，迅速把他扶到椅子上。大家震驚的看著吐派克，直到他終於恢復意識，然後回到半島飯店休息。

第二天，普萊斯在飯店內安排了會議，與「美國和歐洲的每個主要電視網、雜誌和報紙」見面。全世界都渴望聽到吐派克的聲音，想知道他目前的情緒狀態，並希望看到他近一年來的首次亮相。但他的新公關很快意識到，接受採訪並不是現在吐派克應該做的事。他沒有停下來與任何記者交談。他沒有時間。相反的，他再次前往加美。

像以前一樣，他會準備多個錄音室，以便同時錄製兩首歌，在它們之間來回切換。強尼・J在其中一間錄音室裡，坐在混音臺前準備就緒。他播放了一些beats給吐派克聽，從大約兩百首中選了一些。吐派克聽了第一首，點了點頭。就這樣，他說：「喔，幹。就叫它〈眾所矚目〉（*All Eyez on Me*）吧。」他在紙上潦草的寫了一長串歌詞，然後瞥了一眼賽克：「賽克，這首你也一起唱。」在二十五分鐘內，他就進入錄音間開始工作。

吐派克感覺回到了家裡。自由、手裡拿著大麻、坐在錄音室，熟悉的感覺回來了。也許是因為發生了這麼多事，他這輩子對黑人在美國持續遭受不公的挫折感更加劇了——入獄、媒體的謊言、深夜秀裡以他為主題的笑話……還有，背叛。現在，他真的什麼都不在乎了，這種情緒比以往任何時候都更加強烈。他在〈眾所矚目〉的歌詞中把這一切都表達出來了，那種偏執、憤怒、反抗，錄製完後，吐派克重新拾起了他的 Thug Life 哲學：

> 拚搏到天亮，直到現金到手才停歇。
> 我活得像個暴徒黑鬼，直到我死的那天。

這張專輯中的歌詞少了一點政治，更多的是個人情緒。不會有「布蘭達」出現，關於社會議題的評論也變少了。

當時他的家人不在加州，艾菲尼、賽琪娃和葛洛在國家的另一邊。凱莎也是——發生了這麼多事情後，兩人都在學習面對新的生活，最終決定友好分手，凱莎開始辦理離婚的程序。瓦塔尼和阿特龍也不在他身邊。穆圖魯還在監獄裡。

幫派饒舌派對

吐派克現在身邊有了一支新的團隊——這支團隊正以驚人的速度接管整個行業。在嘻哈音樂進入主流文化五年後，它正在發生變化。像全民公敵的《千萬人的力量才能阻擋我們》（*It Takes a Nation of Millions to Hold Us Back*），以及布吉唐恩（Boogie Down Productions）的《不擇手段》（*By All Means Necessary*）這種政治抗議歌曲，完全被現在主導排行榜的幫派饒舌所取代。

一批新星崛起，將饒舌音樂的基調從社會意識轉變成圍繞金錢、女孩、美酒、大麻和名車的主題。死囚唱片公司在其中處於核心地位，一九九二年發行德瑞博士的首張專輯《加州大麻》和史努比狗狗的首張專輯《狗爺風格》（*Doggystyle*）都登上了排行榜首位，成為白金專輯，全球銷量數百萬。這家唱片公司最終在美國音樂界發起了最大的派對之一。

強尼回憶當時的氛圍說道：「我們一直是醉醺醺的。錄製那張專輯的整段時間應該由軒尼詩贊助。」

即使吐派克聽到傳聞德瑞要離開，或史努比正在面臨謀殺案審判，這一切都對他來說無關緊要。雖然吐派克從未認為自己是幫派饒舌歌手，但他迫不及待想與那些和他共同占據排行榜的藝術家合作。

吐派克繼續在加美的錄音室間來回穿梭。他首先與死囚的嘻哈藝術家兼製作人戴茲・迪林傑（Daz Dillinger）合作。迪林傑回憶道：「我剛做了五個新 beats，〈街頭硬漢的野心〉（*Ambitionz Az a Ridah*）

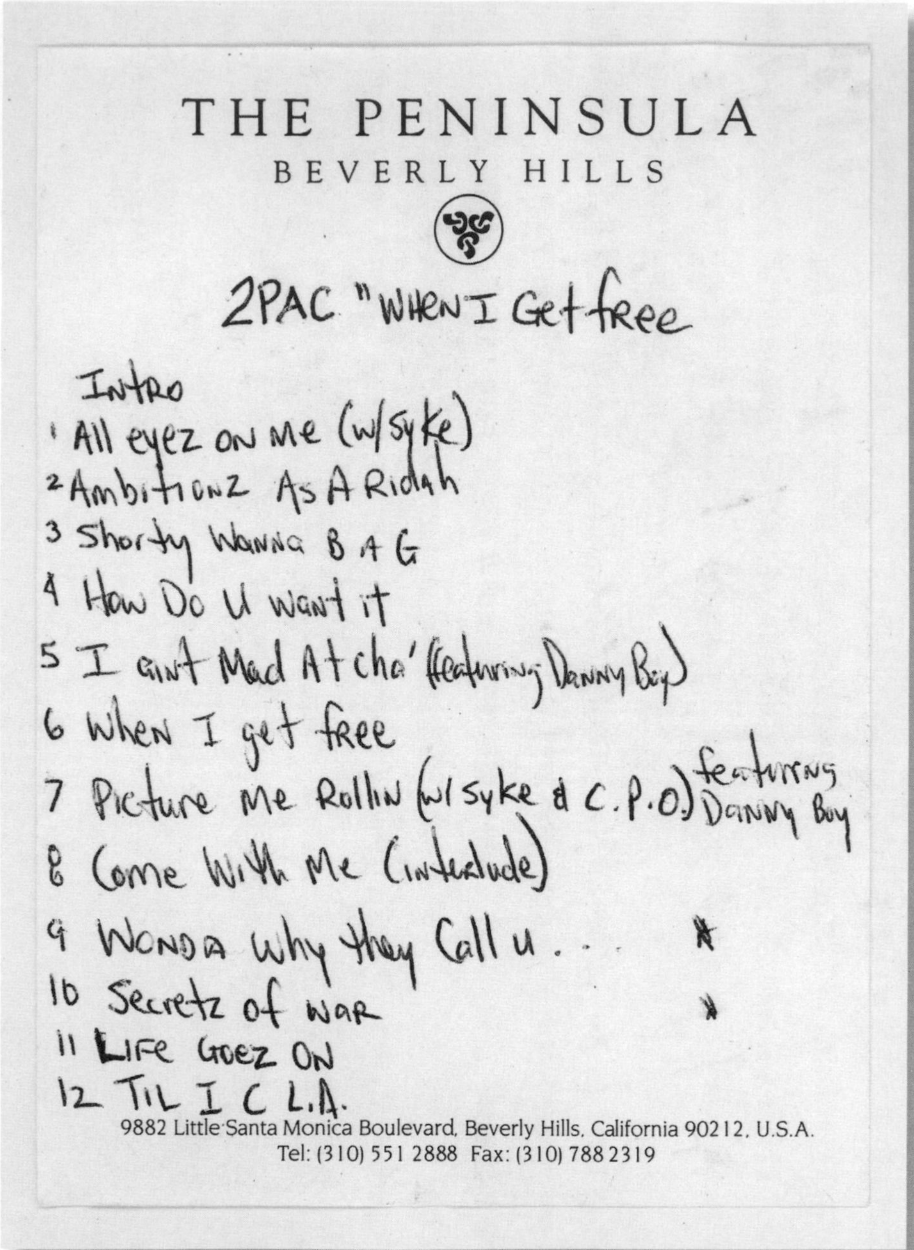

THE PENINSULA
BEVERLY HILLS

2PAC "WHEN I Get free

Intro
1 All eyez on me (w/Syke)
2 Ambitionz As A Ridah
3 Shorty Wanna B A G
4 How Do U want it
5 I aint Mad At cha' (featuring Danny Boy)
6 When I get free
7 Picture me Rollin (w/ Syke & C.P.O.) featuring Danny Boy
8 Come With Me (interlude)
9 Wonda why they Call u . . . *
10 Secretz of war *
11 Life Goez On
12 Til I C L.A.

9882 Little Santa Monica Boulevard, Beverly Hills, California 90212, U.S.A.
Tel: (310) 551 2888 Fax: (310) 788 2319

▲一出獄，吐派克就在半島酒店的信紙上寫下了歌曲清單，一開始專輯名稱為《當我重獲自由》（*When I Get Free*），最終命名為《眾所矚目》。

是我們在二十分鐘內完成的第一首歌。那首歌錄完之後，我們就接著做〈沒生你的氣〉（*I Ain't Mad at Cha*）、〈美國頭號兩大要犯〉（*2 of Amerikaz Most Wanted*）、〈可恥〉（*Skandalouz*）和〈下定決心〉（*Got My Mind Made Up*）。」在另一次訪談中，他解釋：「吐派克進來後迅速完成了這五首歌，我當時就想，見鬼，他是認真的，沒在開玩笑。這讓我們也更加努力工作。」

雙專輯，二十七首歌

接下來的四天，吐派克住在錄音室裡，錄製了一整張專輯的歌曲：〈當我重獲自由〉（*When I Get Free*）、〈街頭硬漢的野心〉、〈沒生你的氣〉、〈可恥〉、〈下定決心〉、〈眾所矚目〉、〈出動〉（*When We Ride*）、〈妳想要怎麼做？〉（*How Do U Want It*）、〈小子想當暴徒〉（*Shorty Wanna Be a Thug*）、〈想像我過上好日子〉（*Picture Me Rollin'*）、〈一切都是妳〉（*All About U*）、〈他們為什麼叫妳婊子〉（*Wonda Why They Call U Bitch*）。

與史努比狗狗的合作，將兩個嘻哈界最大且最具爭議性的人物聚集在一起。他們在一九九四年曾與迪林傑一起錄製過〈人生很艱難〉（*Life's So Hard*），現在他們將共同經歷備受關注的法律訴訟之經驗，融入到〈美國頭號兩大要犯〉的創作和錄製中。

多年後，史努比在向吐派克致敬時，回憶起他加入死囚的那一刻：「加入我們後，就像他加入了巔峰時期的湖人隊。德瑞是教練、蘇格是老闆，而我和派克是場上的明星，每一首新歌都在創造歷史。我們年輕、有錢，就像搖滾明星一樣。但我們也是背上畫有靶子的年輕黑人。我們同時面臨法律訴訟。我們真的是『美國頭號兩大要犯』。」

吐派克工作時的強度和專注力，也震撼了那些以前沒與他合作過的人。「我從未見過有人那樣工作，」製作人 DJ 奎克（Quik）在電臺中談到吐派克時說：「我從來沒看過有人在錄音室裡那麼投入於他的工作。他是個肩負使命的人……每次你和他進錄音室，都會有一首新歌出來。他到底從哪裡弄來這些歌的？製作人都累死了。」

出獄後的那個星期二，他已經完成了十三首歌。「我們將成為新的 L.A. 和娃娃臉（Babyface）[1]，」吐派克對強尼說：「我負責寫詞，你負責音樂。」

十月十八日，在吐派克抵達洛杉磯不到一週後，他來到好萊塢運動俱樂部，那是一間夜店、酒吧，賓客也會去那裡打撞球。吐派克和他的老朋友崔奇一起在俱樂部放鬆。那天晚上，詞曲作者兼製作人戴瑞・理查森（Delray Richardson）在俱樂部停車場和吐派克一起抽菸，說起吐派克對於回家的快樂，以及這對他來說是多麼巨大的轉變。他告訴理查森：「上週我還在紐約最高戒備的監獄，但現在我就在這裡，真的在好萊塢抽菸。」

那個夜晚因吐派克的另一場邂逅而被載入史冊。不久後，吐派克將他全新的賓士車停在俱樂部入口處，理查森回憶說，歌手菲絲・依凡絲（Faith Evans，大個子的妻子）開著一輛鮮紅色的 BMW M3 敞篷車到來。第二天，依凡絲前往加美為吐派克的一首歌錄製副歌。然而，依凡絲和吐派克對離開錄音室後發生的事情有不同的說法。除了她否認吐派克的版本外，她還聲稱在接受邀請參與錄音時，自己並不知道吐派克簽給死囚唱片公司，也不知道他和她丈夫之間的任何問題。

吐派克同意支付依凡絲兩萬五千美元，作為她在歌曲〈他們為什麼叫妳婊子〉中獻聲的酬勞，這首歌於十月十九日錄製。當依凡絲在加美錄音室裡錄製副歌時，吐派克與《洛杉磯時報》的記者查克·菲利浦（Chuck Philips）坐在一起，討論他出獄後的第一天，以及接下來即將發行的唱片。

吐派克告訴他：「自從出獄的第二天起，我就一直在錄音室裡，每天大約十二個小時。直到他們趕我出去。天都黑了，大家都要睡覺了，我才會說：『好吧，我們得回家了。』然後我們回家，隔天再早早回來重複同樣步驟。我認為我們創造了一個紀錄。我們在四天內完成了十三首歌曲。十三首超屌的歌曲。那些真正會成為經典的大作……〈美國頭號兩大要犯〉是我和史努比一起的。〈小子想當暴徒〉、〈他們為什麼叫妳婊子〉和依凡絲一起——這將是一首大作。」

他向菲利浦解釋，過去幾年的經歷促使他製作了一張不同類型的唱片，更咄咄逼人，以回應各方面對他的壓力。這是一張充滿憤怒的唱片，因為吐派克很憤怒；這種情緒在多年來不斷增長，政客們試圖審查他的歌詞、詆毀他的名譽，最近還有針對他人格的個人攻擊。

他說：「這張專輯是對德洛麗絲·塔克、鮑勃·杜爾（Bob Dole）——所有那些一直對我的音樂緊追不捨的人的回應，我覺得這張專輯是給他們看的。我之前的專輯根本不壞，他們就說我是幫派分子。他們搞砸了我的信譽，毀了我的名聲……所以現在這張專輯我不再嘗試做任何〈親愛的媽媽〉或者〈把

1 譯按：L.A. 指 L.A. Reid，他是一名樂手、唱片公司執行長、A&R，也是音樂製作人；Babyface 則是音樂創作人、製作人、與歌手。兩人自一九八〇年代起便共事並緊密合作，經手過的歌曲與歌手獲獎無數，銷售量驚人，成就非凡，在黑人音樂領域是最具影響力的組合之一。

頭抬高〉，我只是直接處理自己的憤怒，把我想說的一切都說出來。」

自從被指控性虐待以來，吐派克越來越相信自己是被陷害的，他的一些憤怒也指向了一部分女性。他寫了〈他們為什麼叫妳婊子〉來解釋，為什麼他認為在某些時候使用「婊子」（bitch）這個詞是可以接受的。在接受MTV採訪時，吐派克說，他並不會隨意使用這個詞：「我認為所有女性都是不同的，但我認為肯定有一種類型的女性——也就是婊子——會這樣做。她們的主要目的只是要掠奪。她們以傷害男人的心、奪走他的財產、毀掉一個男人為樂。」

現在監獄暫時成為過去，吐派克的生產力達到了新的高度。幾天後在加美，吐派克在筆記本裡快速寫下歌詞時，強尼坐在混音臺前，電話響了。是唱片公司打來的。吐派克接起電話，聽了一會，點頭並簡短回答幾次「嗯哼」。掛掉電話後，他看著強尼說：「唷，J，這會是一張雙專輯。我們要做雙專輯。」就這樣，吐派克在死囚唱片公司發行的第一張專輯，將成為一部包含二十七首歌曲的史詩作品，名為《眾所矚目》。

恐懼比愛更強大——成為「馬卡維利」

雖然吐派克已保釋出獄，但他並沒有完全獲得自由。他正在進行的法律訴訟消耗了他大量精力。律師奧格萊崔每週會向半島酒店寄送法律意見書，收件人寫的是吐派克的化名「歡迎老鄉」先生（Mr. Welcome Homie），詳細說明他的上訴狀況並簡報在亞特蘭大、德州、紐約和加州的待審案件。

儘管——或者說正因為——他的法律訴訟和越來越多的費用與賠償，吐派克繼續以驚人的速度製作專輯。有天，心情沮喪的強尼來到錄音室，告訴吐派克：「兄弟，我得告訴你一件事，但我不會讓這影響我的工作。我剛剛發現自己是被領養的。」

吐派克很能同情合作夥伴當下的感受，但他沒有時間去思考強尼的個人問題。甚至沒花時間思考自己的問題。不過即便如此，吐派克還是試圖讓強尼知道自己理解他的感受：「幹，J，我甚至不知道我的老爸是誰。所以我們繼續工作吧。去他媽的。」

在這個時候，吐派克還要處理他一個老朋友被謀殺的事情。一九九五年十一月三十日，正好是吐派克在紐約四方錄音室被槍擊的一週年，史崔奇在皇后區被槍殺。吐派克曾與史崔奇密不可分，但自從他出獄以來，他們就沒再聯繫。搶劫案發生時，史崔奇的作為讓吐派克感到被背叛，他們在史崔奇被殺之前都沒有機會和解。

吐派克不想休假，最終接受了普萊斯一直試圖安排的採訪，與MTV記者塔碧莎・索倫（Tabitha Soren）對話。在灰藍色的天空下，兩人一起漫步在著名的威尼斯海灘步道上。攝製組跟隨他們在海邊的小路上走著，吐派克談論了他的童年、在圓桌披薩店的工作、母親的英雄地位、在監獄的時間，以及夏克在入獄期間來看他的事。他還談到了自己對大學的看法：「我一直想上大學。但我想在舒適的情況下上大學……我知道很多人在大學生活已經很好了。有人為他們支付學費、在上大學期間有地方住、有錢……我沒有這些。雖然現在這些我都有了，但即使我很想，我也無法去大學唸書了。」

採訪過程中，吐派克停下來試戴太陽眼鏡，並進入安迪・內維爾（Andy Nevill）的刺青店。不久後，他走出來時右前臂上多了一個刺青。這個刺青反映了越來越主導吐派克世界觀的格言：「Trust Nobody」

（不信任任何人）。

幾個月前在一次證詞中，他解釋道：「獨自一人。不要信任任何人。不要信任任何人。我最親密的朋友害了我。我的兄弟們。那些我照顧了他們整個家庭的人……背叛了我。恐懼比愛更強大。我給予的所有愛在恐懼面前都毫無意義。但我是個戰士。我總是能生存下去。我會不斷回來。唯一能阻止我的只有死亡，即使那樣，我的音樂也會永遠存在。」

吐派克感謝死囚唱片公司在他人生關鍵時期給予的機會，但他知道這不是他的最終歸宿：「我想擁有自己的事業。我相信我是天生的領袖。」吐派克剛剛度過了一年完全被他人控制的生活。陪審團、法官、媒體、醫院的醫生、獄警……在這一刻，儘管未來仍充滿不確定性，吐派克非常清楚一件事：他需要在可能的情況下完全掌控自己的生活，不論在何時何地。

實現這一目標的第一步是成立一家公司。他將其命名為「樂生安死」（Euphanasia），這個詞是他創造的，它是「狂喜」（euphoria）與「安樂死」（euthanasia）的結合——純粹的快樂和對生活選擇的絕對控制。而他將成為這家公司的執行長、總裁。

為此，他需要建立一個新的團隊。吐派克表示，他的計畫是與他信任的人為伴。他相信自己之所以因未犯的罪入獄，部分原因是因為他身邊的人不可靠。他首先聯繫了富拉，她曾在布朗克斯法律服務中心與艾菲尼合作多年，並在吐派克被監禁期間一直與他合作；她將擔任他的辦公室經理。

從FBI反情報計畫時代起，富拉自吐派克出生以來就一直在他的生活中。她的兒子雅法和吐派克一起長大，當艾菲尼需要幫助時，富拉經常照顧吐派克和賽琪娃。多年來兩個家庭一直保持密切聯繫，富拉在他入獄和努力保釋期間，一直是他與新視鏡唱片和死囚之間的可靠聯絡人。當吐派克請求富拉從紐澤西搬來時，她毫不猶豫的裝滿拖車，把她的狗路易（Louie）放進車裡，開車橫跨全國來到洛杉磯。

吐派克進一步與他在馬林城的好友肯卓克・威爾斯聯繫。他們有一段時間失去聯絡，但吐派克在監獄期間透過往來信件重新搭上線。這使卓克從馬林城搬到洛杉磯，擔任吐派克的私人助理。

富拉設立了新的企業帳戶，並在比佛利大道艾瑞弘超市（Erewhon Market）的樓上簽下樂生安死辦公室的租約。對於公司商標，吐派克心中已有明確的構想。他聘請了一位藝術家來繪製他的設計：一個黑色天使，胸前紋有「馬卡維利」（Makaveli，指馬基維利）字樣，代表吐派克的另一個身分；天使臉頰上的紅寶石淚滴，代表已逝的戰士；天使手中握著機槍，子彈帶是鋼琴鍵，象徵吐派克的歌詞是他的武器。

在錄製《眾所矚目》專輯期間，吐派克也繼續與他培育的年輕藝人團隊合作，包括卡塔里、雅法、馬爾科姆、穆塔和最新成員布魯斯・華盛頓（Bruce Washington）。他給這個團隊取了一個新名字，但僅僅取了名字還不夠。吐派克希望每個人的藝名都有意義和目的。還在克林頓監獄時，吐派克在就構思這個想法。「他在監獄裡讀了很多書，每次我們去探望他時，我們都會討論這些內容。」馬爾科姆回憶。

吐派克告訴他們：「以後我們會叫做『不死的亡命之徒』（The Outlaw Immortalz）。我會用馬卡維利這個名字。我們都會有假名。我們要用這個國家討厭的人物來命名。因為我們感覺自己作為年輕的黑人男性在這個國家是被厭惡的。」他告訴他們，他想給他們一些暴君、敵對國家的名字。於是，亡命之徒們獲得了新的藝名。

十八歲的加州新移民卡塔里被命名為 Kastro，源自古巴總統斐代爾・卡斯楚（Fidel Castro）。馬爾科姆成為 E.D.I. Mean，以前烏干達總統伊迪・阿敏（Idi Amin）命名。雅法將成為 Kadafi，以利比亞革命政治家穆安瑪爾・格達費（Muammar Gaddafi）命名。穆塔成為 Napoleon，以法國皇帝拿破崙一世（Napoleon Bonaparte）命名。而雅法的朋友布魯斯則以薩達姆・海珊（Saddam Hussein）命名為 Hussein Fatal。

吐派克甚至替賽克想出了一個名字：Mussolini，以義大利獨裁者貝尼托・墨索里尼（Benito Mussolini）命名。賽克回憶吐派克給他起這個新名字的那天笑了起來：「當他幫我取名叫 Mussolini 時，我不得不去找一本書來讀讀這個傢伙的故事。」

這段期間吐派克遇到了另一位他想要提攜的藝術家，饒舌歌手兼「沙漠風暴行動」老兵唐納・風暴・哈克尼斯（Donna "Storm" Harkness）；他很快就把他加入亡命之徒團隊。風暴回憶起他們迅速建立的連結，這對他來說很少見：「我信任的人不多，因為成長過程中大多數人都讓我失望。當我遇見吐派克時……並不是因為我無法靠自己或是從未見過槍之類的，我是受過訓練的一名士兵……在遇見吐派克並了解他如何組織一切後，我完全理解且立刻融入，並告訴他：『你是我的將軍。』」

吐派克對風暴的藝術才華充滿信心，讓他參與了當天與亡命之徒錄製的四首歌曲中的三首——〈訴說戰爭故事〉（*Tradin' War Stories*）、〈上街狂奔〉（*Run tha Streetz*）和〈暴徒的激情〉（*Thug Passion*）。

獻給加州的情書

吐派克渴望與傳奇製作人德瑞博士合作，而這個願望也正在實現。德瑞已經準備好了一首完美的歌曲〈加州愛〉，於十一月四日在加美錄音室開始錄製。

當吐派克走進錄音室時，他說：「德瑞，你不知道為了要進這個錄音室，我等了多久。」

德瑞回憶道：「我把歌播出來，他便開始寫詞。二、三十分鐘後他就說：『我寫好歌詞了。麥克風給我打開。』」

雖然知道這首歌會是一首熱門單曲，但當時他們還無法預見這次合作會達到怎樣的成功。〈加州愛〉是德瑞和吐派克獻給加州的情書，音樂記者索倫．貝克（Soren Baker）則說這首歌「瞬間成為嘻哈經典」：「並引發人們對吐派克在死囚唱片未來作品的巨大期待，同時獲得了極佳的評論和商業上的成功。」

〈加州愛〉被選為《眾所矚目》的首支單曲，而這支MV的構想來自潔達——德瑞也同意了。她在過去幾個月裡與德瑞和死囚的其他藝術家成為了朋友。德瑞邀請潔達來執導吐派克在MV中的演出。這本來是這兩位高中朋友再次合作的機會——自從BSA以來，他們一直夢想著這樣的合作，但潔達最終不得不拒絕：「我當時想，我希望德瑞的這支MV會很屌，但現在的我不適合擔任導演。」

最終，唱片公司請來著名導演海普．威廉斯（Hype Williams）協助完成潔達的構想——一個反烏托邦社會，人們失去了個人主義和享樂的權利。在拍攝當天，德瑞在一次採訪中總結了故事情節：「MV的整個概念是：二〇九五年的洛杉磯。世界末日之後，類似《瘋狂麥斯》的氛圍。有一個反派角色由克利夫頓．鮑威爾（Clifton Powell）扮演，而他的助手是克里斯．塔克（Chris Tucker）。他們試圖阻止我和吐派克舉辦派對。誰控制了派對，誰就控制了人群。」

一九九〇年代中期，**在數位音樂和串流平臺徹底改變遊戲規則之前，專輯發行計畫就像戰爭計畫一樣，單曲、MV、宣傳等都在設定的時間表進行**，目的在於將專輯銷量最大化。〈加州愛〉昂貴的《瘋狂麥斯》風格MV是《眾所矚目》發行計畫的一個關鍵部分。它經常在MTV和VH1[2]播放，不僅衝擊了嘻哈界，還吸引了來自世界各地的音樂愛好者。

這首歌一推出便大獲成功，登上美國、義大利、紐西蘭、瑞典和加拿大的《告示牌》榜首，甚至還生成了第二支MV。

《眾所矚目》預計在一九九六年二月十三日發行。隨著日期臨近，儘管首支單曲和MV引起了巨大轟動，吐派克依然感到緊張。他的粉絲對〈加州愛〉印象深刻，但他仍擔心他們不會接受專輯的其他歌曲。在過去一年裡發生的一切——從各種爭議和法律糾紛，到媒體對他生活的負面報導，再到他在監獄的時間——他擔心自己已經失去了大部分粉絲。

鑽石唱片．葛萊美．凡賽斯

此時，吐派克已經從比佛利山的半島酒店搬威爾榭大道（Wilshire Boulevard）的公寓。自從出獄後，他終於能夠安頓下來，打造一個家，不僅能舉行商務和創意會議，也能招待朋友和家人。他的唱片公司同事史努比狗狗也住在這裡，將他們都安排靠近住在對街豪華公寓的蘇格。

二月十二日，也就是專輯發行前一天，肯卓克回憶起當時吐派克在新住所客廳裡焦躁的來回踱步：

「《眾所矚目》發行前一天，他真的很擔心。這完全寫在他的臉上……他緊張得要命，擔心專輯無法達到預期。」

所有的擔憂很快被打消，《眾所矚目》迅速售罄並飆升至《告示牌》榜單頂端。第一週結束前，吐派克在公寓接到了一個電話。他坐在沙發上，只穿著內褲，手扶額頭，一副不敢置信的表情。他笑著掛斷電話，轉向房間裡的人說：「我剛剛拿到了白金唱片。」

四月，《眾所矚目》售出了五百萬張。這張專輯最終也讓吐派克成為了鑽石唱片[3]俱樂部的一員。

專輯發行一週後，吐派克和死囚團隊在西木區的蒙提牛排館進行了另一次慶祝晚宴。這次，吐派克的心情不再像剛出獄時那樣冷漠。自從簽約死囚十二週以來，他每天在錄音室裡待超過十五個小時，經常與商業夥伴開會、共進晚餐，吐派克已經習慣了新唱片公司的運作方式和所有關鍵人物。他曾聽過蘇格會恐嚇旗下藝人的傳言——那裝滿食人魚的水族箱，以及威脅將人從陽臺上丟下來的故事。不管這些故事是真是假，這些無疑塑造了他在公眾眼中的形象。然而，根據吐派克的家人所說，吐派克並不擔心蘇格。到目前為止，他和蘇格之間都保持相互尊重。

現在，在西木區的同一家餐廳，最初被死囚家族歡迎的地方，吐派克與他的同事一起享受事業更上一層樓的成功。自從早年在巴爾的摩與鼠男一起饒舌；與蟻狗、萊恩．D和葛伯在馬林城做音樂；和雷伊在萊拉的後院為阿特龍錄製試鏡影片那天起，吐派克已經走了這麼遠。自從他與曼尼．B和夏克一起在舞臺上假裝跟充氣娃娃做愛，被《吐派克啟示錄》銷售低迷困擾的那些日子以來，時間飛逝。

《眾所矚目》的成功讓他終於能夠鬆一口氣。葛洛回憶那段時間時說：「他很快樂，他自從出獄後

2 編按：總部位於美國紐約的音樂頻道，母公司為派拉蒙。
3 編按：標準為一千萬張。

一直住在錄音室裡。我們仍住在亞特蘭大，開車四處播放〈加州愛〉。無論你在哪裡，都會聽到這首歌。從他出獄到接下來的那一年是快樂的時光。」

那一年，吐派克首次獲得葛萊美獎提名，前一張專輯《與世為敵》入圍了最佳饒舌專輯，〈親愛的媽媽〉則入圍了最佳饒舌單人演唱。他還被邀請頒發最佳流行演唱組合獎。

頒獎典禮當天，他購買了幾套他最喜愛的設計師：吉安尼．凡賽斯（Gianni Versace）設計的新西裝，作為當晚的禮服。當他回到家時，艾菲尼和葛洛正好飛來探訪，正在客廳裡閒逛。「妳們今天有去血拼了嗎？」他從臥室裡喊道。儘管他給了艾菲尼和葛洛錢讓她們花，但他也知道她們總是捨不得。艾菲尼從來不想買新衣服。「他以前會叫我們巴布．馬利和彼得．陶許（Peter Tosh）[4]，因為我們一直穿著舊衣服。」葛洛回憶說。

然而這次，她們買了新衣服。但正如預期，她們的時尚品味與吐派克完全相反。當她們向吐派克展示自己買的衣服時，他深吸了一口氣並說：「我給妳們錢去購物，結果妳們去 Gap 買卡其褲？」他難以置信的問道。房間裡的笑聲，突顯了他們三人都感到平靜和輕鬆。

現在輪到吐派克向她們展示他在葛萊美獎要穿的衣服了。他站在她們面前，穿著一套凡賽斯西裝，像是在走秀。但突然間，他驚恐的發現一顆鈕扣不見了。房間裡的人都在瘋狂尋找鈕扣、針線和剪刀。葛洛開始縫紉，而他則匆忙準備出門。當最後一根線剪斷，他再次站在那裡擺出走秀的姿勢時，他問：

「我看起來怎麼樣？」

艾菲尼和葛洛滿懷驕傲的微笑。

「他看起來很帥，我親愛的外甥。」多年後葛洛回憶道，並將手放在心口。

然而，吐派克從不會錯過嘲笑母親和阿姨的機會，他笑著回應：「妳們是誰？」當電梯門關上時，艾菲尼和葛洛交換了眼神，想起了他們家族走過的漫長路程，並希望事情終能朝著積極的方向發展。

幾個小時後，在聖殿劇院（Shrine Auditorium），吐派克站在麥克風前，微笑著，享受音樂界最盛大的晚宴。經過一些關於他「凡賽斯打扮」的閒聊後，他讓觀眾知道他打算讓葛萊美獎「活躍起來」。「讓我們震撼一下大家！」他喊道，替美國著名搖滾樂隊「吻合唱團」（KISS）開了場。在吐派克介紹他的「老朋友」後，四位樂隊成員化著全妝，穿著他們標誌性的服裝——這是十多年來的第一次——與吐派克一起站在舞臺上宣布最佳流行組合表演的提名。吐派克的生涯已經到達了巔峰。他不僅獲得了兩項提名，還被邀請與美國傳奇搖滾樂隊一起作為頒獎嘉賓，這也鞏固了他自己的搖滾明星地位。

東西岸戰爭

儘管有這麼多值得慶祝的事情——例如目前《眾所矚目》在告示牌榜單上排名第一，去年同一時期《與世為敵》也獲得了這項殊榮——吐派克仍然非常憤怒，特別是針對他的前友人大個子。

對於專輯的第三首單曲〈妳想要怎麼做？〉，吐派克決定將他幾個月前錄製的〈幹掉他們〉（*Hit 'Em Up*）作為B面。他從在克林頓時就一直在思考這首歌，現在是時候回應大個子的〈誰對你開槍？〉了。

4 編按：與巴布．馬利同為牙買加雷鬼音樂家。

馬爾科姆解釋：「嘻哈牛肉（beef）的根源在於玩『吐嘈遊戲』。那是一種語言遊戲，雙方互相拋出巧妙的侮辱話語。贏家通常由在場的觀眾選出。『battle』或『rap battles』差不多就是從這裡延伸出來。嘻哈牛肉的例子比比皆是：大忙人（Busy Bee）對庫爾莫迪（Kool Moe Dee）；救世王（KRS-One）[5]對皇后橋（Queensbridge）[6]，冰塊酷巴對N.W.A等。這使得饒舌／嘻哈類似於一項運動……然而當你加入金錢、名望、權力時，就為參與者調製出了一種有毒的飲料，讓他們沉迷於其中。」

吐派克認為這是對大個子的回應，並將其推到了極致。卡塔里記得：「這首歌震撼了饒舌圈。通常是你們有了牛肉，然後互相丟出diss歌來回對罵，但派克在那首歌中做的是，他讓一切變得非常針對個人。它改變了diss歌曲的方式。它們變得更加個人化。〈幹掉他們〉顛覆了嘻哈圈，使得牛肉越來越大。關於個人的自尊和驕傲都捲入其中，事情變得很嚴重。」

吐派克的憤怒和偏執，讓他在歌曲中不只針對大個子。他決定對每個他認為站在大個子那邊的人發動攻擊，將其他東岸藝人拖入這場爭鬥，甚至是一些他從未見過的歌手，比如群眾暴動二人組（Mobb Deep），據說他們曾在一場演出中侮辱吐派克。當吐派克聽到饒舌歌手納斯（Nas）的歌曲〈訊息〉（*The Message*）[7]時，他把歌詞當成針對他個人的攻擊，認為納斯稱他為「假惡棍」（fake thug），並嘲笑了四方工作室的槍擊事件。

所有這些，加上媒體對局勢的火上加油，讓這一刻升級為嘻哈界歷史上最糟糕的戰爭之一——東西岸戰爭。饒舌歌手救世王解釋：「《氛圍》雜誌和《來源》雜誌——他們是炒作吐派克和大個子對抗的推手。周圍還有其他小爭鬥，但壞小子跟死囚……那是最激烈的戰場。」

按照計畫，死囚將〈幹掉他們〉發送到全國的電臺。在一次電臺採訪中，吐派克聲稱「〈幹掉他們〉

是一首經典嘻哈音樂，對所有壞小子成員嗆聲。這是送給吹牛老爹、大個子、莉兒·金（Lil' Kim）其他和所有人的」。儘管吐派克直擊要害，他仍堅稱這只是對大個子歌曲〈誰對你開槍？〉的回應。

一些與吐派克親近的人對他的反應感到困惑，有些甚至是深深的沮喪。他的公關和密友凱倫雖然聽到了這首歌，但她說自己並不認識唱歌的那個人。那天凱倫打電話給吐派克，當他接起時，她說：「我不想和『你』說話，我想和寫〈布蘭達有了孩子〉和〈把頭抬高〉的那個人說話，因為我不知道這個寫這些垃圾的人是誰！」

然而，蘇格和死囚再高興不過了，因為他們從吐派克歌詞引發的風暴收穫了回報。更多的爭議意味著更多的專輯銷量，蘇格不僅支持繼續戰爭，還大力確保吐派克能過得舒適，且沒有理由離開死囚。他滿足了吐派克的要求——也就是替他母親購買一棟房子。艾菲尼現在已經搬進了剛買下的六房住宅，位於喬治亞州石山（Stone Mountain）的樹林中。每當吐派克需要錢時，一個裝滿現金的信封就會出現。如果吐派克想要一輛賓士，他就會在門口看到。吐派克和亡命之徒的所有生活費用都由唱片公司支付。他新成立的「樂生安死」公司開支最初也是由死囚負責。而當吐派克表達任何不滿時，有時會收到現金，有時則會收到新車作為禮物賠償。

5 編按：Knowledge Reigns Supreme Over Nearly Everyone 的縮寫，意為「知識至高無上」。KRS-One 致力於用歌曲剖析社會問題，並傳遞正確知識與嘻哈文化，因此也有 Teacha（老師）的稱號。

6 編按：指在紐約皇后橋成立的嘻哈團體 Juice Crew。

7 譯按：作者原文為 *Messenger*，應為筆誤；此處應指收錄在納斯第二張專輯《命中注定》（*It Was Written*）的 *The Message*。

對於吐派克來說，這是第一次他不必再擔心下一筆薪水從哪裡來，或者如何支付母親的房租。某個晚上，這種新發現的自由，讓吐派克享受了片刻的寧靜，他開著最喜愛的一輛車——黑色敞篷勞斯萊斯（Corniche）——出去兜風。凱倫記得自己在日落大道上看到吐派克，抽著一根大麻，她不敢置信的慢慢靠近，並排在紅燈處。看到凱倫讓吐派克很興奮，他迅速停下車。他們擁抱後，凱倫的笑容消失了，她看著他的車，問道：「你在這裡做什麼？」

吐派克笑了笑。

她停頓了一下，想到他還在保釋中，還有上訴要打。她看著他，又看了看那輛花俏的車。「吐派克，你還沒完全獲得自由。」

吐派克不以為然：「凱倫，妳應該來錄音室看看我在做什麼！」

她打斷他：「不，你應該來我家，我們可以好好談談！」

吐派克試圖插話，但凱倫繼續對他發洩自己的沮喪。「你在做什麼，派克？你在日落大道上兜風，音樂放得很大聲，開著一輛白人的車。你到底在做什麼？」吐派克不想聽這些。他不想聽任何人說教。他只是不想再待在克林頓監獄的隔離牢房裡。他沉迷於物質帶來的歡快，且不想讓任何人把他拉出來。

在這個人生新章節，吐派克珍視的另一個面向是能夠寵愛他的家人。他很高興自己能隨時買機票讓他們飛來洛杉磯。家人們待在他的新豪宅，讓吐派克感到深深的成就感。他實現了一生對家人的承諾。他終於達到了一個成功的階段，可以給家人一輩子的經濟保障。從小，他就承諾他的妹妹和母親，他會永遠照顧他們。當他們走進他在威爾榭大道的公寓時，他感覺自己終於實現了這個夢想。

當家人來到城裡時，吐派克第一件事就是做一鍋他特製的燉菜。他會派人去商店買新鮮的螃蟹和所有其他配料。這道菜的食譜已經變了——不再只有泡麵或雞肉蛋捲了。龍蝦和螃蟹，這曾經是只在特殊場合才有的奢侈品，現在則成了每天都能吃的日常晚餐。而且，吐派克知道如何料理它們。肯卓克回憶道：「吐派克的燉菜技巧比饒舌更厲害，任何高級餐廳都比不上。」

殺・光明會

一九九六年三月，吐派克開始製作下一張專輯，他決定以別名馬卡維利發行這張作品，這個名字是他為了表達對義大利哲學家尼古洛・馬基維利的崇拜而取的，他在高中世界歷史課上學到了這個人物。吐派克解釋了馬基維利的哲學：「我崇拜那種可以為了達到目標而做任何事的思維方式。」吐派克堅信**每個人都有權利透過他們選擇的任何藝術形式來表達自己**。就像《眾所矚目》一樣，馬卡維利也將更私人而非政治化。

這張專輯將被命名為《殺明會領導者：三日理論（馬卡維利）》（*The Don Killuminati: The 3 Day Theory*〔*Makaveli*〕）。後來他將副標題改為「七日理論」（The 7 Day Theory）。再次，吐派克創造了一個複雜的概念框架。結合「殺戮」（kill）和「光明會」（Illuminati），吐派克在監獄裡花時間閱讀歷史上的祕密社團世界後，創造了「殺明會」（Killuminati）這個詞——這些團體在世界事件中悄悄的發揮了巨大影響力。他想將這個概念應用到現代，特別是他的生活中。

他的目標是創造一個反平衡，以對抗他認為正在阻礙創造更平等社會的隱藏權力結構。他特別想引起美國政治領域中精英團體的注意。他解釋道：「沒有任何政治家在乎我們，但在下次選舉前，我保證我會坐在所有候選人的對面。我保證……我保證我們會有自己的黨派。而且不僅僅是為了我的同胞。這將是為了墨西哥人，將是為了黑人。現在，這將是為了亞美尼亞人……所有失去部落的傢伙們，我們需要有自己的政黨，因為我們都他媽有相同的……我們建立了這個國家。」

在錄製馬卡維利專輯的同時，吐派克收到了一部電影《浪子回頭妙事多》（*Gridlock'd*）的劇本，這部電影是製片人普雷斯頓・霍姆斯（Preston Holmes）在他服刑於克林頓監獄時寫信告訴他的。吐派克看完劇本後立刻打電話給霍姆斯。

霍姆斯回憶道：「我問他你覺得怎麼樣？他說：『我他媽的愛死了。這太酷了。我們來拍吧。』」先前他還帶著一絲憂慮，因為不確定吐派克的反應會怎樣；霍姆斯提到最近出演《霸道橫行》（*Reservoir Dogs*）和《黑色追緝令》（*Pulp Fiction*）的提姆・羅斯（Tim Roth）已經簽約，吐派克將與他一起演出。吐派克的反應讓他驚訝：「哇靠，他是個厲害的傢伙。我愛這個傢伙。」

然而，電影公司的高層並不像霍姆斯那樣有信心，他們認為吐派克仍然有上訴待決和即將到來的法律問題，風險太高。霍姆斯竭力說服他們吐派克是正確的選擇。最終雙方協議簽署一份保證書，保證吐派克至法院出庭不會干擾預計的十週拍攝計畫，如果拍攝計畫受到影響，他將承擔財務損失。簽下保證書後，吐派克也簽了拍攝合約。他開始準備飾演的角色是一位吸毒成癮的大提琴手史邦（Spoon）。

應吐派克要求，唱片公司為他弄來了一把大提琴，並在加州馬里布豪華的克羅尼（Colony）社區租了一間海邊小屋。作為一個曾經使用方法演技的人，他覺得這個角色需要體驗孤立，並認為海浪拍打安靜海岸的聲音是完美的環境。

很快，他的日程表排得滿滿，工作量對大多數人來說可能都難以承受：白天拍《浪子》，晚上在加美錄音室熬夜錄歌。他仍然以驚人的速度製作歌曲，有時一夜錄製三到四首，有時同時進行。他和亡命之徒成員們在錄音室裡度過了好幾個小時、好幾天、好幾週。吐派克利用他的專輯讓他們磨練技能，為他們的首張專輯做準備，這也是馬卡維利唱片公司發行的第一張專輯。亡命之徒的成員馬爾科姆說：「與吐派克在錄音室的時間，就像每天去上學一樣。」

雖然吐派克的節奏從未減慢，但隨著夏天臨近，加美錄音室混亂、高能量的氣氛開始轉變。那些在《眾所矚目》製作期間站在場邊湊熱鬧的人們被送了回家。吐派克想要立下更嚴謹的工作態度。他開始鎖上錄音室的門並控管客人進出。派對正式結束了。如果和製作專輯沒關係，那就請你離開。強尼回憶：「在我們最後幾次錄音期間，氣氛變得有點情緒化。不是那種讓人喝醉和快樂的氛圍，感覺不像是沮喪，而是非常嚴肅。到了最後，狀態變得非常平靜。」

21

在我逝世之時

1996

當我的心臟不再跳動，
我希望為了信念而長眠，
或者為了我信仰的原則。
我會在應離世前提前歸天。

——〈在我逝世之時〉（*In the event of my Demise*）

「當我在BSA時，每個人都告訴我黑人沒有演戲的工作機會。」吐派克向塔碧莎．索倫說道。但他還是勇往直前，衝破障礙和路障，最終實現了他童年時對好萊塢職業生涯的所有願望。

吐派克開始以新的視角看待自己的生活。他開始以前所未有的方式展望未來，並設定新的目標。不再是掙扎著支付過期的帳單，或是確保能滿足每個人的需求，他終於能建立起基礎，並在長期以來第一次對光明而充滿希望的未來感到興奮。

基妲達．瓊斯（Kidada Jones）將成為他所看到的未來的一部分。他們在一九九四年相遇，那是在他入獄，簽約死囚唱片公司之前。基妲達是著名音樂大亨昆西．瓊斯和《莫德組》（*Mod Squad*）明星佩姬．利普頓（Peggy Lipton）的女兒。他們第一次相見是在紐約的一家夜總會，當時吐派克誤以為她是拉什達（Rashida，基妲達的妹妹）。

吐派克為他在一九九三年十一月《來源》雜誌中發表的言論道歉，當時他譴責跨種族夫婦，並特別點名她的父親，聲稱所有這種關係的人都會生出「有毛病的孩子」。

當吐派克意識到自己其實是在和昆西的另一個孩子說話時，他希望基妲達能給他一個機會了解她。幾乎就在當下，吐派克也發現自己很想和這個「有毛病的孩子」約會，並知道他最好真誠道歉贖罪。他表達了深深的遺憾，將自己的嚴厲言辭歸咎於不成熟。無論她是否願意更深入的了解自己，吐派克都希望她能感受到他的真誠。幸運的是，基妲達選擇原諒了他。

歷經兩年以及更多次的道歉，其中包括吐派克不得不直接面對基妲達的父親昆西，兩人得以相互了解。基妲達比吐派克小三歲，具備了他尋求的所有女性特質：獨立、創造力、有愛心，並且像吐派克一樣意志堅強。吐派克的生活和未來開始變得清晰起來。他感覺自己正在接近饒舌界的最高地位，並能真正看到他想要建立的帝國。在他心中，他找到了人生的下一章，以及所有他想實現的目標的合適伴侶。艾菲尼回憶道：「我認為他和基妲達的關係可能比他跟任何人都真切，他的每段感情都有其他因素。但他與基妲達，在他心中是永遠不變的。」

基妲達的哥哥昆西，一位專業音樂製作人，藝名QD3，也決定不再介意吐派克的言論。事實上，當他發現妹妹在和吐派克交往時，QD3便請基妲達幫他聯繫吐派克商討可能的合作。幾天後，QD3將一卷錄有他音樂的錄音帶和手機號碼塞到吐派克的門下。「他當天晚上就打電話來說：『我很喜歡這些音樂，我們來做吧。』」QD3回憶道。

接下來的幾個月裡，吐派克和QD3錄製了多首歌曲，包括〈淚水與緊閉的棺材〉（*Teardrops and Closed Caskets*）、〈生是洛城人，死做洛城魂〉（*To Live and Die in L.A.*）、〈迷失的靈魂〉（*Lost Souls*），以及一首充滿激情的請願曲〈給總統的信〉（*Letter to the President*）。「我猜是因為我們是黑人，所以我們成了目標，」吐派克如此寫道，他從未忘記那些幫助自己塑造價值觀的人：

> 像我為傑羅尼莫那樣為穆圖魯奮鬥
> 願意為我代表的一切而死

現在，隨著吐派克優先順序的轉變，對他來說，確立家族的基地很重要，必須在一個足夠大的地方安頓下來，接待家人和朋友，開始建立根基。唱片公司租了一座位於加州卡拉巴薩斯（Calabasas）百合路（Azucena）四七三〇號，剛建成的六千平方英尺豪宅，位於洛杉磯以西約二十五英里的郊區。這座兩層的小型莊園有寬敞的大理石門廳、蜿蜒的樓梯、大型花崗岩檯面廚房，六間臥室和一個游泳池。

自童年以來，吐派克的家庭一直是他最可靠的快樂來源。根據他的家人所說，他不喜歡獨處，所以他非常樂意發出邀請，盡可能多讓親友來到他家。

除了亡命之徒的成員外，賈瑪拉是吐派克第一個說服的家庭成員。儘管自她和吐派克一起住在白原市卡里根大道的房子裡已經超過十三年了，他們仍保持密切聯繫。賈瑪拉一到，就成了他的鬧鐘和私人廚師，負責烹製他最喜愛的菜餚——炸雞。「一旦我開始為他炸雞，他就不會讓我回家了。」賈瑪拉愉快的回憶道。

有人能在家裡準備食物，對吐派克來說意義重大。在賈瑪拉到達卡拉巴薩斯的房子之前，他曾要求母親在威爾榭大道的公寓為他準備家常飯菜，以便當他疲憊的走進門時，能聞到母親的菜飯香。這種溫馨的香氣，只是讓他感到家的感覺的一部分。最初是艾菲尼，現在是賈瑪拉，她們會確保冰箱裡備有他

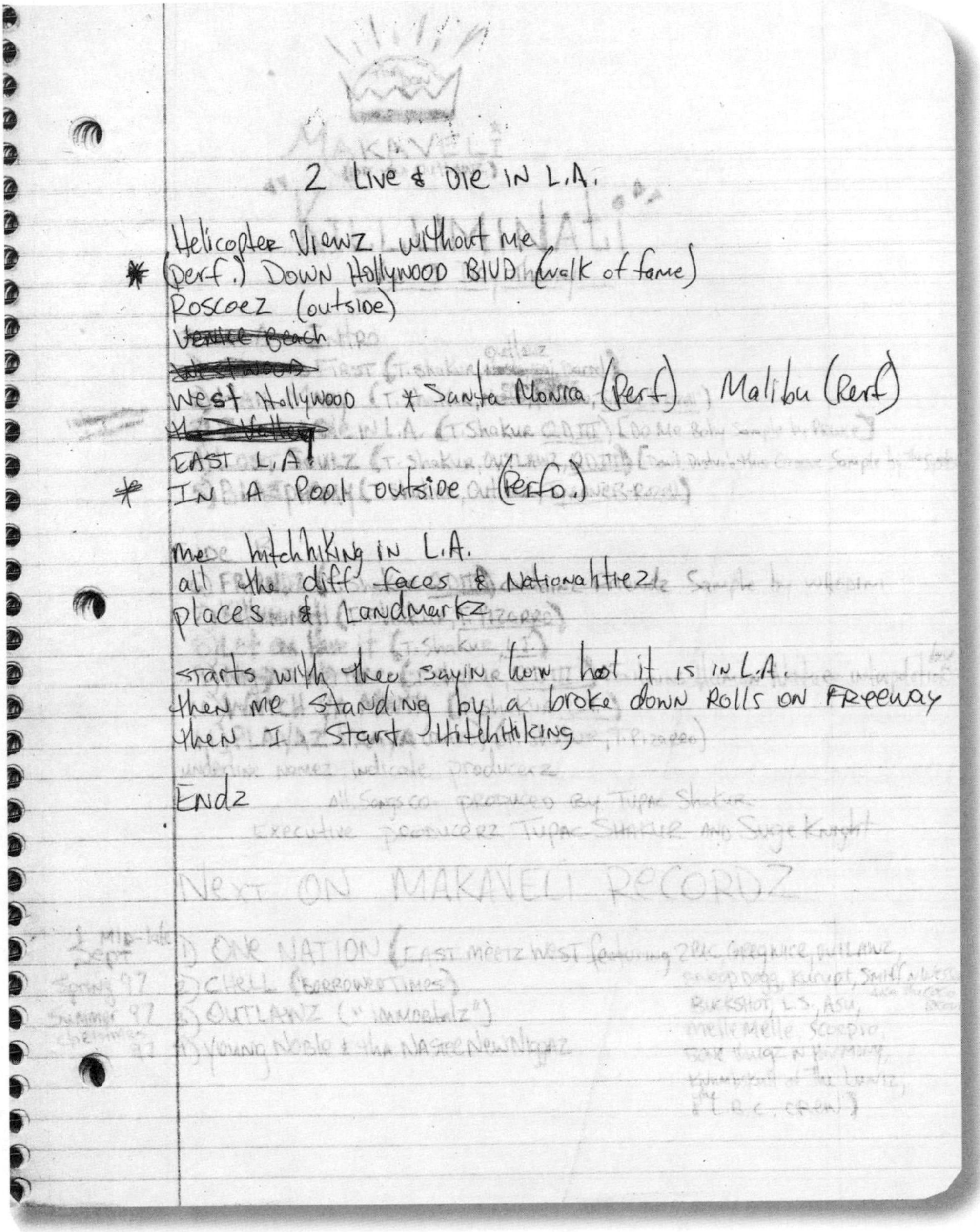

2 Live & Die in L.A.

Helicopter Viewz without me
* (perf.) Down Hollywood Blvd (walk of fame)
Roscoez (outside)
~~Venice Beach~~
~~[illegible]~~
West Hollywood * Santa Monica (Perf) , Malibu (Perf)
~~Valley~~
East L.A.
* In a Pool outside (Perfo.)

me hitchhiking in L.A.
all tha diff faces & Nationalitiez
places & Landmarkz

starts with thee sayin how hot it is in L.A.
then me standing by a broke down Rolls on Freeway
then I start Hitchhiking

Endz

▲〈生是洛城人，死做洛城魂〉MV 發想。

最愛的食物：海尼根、優格、蝦，還有他每天都會補充的兩種主要營養（除了大麻和雪茄）：香吉士柳橙汽水和葵花籽。

六月，艾菲尼、賽琪娃與她的兩個孩子恩津哈（Nzingha）和小馬利克（Malik）來到洛杉磯，正好趕上吐派克的二十五歲生日。葛洛和 TC 也在當天下午早些時候抵達。他們和富拉以及亡命之徒一起聚集在家中。

賈瑪拉四歲的女兒伊馬尼，那個月先前已和媽媽一起搬到吐派克家中，她對堂兄弟姐妹們的到來感到非常興奮。為了迎接他們，吐派克叔叔給了她一大堆錢，讓她去玩具反斗城買玩具。

但在生日那天，吐派克對家人可能為他安排的任何慶祝活動都不感興趣。因為西雅圖超音速隊和芝加哥公牛隊的總決賽第六場正準備開打，他唯一關心的就是這場比賽。吐派克想親眼見證歷史，看看公牛隊傳奇球星麥可．喬丹（Michael Jordan）能否再贏得一枚冠軍戒指。

當吐派克坐在沙發上準備享受比賽時，電視卻打不開。接著電話響了起來，吐派克的沮喪變成了惱怒。有人從死囚打電話來提醒他晚上要和蘇格以及史努比一起拍照。吐派克不想去。他把電話摔到房間的一角，嘴裡罵了一連串髒話。過去的一年裡，即使是和朋友一起簡單吃個飯，他都不願意從錄音室裡出來一下。他太忙了。現在他只想在他的新家，和他最愛的人一起度過生日。然而，最終他也不得不離開家去工作。

家人和其他在場的人已經習慣了吐派克突然上來的情緒，繼續準備他的生日慶祝。賽琪娃照顧馬利克，艾菲尼負責布置生日蛋糕，上面裝飾著一幅吐派克六歲時的素描。葛洛在清洗菠菜並炸雞，而富拉坐在泳池邊，忙著接電話。生日卡片散落在廚房的檯面上，其中有一張是艾菲尼寫給吐派克的，裡面寫著一位自豪母親對兒子的深情訊息。

憤怒焦躁的吐派克和亡命之徒來到了威爾榭大道公寓，他們在那裡停了一會兒，看了比賽的最後一節，見證喬丹和芝加哥公牛隊的勝利。短暫現身在拍照現場後，他們最終來到了加美錄音室。

回到卡拉巴薩斯的家，蛋糕依舊沒有動過。隨著時間流逝，吐派克一直沒有回來，葛洛和富拉決定去找他並在外面聚會。他們打包了雞翅、一瓶辣椒醬和蛋糕，在錄音室找到了他，並在那裡的廚房裡準備食物。

製作人酷魯特（Kurupt）和其他一些死囚的藝人們也在那裡工作。葛洛和富拉耐心的等待，希望每個人能稍微休息一下，哪怕只是片刻，這樣他們就可以唱生日快樂歌了。

最終，吐派克出現了。「你們在這裡幹麼？！」然後他看到了食物：「哦，好吧，讓這些人吃這個蛋糕吧。」

「我們在等你呢。」葛洛回答道。

「不，不，讓他們吃吧。別等我。」

他回到錄音室繼續錄製他的歌曲。

在幾位亡命之徒成員開始享用後，吐派克終於出來了一下，迅速吃了幾個雞翅，幾分鐘後又回到了錄音室。

「再次失敗，」葛洛回憶道：「即使是他的生日，也無法挑戰他的工作行程。我們已經習慣了站在一旁，替他的雄心壯志讓路。他夜以繼日的努力工作，完全停不下來。」接受現實後，葛洛和富拉坐上吐派克的敞篷捷豹，開車回家，在南加州溫暖的夜晚中穿行。

建立文化帝國的過程

兩週後，吐派克收到了吉安尼·凡賽斯的邀請，參加米蘭時裝週的走秀。這將是吐派克自與數位地下會社一起前往日本後的第一次出國旅行；更令人興奮的是，這也是他第一次走秀。

創建自己的時尚品牌已經在他的計畫之中。對他來說，這次旅行代表了自己正走在正確的道路上。唐娜特拉（Donatella Versace，吉安尼的妹妹）回憶道：「我們把吐派克帶到米蘭，當時時尚界沒有人與黑人藝術家合作。沒有人與饒舌歌手合作。這根本不是一個多元的行業。」他和基妲達住在薩伏依親王（Principe Di Savoia）飯店，花了一些時間享受米蘭的夜生活。在某家俱樂部，吐派克甚至為一群熱情友善的義大利粉絲進行了一場即興表演。

義大利之旅對吐派克來說是一段非凡的時光。首次參加時裝週、見到他最喜愛的設計師、與基妲達一起走秀——這次旅行超出了他的預期。

回到洛杉磯後，儘管航空公司弄丟了兩箱裝滿凡賽斯親自送給他的新衣服讓他心碎不已，但吐派克處於創作的巔峰，準備往新方向啟程。其中一部分是要處理他自己知道有部分責任的事情——東西岸嘻哈藝術家的分歧。他計畫製作一張東西岸饒舌歌手的合作專輯，命名為《統一國度》（*One Nation*）。這將是和解的序曲，目的在於呼籲大家結束自吐派克在四方錄音室被槍擊後開始的東西岸戰爭。媒體自他從克林頓監獄出來後就一直在炒作這個話題。

吐派克先聯繫的是嘻哈雙人組合 Nice & Smooth 的其中一員，他的朋友兼饒舌歌手葛列格·奈斯

（Greg Nice），向他解釋了自己的願景，並說因為葛列格來自紐約，吐派克覺得他可以幫忙協調《統一國度》專輯的起步。

葛列格回憶道：「當時吐派克說：『我必須解決這個問題。』他真的想要把事情解決。」因為葛列格在加州和紐約都有粉絲，吐派克認為他可以成為自己與東岸饒舌歌手之間的橋樑。他馬上請葛列格聯繫兩位東岸的聯絡人，音樂製作人 Easy Mo Bee 和饒舌歌手鉛彈（Buckshot）。

吐派克迫不及待想啟動計畫，把卡拉巴薩斯的家變成了來訪藝人的飯店；甚至亡命之徒的成員也會住在這裡（他們自己在謝爾曼奧克斯〔Sherman Oaks〕也有住處）。他還計畫邀請來自灣區的 E-40、「骨頭、惡棍與和聲合唱團」（Bone Thugs-N-Harmony）、休士頓的疤面老爹（Scarface）、紐約的偉大布巴（Grand Puba）、瑞空（Raekwon），以及亞特蘭大的「流浪者合唱團」（Outkast）一同加入。

隨著這項企劃開始成型，吐派克知道還有很多工作要做。他也知道，根據他過去與媒體的經歷，任何他做的正面事蹟都不會被報導。將《統一國度》公諸於眾的重任就落在了他身上。

六月十八日，他參加了「Pool AID 96」，這是「洛杉磯愛滋計畫」（AIDS Project Los Angeles）的募款慈善活動，在那裡他向 MTV 的主持人賽門・雷克斯（Simon Rex）介紹了這個計畫：「我和其他一些兄弟準備推出一張新專輯，叫做《統一國度》。這是一張東西岸合作的專輯，目的在於消除大家對於東西岸之間戰爭的誤解。其實這只是兩個饒舌歌手之間的問題，而大家卻想把它擴大成更大的事。」

在製作《統一國度》同時也繼續錄製《殺明會領導者》專輯的過程中，吐派克開始拍攝他的新電影《魔警殺手》（*Gang Related*），與吉姆・貝魯什（Jim Belushi）一同主演。透過《魔警殺手》，吐派克實現了他為自己設定的另一個目標。他想要一份一百萬美元的片酬，比他以往任何電影的片酬都要高。

透過談判，他拿到了七十五萬美元的演出費，外加二十五萬美元的原聲帶製作費。他終於成為了好萊塢百萬美元俱樂部的一員。

自從離開克林頓監獄已經八個月了，他沒有浪費任何一秒鐘。吐派克錄製並發行了迄今為止最成功的專輯。他完成了一部電影，正在製作第二部，並已經在閱讀下一部的劇本。他同時在錄製兩張不同的專輯，並致力於實現建立自己帝國的最終目標。

吐派克感激死囚唱片為他提供的一切，但也準備專注於自己的公司。到了七月，吐派克全心投入在新公司上，並將《魔警殺手》的片酬直接轉入了「樂生安死」銀行帳戶。他正在採取必要的步驟，好讓自己實現完全獨立。公關普萊斯說：「吐派克想要成立自己的公司，這就是為什麼他與死囚合作做那些事，賺取所需的資金。」

隨著「樂生安死」的運作漸入佳境，吐派克的下一步是創立自己的製作公司。當他計畫要製作一部模仿《真心話大冒險：與瑪丹娜共枕》（*Truth Or Dare: in Bed with Madonna*）的紀錄片時，他第一個想聯絡的人是崔西・羅賓森（Tracy Robinson），他們曾經一起工作過。崔西抓住了這個機會。她和搭檔高比・拉希米（Gobi Rahimi）曾與吐派克一起製作並執導了一些替死囚唱片拍攝的MV：〈美國頭號兩大要犯〉、〈妳想要怎麼做？〉、〈一切都是妳〉、〈幹掉他們〉和〈製造黑鬼〉（*Made Niggaz*）。吐派克想擴大這段合作關係，於是他與崔西和高比合作成立了自己的製作公司。

吐派克將公司命名為24/7，靈感來自他每天二十四小時、每週七天的工作時間。這一步使他更接近實現獨立的最終目標。他認為當他自己可以完成這些工作，就沒有理由讓任何外面的製作公司從他的MV或未來的電影賺錢。

除了在鏡頭前表演，他還想擴展到寫作、製作和導演。甚至在成立 24/7 之前，吐派克已經寫了幾個劇本，包括在受審過程和監獄中寫的《活著講述》和《懷疑的陰影／長不大的男人》。他還構思了兩個故事的概念，名為《喧鬧》（*Bedlum*）和《真實的愛》（*Real Love*）。除了紀錄片外，他還想拍攝一部關於奈特．杜納[1]的傳記片。另一個電影計畫中，他安排了一次全女性編劇團隊的會議和寫作活動，目的是去認同和打破社會刻板印象，讓觀眾能夠找到更多的共同點。

吐派克的雄心不僅限於音樂和電影。為了建立他的帝國，他的計畫擴展到了許多不同領域。他的待辦事項清單包括：

- 《馬卡維利》專輯。
- **餐廳**：Powamekka Café[2]、Playaz Club & Around the World Cafe。
- **時尚品牌**：Dadanani（與基妲達合作）。
- **電玩**：《吐派克和亡命之徒》（*Tupac and the Outlawz*），擁有超能力對抗敵人。
- **出版公司**：書籍和雜誌，自傳名為《媽媽的孩子》（*Mama's Boy*），以及一本名為《如何逃離貧民窟》（*How to Get Out of the Ghetto*）的自救書。
- **音樂出版公司**：簽約製作人。

---

1 編按：非裔奴隸，曾領導維吉尼亞州奴隸和自由黑人在一八三一年八月二十一日起義。
2 編按：Powamekka 一詞為「力量」（power）與伊斯蘭教聖城「麥加」（Mecca）組成。

- **食譜書**：一本食譜合集。他想請不同的饒舌歌手分享他們母親或祖母最喜愛的食譜，並將收益捐給慈善機構。
- **卡通**：《吐派克和亡命之徒》，每週播放的《豬頭艾伯特》[3]風格的兒童節目。
- **電臺節目**：他和藝人嘉賓討論當前話題，以及對所有音樂類型的共同熱愛，不僅僅是嘻哈音樂。
- **粉絲俱樂部**：每月的新聞通訊，分享他自己、亡命之徒和內部圈子的個人故事。目的是與粉絲建立更個人的聯繫。
- **一個名為「Youthanasia」[4]的青少年壘球聯盟**：成立一個青少年壘球聯盟，讓嘻哈藝人志願指導來自貧困社區的青少年。
- **一個名為「像家的地方」（A Place Called Home）的慈善音樂會**：為同名社區中心募款。
- **1-800 求助熱線**：一個免費電話熱線，讓全美的兒童可以在需要幫助時撥打，無論是霸凌、經濟援助、家庭暴力、心理健康、交通問題，或任何他們不敢與家人和朋友討論的困難。
- **政治**：儘管吐派克認為他無法贏得總統競選，但他談到了參與政治的計畫，並認為有一天自己完全有可能成為市長。

吐派克的宏大計畫不僅限於商業。過去緊湊的生活步調在這時暫緩了下來。白天，當他在片場或錄音室工作時，家人們會在家裡做飯和看電視。晚上，吐派克回家後，他會牢牢坐在客廳的黑色皮沙發上，看著MTV、BET，或者他未發布的MV和電影。不管他在看什麼，房間裡總會有一臺電視播放著新聞。他對當地、全國和世界各地的時事總是深感興趣，尤其是關於弱勢社區的犯罪故事。

隨著夏天即將結束，卡拉巴薩斯家裡的夜晚安靜而美好。然而忙碌的生活模式又追趕了上來。有天晚上，他告訴家人自己買了一枚鑽戒，打算向基妲達求婚。這不會是場華麗的求婚，不會有觀眾或攝影機在場，而是專屬他們兩人的私密時刻。

他能預見與基妲達的未來，以及他們的孩子們。他甚至在後院建了狗圍欄。他想要一個有很多孩子的家，並盡可能多和他的侄女伊馬尼和恩津哈在一起。五個月前，他的姪子馬利克出生，讓他非常興奮。每天在長時間拍攝和錄音後回到家，他特別期待與家人在一起，尤其是與嬰兒們一起玩耍。他會教馬利克爬行，和他們玩耍直到逗得他們咯咯笑。賈瑪拉回憶道，「他很喜歡在回家時，一打開門就聽到聲音。他喜歡地板上有玩具絆腳的感覺。他最大的願望就是把他的房子變成一個溫馨的家。」

當吐派克指著白色地毯上融化的冰棒留下的汙漬時，遊戲時間變得更刺激了。他會笑著問：「這到底是怎麼回事？」並假裝生氣看著那些期待他反應的小臉：「你們都得找份工作來付清地毯清潔費！每週我們都得因為這些冰棒而洗地毯！」孩子們繼續睜大眼睛看著他，希望他會追逐他們跑遍整個房子。「你們以為我這麼努力工作是為了付你們搞得一團亂的帳單嗎？嗯？你們真的以為是這樣嗎？你們都得找份工作。」吐派克努力不讓自己在看到他們大真的眼睛時笑出來。「他希望我們大家都在這裡，最主要是因為他希望孩子們也在這裡。」賈瑪拉回憶道。

在連續不斷的會議和錄音室工作之間，吐派克在八月的某個晚上前往日落大道的好萊塢藍調之屋

3 編按：*Fat Albert and the Cosby Kids*，兒童喜劇動畫，該節目每集都有一個教育課程。
4 編按：推測為「青年」（youth）與「安樂死」（euthanasia）組成。

（House of Blues）看他的兒時偶像LL Cool J演出。「流浪者合唱團」開場表演結束後，吐派克離開VIP區，與夏克和曼尼在普通席會合。他們三個人站在一起，靠在牆上，吐派克站在中間。當LL登臺時，觀眾狂熱的歡呼。一群粉絲持續推擠穿梭過人群，也經過吐派克身旁。有人在走過時驚訝的看了他一眼，有人溫暖的微笑或要求合照。一些女孩尖叫著，並不是因為臺上戴著坎戈爾袋鼠（Kangol）帽的傳奇人物，而是因為驚喜的看見吐派克和傳奇的夏克——呆駝子本人——在普通席閒逛。

他和夏克像老朋友一樣敘舊。夏克告訴吐派克：「我們和湯米小子的合約搞砸了。」

「是啊，老哥，真糟！我明天得去法院。他們想叫我做些社區服務。」吐派克含糊的說著，提到幾年前因為襲擊和持有武器被要求進行的社區服務。

「我有首beat給你。」夏克說道。

「真的嗎？好啊。」吐派克在吵雜的音樂中大喊。

「我看過你拍的那隻MV。超屌的。」夏克說道：「和蘇格合作感覺怎麼樣？」

「喔，不錯啊。順便說一下，幫我跟阿特龍問好。」

隨著九月臨近，吐派克的家幾乎被家人和朋友塞滿了。所以當對面的房子掛上待售的牌子時，他知道自己一定得買下來。儘管艾菲尼、賽琪娃和她的孩子們已安頓在亞特蘭大，也很享受他們經常造訪加州，但他知道如果能在附近買下一棟房子，這將有助於家人們更輕鬆的過上東西兩岸來回生活的日子。

吐派克希望能買下附近的另外六間房子。一間房子給亡命之徒。另外一、兩間給訪客，供來訪的家人、朋友和藝人居住。他想要其中一間房子當他的辦公室和錄音室。而一間房子將指定給葛洛，她計畫在九月的第一週從喬治亞搬過來。吐派克已經讓穆塔十四歲的弟弟卡米爾（Kamil）從紐澤西搬過來，並開始申請成為他的法定監護人。他的計畫是讓卡米爾與葛洛和ＴＣ住在一起。

所有曾經的希望和夢想，現在都正成為現實。

在紐約，解決牛肉

九月四日，吐派克登上飛往紐約的航班，他將在年度ＭＴＶ音樂錄影帶大獎上頒獎。穆塔、雅法和亡命之徒的新成員年輕貴族（Young Noble）陪同他前往。他很期待這次旅行，儘管整週工作排得很滿，他還是計畫三天後在拉斯維加斯觀看拳王麥克・泰森的比賽。

吐派克一直很關心自己的安全問題，因為他不確定會發生什麼事。他希望這次到東岸的旅行是正面積極的，但為了安全起見，他還是帶了一大群朋友和同事。「我帶了二十個老鄉跟我們一起。」穆塔回憶道。當吐派克和史努比登臺頒獎時，臺下前排觀眾不斷傳出侮辱和叫囂聲。

下臺後，吐派克很不爽。他試著保持冷靜，但也急著想知道是誰在臺下嗆聲。

幾分鐘後，納斯和吐派克在禮堂外面對面站著，各自帶著自己的年輕兄弟，場面一觸即發。兩人過去的恩怨使空氣中充滿了緊張氣氛。事態原本可能變得很糟糕，但幸運的是，由於雙方對彼此的尊重，吐派克和納斯找到了平息事態的方法。那晚，他們互相交談，沒有出現暴力場面。

自從幾年前在霍華德大學的校慶活動上首次見面以來，納斯就相當尊重吐派克。「我看到吐派克在和一些女孩說話，我遞給他一瓶軒尼詩，」納斯回憶起那個晚上：「其實我不應該帶酒去的，因為那是校園活動，但他直接就拿起來唱了。他一直在反覆唱著我第一首單曲中的一段歌詞——一首叫〈中場休息〉（*Halftime*）的歌——『When it's my time to go, I'll wait for God.』（當我該離開時，我會等著上帝到來）……他很愛那句歌詞。」

因此在MTV音樂獎上，先前的緊張氣氛並沒有消去相互的尊重。雙方都表現出了和解的意願。納斯回憶道：「我們進行了一次很棒的對話。他解釋說，他以為我在〈訊息〉這首歌中diss他。我聽說他在夜店表演時diss我。他說：『Yo，納斯，我們是兄弟，兄弟之間不應該這樣。』我則說：『我也這麼覺得。』」

吐派克也向納斯承認，在最近錄製的《馬卡維利》中，有些歌曲提到了他。他向納斯保證，會在專輯發行前刪掉這些歌曲。吐派克還談到了他們也許可以在拉斯維加斯見面。納斯說：「他認為我們是能夠把一切帶回正軌的人，我對他說的這句話感到非常興奮，因為我覺得在某種程度上我們是同類。我們之間本來就不該有牛肉。」[5]

在頒獎典禮後的派對上簡短露面後，吐派克準備離開，但他的豪華禮車還沒叫來。由於距離飯店不遠，他決定步行回去。他想享受紐約夜晚的空氣。和納斯和解後，他對未來的願景更加充滿自信。

亡命之徒和蘇格也跟著吐派克，最初隨行的幾名粉絲和人們很快就增加到至少五十人，他們沿著紐約的人行道一起走著。「很多粉絲對他表達了愛，比如『歡迎回來，派克』。」穆塔回憶道。吐派克也回報了這份友善。他從口袋裡掏出一疊百元大鈔，開始發錢。他再次感受到了紐約市的擁抱。「那晚他至少拿了兩千美元給無家可歸者和街上的人……就是一直給錢。」穆塔說。

在紐約期間，吐派克決定聯絡凱莎。婚姻結束並沒有終止他們的友誼，兩人一直都保持聯絡。他一落地就打電話給她，兩人計畫見面。雙方都很高興重新聯絡並了解彼此的近況。那天晚上吐派克告訴她自己打算離開死囚，去追求自己的戲劇事業。結束了所有行程，是時候回洛杉磯了。這趟旅程也正如他所希望的一樣順利。

再也沒有壞事發生

九月六日星期五，回到洛杉磯後吐派克直接前往錄音室，錄製為重量級拳王麥克・泰森製作的歌曲〈讓我們開始吧〉（*Let's Get It On*）。幾年下來，因為他們在生活中面臨相似的困境，泰森和吐派克成為了朋友和知己。泰森希望吐派克錄製一首歌曲，作為他在隔天晚上對戰布魯斯・塞爾（Bruce Seldon）登場時的背景音樂。

那天的混音師是史考特・古鐵雷斯（Scott Gutierrez），他回憶道：「吐派克從豪華轎車裡走出來……走進門，說了聲『最近好嗎？』音樂開始播放，他說把音量調高。我幫他調大了聲音，讓他感覺一下……吐派克把筆和紙都拿在手上，接著說：『捲根大麻。我的軒尼詩在哪裡？我們開始吧。』從他進門到離

5 編按：二〇二一年，納斯發表了一首歌〈東岸死囚〉（*Death Row East*，死囚唱片預計在東岸設立的分支廠牌），描述了他和吐派克此次的對話，以及他們本想一起消除東西岸的對立。歌曲最後是當時正在開演唱會的納斯，聽到吐派克過世後宣布消息的片段。

開那個房間，不到二十分鐘，這首歌就完成了……（他說）我星期天回來。」

幾個小時後，吐派克回到卡拉巴薩斯的家，抱怨說自己不想去拉斯維加斯。他才剛快速往返美國兩端，對於再來一次五小時的公路旅行，他一點興趣也沒有。他只想休息，想脫掉鞋子，吃點賈瑪拉做的炸雞，並在電視機前放鬆一下。

賈瑪拉回憶道：「派克不想去。他從紐約回來後很累，而且說拉斯維加斯太熱了，穿防彈衣會很不舒服。」但是當蘇格打電話來時，他還是說服了吐派克。

吐派克、馬爾科姆、雅法和卡塔里收拾好東西，蘇格耐心的在車裡等待。賈瑪拉很興奮，因為她被邀請一起同行，她已經收拾好了行李。這時賈瑪拉的女兒伊馬尼站在他們旁邊，哭著說：「我也想去。」

「不，寶貝，我們明天就會回來，」賈瑪拉保證道。

「我想和你們一起去。」

吐派克拿著東西走出前門時，伊馬尼的眼淚已經快掉下來了。「怎麼了？」他問道。

「伊馬尼也想跟著去。」賈瑪拉告訴他。

「馬尼，我們會帶禮物回來給妳。」他安撫著說。

伊馬尼不想聽這個。她說她也想去，然後爆哭起來。

「馬尼，別哭！我們會帶禮物給妳，」吐派克蹲下來，看著她的眼睛：「妳想要什麼禮物？」

她哭著說：「一個起司漢堡。」

「好，我保證一定會幫妳帶一個起司漢堡回來。」吐派克回答。

伊馬尼停止了哭泣，但她漂亮的棕色臉頰上仍流著眼淚。

吐派克和馬爾科姆坐進黑色的凌志，馬爾科姆開車，吐派克坐在副駕。賈瑪拉和基妲達一起坐在後座。卡塔里、雅法和其他幾個人跳上了跟著蘇格的另一輛車。吐派克和賈瑪拉向站在門口的伊馬尼揮手告別，穆塔和貴族陪著她。「在那之前，伊馬尼從沒在我們離開時哭得那麼厲害過。這真的很奇怪。」賈瑪拉回憶道。

當他們駛上十號州際公路，向東前進時，車隊已經擴展到超過十輛車。沿途死囚的律師大衛・肯納加入了他們。他們以高達一百英里的時速行駛，穿插在車道間，玩捉迷藏和賽車。就像這條路是他們的一樣。「我以為我們會死在那裡，死神就站在高速公路上。」賈瑪拉回憶道。

吐派克坐在前座，把音響調來調去，翻看著剛買的雜誌，並把瓜子殼吐出半開的車窗。他的聲音從音響裡播放出來。他快轉了幾首歌，並跟著新歌〈亡命之徒的生活〉（*Life of an Outlaw*）唱了起來：

In this life we live as thugs…

然後他開始自言自語，但大聲到讓車裡的每個人都聽見：「喔，天啊，我真是太猛了。」吐派克的自我讚美總是伴隨著一陣壓抑的笑聲。

他偶爾會轉向後座，問是否有人需要什麼。他們不斷向前行駛，洛杉磯的繁忙變成了郊區，然後變成了沙漠，他們一邊聽著音樂一邊享受著彼此的陪伴。

到達拉斯維加斯後，吐派克的車和尾隨的後面幾輛廂型車隊直接前往盧克索（Luxor）飯店。他們辦理了入住手續，去到各自的房間裡。亡命之徒有自己的房間，而賈瑪拉和吐派克及基妲達共用一個相連的套房。賈瑪拉放下行李，朝門口走去，急著想去賭場。

吐派克攔住了她：「喔，不。妳哪裡也不能去。」

「什麼？」賈瑪拉困惑的問道，想知道他到底在說什麼：「你認真的嗎？」

「對，我不希望你們出去，」吐派克說：「外面太危險了。」接著他一臉嚴肅的說：「我說認真的，外面很危險。」無視賈瑪拉的皺眉和失望的表情，吐派克換了衣服，走出門外。

幾分鐘後，吐派克和蘇格一起出現在美高梅體育館（MGM Arena）。吐派克加入了VIP區的NBA明星、饒舌歌手和一線演員。當麥克．泰森走進競技場時，吐派克的音樂在音響中響起。

泰森僅僅花了十九秒就就擊倒了對手。

吐派克和團隊離開時擁抱了泰森，慶祝了朋友的勝利。然後他驕傲的穿過美高梅飯店大廳，還沉浸在泰森的表現中。當看到前方有攝影機時，他走了過去：「你們有看到嗎？我數了，一共五十拳！」

然而，吐派克興奮的情緒突然被打斷了。他們隨行的一位成員特雷（Trevon "Tray" Lane）指著電梯旁的一個人——奧蘭多．安德森（Orlando Anderson），一個洛杉磯的瘸幫成員，幾週前他在南加州的萊克伍德購物中心（Lakewood Mall），從特雷的脖子上搶走了他的項鍊吊飾。

看到安德森讓吐派克非常憤怒。他再次想親手伸張正義，就像當初巡演時有人偷了查克．D的夾克一樣；就像亞特蘭大那名下班的警察打了一名無辜的司機一樣；就像馬林市一名白人用種族歧視的詞語罵另一名乘客時一樣。吐派克的腎上腺素飆升，他衝向安德森，將對方打倒在地。其他四、五個同伴也加入了。他們開始暴打安德森。隨後飯店的保全人員一湧而上，將他們拉開。

幾分鐘後，他走進了盧克索飯店套房的門內。

賈瑪拉已經準備好去夜店了。她被鎖在房間裡無處可去，只有客房服務、小冰箱和遙控器陪伴度過這個夜晚。

吐派克迅速脫下絲綢襯衫和配成一套的 Hush Puppies 鞋子，換上了一件綠色的籃球球衣。他瞥了一眼鏡子，然後調整了他的項鍊吊飾，檢查安全別針是否還在，確保它固定好。那枚金色吊飾鑲嵌著鑽石，Makaveli 則用紅寶石拼寫出來，並有一個「樂生安死」標誌的浮雕。

賈瑪拉走向在門口的吐派克。

吐派克看著她：「妳要去哪？」

「等一下，我不能去派對嗎？」賈瑪拉問。

「不行。」吐派克回答。他堅定不移。不打算讓他的表妹走出房間，走上可能很危險的道路。

「你是認真的嗎？」賈瑪拉問。

沒有回應。吐派克已經離開了。

十點，吐派克跳上了蘇格的 BMW，前往蘇格在拉斯維加斯的房子，讓他換衣服，然後到蘇格的夜店「Club 662」。再次，一隊廂型車跟隨著他們。吐派克坐在副駕駛座，搖下車窗，他們緩慢穿過拉斯維加斯大道的車流，並經過人行道上擁擠的人群。一小時後，他們還沒到目的地。

當他們轉入佛朗明哥大道（Flamingo Road）時，前方的紅燈亮了。

蘇格放慢速度停下。

一輛新款的凱迪拉克停在 BMW 旁。

車窗開著。

沒有任何交流。

只有寂靜。

直到後座一名乘客拿出槍瞄準了吐派克。

點四〇克拉克手槍的響聲劃破了寒冷的夜空。子彈撕裂了黑色ＢＭＷ的一側並射入了輪胎。吐派克從前座跳到後座，拚命的想躲避槍擊。子彈無情的穿透了吐派克的身體。他的臀部、腹部，他的右手，還有他的胸部。

一塊子彈碎片擦過了蘇格的頭部，他猛踩油門，猛然轉向掉頭。他透過破碎的擋風玻璃瞇著眼，試圖駕駛已經被槍射爆兩顆輪胎的車。他們行駛了大約半英里後，第三個輪胎也爆了。吐派克喘著氣。幾秒鐘後，警察攔下了他們。遠處傳來警笛聲，警察拔槍對準了他們的車。襲擊者乘坐的凱迪拉克早已逃之夭夭。

救護車趕到，醫護人員小心翼翼的將吐派克受傷的身體放上擔架。他用力呼吸，努力睜開眼睛。他的衣服和擔架上的床單被傷口流出的鮮血浸透了。幾分鐘內，他們就到了大學醫學中心醫院。

賈瑪拉還不知道發生了什麼事，直到接到了富拉打來的電話，是吐派克的保鏢通知她的。賈瑪拉和基姐達立刻趕往醫院。情況不樂觀。賈瑪拉簽署了醫療同意書，並等待著其他人的到來。

賈瑪拉站在吐派克床邊，不斷告訴表哥自己愛他，並祈禱他能度過難關。她回憶道：「他沒有意識，我就知道大事不妙了。我心想就算他能度過這次，復原期也會非常漫長。這跟在紐約那次槍擊事件不同。他嘴裡插著管子；他無法說話，身體也不能動彈。我很害怕。」

在外面，沿著大道不遠處，拉斯維加斯警察把卡塔里、雅法和馬爾科姆逼到牆上，他們當時在吐派克和蘇格的後面。他們舉起雙手，擔心著自己最好的朋友、表哥、領袖的命運，而警察正在盤問他們關於槍擊事件的事情。警察把他們扣留在街上，連續幾個小時不停提問，並不斷的說：「你們的朋友死了。你們的兄弟倒在那死了。」亡命之徒始終保持沉默。他們只擔心一件事——吐派克是否還活著。

喬治亞州，艾菲尼和賽琪娃在黑暗中翻找並接聽不斷響起的電話。幾小時內，他們就登上了飛機。葛洛和TC原本準備在那個週末搬到加州，他們已經從喬治亞州出發，車裡裝滿了所有的家當，他們在車上聽到新聞快報：「饒舌歌手吐派克・夏庫爾在拉斯維加斯被槍擊。」葛洛抓起手機，瘋狂撥打吐派克辦公室的電話，請他們幫忙準備機票，並問清楚怎麼去醫院。

洛杉磯，富拉、穆塔和貴族沿著吐派克幾個小時前走過的同一條高速公路疾馳。他們都在祈禱奇蹟的發生。

當每個家人抵達拉斯維加斯並齊聚於吐派克的病床前時，他們看到的是令人心碎的景象。他躺在醫院的床上，處於昏迷狀態，頭部腫脹，身體因液體而膨脹。在繃帶下，他的右食指不見了。白色的紗布包裹著他的頭部和身體。一堆管子從他的嘴、鼻子和手，連接到一些令人不安的機器上。

幾小時後，艾菲尼和葛洛站在他的病床旁。用她們溫柔的聲音，告訴吐派克家裡的人都愛著他。

家人立刻請來艾菲尼和葛洛的表姐芭芭拉・珍（Barbara Jean）。她是一位治療師和牧師。她來為吐派克祈禱，還帶來了「聖油」要塗在他的臉上，但護士們不允許。醫生告訴艾菲尼出血已經停止，而且由於他還年輕，還有機會存活下來。他的身體正在努力恢復。

高比和崔西，那時正為吐派克的紀錄片拍攝素材，他們帶著柳橙汁和早餐在第一天早上來到家人那裡。高比回憶，那週死囚還接到了一通匿名電話，威脅說有人要來拉斯維加斯「解決」吐派克。

死囚隨即在吐派克的房間附近安排了保安，伊斯蘭民族的人也在。然而，沒有人像亡命之徒那樣守護著吐派克安危，他們每個人都會輪流值班。貴族回憶道：「我們亡命之徒是二十四小時輪班的。沒在開玩笑，我們每個人都帶著槍。我們沒有睡覺，不換衣服，除了去商場買內褲什麼的。我們都準備好了，如果有人來醫院找麻煩，我們會奮戰到底。警察沒有認真看待那起電話威脅。我們在那裡像軍隊一樣。白天大家都在，晚上則會輪班。凌晨四點除了我們沒人會在那裡。我們會站在暗處，觀察每一個人。」

吐派克的好友 Yo-Yo 這時也站在他旁邊：「派克，你能聽到我說話嗎？」潔絲敏和史努比狗狗也來探望他們的朋友並提供支持。

護士們認為不斷進出的訪客可能會妨礙吐派克康復，便決定制定時間表。每三小時允許兩名訪客，每次十分鐘。他們希望他能有更多的時間獨自休息，這樣他會恢復得更快。

但吐派克不喜歡獨處。

家人、基妲達和親密的朋友都輪流盡可能多陪伴他。每一個探訪時間都是滿的。

那週，吐派克躺在醫院床上，接受了一系列複雜的手術；第二次手術包括摘除一半的肺。醫生向艾菲尼保證，如果他能活下來，他還是可以過正常的生活。

當消息傳出吐派克有可能生還，並且他短暫的睜開了眼睛，全球粉絲的心中都充滿了希望。醫院外聚集的群眾增加了。記者蜂擁而至，騷擾家人和親友，竭盡所能想獲取有關吐派克病情的最新消息。葛洛回憶道：「那是個瘋狂的場面，真的很誇張。記者偽裝成朋友，坐在旁邊聽你們說話……真是瘋了。」

崇拜吐派克的粉絲和窮追猛打的記者湧向醫院停車場，試圖窺見一些情況或最新的消息。甚至比利．加蘭也出現了，儘管他只有待在人群中。

第六天，醫生替吐派克洗腎作為預防措施。他擔心吐派克的腎臟會衰竭。如果發生這種情況，他的其他器官也會隨之衰竭。一直在走廊中徘徊的希望變成了擔憂。

隔天，星期五，九月十三日，下午。醫生從私人等候室叫來了艾菲尼。吐派克的心臟停止了。醫生告訴她，他經歷了一連串的心臟病發作。他們已經試圖搶救他三次。

「不，不要再做了，不要這樣對我的寶貝。讓他走吧。但請讓我姐姐去看他好嗎？」她懇求道。

醫生要求他們等到清理完畢，並說只有葛洛可以在吐派克辭世後進去。

下午四點零三分，吐派克向他過去經常夢見的天使，交出了自己的生命。

消息傳開時，所有在等候室裡的人都淚流滿面。但艾菲尼還沒有哭。雖然一股深沉、撕心裂肺的痛苦席捲她全身，不過因她照顧痛苦之人的天生習性，即便在自己人生中最難過的時刻，也使她能夠用鼓勵的話語安慰人們。

幾分鐘後，醫生們護送葛洛進入房間。當她站在吐派克身邊，向下看著他時，她回想起二十五年前的那個時刻；當時她也站在床邊，在吐派克出生幾分鐘後，艾菲尼請她去確認孩子的情況。她就像那時一樣親了他的額頭，俯視著他，欣賞他的美麗和堅強。他現在安息了。

葛洛試著不讓自己掉眼淚。這最後的告別，不僅是為了艾菲尼，也是為了她自己：「好了，親愛的，葛洛阿姨在這裡陪著你。」她腦海中閃現出關於外甥的所有回憶，每一個瞬間都如此美麗和多彩。

「不會再有什麼事發生在你身上了，知道嗎？葛洛阿姨向你保證。現在你放心的飛翔吧。」

我確信吐派克度過了完美的二十五年。

我對他生命中的每一天，都感到滿意與驕傲。

——艾菲尼·夏庫爾

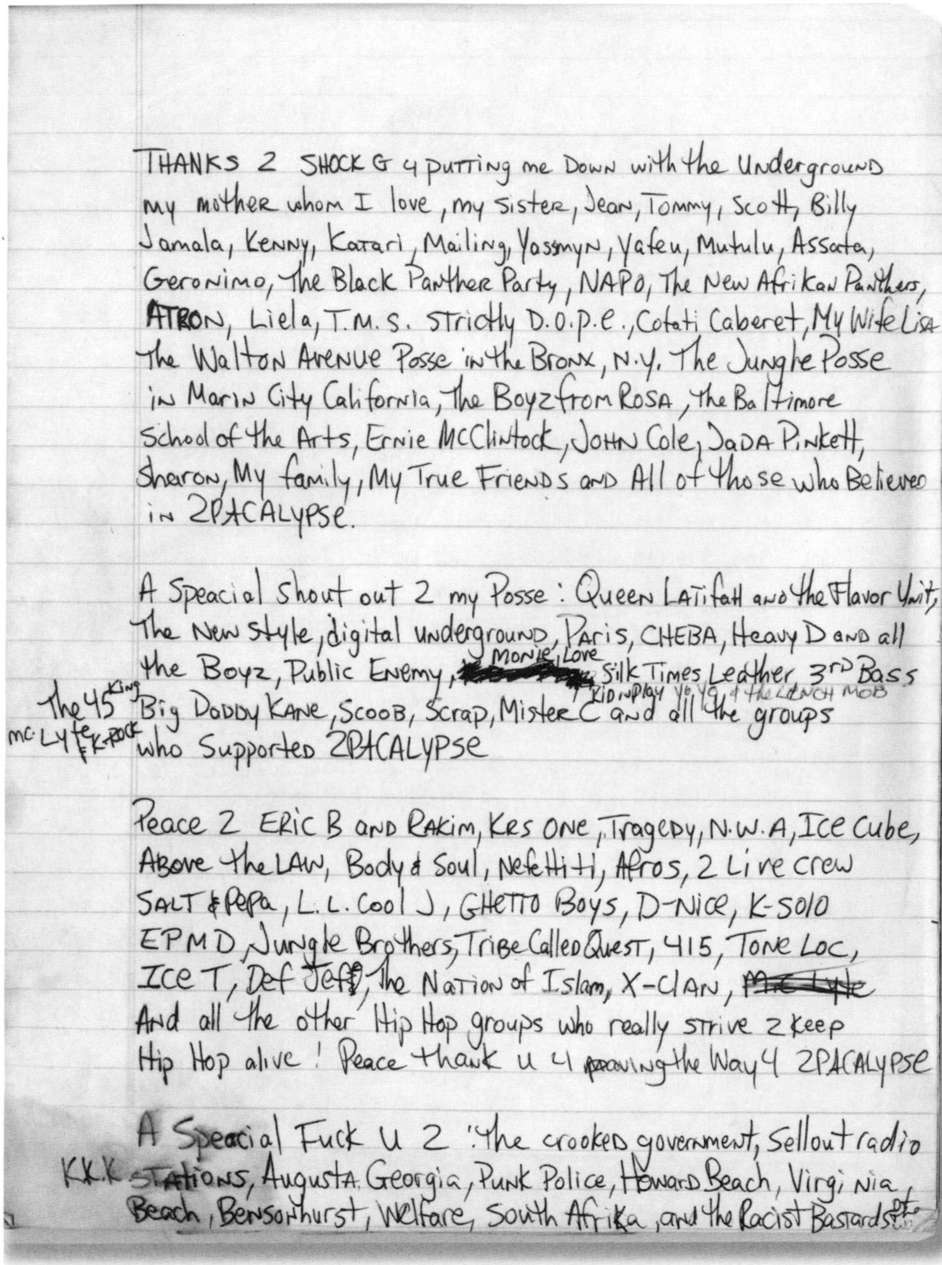

THANKS 2 SHOCK G 4 PUTTING me DOWN with the UndergrounD
my mother whom I love, my sister, Jean, Tommy, Scott, Billy
Jamala, Kenny, Katari, Mailing, Yassmyn, Yafeu, Mutulu, Assata,
Geronimo, The Black Panther Party, NAPO, The New Afrikan Panthers,
ATRON, Liela, T.M.S. STRictly D.O.P.E., Cotati Caberet, My Wife Lisa
The Walton Avenue Posse in the Bronx, N.Y. The Jungle Posse
in Marin City California, the Boyz from Rosa, the Baltimore
School of the Arts, Ernie McClintock, JOHN Cole, JADA Pinkett,
Sharon, My family, My True Friends and All of those who Believed
in 2PACALYPSE.

A Speacial shout out 2 my Posse: Queen LATifah and the Flavor Unit,
The New style, digital underground, Paris, CHEBA, Heavy D and all
the Boyz, Public Enemy, MONIE LOVE, Silk Times Leather, 3rd Bass
The 45 King, MC LYTE, K-ROCK, Big DADDY KANE, SCOOB, Scrap, Mister C, KID N PLAY, YO YO, & the LENCH MOB and all the groups
who Supported 2PACALYPSE

Peace 2 ERIC B and RAKim, KRS ONE, TrageDY, N.W.A, Ice Cube,
Above the LAW, Body & Soul, Nefertiti, Afros, 2 Live crew
SALT & Pepa, L.L. Cool J, GHETTO Boys, D-Nice, K-Solo
EPMD, Jungle Brothers, Tribe Called Quest, 415, Tone Loc,
Ice T, Def Jeff, the Nation of Islam, X-CLAN, ~~MC Lyte~~
And all the other Hip Hop groups who really strive 2 keep
Hip Hop alive! Peace thank u 4 paving the Way 4 2PACALYPSE

A Speacial Fuck U 2: The crooked government, Sellout radio
K.K.K. STATIONS, Augusta Georgia, Punk Police, Howard Beach, Virginia
Beach, Bensonhurst, Welfare, South Afrika, and the Racist Bastards etc.

▲無論是專輯致謝還是單純的獻詞，吐派克總是會寫滿整頁的感謝詞，感謝那些他欣賞和愛的人。

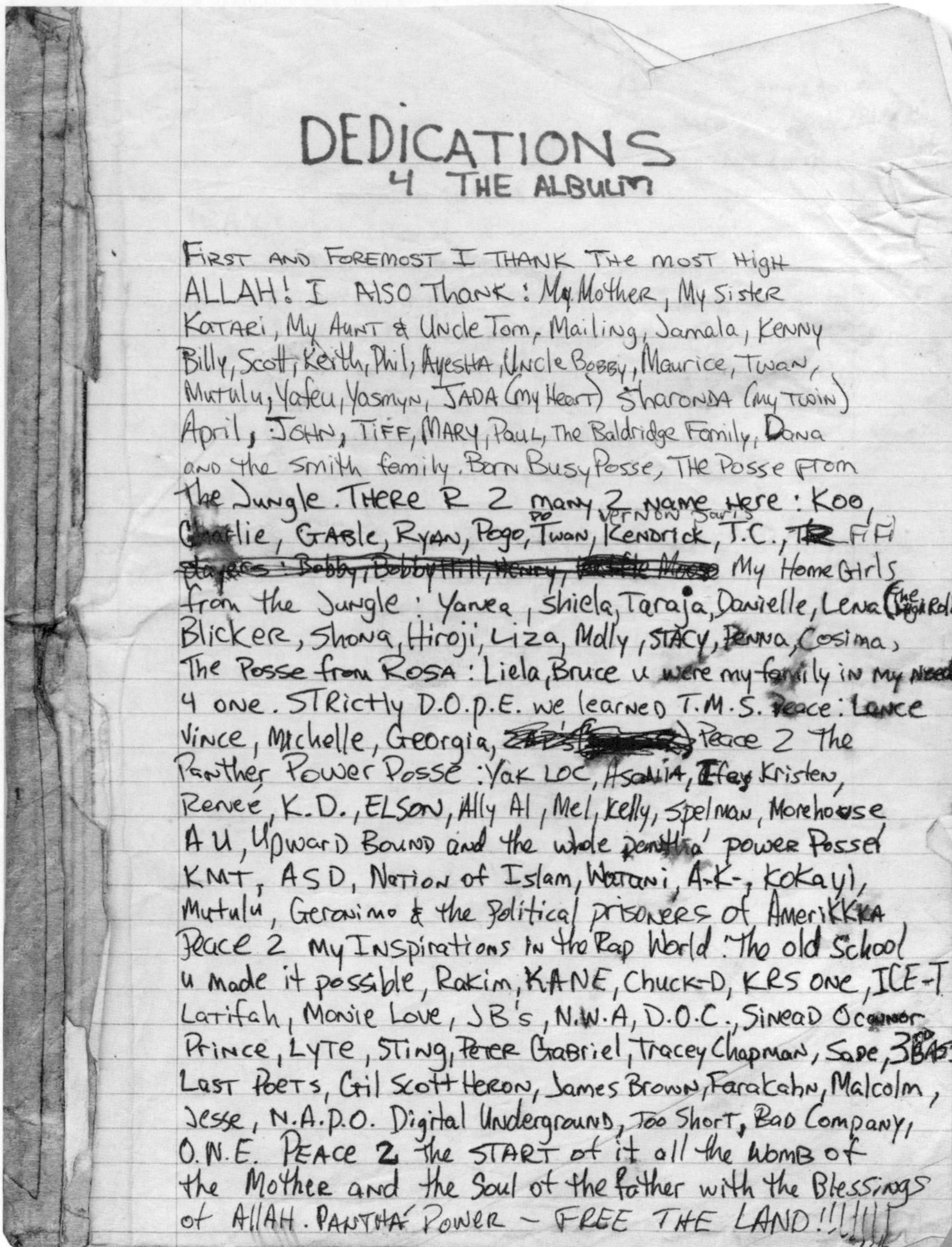
DEDICATIONS
4 THE ALBUM
FIRST AND FOREMOST I THANK THE MOST HIGH ALLAH! I ALSO Thank: My Mother, My Sister Katari, My Aunt & Uncle Tom, Mailing, Jamala, Kenny Billy, Scott, Keith, Phil, Ayesha, Uncle Bobby, Maurice, Twan, Mutulu, Yafeu, Yasmyn, JADA (my Heart) Sharonda (my Twin) April, JOHN, TIFF, MARY, Paul, The Baldridge Family, Dana and the Smith family. Born Busy Posse, THE Posse from The Jungle. THERE R 2 many 2 name here: Koo, Charlie, GABLE, RYAN, Pogo, Twan, Kendrick, T.C., Vernon Jarvis FiFi My Home Girls from the Jungle: Ya. Lena (The Righteous) Rell Blicker, Shona, Hiroji, Liza, Molly, STACY, Penna, Cosima, The Posse from ROSA: Liela, Bruce u were my family in my need 4 one. STRictly D.O.P.E. we learned T.M.S. Peace: Lance Vince, Michelle, Georgia, Peace 2 The Panther Power Posse: Yak LOC, Asania, Kristen, Renee, K.D., ELSON, Ally Al, Mel, Kelly, Spelman, Morehouse A U, Upward Bound and the whole Pantha' power Posse! KMT, ASD, Nation of Islam, Watani, A-K-, Kokayi, Mutulu, Geronimo & the Political prisoners of AmeriKKKa Peace 2 My Inspirations in the Rap World: The old School u made it possible, Rakim, KANE, Chuck-D, KRS ONE, ICE-T Latifah, Monie Love, JB's, N.W.A, D.O.C., Sinead OConnor Prince, LYTE, STing, Peter Gabriel, Tracey Chapman, Sade, 3rd Bass Last Poets, Gil Scott Heron, James Brown, Farakahn, Malcolm, Jesse, N.A.P.O. Digital Underground, Too Short, Bad Company, O.N.E. PEACE 2 the START of it all the WOMB of the Mother and the Soul of the father with the Blessings of AllAH. PANTHA' POWER - FREE THE LAND!!!!!!!

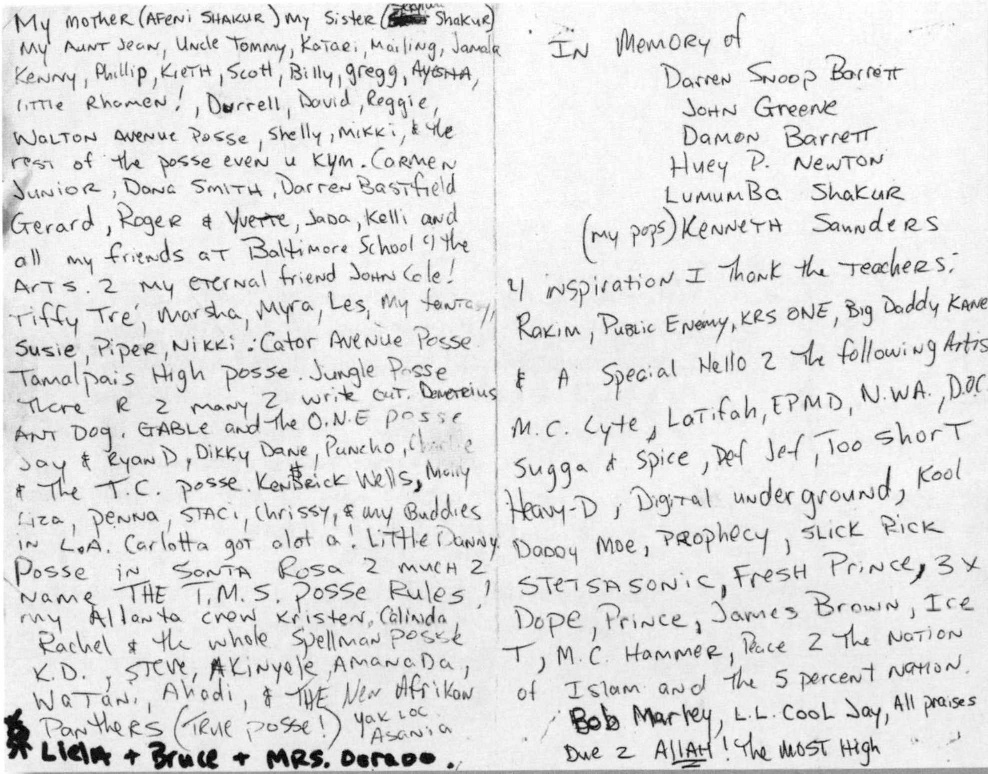
My mother (Afeni Shakur) my Sister ([redacted] Shakur)
My Aunt Jean, Uncle Tommy, Katari, Mailing, Jamala
Kenny, Phillip, Kieth, Scott, Billy, gregg, Ayesha,
little Rhamen!, Darrell, David, Reggie,
Walton Avenue Posse, Shelly, Mikki, & the
rest of the posse even u Kym. Carmen
Junior, Dana Smith, Darren Bastfield
Gerard, Roger & Yvette, Jada, Kelli and
all my friends at Baltimore School of the
Arts. 2 my eternal friend John Cole!
Tiffy Tre', Marsha, Myra, Les, My fantasy,
Susie, Piper, Nikki: Cator Avenue Posse
Tamalpais High posse. Jungle Posse
There R 2 many 2 write out. Demetrius
Ant Dog. Gable and the O.N.E posse
Jay & Ryan D, Dikky Dane, Puncho, Charlie
& The T.C. posse. Kendrick Wells, Molly
Liza, Penna, Staci, Chrissy, & my Buddies
in L.A. Carlotta got alot a! Little Danny
Posse in Santa Rosa 2 much 2
name THE T.M.S. Posse Rules!
my Atlanta crew Kristen, Calinda
Rachel & the whole Spellman posse
K.D., Steve, Akinyele, Amanada,
Watani, Ahodi, & THE New Afrikan
Panthers (True posse!) Yak Loc Asania
Lidia + Bruce + MRS. Dorado.

IN Memory of
Darren Snoop Barrett
John Greene
Damon Barrett
Huey P. Newton
Lumumba Shakur
(my pops) Kenneth Saunders

4 inspiration I thank the teachers:
Rakim, Public Enemy, KRS ONE, Big Daddy Kane
& A Special Hello 2 the following Artis
M.C. Lyte, Latifah, EPMD, N.W.A., D.O.C.
Sugga & Spice, Def Jef, Too Short
Heavy-D, Digital underground, Kool
Daddy Moe, Prophecy, Slick Rick
Stetsasonic, Fresh Prince, 3X
Dope, Prince, James Brown, Ice
T, M.C. Hammer, Peace 2 The Nation
of Islam and the 5 percent Nation.
Bob Marley, L.L. Cool Jay, All praises
Due 2 Allah! The Most High

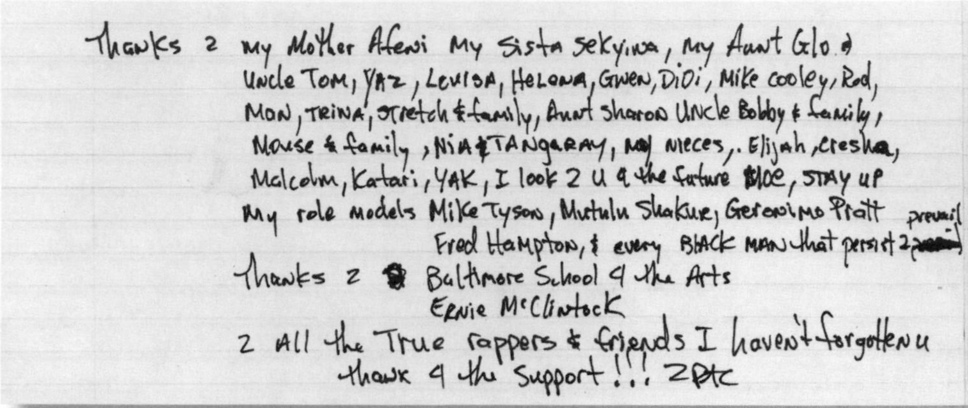

Thanks 2 my Mother Afeni My Sista Sekyiwa, My Aunt Glo &
Uncle Tom, Yaz, Louisa, Helena, Gwen, DiDi, Mike Cooley, Rod,
Mon, Trina, Stretch & family, Aunt Sharon Uncle Bobby & family,
Mouse & family, Nia & Tangaray, my nieces, Elijah, Cresha,
Malcolm, Katari, Yak, I look 2 U 4 the future, Stay up
My role models Mike Tyson, Mutulu Shakur, Geronimo Pratt
Fred Hampton, & every Black man that persist 2 prevail
Thanks 2 Baltimore School 4 the Arts
Ernie McClintock
2 All the True rappers & friends I haven't forgotten u
thank 4 the support!!! 2Pac

~~12 2 everyone who can~~

12) 2 All Young BLACK Males: They let me C 21
but I doubt if I C 25. Be careful. My Music
is for all of us who were born with the burden of Blackness
fuck it! it's a black thanG! C U in Ghetto Heaven

2PACALYPSE
Now & FOREVER

(13) Special dedication 2 the youth of AmeriKKKA & Jacia from D.C.
Get well & come work 4 me! we gonna
need some Sunshine♡ "Keep Ya Head Up"

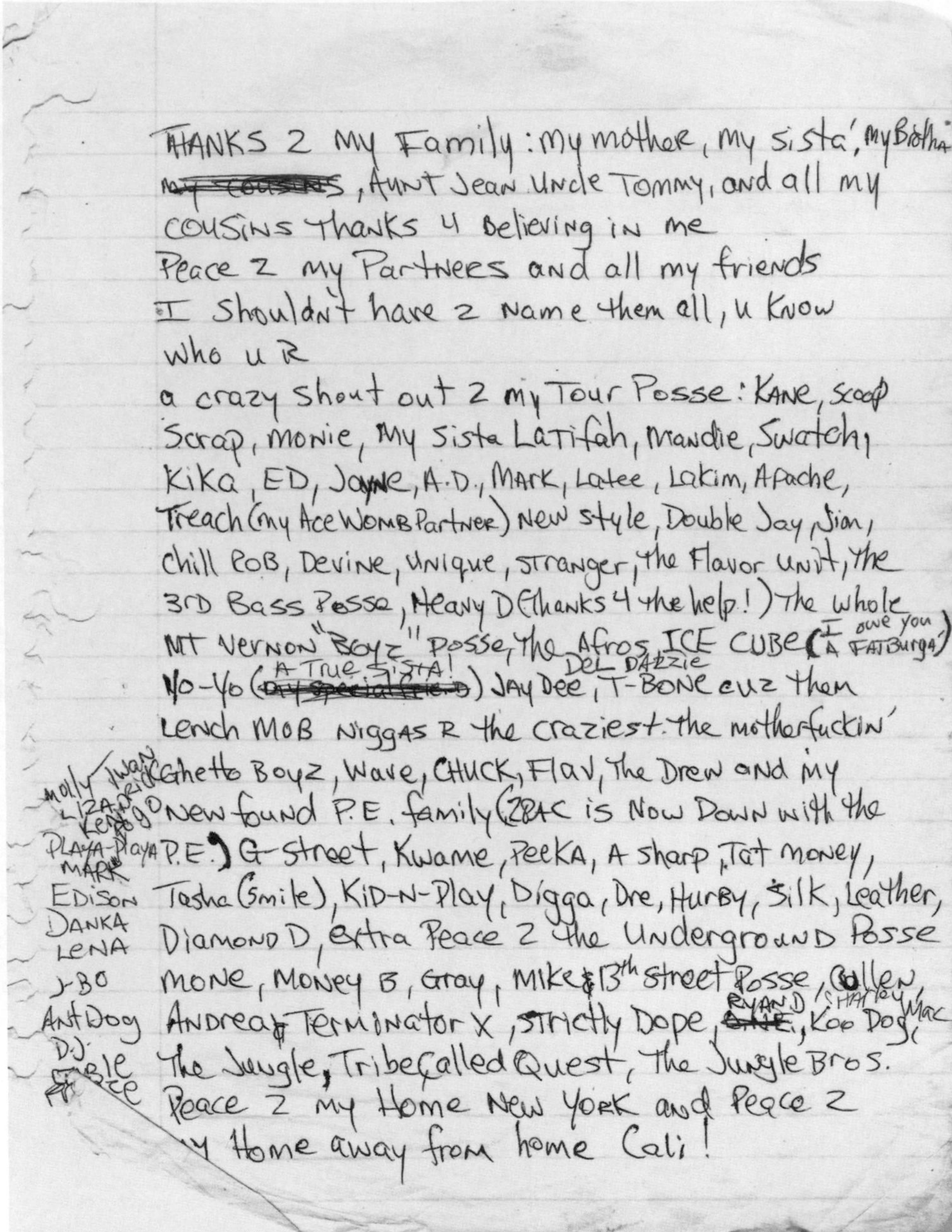

THANKS 2 My Family: my mother, my sista', my Brotha ~~my cousins~~, Aunt Jean Uncle Tommy, and all my COUSINS thanks 4 believing in me
Peace 2 my Partners and all my friends
I shouldn't have 2 name them all, u Know who u R
a crazy shout out 2 my Tour Posse: KANE, Scoop Scrap, monie, My Sista LaTifah, mandie, Swatch, KiKa, ED, Jayne, A.D., MARK, Latee, Lakim, Apache, Treach (my Ace WOMB Partner) new style, Double Jay, Jian, Chill ROB, Devine, unique, stranger, the Flavor unit, the 3RD Bass Posse, Heavy D (thanks 4 the help!) The whole MT Vernon "~~Boyz~~" Posse, the Afros, ICE CUBE (I owe you A FATburga') Yo-Yo (~~my special friend~~ A True Sista!) Jay Dee, DEL DAZZIE T-BONE cuz them Lench MOB Niggas R the craziest. the motherfuckin' Ghetto Boyz, Wave, CHUCK, Flav, The Drew and my new found P.E. family (2PAC is Now Down with the P.E.) G-street, Kwame, PeeKA, A sharp, Tat money, Tasha (Smile), KID-N-Play, Digga, Dre, Hurby, Silk, Leather, Diamond D, extra Peace 2 the Underground Posse mone, Money B, Gray, Mike & 13th street Posse, Collen, Andrea & Terminator X, Strictly Dope, RYAN D ~~[illegible]~~, SHAHEY, Koo Dog, Mac, The Jungle, Tribe Called Quest, The Jungle Bros.
Peace 2 my Home New York and Peace 2 my Home away from home Cali!

molly, Iwan, Ric, LIZA, Keno, Diego, PLAYA-PLAYA, MARK, EDISON, DANKA, LENA, J-BO, Ant Dog, D.J. [illegible], [illegible]

作者致謝

謝謝吐派克．阿瑪魯．夏庫爾……感謝你在藝術中注入希望和改變的訊息，並以你那真誠且激進的誠實，勇敢的對抗不公。一九八八年，當我初次遇見你時，你才十七歲，但你已經在人生的道路上堅定前行。你決心找到一個舞台，發起一場運動，讓黑人同胞知道他們的生命很珍貴。

沒過多久，你便找到了方向。我們這些朋友在旁看著你的事業起飛。我們看著你努力糾正錯誤。我們看著你大聲譴責警察暴行。我們看著你的精神從未衰退。我們看著你展翅高飛。感謝你，吐派克——你的生命彰顯了同情與關懷的真諦，以及無私奉獻的崇高境界。你的朋友、家人和粉絲們都深深懷念你。

艾菲尼．夏庫爾，我對妳獻上滿滿的愛、感激和尊敬。妳對同胞的熱情一直是我的靈感來源，妳的智慧和勇氣令人欽佩不已。感謝妳賦予吐派克的一切，使他成為今天的模樣。也感謝妳相信我，能夠完整的講述他複雜的人生故事。

感謝葛洛麗雅・珍・考克斯，自一九九九年以來妳一直在守護這本書，始終相信它有一天會問世。從初期階段到出版，妳的堅持和對這個計畫的信心，使其成功變得不同凡響。

感謝賽琪娃、TC、賈馬爾、瓦塔尼、阿特龍、萊拉和各位表親——比爾、史考特、肯尼、葛雷格、賈馬拉和卡塔里——感謝你們分享無價且美麗的軼事，毫無疑問使吐派克的生活故事生動起來。沒有你們的參與，這本書是不可能成功的。

感謝瑪莎・迪亞茲（Martha Diaz）、湯姆・威利、亞倫・休斯、尼爾森・喬治（Nelson George）、傑瑞米・霍奇斯（Jeremy Hodges）、齊奧・科克（Cheo Coker）、亞當・布拉德利（Adam Bradley）、馬爾科姆、印第亞・瓦特內（India Watne）和卡莉（Carly）——感謝你們在完成這本書時所扮演的重要角色。

感謝吐派克的所有朋友、同事和老師：麥克・酷利、男哥、史努比狗狗、雷伊、科希瑪、凱莎、莫普里梅、曼尼、穆塔、貴族、蟻狗、葛伯、莉莎、肯卓克、凱倫、潔絲敏、Yo-Yo、QD3、包比・伯頓、華倫・G、達雷爾・羅里、高比・拉希米、麥克林托克、唐納德・希肯、李察・皮爾徹、黛比・羅傑斯（Debbie Rogers）、約翰・柯爾、托尼・皮薩羅、艾莉莎・科尼格、克里斯汀・米爾斯、葛溫・布洛克（Gwen Block）、大衛・史密斯、艾莉絲・克魯斯、麥可・沃倫、杜恩・摩根（Duane Morgan）、崔奇、萊恩・D和基妲達・瓊斯，以及這二十年來我可能遺忘的任何人——感謝你們幫助揭開我們朋友吐派克的所有面向，美麗的和無禮的，快樂的故事和令人心碎的故事。

特別感謝賽克、強尼・J和夏克・G。賽克，我永遠不會忘記我們一起回憶過去的那些時光，笑著和流著淚談論你和吐派克的友誼以及一起工作的日子。強尼・J，那天晚上在文圖拉大道（Ventura

Boulevard）上的咖啡館，你分享了無價的回憶，並談到你和吐派克在錄音室度過的無數時光。夏克，感謝你對你們兩人特殊友誼的美好回憶。願你們安息，吐派克三位最親密的合作夥伴和朋友，三位美麗的靈魂。

感謝我的編輯凱文·道登（Kevin Doughten）。你耐心的陪我走過一次又一次的改寫和潤飾，說服我揭開每一個未翻過的石頭。你公正、務實又專業，是幫助我打磨、淬鍊，並將這手稿帶到它應有高度的最佳導師。

還要感謝莉迪亞·摩根（Lydia Morgan）和艾米·李（Amy Li），在無盡的編輯會議中，你們的細心和耐心。感謝凱西·貝爾德（Casey Baird）、朱莉·泰特（Julie Tate）、羅珊娜·梅威瑟（Roxanne Mayweather）、霍莉·貝爾德（Holly Baird）、卡羅琳·阿里（Karolyn Ali）和杰伊·魯道夫（Jaye Rudolph），也感謝你們所有的幫助！

感謝我的伴侶杰羅姆（Jerome）和我的孩子——昆西（Quincy）和傑斯（Jace）——感謝你們在過去幾年中忍受我們家中所有關於吐派克的話題。試圖記錄別人的生活有時會吞噬自己的生活。感謝你們允許我有時候躲起來幾天，並忍受這種情緒！感謝我慷慨、無私的媽媽安妮（Anne），感謝妳一直支持我生活的各個方面，特別是在我最需要的時候幫助照顧我的孩子。感謝柯特（Curt）和桑恩（Xan），無論我請了多少天假，你們都沒有開除我！

最後，感謝米爾谷圖書館（世界上最神奇的圖書館），讓我在你們的小說室裡一坐就是幾個小時，編輯、寫作和潤飾……感謝位於馬林城德雷克街和卡帕斯（Kappas）碼頭之間的星巴克，我在那裡度過許多早晨，感受艾菲尼和吐派克美麗的精神。

阿瑪魯娛樂公司致謝

正如每個阿瑪魯計畫一樣，我們首先要感謝的永遠是吐派克和艾菲尼。

感謝夏庫爾和考克斯家族讓所有吐派克過世後進行的計畫得以實現。

史黛西・羅賓遜，感謝妳完成了多年前艾菲尼請妳協助的計畫。

有非常多人參與了阿瑪魯計畫。我們感謝你們每一位所做的貢獻以及支持。以下列出來的家人和朋友按名字的字母順序排列：

亞當・布拉德利、艾拉美（Alamy）、艾莉莎・科尼格、亞倫・休斯、蟻狗、佛洛雷斯藝術（Art Flores）、美聯社、阿特龍、芭芭拉・凱瑞斯（Barbara Caress）、賽克、比爾・萊薩內（Bill Lesane）、包比・伯頓、布萊恩・麥基弗（Brian MacIver）、靈魂震撼、男哥、查爾斯・奧格萊崔、齊奧・科克、克里斯汀・米爾斯、克拉倫斯・加特森（Clarence Gatson）、科希瑪、鼠男、丹堤、達雷爾・羅里、葛伯、達林・巴斯特菲爾、大衛・科恩、大衛・史密斯、大衛・

韋克斯勒（David Wexler）、迪娜·拉波爾特（Dina LaPolt）、迪娜·韋伯（Dina Webb）、唐納德·希肯、風暴、多琳·克尼金（Doreen Knigin），伊諾克·普拉特圖書館（Enoch Pratt Library）、歐內斯特·狄克森、恩尼·麥克林托克、喬治·普萊斯、蓋帝圖像（Getty Images）高比·拉希米、格雷格·馬拉泰亞（Greg Maratea）、格雷琴·安德森（Gretchen Anderson），蓋伊·亞伯拉罕斯（Guy Abrahams）、葛溫·布洛克、哈羅德·帕皮諾（Harold Papineau）、海登·范艾爾登（Hayden VanEarden）、海茲·杜蒙特（Hayze Dumont）、霍莉·貝爾德（Holly Baird）、霍華德·金（Howard King）、印第亞·瓦特內、艾莉絲·克魯斯、潔達、賈馬爾、潔絲敏、傑森·桑格曼（Jason Sangerman）、傑弗瑞·紐伯里（Jeffery Newbury）、傑瑞米·霍奇斯（Jeremy Hodges）、潔西卡·卡西內利（Jessica Casinelli）、切音大師、喬迪·格爾森（Jody Gerson）、約翰·柯爾、強尼·J、朱莉·塔特（Julie Tate）、凱倫·卡迪森、凱倫·李、卡拉·雷德福（Karla Radford）、卡羅琳·阿里、凱西·克勞福德（Kathy Crawford）、凱莎、凱爾西·科芬（Kelsey Coffin）、肯卓克、凱文·斯溫（Kevin Swain）、基妲達、蘭斯頓休斯莊園－哈羅德·歐伯企業（Langston Hughes Estate – Harold Ober Associates）、萊拉、倫納德·傑佛遜（Leonard Jefferson）、莉莎、麗莎「水上行走」約瑟夫（Liza "Walks on Water" Joseph），長景出版公司（Longview Publishing）、Inc/Daily Worker Collection、洛瑞·厄爾、馬爾科姆、馬克·西米諾（Marc Cimino）、瑪莎·迪亞茲、瑪麗·鮑德里奇（Mary Baldridge）、麥可·沃倫、麥克·酷利、麥克·拉波特（Mike Laporte）、曼尼·B、莫普里梅、莫瑞、坎普頓、穆塔、穆圖魯、納斯、尼爾森·喬治、貴族、彼得·帕特諾（Peter Paterno）、普雷斯頓·霍姆斯、QD3、蘭迪·迪克森、雷伊·樂夫、雷蒙德·巴伯（Raymond Barber）、雷西格和泰勒（Reisig and Taylor）、李察·皮爾徹、羅伯特·佛洛斯特、羅絲·格迪斯（Rose

Geddes）、蘿西・培瑞茲、羅珊娜・梅威瑟、萊恩・D、賽達・拉蓋斯帕達（Saida Largaespada）、薩爾・曼納（Sal Manna）、山姆・羅斯姆（Sam Roseme）、夏克、史努比狗狗、史蒂夫・伯曼、史蒂夫・里科塔（Steve Ricotta）、史蒂夫・羅斯柴爾德（Steve Rothschild）、史蒂夫・斯沃茨（Steve Swartz）、蘇珊娜・謝爾頓（Suzanne Shelton）、塔莉婭・夏庫爾（Talia Shakur）、譚亞・阿蘭德（Tanya Arand）、泰德・菲爾德、崔西・丹妮爾（Tracy Danielle）、崔奇、尤利西斯・埃斯帕扎（Ulysses Esparza）、瓦塔尼、年鑑圖書館（Yearbook Library）和 Yo-Yo。

感謝你們的不懈支持：新視鏡唱片、因韋涅姆（Inveniem）、金恩（King）霍姆斯（Holmes）、帕特諾和索里亞諾（Paterno & Soriano）、LLP、Searchworks、UMPG 和環球音樂集團（Universal Music Group）。

感謝我們的圖書代理人傑夫・席伯曼（Jeff Silberman）。

皇冠（Crown）出版社：

出版人：吉里安・布萊克（Gillian Blake）、大衛・德雷克（David Drake）、安斯利・羅斯納（Annsley Rosner）。編輯部：凱文・道登、艾米・李、莉迪亞・摩根、特里西亞・博茨科斯基（Tricia Boczkowski）、珍妮佛・休斯特（Jennifer Schuster）。管理編輯：莎麗・富蘭克林（Sally Franklin）艾麗・福克斯（Allie Fox）。製作：理查・艾爾曼（Richard Elman）。製作編輯：羅伯特・西克（Robert Siek）。法律：阿米莉亞・扎爾克曼（Amelia Zalcman）。宣傳：史黛西・斯坦（Stacey Stein）。行銷：尚特爾・沃克（Chantelle Walker）。書籍設計：黛比・格拉瑟曼（Debbie Glasserman）。書封設計：Christopher Brand。

←手上拿著來自東岸的好貨，在錄音室製作首張專輯，約1989年。

→在吐派克還沒出名時，酷利、男哥靠著在街頭賺錢來支持他的饒舌夢，約1989年。

←《與世為敵》專輯的宣傳明信片。

←《僅為我的弟兄們》宣傳照片拍攝，1991年。

EUPHANASIA
Tupac Amaru Shakur
(213) 935-9631
Fax (213) 935-9632

↙「樂生安死」名片，雖然出獄，但也成為了死囚的一員，1996年。

Intro
1 When I get free
2 If I die 2Nite
3 Get Around
4 So Many Tearz
5 Young Nigga
6 Temptation
7 Fuck the World
8 Keep Ya Head up
9 My Block
10 Throw Ya Handz up
11 Dear Mama
12 Outlaw
SHOW ORDER
* House of Bluez
&
* 662
CLINTON CORRECTIONAL FACILITY
P O BOX
DANNEMORA N Y 12929

↑在克林頓監獄的信封上，吐派克為即將到來的現場演出安排的曲目清單。

←〈幹掉他們〉MV拍攝現場，吐派克與亡命之徒成員們一起高喊「west-side!」1996年。

→「self made millionaire!」
1990年。

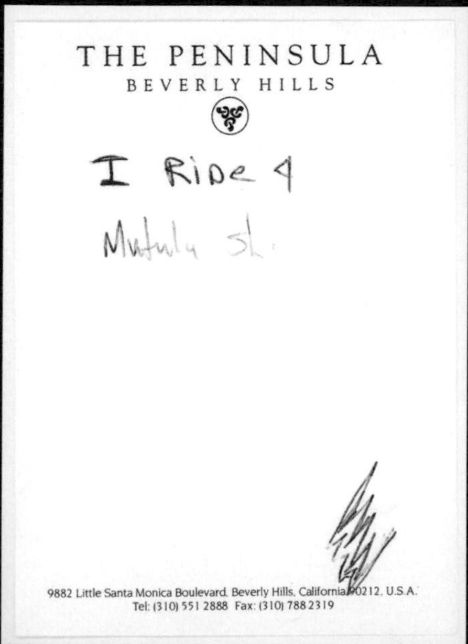

THE PENINSULA
BEVERLY HILLS
I RIDE 4
9882 Little Santa Monica Boulevard, Beverly Hills, California 90212, U.S.A.
Tel: (310) 551 2888 Fax: (310) 788 2319

↑穆圖魯的身影一直在吐派克的記憶中，1996年。

↑關於 Powamekka Café 餐廳的計畫。

←與〈一切都是妳〉拍攝現場的孩子們一起玩耍，1996年。

→拍攝第二支MV〈布蘭達有了孩子〉由當時還沒鬧翻的休斯執導，旁邊是地下數位會社的曼尼，1991年。

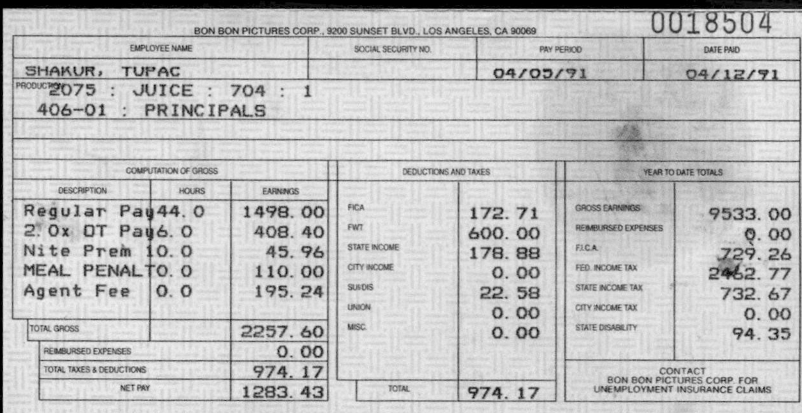

BON BON PICTURES CORP., 9200 SUNSET BLVD., LOS ANGELES, CA 90069 0018504

EMPLOYEE NAME	SOCIAL SECURITY NO.	PAY PERIOD	DATE PAID
SHAKUR, TUPAC		04/05/91	04/12/91

PRODUCTION 2075 : JUICE : 704 : 1
406-01 : PRINCIPALS

COMPUTATION OF GROSS			DEDUCTIONS AND TAXES		YEAR TO DATE TOTALS	
DESCRIPTION	HOURS	EARNINGS				
Regular Pay	44.0	1498.00	FICA	172.71	GROSS EARNINGS	9533.00
2.0x OT Pay	6.0	408.40	FWT	600.00	REIMBURSED EXPENSES	0.00
Nite Prem	10.0	45.96	STATE INCOME	178.88	F.I.C.A.	729.26
MEAL PENALT	0.0	110.00	CITY INCOME	0.00	FED. INCOME TAX	2462.77
Agent Fee	0.0	195.24	SUI/DIS	22.58	STATE INCOME TAX	732.67
			UNION	0.00	CITY INCOME TAX	0.00
TOTAL GROSS		2257.60	MISC.	0.00	STATE DISABILITY	94.35
REIMBURSED EXPENSES		0.00				
TOTAL TAXES & DEDUCTIONS		974.17				
NET PAY		1283.43	TOTAL	974.17	CONTACT BON BON PICTURES CORP. FOR UNEMPLOYMENT INSURANCE CLAIMS	

←電影《哈雷兄弟》的其中一張薪水支票，1991年4月5日。

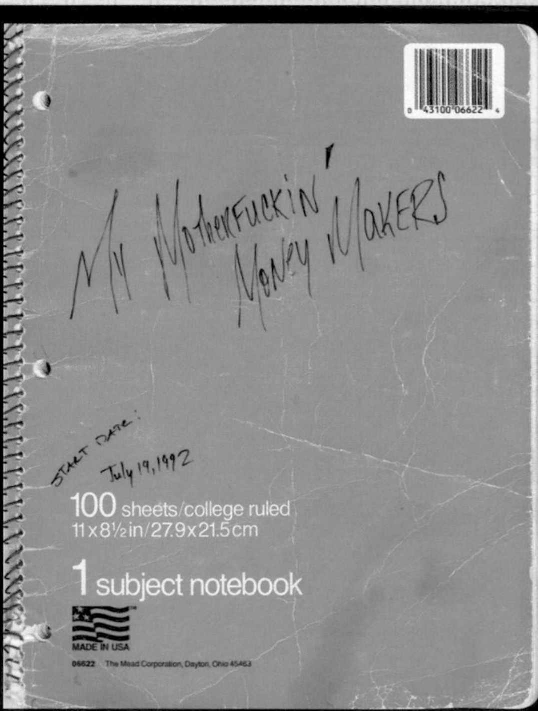

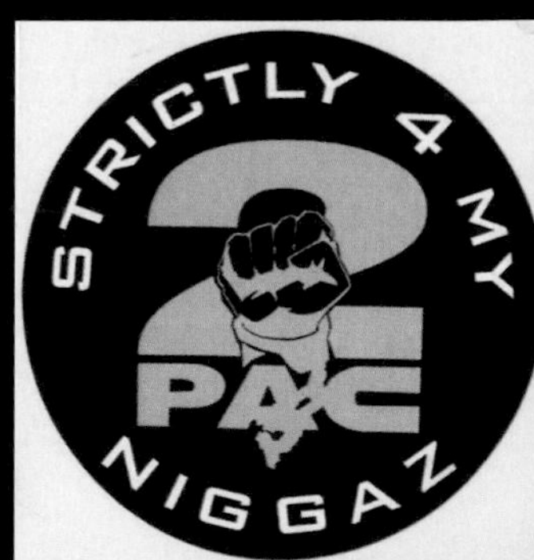

↑第二張專輯《僅為我的弟兄們》宣傳貼紙。

←「我他媽的賺錢機器」筆記本，1992年7月19日。

→Pac & Big, chilling at Royalton Hotel，1994年

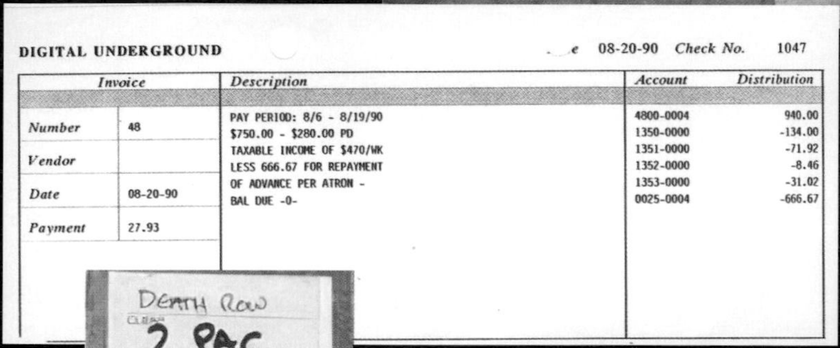

DIGITAL UNDERGROUND			e 08-20-90 Check No. 1047	
Invoice		*Description*	*Account*	*Distribution*
Number	48	PAY PERIOD: 8/6 - 8/19/90	4800-0004	940.00
Vendor		$750.00 - $280.00 PD	1350-0000	-134.00
		TAXABLE INCOME OF $470/WK	1351-0000	-71.92
Date	08-20-90	LESS 666.67 FOR REPAYMENT	1352-0000	-8.46
		OF ADVANCE PER ATRON -	1353-0000	-31.02
Payment	27.93	BAL DUE -0-	0025-0004	-666.67

←參加數位地下會社演出時的其中一張薪水支票，1990年8月20日。

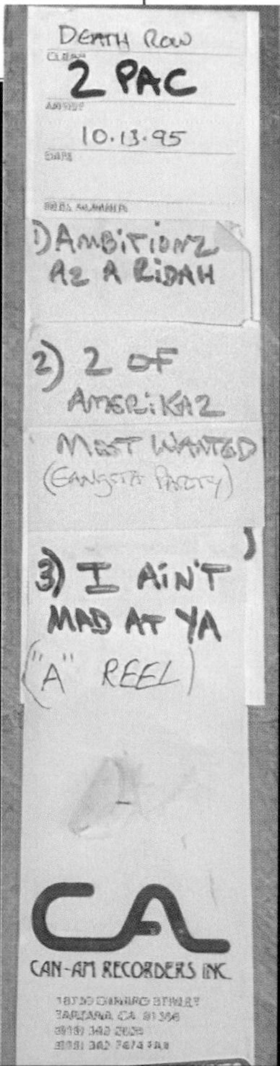

DEATH ROW
2 PAC
10.13.95
1) AMBITIONZ AZ A RIDAH
2) 2 OF AMERIKAZ MOST WANTED (GANGSTA PARTY)
3) I AIN'T MAD AT YA
("A" REEL)
CAN-AM RECORDERS INC.

↑電影《哈雷兄弟》場景，1991年。

←1995年10月13日，一從監獄出來後，吐派克就衝到工作室錄了好幾首歌。

↑〈美國頭號兩大要犯〉花絮場景。

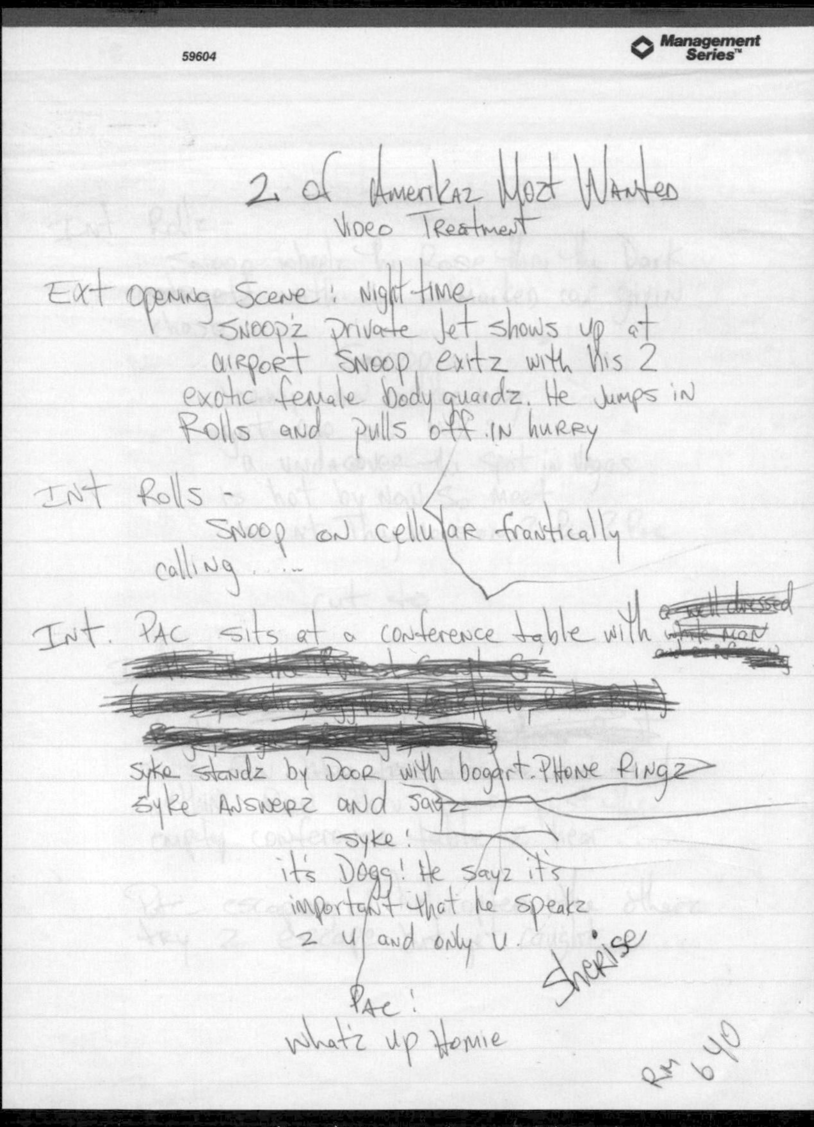
59604
Management Series™
2 of Amerikaz Most Wanted
Video Treatment
Ext opening Scene: night time
Snoop'z private Jet shows up at airport Snoop exitz with his 2 exotic female body guardz. He Jumps in Rolls and pulls off in hurry
Int Rolls -
Snoop on cellular frantically calling .....
Int. PAC sits at a conference table with ~~a well dressed white men~~ [illegible]
syke standz by Door with bogart. Phone Ringz
Syke Answerz and sayz
Syke!
it's Dogg! He sayz it's important that he speakz 2 U and only U.
Pac!
What'z up Homie
Sherise
Rm 640

↑手寫的MV概念，1996年。

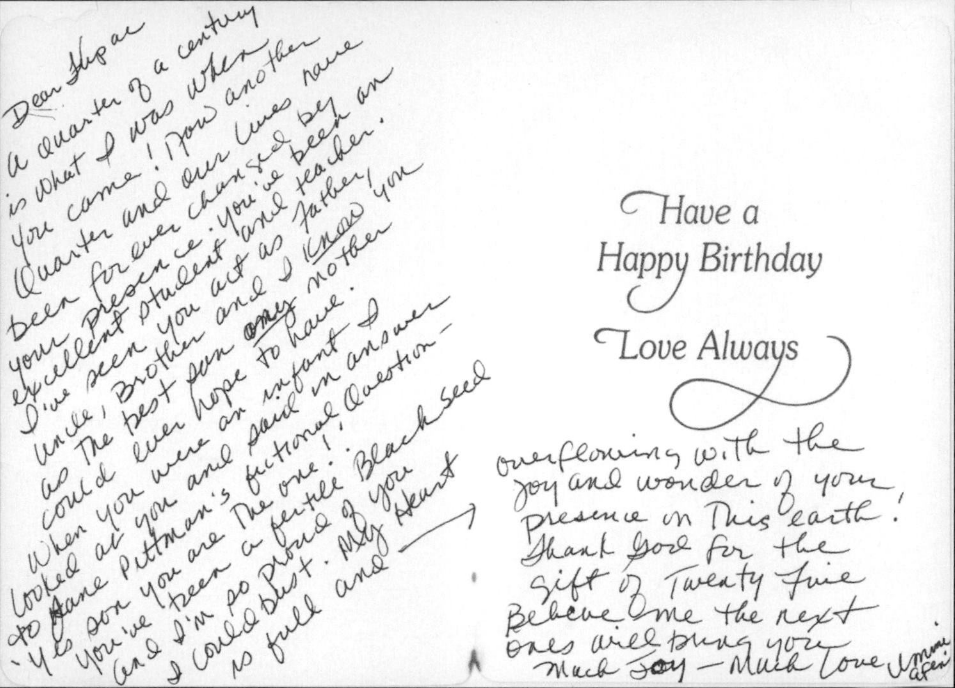

Dear Tupac
A Quarter of a century
is what I was when
You came! Now another
Quarter and our lives have
been forever changed by
your presence. You've been an
excellent student and teacher.
I've seen you act as father,
uncle, brother and I know you
as The best son any mother
could ever hope to have.
When you were an infant I
looked at you and said in answer
to Diane Pittman's fictional Question—
'Yes son you are The one!'
You've been a fertile Black seed
and I'm so proud of you
I could bust. My Heart
is full and
Have a
Happy Birthday
Love Always
overflowing with the
joy and wonder of your
presence on This earth!
Thank God for the
gift of Twenty five
Believe me the next
ones will bring you
Much Joy — Much Love
Mumi Afeni

↑最後一張生日賀卡，由媽媽艾菲尼於吐派克25歲時寫下。

↑吐派克與基妲達，拍攝於義大利，1996年。

←「樂生安死」項鍊與墜子，由吐派克親自設計，致敬了饒舌歌手斯里克·瑞克（Slick Rick）。

↑1996年9月7日，傳奇嘻哈藝術家吐派克的最後一張照片。

譯後記

A skinny Taiwanese kid all alone
with the earphones on playing 2Pac songs
world crumbled, when 2Pac gone
then the parents' decision got me flew back home

——老莫 ILL MO

引用的這段歌詞來自〈Off the Wall〉，收錄在我二〇二二年發行的首張個人專輯中。這首歌曲裡提到了我過去聽吐派克音樂的回憶，也記錄了我在紐約就讀高中，短暫的留學生涯。吐派克的歌曲曾是我逃離現實的良伴，他無所畏懼的模樣，也深刻的印在我的腦海中。

時間先回到二〇二三年十一月，方舟出版社主動來信聯絡我，希望我可以擔任《與世為敵：吐派克官方授權傳記》的譯者。雖然我背負著學校龐大的授課量，身為一位嘻哈創作者、資深樂迷，以及嘻哈文化重度成癮者，還是無法拒絕如此具吸引力的要求。

由於在收到訊息時我可運用的時間已經被授課時數幾乎占滿，因此便與方舟的編輯祐唐進行多次討論，爭取更多時間。在翻完第一個章節時，已經是二〇二四年二月底的事了，接下來就是不間斷的產出譯文，盡可能在時限內將進度完成。在這裡要特別感謝編輯祐唐一路細心的協助與溝通。

要翻譯一本書，必須要先做功課，有了完整的背景資料，才能將翻譯工作做得完善。然而這本書的題材是我再熟悉不過的對象，嘻哈傳奇人物吐派克。如果你是像我一樣年屆不惑的中年人，小時候有聽嘻哈音樂，幾乎不可能沒有聽過他的名號，跟著他的音樂跳過舞，或是看過他狂放不羈的照片、音樂錄影帶。他短暫但璀璨的一生中，取得了無數的成就，而他甚至還有太多計畫還未能實現就辭世，著實讓人惋惜。

這本書記載的不僅僅是吐派克過去的豐功偉業，或是普羅大眾最喜歡討論的，關於他死亡的種種陰謀論。這本傳記從吐派克的母親艾菲尼・夏庫爾的成長開始記錄，隨著作者的敘述，吐派克從一個年少的孩子，伴著母親一同經歷貧窮、種族歧視、犯罪、毒品等問題而成長；在每一個階段，讀者都可以慢慢看出吐派克的人格是如何養成，他之所以成為大眾所看到的樣貌，都是因為他所經歷的這一切，這也是我最喜歡這本書的地方。

許多人在看待自己的偶像時都會透過一層濾鏡，美化他的所作所為，讚許他的過人之處，然而這本書做到的事情是讓吐派克變得立體。他不再只是那個對著攝影記者吐口水、比中指的瘋狂暴徒，他也不只是一位有出眾才華的創作與表演者。他會感到不安、沮喪，他也會自我懷疑；他喜歡閱讀，也喜歡下廚煮菜給自己的家人吃。我認為書中這些細微的、平凡的生活紀錄，有別於他在媒體上所表現的形象，也是讓他能走下神壇，走入你我之間，讓讀者能夠有共感的關鍵。

任何人都可以從吐派克豐沛的作品裡看出他對創作的投入，然而這份狂熱的背後不只是在抒發他的想法與說出內心的話，更有一份對於自己生命的悲觀與焦慮。如本書中多次提到的，他認為自己活不過二十五歲，這並不是詛咒，而是從他所觀察到非裔美人男性普遍的處境所得到的結論。非常令人不捨，但更為驚悚的是，他的預言成真了。

這世上也許永遠不會有另一個吐派克，但就如他在訪談中曾說過的：「我不是說我會改變世界，但我保證我會點燃改變世界的火苗。」他要大家不要畏懼，勇敢說出自己所看見的問題，不要屈服於威權，永遠不要投降。

希望每一位讀完這本書的人都能夠成為吐派克的延伸，將他無畏的精神傳遞出去，發揮自己的影響力，一步步改變這個世界的樣貌，讓它成為一個更好的地方。

Makaveli lives on.

圖片說明與來源

註：除非另有說明，所有圖片均由 Amaru Entertainment, Inc. 提供。

第七九頁：Courtesy of Jamal Joseph @ Amaru Entertainment Inc.

第一一四頁：Courtesy of Enoch Pratt Library-@ Amaru Entertainment Inc.

第三三九頁：Author: Robert Frost, "Nothing Gold Can Stay" (1923), handwritten by Tupac Shakur. Public Domain.

彩色插頁一

第一頁：**左上**艾菲尼和寶寶吐派克，一九七一年（Courtesy of Barbara Caress）。**右上**一歲的吐派克，一九七二年（Courtesy of Jamal Joseph）。**下**黑豹黨資訊部長艾爾伯特・「大人物」・霍華德（Elbert "Big Man" Howard）、黑豹黨教育部長雷伊・「馬賽」・休伊特（Ray "Masai" Hewitt），以及艾菲尼在費城新聞發布會前的討論（Getty Images）。

第二頁：**上**艾菲尼在監禁期間寫的詩，發表於一九七〇年四月六日的《黑豹報》。**左下**被捕後，盧蒙巴和艾菲尼於一九六九年四月三日從紐約市伊麗莎白街警察局被帶走（Associated Press）。**右下**十二歲時，吐派克在具代表性的阿波羅劇院首次登臺，出演《陽光下的葡萄乾》中的崔維斯。

第三頁：**上**約一九七〇年，位在紐約示威現場的艾菲尼（Courtesy of Longview Publishing Inc./Daily

Worker Collection）。**中**穆圖魯、賽琪娃、吐派克和表親們，約一九七六年，紐約。**下**吐派克的情詩〈終於〉（Finally），關於他的高中暗戀對象，約一九八八年（Courtesy of Cosima knez）。

第四頁：**上**吐派克與家人們朋友們舉辦寬扎節派對，拍攝於紐約。**中**盧蒙巴抱著吐派克，拍攝於紐約，一九七三年。**左下**坐在穆圖魯大腿上的吐派克，拍攝於紐約，約一九七五年。**右下**吐派克、賽琪娃與艾菲尼拜訪吐派克的教父傑羅尼莫．普拉特與他的家人，拍攝於聖昆汀監獄，一九八〇年。

第五頁：**上**肯尼斯．「雷格斯」．桑德斯，教導吐派克街頭生活的父親。**中**看起來很「狂」的吐派克與家人，一九八六年。**下**吐派克與他的親密好友、同學潔達，拍攝於巴爾的摩，約一九八七年（Courtesy of John Cole）。

第六頁：**上**與ＢＳＡ的同學們，約一九八七年（Courtesy of Yearbook Library）。**左中**其中一本筆記本，名為「貧困之益處」（The Benefits of Poverty）。**右中**吐派克的名片，職稱為「抒情狂人／新非洲黑豹黨全國主席」，約一九八九年。下新非洲黑豹黨專用筆記本，約一九八九年。

第七頁：**上**與兒時偶像之一「風味」弗拉福的合照，一九八九年一月三十日，全美音樂獎現場（Clarence Gatson/Gado/Getty Images）。**中**第一次拍攝專業形象照，約一九八九年（Courtesy of Kathy Crawford）。**下**與數位地下會社在日本的巡演，吐派克「又」脫掉上衣，激情的跑到觀眾面前，一九九〇年（Courtesy of Atron Gregory）。

第八頁：**上**與生涯最初導師夏克．G，約一九九〇年（Courtesy of Atron Gregory）。**中**、**下**在吐派克的「黑豹力量」資料夾中，有他與朋友在馬林城表演的拍立得照片。

彩色插頁二

第一頁：**上**手上拿著來自東岸的好貨，在錄音室的調音臺上工作，製作首張專輯，約一九八九年（Courtesy of Michael Cooley）。**中**在吐派克還沒出名時，酷利、男哥靠著在街頭賺錢來支持他的饒舌夢，約一九八九年（Courtesy of Michael Cooley）。**下**《與世為敵》專輯的宣傳明信片。

第二頁：**上**《僅為我的弟兄們》宣傳照片拍攝，一九九一年（Photograph by Jeffery Newbury @ Amaru Entertainment Inc.）。**左中**「樂生安死」名片，雖然出獄，但也成為了「死囚」的一員，一九九六年。**右中**在克林頓監獄的信封上，吐派克為即將到來的現場演出安排的曲目清單。**下**〈幹掉他們〉MV拍攝現場，吐派克與亡命之徒們高喊「westside!」一九九六年。

第三頁：**上**「self made millionaire!」拍攝於約一九九〇年（Courtesy of Michael Cooley）。**左中**穆圖魯的身影一直在吐派克的記憶中，一九九六年。**右中**關於 Powamekka Café 餐廳的計畫。**下**與〈一切都是妳〉拍攝現場的孩子們一起玩耍，一九九六年。

第四頁：**上**拍攝第二支MV〈布蘭達有了孩子〉，由當時還沒鬧翻的休斯兄弟執導，旁邊是地下數位會社的曼尼．B，一九九一年。**中**電影《哈雷兄弟》的其中一張薪水支票，一九九一年四月五日。**左下**「我他媽的賺錢機器」（My MotherFuckin' Money Makers）筆記本，一九九二年七月一九日。**右下**第二張專輯《僅為我的弟兄們》宣傳貼紙。

第五頁：**上** Pac & Big, chilling at Royalton Hotel，一九九四年（Photo 12/Alamy Stock Photo）。**中**參加數位地下會社演出時的其中一張薪水支票，一九九〇年八月二十日。左下一九九五年十月十三日，一從監獄出來後，吐派克就衝到工作室錄了好幾首歌。**右下**電影《哈雷兄弟》場景，一九九一年（Getty

Images）。

第六頁：**左上、右上**〈美國頭號兩大要犯〉的花絮場景。**下**手寫的MV概念，一九九六年。

第七頁：**上**最後一張生日賀卡，由媽媽艾菲尼於吐派克二五歲時寫下。**下**吐派克與基妲達，拍攝於義大利，一九九六年（Courtesy of Karla Radford）。

第八頁：**上**「樂生安死」項鍊與墜子，由吐派克親自設計，致敬了饒舌歌手斯里克·瑞克（Slick Rick）。**下**一九九六年九月七日，傳奇嘻哈藝術家吐派克的最後一張照片（Courtesy of Leonard Jefferson）。

註釋

第一章※

3 "June 16, 1971": Tupac Shakur, "Cradle to the Grave," track 9 on Thug Life: Volume 1, Interscope, 1994.

3 Five cops: Tashan Reed, "Afeni Shakur Took on the State and Won," Jacobin, November 18, 2021.

4 "Police! If you move": Afeni Shakur, estate interview, 2001.

4 "disruptors": Hoban, " 'Discredit, Disrupt, and Destroy.' "

4 "subversive": Virgie Hoban, " 'Discredit, Disrupt, and Destroy': FBI Records Acquired by the Library Reveal Violent Surveillance of Black Leaders, Civil Rights Organizations," Berkeley Library, January 18, 2021, news.lib.berkeley.edu/fbi.

4 "the greatest threat": "Hoover and the F.B.I.," PBS, pbs.org/huey pnewton/people/people_hoover.html.

4 "Black Messiah who could unify": American Social History Project Center for Media and Learning, J. Edgar Hoover, "The FBI Sets Goals for COINTELPRO," shec.ashp.cuny.edu/items/show/814.

6 Tupperware was invented: Kat Eschner, "The Story of Brownie Wise, the Ingenious Marketer Behind the Tupperware Party," Smithsonian, April 10, 2018

6 a loaf of bread: "How Much Did Bread Cost in 1947?," Reference, March 29, 2020, reference.com/world-view/ much-did-bread-cost-1947-a5db5955e40ef3be.

6 enduring name-calling:Jasmine Guy, Afeni Shakur: Evolution of a Revolutionary (New York: Atria Books, 2004), 15.

7 The night of January 18: "James W. 'Catfish' Cole," Civil War Wiki, civilwar-history. fandom.com/wiki/James_W._%22Catfish%22_Cole.

7 Battle of Hayes Pond: "Battle of Hayes Pond: Routing of the KKK," UNC Pembroke, uncp.edu/resources/museum-southeast- american-indian/museum-exhibits/battle-hayes-pond-routing-kkk.

※ 章節安排與原書相同，頁碼依原書標示。

7 "That was my first taste": Quoted in Guy, Afeni Shakur, 14.

7 "When I used to come home": Quoted in Guy, Afeni Shakur, 35. 7 the Great Migration: "The Great Migration," History Channel, March 4, 2010, history.com/topics/black-history/ great-migration.

8 like something from outer space: Quoted in Guy, Afeni Shakur, 32. 8 "I kicked his ass": Quoted in Guy, Afeni Shakur, 32.

8 "A lot of the kids": Quoted in Guy, Afeni Shakur, 44. 8 joined the Disciple Debs: Miles Marshall Lewis, "Black Blueprint," Village Voice, September 18, 2001, villagevoice.com/2001/09/18/black -blueprint/.

8 bembés: "The Rhythmic Worlds of Bembé," Sunhouse, February 2, 2022, sunhou.se/blog/the-rhythmic- worlds- of- bembe/.

9 "I was walking down the street": Afeni Shakur, "Joining the Black Panther Party," search.freedomarchives.org/search.php?s=afeni+.

10 "As a Black woman in this country": Afeni Shakur, estate interview, November 2000.

10 "was the man who was the father": Afeni Shakur, estate interview, 2000.

10 "provided by five Presbyterian and Episcopal churches": "Churches Provide $100,000 Bail Here for Black Panther," New York Times, January 31, 1970, timesmachine.nytimes.com/timesmachine/1970/01/31 /78086675.html?pageNumber=29.

10 Leonard Bernstein held a private fundraiser: "When Leonard Bernstein Partied with the Black Panthers," BBC, March 29, 2018, bbc .co.uk/programmes/articles/3dWyNLc1rMqSnXytbgwhjnh/when -leonard- bernstein- partied- with- the- black-panthers.

10 Actors Angie Dickinson: John Peterson, "Lessons from the History and Struggle of the Black Panther Party," In Defence of Marxism (blog), July 9, 2015, marxist.com/lessons-from- the- history- and -struggle- of- the- black- panther- party. htm.

11 "The Panthers who were in jail": Afeni Shakur, estate interview, 2000.

11 "I think that my mother": Lauren Lazin (dir.), Tupac: Resurrection, Paramount Pictures, 2003.

11 "Afeni had always" : Gloria Jean Cox, interview with author, 2001.

11 "You're gonna fuck everything up": Quoted in Guy, Afeni Shakur, 78.

12 smash racist courts: Richard Quinney, "Rally for the Panther 21, Central Park," photograph, c. 1968, Wisconsin Historical Society, wisconsinhistory.org/Records/Image/IM74333.

12 "There were thirteen of us": Afeni Shakur, estate interview, 2000.

12 "What did you think": Murray Kempton, The Briar Patch: The People of the State of New York v. Lumumba Shakur et al. (New York: E. P. Dutton, 1973), 153.

13 "He'd sleep with me sometimes": Quoted in Guy, Afeni Shakur, 82.

13 "Billy was the person": Afeni Shakur, estate interview, 2000.

13 "You had healthy young women": Jamal Joseph, estate interview, 2000.

14 by talaq: Kecia Ali, "Muslim Sexual Ethics: Divorce," The Feminist Sexual Ethics Project, Brandeis University, July 1, 2003, brandeis.edu /projects/fse/muslim/divorce.html#:~:text=The%20most%20common %20is%20talaq,she%20is%20free%20to%20remarry.

14 "I divorce thee": Quoted in Guy, Afeni Shakur, 111.

14 "I had to tell Lumumba": Afeni Shakur, estate interview, 2000.

15 questions for her cross-examination: Kempton, Briar Patch, 240.

16 "In those twenty minutes": Kempton, Briar Patch, 240.

17 "We had an agreement": Afeni Shakur, estate interview, 2000.

17 as if "she were bearing a prince": Kempton, Briar Patch, 186.

17 "I would like to bring to the attention": Kempton, Briar Patch, 186.

17 "in making a statement": Kempton, Briar Patch, 187.

18 "I slept through the rats": Quoted in Guy, Afeni Shakur, 94.

18 "The only side I'm on": Afeni Shakur, estate interview, 2000.

18 "They started pressuring me": Quoted in Guy, Afeni Shakur, 108.

18 "Tupac always belonged to everybody": Afeni Shakur, estate interview, 2000.

18 "None of us knew him": Afeni Shakur, estate interview, 2000.

19 "What are these bars": Afeni Shakur, "From the Pig Pen," The Black Panther Newspaper, April 6, 1970.

19 "the unborn baby": Afeni Shakur, "A letter to Jamala, Lil Afeni, Sekyiwa, and the unborn baby (babies) within my womb," in Look for Me in the Whirlwind: From the Panther 21 to 21st-Century Revolutions, ed. déqui kioni-sadiki and Matt Meyer (Oakland, CA: PM Press, 2017), 528.

20 "as though suppliant": Kempton, Briar Patch, 268.

20 "I don't know what I'm supposed": Kempton, Briar Patch, 268.

21 "Will you promise": "Defense Rests in Panther Trial," New York Times, May 4, 1971, timesmachine.nytimes.com/timesmachine/1971 /05/04/81939324.html?pageNumber=51.

21 "Not guilty": Kempton, Briar Patch, 279.

21 "My mother was pregnant": Lazin, Tupac: Resurrection.

22 "Fear, Mr. Giles" : Kempton, Briar Patch, 280.

22 "threat" to society: "J. Edgar Hoover: Black Panther Greatest Threat to U.S. Security," UPI, July 16, 1969, upi.com/Archives/1969/07/16 /J-Edgar- Hoover-Black- Panther- Greatest- Threat- to- US- Security /1571551977068/.

22 "I picked any name": Afeni Shakur, estate interview, 2000.

23 "royal": Clements R. Markham, "Tupac," in Contributions Towards a Grammar and Dictionary of Quichua, The Language of the Incas of Peru 1864 (London: Trüdner, 181; Miguel La Serna, "I Will Return and I Will Be Millions," Age of Revolutions, ageofrevolutions. com/2020/11/02/i-will- return-and-i-will-be-millions-the-many-lives-of-tupac-amaru/.

23 "What I wanted to do": Afeni Shakur, estate interview, 2000.

23 "Okay, Darlin' Dear": Gloria Jean Cox, interview with author, 2001.

第二章

24 "I finally understand": Tupac Shakur, "Dear Mama," track 9 on Me Against the World, Interscope, 1995.

24 "war" with the government: Afeni Shakur, estate interview, 2000.

24 bred a "trust nobody" mentality: Afeni Shakur, estate interview, 2000.

24 "I think my mother knew": Tupac Shakur, interview with Tanya Hart, Live from L.A., BET, 1992, uploaded to YouTube by War McEleney, November 19, 2017, youtube.com/watch?v=uLTSPA4uYPM.

25 joined by an influx of Dominican immigrants: Erin Babich and Jeanne Batalova, "Immigrants from the Dominican Republic in the United States," Migration Policy Institute, April 15, 2021, migration policy.org/article/dominican-immigrants- united-states- 2019.

25 "He was like a little teddy bear": Bill Lesane, estate interview, November 2000.

25 "When I was a little baby": Lauren Lazin (dir.), Tupac: Resurrection, Paramount Pictures, 2003.

26 "armed rebellion": Archives Unbound, "Black Liberation Army and the Program of Armed Struggle," Gale, n.d., gale.com/binaries/content /assets/gale-us- en/ primary-sources/ archives-unbound/ primary-sources _archives-unbound_ black-liberation-army- and- the- program- of- armed -struggle. pdf.

27 "Billy's wife was a good friend": Karen Lee, interview with author, 2001.

28 "Yeah, he's mine": Afeni Shakur, interview with author, 2001.

28 "We used to tease Tupac": Bill Lesane, estate interview, 2000.

29 "We always thought": Kenny Lesane, interview with author, 2001.

29 "One of the things that I remember": "The Burglary That Exposed COINTELPRO: Activists Mark 50th Anniversary of Daring FBI Break-in," Democracy Now, March 9, 2021, democracynow.org/2021 /3/9/50th_anniversary_fbi_office_cointelpro_exposure.

29 became national coordinator: "National Task Force for Cointelpro Litigation and Research," Freedom Archives, freedomarchives.org /Documents/Finder/DOC510_scans/COINTELPRO/510 .COINTELPRO.NationalTaskforceCOINTELPRO.statement.pdf.

29 serving twenty-five years to life: Associated Press, "Court Asked to Return Ex–Black Panther to Prison," New York Times, December 16, 1998, nytimes.com/1998/12/16/us/court-asked- to- return- ex- black -panther- to- prison. html.

30 told the court that Pratt had confessed: James McCloskey, "Reopen the Case of

Geronimo Pratt," Los Angeles Times, January 2, 1996, latimes.com/archives/la-xpm- 1996- 01- 02- me- 20030- story. html.

30 "Geronimo was arrested": Afeni Shakur, interview at Interscope Records for The Rose That Grew from Concrete poetry album, 2000.

30 "He started talking": Kenny Lesane, interview with author 2001.

31 "just putting on a little show": Afeni Shakur, interview with author, 2001.

31 "What did I tell you": Afeni Shakur, estate interview, 2000.

32 "There is no reason": Afeni Shakur, interview with author, 2001.

32 "I used to see him": Jamal Joseph, estate interview, 2000.

32 "Where other kids got": Afeni Shakur, estate interview, 2000.

33 "My parents believed": Karen Kadison, estate interview, 2018.

33 "What exactly can I do": Karen Kadison, estate interview, 2018.

34 "The Shakur name": Tupac Shakur Channel, "Mutulu Shakur Full Interview in Prison," YouTube, uploaded May 21, 2021, youtube.com /watch?v=KxxIrfZ6TtQ.

34 Mutulu was a founding member: The Malcolm X Grassroots Movement, freethelandmxgm.org/mutulu-bio/.

34 "an independent Black republic": Eric Greve, "Republic of New Africa (1968)," BlackPast.org, March 10, 2012, blackpast.org/african -american- history/ republic-new- africa- 1968/.

35 "Tupac used to tease": Kenny Lesane, estate interview, November 2000.

35 "I'd tell Tupac to go": Kenny Lesane, estate interview.

35 "I'm not allowed to": Afeni Shakur, interview with author, 2001.

35 "We were comrades": Afeni Shakur, estate interview, 2000.

35 "I think you should": Gloria Jean Cox, interview with author, 2001. 36 "For the first time we were no longer": Gloria Jean Cox, interview with author, 2001.

36 "We were poor": Jamala Lesane, interview with author, 2001.

36 "Mostly we ate spicy": Jamala Lesane, interview with author, 2022.

37 game six: "1977 World Series," Baseball Reference, baseball-reference .com/ postseason/1977_WS.shtml.

37 "We couldn't even get near": Kenny Lesane, interview with author, 2001.

37 "You had Puerto Rican music": Kenny Lesane, interview with author, 2001.

37 The shootout had occurred: Joseph F. Sullivan, "Panther, Trooper Slain in Shoot-Out," New York Times, May 3, 1973, timesmachine .nytimes.com/timesmachine/1973/05/03/90937718. html?pageNumber=1.

38 "We migrated everywhere": Bill Lesane, interview with author, 2001.

39 "He had all the younger versions": Scott Lesane, interview with author, 2001.

39 "professional dancers": Sekyiwa Shakur, estate interview, January 2000.

39 "I could see all these people": Lazin, Tupac: Resurrection.

40 "He'd jump off of our bunk beds": Bill Lesane, estate interview, November 2000.

40 "Geronimo Pratt": Sekyiwa Shakur, estate interview, January 2000.

41 "Go easy on him": Afeni Shakur, interview with author, 2000.

第三章

42 "Growing up as an inner city brother": Tupac Shakur, "The Streetz R Deathrow," track 13 on Strictly 4 My N.I.G.G.A.Z..., Interscope Records, 1993.

42 "Legs, my stepfather": Lauren Lazin (dir.), Tupac: Resurrection, Paramount Pictures, 2003.

43 "He didn't even care": Tabitha Soren, "Tupac on Growing Up Poor, His Rise to Fame & His Future (1995)," MTV News, Venice Beach, CA, uploaded to YouTube September 13, 2019, youtube.com /watch?v=GpPbYGJRg0Q.

43 "Legs was a soldier in the street": Afeni Shakur, estate interview, November 2000. 43 Games People Play: Billy Lesane, interview with author, 2001. 43 Legs dubbed Tupac "Big Head": Billy Lesane, interview with author, 2001.

43 with a brand-new boom box: Sekyiwa Shakur, interview with author, 2001.

43 "Damn! What you do": Billy Lesane, interview with author, 2001.

43 "Yeah, that's all right": Afeni Shakur, interview with author, 2001.

44 "It will all be okay, Moniqua": Jamala Lesane, interview with author, 2001.

45 "He'd make me and Tupac": Kenny Lesane, interview with author, 2001.

45 "Every problem and every issue": Afeni Shakur, estate interview, 2000.

46 Assata Shakur escaped: Robert Hanley, "Miss Chesimard Escapes in Jersey," New York Times, November 3, 1979, timesmachine.nytimes .com/ timesmachine/1979/11/03/issue.html.

46 "Pay close attention": Afeni Shakur, interview with author, 2001.

47 "What you must do, mister": Afeni Shakur, interview with author, 2001.

47 "Okay, Tupac, you can bow now": Jamal Joseph, interview with author, 2001.

48 "Tupac was always": Jamal Joseph, interview with author, 2001.

49 "Yes, we're looking for 5F": Sekyiwa Shakur, estate interview, 2000.

49 "He always had that responsibility": Sekyiwa Shakur, estate interview, 2000.

49 a botched holdup of a Brink's truck: "4 in Brink's Case Indicted in Jersey," New York Times, March 8, 1984, timesmachine.nytimes.com / timesmachine/1984/03/08/037744.html?pageNumber=31. 50 "Ten Most Wanted Fugitives": "Mutulu Shakur," FBI, fbi.gov /wanted/topten/topten-history/ hires_ images/FBI-380- MutuluShakur .jpg/view.

50 "Make sure you get": Gloria Jean Cox, interview with author, 2001.

50 "We lived in a tumultuous time": Bill Lesane, interview with author that's tight, 2001.

50 "In my family every Black male": Tupac Shakur, Legal Archives Deposition, 1995.

第四章

51 "Panthers, Pimps, Pushers": Tupac Shakur, "Nothin but Love," disc 2, track 8 on R U Still Down? [Remember Me], Interscope Records, 1997.

52 "I want to be a revolutionary": Jamal Joseph, Tupac Shakur Legacy (New York: Atria Books, 2006), 62.

54 "First Step": Sekyiwa Shakur, interview with author, 2001.

55 "We'd stay there all day long": Malcolm "E.D.I. Mean" Greenidge, interview with author, 2001

55 childhood imaginations flourished: Malcolm "E.D.I. Mean" Greenidge, interview with author, 2001.

56 "the damsel in distress": Sekyiwa Shakur, estate interview, 2000.

56 "Every time we finished": Malcolm "E.D.I. Mean" Greenidge, interview with author, 2001.

56 "Do you get us gigs?": Sekyiwa Shakur, estate interview, 2000.

56 "It was his favorite song": Afeni Shakur, estate interview, 2000.

57 "We were sad children": Sekyiwa Shakur, estate interview, 2000.

57 "Okay, Jamala, come on": Jamala Lesane, interview with author, 2001.

58 advocated for children with rat bites: Jamal Joseph, Baby Panther New York: Algonquin Books, 2012), 57.

58 "The kids really iked their teacher": Gloria Jean Cox, interview with author, 2001.

59 "Even though I liked Mr. Lincoln": Malcolm "E.D.I. Mean" Greenidge, interview with author, 2001.

59 "All of us would walk over": Sekyiwa Shakur, estate interview, 2000.

59 "Nobody was hip then": Jamala Lesane, interview with author, 2001.

60 "We ate our way through New York": Afeni Shakur, estate interview, 2000.

61 her paychecks to buy drugs: Gloria Jean Cox, interview with author, 2021.

61 "Because of the poor decisions I made": Afeni Shakur, estate interview, 2000.

61 "That was us trying to expose": Gloria Jean Cox, interview with author, 2001.

61 "Afeni, just like Tupac" : Gloria Jean Cox, interview with author, 2001.

62 "The family moved to White Plains": Kenny Lesane, interview with author, 2001.

63 "It took him, like, five hours": Sekyiwa Shakur, interview with author, 2001.

63 "The three of us were in this": Gloria Jean Cox, interview with author, 2001.

65 "She was supportive": Scott Lesane, interview with author, 2021.

65 "Well, son, I'll tell you": Langston Hughes, "Mother to Son," Crisis, December 1922.

66 "The female actors actually loved him": Scott Lesane, interview with author, 2021.

66 "Welcome to theater": Scott Lesane, interview with author, 2021.

66 "He definitely was a member": Ernie McClintock, interview with author 2001.

67 "I caught the bug": Tupac Shakur, interview about his role in the movie Poetic Justice, 1993, uploaded March 16, 2022, Tupac Shakur

Channel, YouTube, youtube.com/watch?v=C_DIq7MSv2M.

67 "This was the biggest thing": Bill Lesane, interview with author, 2001.

68 "We ran out of places to go": Sekyiwa Shakur, estate interview, 2000.

68 "The clouds that day": Gloria Jean Cox, interview with author, 2001.

第五章

71 "Am I wrong for wishing": Tupac Shakur, "Nothing to Lose," disc 1, track 8 on R U Still Down [Remember Me], Interscope Records, 1997.

71 "Prouder, Stronger, Better": "Morning in America," Wikipedia, en.wikipedia.org/wiki/Morning_in_America.

71 "Baltimore had the highest rate": Tupac Shakur, Tamalpais High School interview, 1988, Historic Films, uploaded to YouTube, June 12, 2017, youtube.com/watch?v=v_XT9-C5Qu8.

72 "She was always nice and pleasant": Dana Smith, estate interview, January 25, 2000.

73 "You can't have an organized mind": Afeni Shakur, estate interview, 2000.

74 "We'd hear 'thump' ": Sekyiwa Shakur, in Tupac Remembered: Bearing Witness to a Life and Legacy, ed. Molly Monjauze with Gloria Cox and Staci Robinson (San Francisco: Chronicle Books, 2008), 18.

74 "It was a war and we lost": Afeni Shakur, estate interview, 2000.

75 "I rebelled against her": Lauren Lazin (dir.), Tupac: Resurrection, Paramount Pictures, 2003. Sample text from the book based on the film is available at catdir.loc.gov/catdir/enhancements/fy0645 /2004298788-s.html.

75 "After that was over": Tupac Shakur, Tamalpais High School interview.

76 "an eternal journey": Tupac Shakur, Tamalpais High School interview.

76 "The best thing to do": Afeni Shakur, estate interview, 2000.

76 "They had a field trip": Quoted in Jasmine Guy, Afeni Shakur: Evolution of a Revolutionary (New York: Atria Books, 2004), 128–29.

77 "He had this high-top": Dana "Mouse" Smith, estate interview, 2000.

77 Tupac came into the classroom: Dana "Mouse" Smith, estate interview, 2000.

77 "the dude with no nail": Dana "Mouse" Smith, estate interview, 2000.

78 Together they sang songs: Afeni Shakur, interview with author, 2001.

78 "I really thought he was the dopest": Sekyiwa Shakur, estate interview, 2000.

79 "Jet Set's my name": Sekyiwa Shakur, estate interview, 2000.

79 "It was like a rap": Dana "Mouse" Smith, estate interview, 2000.

80 "Right now it's almost impossible": Tupac Shakur, interview by Bomani Bakari, Radio Free Georgia,1989, uploaded to Tupac Shakur Channel, August 17, 2021, YouTube, youtube.com/ watch?v=1oHWdNdUPxg.

81 "There was this thing called the bubble": Ty Hill, "Tupac's Best Friend Mouse-Man Talks About What Tupac Was Really Like and What Changed Him," Cards Face Up (podcast), September 12, 2021, youtube.com/watch?v=sBuZHUTj5p0.

81 the Eastside Crew: Bastfield, Back in the Day, 27.

81 a five-song medley: Darrin Keith Bastfield, Back in the Day: My Life and Times with Tupac Shakur (New York: One World/Ballantine, 2002), 31.

81 In the crowd that night: Bastfield, Back in the Day, 33.

82 "Tupac cried about that": Dana "Mouse" Smith, "Mouse Man Interview Part 5," 2Pac Forum Channel, November 22, 2013, YouTube, youtube.com/ watch?v=iIAPvkkDoFw.

83 "Let me tell you about Roger": Tupac Shakur, Genocide Lyrics, 2001.

85 "We went through a semifinals": Dana "Mouse" Smith, "Tupac Shakur's Close Friends Dana Smith and Darrin Bastfield Reminisce on the Rapper's Formative Years in Baltimore," Baltimore Magazine, August 31, 2016, facebook.com/watch/ live/?ref=watch_permalink&v= 10154462393644710.

85 "When Tupac performed": John Lewis, "Tupac Was Here," Baltimore Magazine, September 2016, baltimoremagazine.com/section /artsentertainment/legendary-rapper- tupac- shakur-spent-his-formative-years-in-baltimore/.

85 "up top," on "the hill": Dana "Mouse" Smith, estate interview, January 25, 2000.

85 freestyling for Mouse's uncles: Dana "Mouse" Smith, estate interview, January 25, 2000.

86 Mouse was working weeknights: Bastfield, Back in the Day, 37.

86 "He went around the entire room": Bill Lesane, interview with author, 2001.

87 "Legs came out of jail": Bill Lesane, interview with author, 2001.

87 "I found out that he always knew": Afeni Shakur, estate interview, 2000.

88 "Tupac suffered from a deep sadness": Afeni Shakur, interview with author, 2001.

88 "My inspiration for writing music": Lazin, Tupac: Resurrection.

89 colorful coffee-table book: Afeni Shakur, interview with author, 2001.

第六章

91 "I exist within the depths": Tupac Shakur, "In the Depths of Solitude," in The Rose That Grew from Concrete (New York: Pocket Books, 1999), 5.

91 The word ricocheted: Afeni Shakur, estate interview, 2000.

91 "For every young Black male child": Afeni Shakur, estate interview, April 15, 1998.

92 "one of my good-luck times": Tupac: Resurrection, 1971–1996, original concept Afeni Shakur, eds. Jacob Hoye and Karolyn Ali (New York: Atria Books, 2003), 44.

92 "He was a natural": Richard Pilcher, estate interview, January 25, 2000.

92 "I think the panel could see": Donald Hicken, estate interview, 2018.

93 "bummy": Bastfield, Back in the Day, 41.

93 "It was very clear, very evident": Darrin Keith Bastfield, in "Tupac Shakur's Close Friends Dana Smith and Darrin Bastfield Reminisce on the Rapper's Formative Years in Baltimore," Baltimore Magazine, video interview posted to Facebook, August 31, 2016, facebook.com /Baltimoremagazine/videos/10154462393644710/.

93 "What's with the black nail polish?": Afeni Shakur, interview with author, 2001.

94 "One of my earliest memories": Donald Hicken, estate interview, January 22, 2001.

95 "Tupac did a beautiful piece": Donald Hicken, estate interview, January 22, 2001.

95 "That was the first time": Kevin Powell, "This Thug's Life," Vibe, February 1994, thunder_1st.tripod.com/Vibe/_tupac2.html.

95 "as soon as he approached me": Jada Pinkett Smith, estate interview, January 18, 2018.

96 the “smoking room” at the school: John Cole, interview with author, 2000.

96 “Tupac was definitely into”: John Cole, estate interview, 2000.

96 “John had some wonderful sweaters”: Afeni Shakur, estate interview, 2000.

96 “brings a certain lack”: John Cole, estate interview, 1999.

97 “had mothers who were addicts”: Jada Pinkett Smith, estate interview, January 18, 2018.

97 “When you have somebody”: “Jada Pinkett Smith Reveals Drug-Dealing Past,” Sway’s Universe, July 19, 2017, YouTube, youtube.com/watch?v=lrVR9gJ432Y&t=1s.

97 “In my family I was taught”: Jada Pinkett Smith, estate interview, January 18, 2018.

97 “Pac was poor”: Jada Pinkett Smith, estate interview, January 18, 2018.

97 “All I remember is John”: Sekyiwa Shakur, estate interview, November 27, 1999.

98 “u R the omega of my Heart”: Shakur, The Rose That Grew from Concrete, 89.

98 “I wouldn’t eat at my own house”: John Cole, estate interview, 1999.

100 “ ‘Don’t Give Up’ was the song”: John Cole, estate interview, 1999.

100 “Firebird was his only experience”: Donald Hicken, estate interview, 2018.

101 “A lot of people thought”: Randy Dixon, estate interview, 1999.

101 “As soon as I got”: Tupac Shakur, Tamalpais High School interview, 1988, Historic Films, uploaded to YouTube June 12, 2017, youtube .com/watch?v=v_XT9-C5Qu8.

102 “That was when we all tried”: Randy Dixon, estate interview, 1999.

103 “I’ll never forget those young kids”: Afeni Shakur, estate interview, 2000.

103 “We worked on skits”: Randy Dixon, estate interview, 1999.

103 “When he was focused on Mary”: John Cole, estate interview, 1999.

104 “Girls all went nuts for him”: Donald Hicken, interview with author, 2000.

104 seeing Tupac walk into: Darrin Keith Bastfield, Back in the Day: My Life and Times with Tupac Shakur (New York: One World/Ballantine, 2002), 78.

第七章

105 “I remember Marvin Gaye”: Tupac Shakur, “Keep Ya Head Up,” track 11 on Strictly

4 My N.I.G.G.A.Z..., Interscope Records, 1993.

106 "Tupac has very good potential": Donald Hicken, interview with author, 2000.

106 "Tupac's behavior is extremely disruptive": Donald Hicken, interview with author, 2000.

106 "Tupac was a damn good actor": Richard Pilcher, estate interview,1999.

106 His academic report conveyed: Richard Pilcher, estate interview,1999.

106 "He had a great facility": Donald Hicken, interview with author,2000.

106 "He was funny": Debbie Rogers, interview with author, 2000.

107 "You ever had a dream?": Bastfield, Back in the Day, 156.

108 "My big mouth": Tupac Shakur interview, MTV, Beverly Hills, CA, 1994, uploaded to YouTube by Foe Tha Outlaw, August 2, 2018, youtube.com/watch?v=pNSRx14s7B4.

108 "Excuse me, what are you drinking?": Scott Lesane, interview with author, 2001.

109 "I used to sit outside": Connie Bruck, "The Takedown of Tupac," June 29, 1997, New Yorker, newyorker.com/magazine/1997/07/07/the-takedown-of-tupac.

110 "Tupac was sixteen": Afeni Shakur, interview with author, 2001.

111 "driving the car with Afeni": Gloria Jean Cox, interview with author, 2022.

111 "If you're livin' under": Afeni Shakur, Gloria Jean Cox, interview with author, 2001.

112 "She put that man out": Gloria Jean Cox, interview with author, 2022.

112 "He would stay in it": John Cole, estate interview, 1999.

112 "My moms is my homie": Tupac Shakur, interview at Clinton Correctional Facility, September 1995, uploaded to YouTube by La Tribu Hip Hop, June 16, 2015, youtube.com/watch?v=mwsCyNECM1w.

112 "use condoms" and "be careful": Afeni Shakur, interview with author, 2001.

113 "That movie probably had": Afeni Shakur, interview with author, 2001.

115 "It was a bad mix of scenes": John Cole, estate interview, 1999.

116 "The committee has reviewed": Donald Hicken, interview with author, 2000.

116 "I thought acting was": Afeni Shakur, interview with author, 2001.

116 "If you didn't get your diploma": Afeni Shakur, interview with author, 2001.

117 "was one of the strongest members": Donald Hicken, interview with author, 2001.

117 He was very, very sad": Donald Hicken, interview with author, 2001.

117 "He literally got up": Jada Pinkett, estate interview, 2018.

第八章

121 "Had to move to the west": Tupac Shakur, "Thug Style," track 5 on R U Still Down? [Remember Me], Interscope Records 1997.

122 "crucial to winning the war": Katrina Schwartz, "How Black Shipyard Workers in Marin Helped Win World War II," KQED, December 9, 2021, kqed.org/news/11898287/how-black-shipyard-workers-in-marin-helped-win-world-war-ii.

122 "Black people were not welcome": Dana Perrigan, "Marin City Looks to Better Days," San Francisco Chronicle, March 15, 2009, sfgate.com/realestate/article/Marin-City-looks-to-better-days-3168089.php#:~:text=%22Black%20people%20were%20not%20welcome,The%20temporary%20housing%20deteriorated.

123 "Come to Marin City": Lauren Lazin (dir.), Tupac: Resurrection, Paramount Pictures, 2003.

124 confidently busted an original song: Anthony Marshall, estate interview 2018.

125 "He knew all about Blackness": Darren "Gable" Page, estate interview, 2018.

125 "I didn't fit in": Connie Bruck, "The Takedown of Tupac," New Yorker, June 29, 2007, newyorker.com/magazine/1997/07/07/the-takedown-of-tupac.

125 "I looked out the window": Ryan D. Rollins, interview with author, 2001.

126 "I didn't have no money": Kevin Powell, "This Thug's Life," Vibe, February 1994, thunder_1st.tripod.com/Vibe/_tupac2.html.

126 "If there was no money": Lazin, Tupac: Resurrection.

127 "He used to carry a notebook": Darrell Roary, interview with author, 2001.

127 "Really?" he asked: Ryan Rollins, interview with author, 2001.

128 "Tupac hated police": Ryan Rollins, estate interview, 2018.

129 "This is really great": Liza, interview with author, 2001.

130 "He used to sit there": Cosima Knez, interview with author, 2021.

130 “She told me I was too nice”: Tupac Shakur, Tamalpais High School interview.

130 “Tupac and I would sit”: Christian Mills, interview with author, 2021.

130 “I was intrigued by him” : Cosima Knez, interview with author, 2021.

131 Kendrick shook his head: Kendrick Wells, interview with author, 2001.

131 “Well, it’s great were doing this”: Liza, interview with author, 2001.

132 “I think there should be”: Tupac Shakur, Tamalpais High School interview.

133 “What Demetrius was doing”: Afeni Shakur, estate interview, November 2000.

134 “If someone’s process was off”: Liza, interview with author, 2001.

134 “He performed in one of Chekhov’s plays”: David Smith, in Tupac Remembered: Bearing Witness to a Life and Legacy, ed. Molly Monjauze with Gloria Cox and Staci Robinson (San Francisco: Chronicle Books, 2008), 41.

135 Shakur’s Life in Marin,” Marin Magazine, August 23, 2019.

135 “I was all serious”: Liza, interview with author, 2001.

136 “That had never happened”: Christian Mills, interview with author, 2021.

136 “He told me that he was not going to show up”: Alexa Koenig, interview with author, 2021.

137 “I remember being so angry”: Alexa Koenig, interview with author, 2021.

137 “Glad you showed”: Liza, interview with author, 2001.

137 “Just think King”: Liza, interview with author, 2001.

第九章

138 “Fathers of our country”: Tupac Shakur, “Panther Power,” track 11 on Resurrection, Amaru Entertainment, 2003.

138 “Oh, yeah, that’s a good book”: Leila Steinberg, estate interview, 2001.

139 “You have to meet this new kid”: Leila Steinberg, estate interview, 2020.

139 “I’m not going today”: Leila Steinberg, estate interview, 2000.

140 “You want to hear one?”: Leila Steinberg, estate interview, 2000.

140 “As real as it seems”: Tupac Shakur, “Panther Power.”

140 “Everyone in the room”: Leila Steinberg, estate interview, 2000.

140 "The poetry circle was": Ray Luv, estate interview, November 2000.

140 "We were a small group": Urban Movie Channel, "Exclusive with Tupac Shakur's Mentor & Manager, Leila Steinberg," UMC All Access, uploaded to YouTube by Allblk, June 22, 2017, youtube.com /watch?v=Kag-kIDa7JQ.

141 Black mothers were forced: Leila Steinberg, estate interview, November 14, 2000.

141 "Tupac talking at seventeen": Leila Steinberg, estate interview, 2000.

141 "were young and dumb enough to believe": Urban Movie Channel, "Exclusive with Tupac Shakur's Mentor & Manager."

142 "Do you always tell everyone": Leila Steinberg, estate interview, 2000.

143 "In three minutes": Leila Steinberg, estate interview, 2000.

143 "To be able to go from": Leila Steinberg, estate interview, 2023.

143 "Wa's up, Officer?": Peter Spirer (dir.), Tupac Shakur: Thug Angel, documentary, 2002.

144 "Let me know if": Spirer, Tupac Shakur: Thug Angel.

144 "permanently break the back": NAPO, "New Afrikan Declaration of Independence," freedomarchives.org/Documents/Finder/DOC513 _scans/NAPO/513.NAPO. NewAfrikanDec.pdf.

144 "It was actually our right": Watani Tyehimba, interview with author, 2023.

144 "end[ing] color and class discrimination": NAPO, "New Afrikan Declaration of Independence."

145 "Tupac even had white kids": Leila Steinberg, estate interview, 2018.

146 "And I can't help but to wonder": Tupac Shakur, "My Block,"track 4 on Russell Simmons Presents The Show: The Soundtrack, Def Jam Recording, 1995.

146 "He was someone at a young age": Leila Steinberg, interview with author, 2021.

146 talk not just about revolution: Urban Movie Channel, "Exclusive with Tupac Shakur's Mentor & Manager."

146 My name was MC Rock T": Raymond "Ray Luv" Tyson, interview with author, 2023.

147 "one day shit ain't gonna": Raymond "Ray Luv" Tyson, estate interview, 2001.

147 "I didn't have enough credits": Tabitha Soren, "Tupac on Growing Up Poor, His

Rise to Fame & His Future (1995)," MTV News, Venice Beach, CA, uploaded to YouTube September 13, 2019, youtube.com watch?v=GpPbYGJRg0Q.

147 "I don't ever want you": Afeni Shakur, interview with author, 2001.

147 "Government Assistance or My Soul": Tupac Shakur, in The Rose That Grew from Concrete (New York: Pocket Books, 1999), 113.

148 "Yeah, somebody might have": Bobby Burton, interview with author, 2021.

148 "I was broke": Lauren Lazin (dir.), Tupac: Resurrection, Paramount Pictures, 2003.

148 "The dope dealers used to": Soren, "Tupac on Growing Up Poor, His Rise to Fame & His Future (1995)."

148 "I had just got out of jail": Mike Cooley, interview with author, 2022.

148 "I told my brother": Mike Cooley, interview with author, 2022.

148 "I told him": Mike Cooley, interview with author, 2022.

149 "Ray Luv and Tupac introduced me": Mike Cooley, interview withauthor, 2022.

149 "He, at that time, needed money": Charles "Man-Man" Fuller, interview with author, 2022.

149 "He was homeless": Charles "Man-Man" Fuller, interview with author, 2022.

150 "I felt bad": Anthony "Ant Dog" Marshall, estate interview, 2018.

150 "You better go check": Leila Steinberg, estate interview, 2000.

151 "Yes, I did": Afeni Shakur, interview with author, 2001.

151 "After she started smoking": Kevin Powell, "This Thug's Life," Vibe, February 1994, thunder_1st.tripod.com/Vibe/_tupac2.html.

151 "When your hero falls from grace": Tupac Shakur, "When Ure Hero Falls," in The Rose That Grew from Concrete (New York: Pocket Books, 1999), 119.

151 "Can you send your sister?": Gloria Jean Cox, interview with author, 2001.

151 "Leaving that school": Powell, "This Thug's Life."

152 "It was similar to a war": Sekyiwa Shakur, estate interview, January 2000.

第十章

153 "This is for the masses": Tupac Shakur, "Words of Wisdom," track 6 on 2Pacalyse

Now, Interscope Records, 1991.

153 "I'm gonna tell you": Leila Steinberg, interview with author, 2001.

154 "They did a whole show": Leila Steinberg, interview with author, 2020.

155 "It was street": Peter Spirer (dir.), Tupac Shakur: Thug Angel, documentary, 2002.

156 "Just know that if Shock": Atron Gregory, interview with author, 2001.

156 "I thought Ray Luv and Tupac": Ronald "Money-B" Brooks, interview with author, 2000.

156 "It was easier that way": Atron Gregory, interview with author, 2020.

157 "They could never understand": Tupac Shakur, "Fallen Star," in The Rose That Grew from Concrete (New York: Pocket Books, 1999), 111.

157 "We've never advocated violence": Earl Caldwell, "Panthers Await Newton's Return," New York Times, July 7, 1970, timesmachine .nytimes.com/timesmachine/1970/07/08/80492204.html?pageNumber =NaN&rpm=true.

158 "In the event of my demise": Shakur, "In the Event of My Demise," in The Rose That Grew from Concrete, 150.

158 "Did u hear about": Shakur, "The Rose That Grew from Concrete," in The Rose That Grew from Concrete, 3.

160 "He was a fireball": Jimi "Chopmaster J" Dright, Static: My Tupac Shakur Story (San Francisco: Offplanet Entertainment/Herb'N Soul publishing, 1999), 12.

160 "While we were in her husband's": Dright, Static, 15.

160 "Tupac had grown": Dright, Static, 22.

161 "The girl just started gazin' ": Ronald "Money-B" Brooks, interview with author, 2000.

161 "I wrote the opening line": Raymond "Ray Luv" Tyson, interview with author, 2023.

161 "Yo, this is dope": Raymond "Ray Luv" Tyson, interview with author, 2023.

162 "At that point I really stressed": Dright, Static, 10.

162 "It is my duty": Tupac Shakur interview by Bomani Bakari, WRFG, 1989, uploaded to Tupac Shakur Channel, August 17, 2021, YouTube, youtube.com/watch?v=1oHWdNdUPxg.

162 “We’re starting the Black Panthers”: Tupac Shakur, Tamalpais High School interview.

162 “The way that our society”: Tupac interview with Bomani Bakari, 1989.

163 “I think it’s one hundred percent necessary”: Tupac interview with Bomani Bakari, 1989.

163 “Please wake me when I’m free”: Tupac Shakur, “Untitled,” in The Rose That Grew from Concrete, 15.

164 “When I say niggas”: Shakur, “Words of Wisdom.”

164 “that same flag flew”: Tupac Shakur, Legal Archives Deposition, 1995.

166 “He’s a son of the revolution”: Leila Steinberg, estate interview, 2000.

166 “Tupac was not going to wait”: Atron Gregory, interview with author, 2020.

第十一章

167 “I owe everything to the hood”: Tupac Shakur interview, MTV, Beverly Hills, CA, 1994, uploaded to YouTube by Foe Tha Outlaw, August 2, 2018, youtube.com/watch?v=pNSRx14s7B4.

168 “You fucked up our sound!”: Peter Spirer (dir.), Tupac Shakur: Thug Angel, documentary, 2002.

168 “Pac tried to knock his head off”: Ronald “Money-B” Brooks, estate interview, November 13, 2000.

168 “I’ve had three ankle injuries”: Atron Gregory, interview with author, 2020.

169 “Pac was immediately hot”: Gregory “Shock G” Jacobs, interview with author, 2001.

169 “I was thinkin’ ”: Ronald “Money-B” Brooks, interview with author, 2001.

169 “Is my girl on there?”: Gregory “Shock G” Jacobs, interview with author, 2001.

169 “He would just take”: Gregory “Shock G” Jacobs, interview with author, 2001.

170 “You’re not a singer, Pac”: Spirer, Tupac Shakur: Thug Angel.

170 “Anytime he had a chance”: Ronald “Money-B” Brooks, estate interview, 2018.

170 “I used to send Pac home”: Gregory “Shock G” Jacobs, interview with author, 2001.

170 "It was one long argument": Gregory "Shock G" Jacobs, interview with author, 2001.

171 "That muthafucka is a star!": Rosie Perez, estate interview, 2018.

171 "Yo, that's good": David Marchese, "Rosie Perez on Tupac, Sex and Dancing," New York Times Magazine, January 13, 2020, nytimes.com /interactive/2020/01/13/magazine/rosie-perez- interview.html.

172 "Why do you always smoke": Yolanda "Yo-Yo" Whitaker, interview with author, 2001.

172 "He used to always be hungry" : Yolanda "Yo-Yo" Whitaker, interview with author, 2001.

172 "What made me love him": Stephen Daw, "Yo-Yo Reflects on the Loss of Her Lover Tupac Shakur: 'It Just Hurt My Spirit,' " Billboard, May 28, 2020, billboard.com/culture/pride/yo-yo-tupac-billboard-pridecast-interview-9391951/.

172 "When we kissed": Kyle Eustace, "Yo-Yo Remembers Her 'Magical' Kisses with Tupac Shakur," HipHopDX, June 16, 2018, hiphopdx.com/news/id.47296/title.yo-yo-remembers-her-magical-kisses-with-tupac-shakur.

172 "We saw a whole new life": Treach, in Tupac Remembered: Bearing Witness to a Life and Legacy, ed. Molly Monjauze with Gloria Cox and Staci Robinson (San Francisco: Chronicle Books, 2008), 71.

172 "Felt so alone": Mariah Carey, "Vision of Love," CBS Records, 1990.

173 "You always knew": Gregory "Shock G" Jacobs, interview with author, 2001.

173 "Tupac would always": Ronald "Money-B" Brooks, estate interview, November 13, 2000.

173 "We all decided we're gonna walk": Gregory "Shock G" Jacobs, interview with author, 2001.

174 "He was ducking behind cars": Ronald "Money-B" Brooks, interview with author, 2001.

175 "Why you holdin' me": Atron Gregory, interview with author, 2001.

175 "He created his own legend": Ronald "Money-B" Brooks, estate interview, 2001.

176 "We had all these different outfits": Gregory "Shock G" Jacobs, interview with

author, 2001.

176 "Why I gotta be the African?": Gregory "Shock G" Jacobs, interview with author, 2001.

176 "But he did it": Gregory "Shock G" Jacobs, interview with author, 2001.

177 "I was dying and I knew": Quoted in Jasmine Guy, Afeni Shakur: Evolution of a Revolutionary (New York: Atria Books, 2004), 165.

177 "Tupac tells this lie": Gloria Jean Cox, estate interview, 2018.

177 "Glo [Jean] told us": Mike Cooley, interview with author, 2021.

178 "My family talked me home": Quoted in Guy, Afeni Shakur, 167.

178 "When I saw my family": Quoted in Guy, Afeni Shakur, 168.

第十二章

179 "Girls who used to frown": Tupac Shakur, in Digital Underground, "Same Song," track 2 on Nothing But Trouble soundtrack album, Warner Records, 1991.

179 "We were so excited!": Peter Spirer (dir.), Tupac Shakur: Thug Angel, documentary, 2002.

180 "We were all like family": Spirer, Tupac Shakur: Thug Angel.

180 "I was tired of driving": Charles "Man-Man" Fuller, interview with author, 2020.

180 "All the stuff I say": Davey D, "On the Line with 2Pac Shakur: The Lost Interview," Davey D's Hip Hop Corner (blog), daveyd.com /interview2pacrare.html.

180 Kwanzaa as a family when: Maurice "Mopreme" Shakur, estate interview, 2000.

181 "Can we step outside": Atron Gregory, interview with author, 2021.

182 "All I want in my life": Atron Gregory, interview with author, 2021.

182 "Look at the character Bishop": Ronald "Money-B" Brooks, interview with author, 2001.

182 "In our minds": Unique Access Ent., "Money B and Tupac Stole the Bishop Role in 'Juice,' " uploaded to YouTube August 1, 2019, youtube.com/watch?v=s2cVWNLyFns&t=135s.

182 "What's your name?": Academy Originals, "The Story of CastingTupac in 'Juice,' "

Academy of Motion Picture Arts and Sciences, uploaded to YouTube July 13, 2015, youtube.com/watch?v=uWwpt-xQ5TU.

183 "I read cold turkey": "Tupac's First E! Interview Applies to Current Time," E! News, uploaded to YouTube June 16, 2020, youtube.com/watch?v= pNoqy3KxcRo.

183 "Tupac goes in the room": Unique Access Ent., "Money B and Tupac."

183 "The thing that he got": American Film Institute, "Ernest Dickerson on Casting Tupac Shakur in the Film," AFI Conservatory, 2020, uploaded to YouTube July 17, 2020, youtube.com/watch?v=K3wkcmByNGw.

183 "[Tupac] walked out of the room": Kevin Polowy, "Tupac Shakur on the Set of 'Juice': Watch a Rare Interview (Blu-ray Exclusive)," Yahoo! News, June 5, 2017, yahoo.com/news/tupac-shakur-set-juice-watch-rare-interview-blu-ray-exclusive-160049352.html.

184 "Jeff Fenster of Charisma Records": Atron Gregory, interview with author, 2001.

185 a place to reconvene with friends: "Jermaine Hopkins (Steele) [sic] on Why 2Pac Was Nearly Fired from Movie Juice," Hip Hop Uncensored(podcast), uploaded to YouTube December 5, 2020, youtube.com/watch?v=m1CDAHaCbrs.

185 "Pac would get mad": "Jermaine Hopkins (Steele) [sic] on Why 2Pac Was Nearly Fired from Movie Juice."

185 "I was more than a little": Preston Holmes, estate interview, January 23, 2004.

185 "When I get a part": Lauren Lazin (dir.), Tupac: Resurrection, Paramount Pictures, 2003.

186 "I am real": Tupac: Resurrection, 1971–1996, original concept Afeni Shakur, eds. Jacob Hoye and Karolyn Ali (New York: Atria Books, 2003), 85.

186 "You have to understand": Tupac Shakur, interview with Sherry Carter, Video LP, BET, uploaded by 2PacLegacy to YouTube June 26, 2021, youtube.com/watch?v=OQF4RGaTHnw&t=29s.

186 "the story of today's young Black male": "Interview with Tupac and 380 NOTES the Cast of Juice," uploaded by Sean Weathers to YouTube June 6,2021, youtube.com/watch?v=7EVUNaFWrF8.

186 "I am crazy": Ernest Dickerson (dir.), Juice, Paramount Pictures, 1992, clip

uploaded to YouTube, youtube.com/watch?v=3MZD2YLcKL8.

186 "Was Tupac Bishop?": "Jermaine Hopkins (Steele) [sic] on Why 2Pac Was Nearly Fired from Movie Juice."

187 "Everywhere they went": Gregory "Shock G" Jacobs, interview with author, 2001.

188 "Pac was so troubled": Juice 25th Anniversary | "Omar on Tupac's Song Brenda's Got a Baby | Official Behind the Scenes," Paramount Movies, uploaded to YouTube June 13, 2017, youtube.com/watch?v=mTLMud2pBwA.

188 "It was in my trailer": Tupac Shakur, "2Pacalypse Now Promotional Interview," Hot 106 Radio, 1991, uploaded to YouTube by SK TV October 3, 2015, youtube.com/watch?v=kR6OKmD1oJM&t=2343s.

188 "So dawn goes down to day": Robert Frost, "Nothing Gold Can Stay," in New Hampshire (New York: Henry Holt, 1923), 84.

188 "I'm not going to be alive": Robert Sam Anson, "To Die Like a Gangsta," Vanity Fair, March 1997, vanityfair.com/culture/1997/03/tupac-shakur-rap-death.

189 "My addiction affected": Afeni Shakur, estate interview, November 14, 2000.

189 "He'd taken his time": Afeni Shakur, estate interview, November 14, 2000.

190 "I hear Brenda's got": Tupac Shakur, "Brenda's Got a Baby," track 10 on 2Pacalypse Now, Interscope Records, 1991.

190 "What I wanted to do": Tupac Shakur, "On the Set of Tupac's 'If My Homie Calls' (1992)," uploaded to YouTube by MTV Vault on June 16, 2021, youtube.com/watch?v=MjHNKkN4V7I.

第十三章

191 "My words are weapons": Tupac Shakur, "Violent," track 5 on 2Pacalypse Now, Interscope Records, 1991.

191 "I just met this A&R guy": Atron Gregory, interview with author, 2020.

191 "We took extreme artists": Tom Whalley, interview with author, 2020.

192 "I was excited about": Tom Whalley, interview with author, 2020.

192 "the dancer guy for Shock G": Ted Field, estate interview, 2018.

193 "I want to sign him": Tom Whalley, interview with author, 2020.

193 "to represent the young Black male": Tom Whalley, interview with author, 2020.

193 "I was looking for someone": Tom Whalley, interview with author, 2020.

193 "He's so handsome": Tom Whalley, interview with author, 2020.

193 "Look, so that this can be": Ted Field, estate interview, 2018.

193 "You know, if this hadn't": Ted Field, estate interview, 2018.

194 "This is no good": Tom Whalley, interview with author, 2020.

195 "Well, I like the record too": Tom Whalley, interview with author, 2020.

195 "Why the hell did you": Atron Gregory, interview with author, 2020.

195 "We got Ted's support": Atron Gregory, interview with author, 2020.

195 "I've never had an artist": Sal Manna, estate interview, 2018.

195 "People are good": Tupac Shakur, 2Pacalypse Now liner notes, nterscope Records, 1991.

196 "You have an extraordinary son": Sal Manna, estate interview, 2018.

196 "I want to hire these brothers": Tom Whalley, interview with author, 2020.

196 "Seventy-five grand. For both videos": Allen Hughes, interview with author, 2023.

196 "kids dressed like real young": Handwritten asset housed in estate archives.

199 "When that shit came on": Ray Luv, estate interview 2023.

199 "We were about to do something big": Gregory "Shock G" Jacobs, interview with author, 2000.

199 "They were sweating me": Tupac Shakur, interview with Tanya Hart, Live from L.A., BET, 1992, uploaded to YouTube by War McEleney November 19, 2017, youtube.com/watch?v=uLTSPA4uYPM&t=1296s.

200 "This is not slavery": Tupac Shakur, press conference transcript, November 12, 1991.

200 "Master?": Tupac: Resurrection, 1971–1996,original concept Afeni Shakur, eds. Jacob Hoye and Karolyn Ali (New York: Atria Books, 2003), 79.

200 "My spirit was broke": Tupac Shakur, press conference, Oakland, California, November 12, 1991.

200 "After he had been beaten": Mario Diaz (dir.), "Afeni Shakur Reveals What She

Believes Changed Tupac Forever," Death Row Chronicles, BET Networks, 2018, available on YouTube, youtube.com/watch?v=ETmEKVhXhwE.

201 "That's harassment to me": "Tupac's Jaywalking Press Conference, November 12, 1991," uploaded to YouTube by Tupac Amaru Shakur Unofficial Channel, September 14, 2012, youtube.com/watch?v=hBKq6AZtoF0.

201 "If I win and get the money": Gabe Meline, "Remembering the Time Tupac Shakur Sued the Oakland Police for $10 Million," KQED, June 16, 2016, kqed.org/arts/11696060/its-tupac-day-in-oakland-where-he-once-sued-the-police-for-10-million.

201 "Let me show you": Tupac Shakur, interview with Tanya Hart.

201 "This was one of the few": Atron Gregory, interview with author, 2021.

202 "We decided that the image": Carla Hall, "Jittery over 'Juice,' " Washington Post, January 16, 1992, washingtonpost.com/archive /lifestyle/1992/01/16/jittery-over-juice/185c82d8-3e79-4d16-83db-4e86f19e411b/.

202 "It hurts me": "Tupac Talking Straight," Right On!, March 1992, reproduced at 2PacLegacy, accessed January 26, 2023, 2paclegacy.net/2pac-interview-tupac-talking-straight-right-on-magazine-1992/.

202 "the film's most magnetic figure": Janet Maslin, "Too Much to Prove, and No Reason to Prove It," New York Times, January 17, 1992,nytimes.com/1992/01/17/movies/review-film-too-much-to-prove-and-no-reason-to-prove-it.html.

203 "The film is talking about": Brett Malec, "Tupac Shakur's First E! Interview Is More Relevant Than Ever 28 Years Later," E! Online, June 16, 2020, conline.com/news/1161747/tupac-shakurs-first-e-interview-is-more-relevant-than-ever-28-years-later.

203 "He didn't have anything": Karen Lee, interview with author, 2001.

204 "rebel songs, just like, you know": "2Pacalypse Now Promotional Interview," Hot 106 Radio, 1991, uploaded to YouTube by SK TV October 3, 2015, youtube.com/watch?v=kR6OKmD1oJM&t=2343s.

205 "And I'm representing": Tom Whalley, interview with author, 2021.

第十四章

206 “Mista, Police, please try to see”: Tupac Shakur, “Only God Can Judge Me,” track 10 on All Eyez on Me, Death Row Records, 1996.

206 “I want a Terminator 2 role”: “2pac Talks to MTV About Acting Ambitions,” uploaded to YouTube by 2pakshakur on September 13, 2014, youtube.com/watch?v=vaR6rozfGgg.

206 couldn’t persuade Cube to sign on: @AniCaribbean, “Ice Cube Reveals Why He Turned Down 2Pac’s Role in ‘Poetic Justice,’ ” Big Boy’s Neighborhood, July 1, 2021, radiobigboy.com/featured/big-boy-s-neighborhood/content/2021-07-01-ice-cube-reveals-why-he-turned-down-2pacs-role-in-poetic-justice/.

207 “Tupac, John, and I just sat in my car”: Atron Gregory, interview with author, 2020.

207 “He was excited”: Atron Gregory, estate interview, 2018.

207 “We screen tested Tupac”: Jacqueline Stewart, “John Singleton on the Film ‘Poetic Justice,’ ” Television Academy Foundation, September 24, 2016, clip available on YouTube, youtube.com/watch?v=qt5pAyKUqYQ&t=152s.

207 “If Bishop from Juice”: “2Pac Talks About Playing Bishop and Lucky,” uploaded to YouTube by 2pacshakur September 13, 2014, youtube.com/watch?v=m_8AgYFYkYg.

208 “He started to weep”: Nolan Feeney, “A Brief History of How Maya Angelou Influenced Hip-Hop,”Time, May 28, 2014, time.com/125901/maya-angelou-rap-hip-hop/.

209 “He talked about his belief systems”: “Bill Duke on Meeting 2Pac,” Vlad TV, uploaded to YouTube May 20, 2019, youtube.com/watch?v=zZmnkqBdHNU.

209 “It really upset him”: Karen Lee, interview with author, 2001.

210 “What were your feelings”: “Tupac Interview,” uploaded to YouTube by BuCaVeLLi July 17, 2007, youtube.com/watch?v=o9Fgn0S_Vkc.

210 “Man, you really fuckin’ ”: Gregory “Shock G” Jacobs, interview with author, 2001.

211 “Well, if I could get a beat”: Gregory “Shock G” Jacobs, interview with author, 2001.

211 "Pac used to pick": Gregory "Shock G" Jacobs, interview with author, 2001.

211 "He was happy": Atron Gregory, interview with author, 2020.

212 "I remember his twenty-first": Peter Spirer (dir.), Tupac Shakur: Thug Angel, documentary, 2002.

212 feeling she was in it "too much": "If My Homie Call's -UNSEEN 2Pac Music Video Snippet -FEATURING JANET JACKSON", uploaded to YouTube by TNT Recordings on August 26, 2022, youtube.com/watch?v=H4ifjjEoCtw.

212 "I had seen him": Calvin "Snoop Dogg" Broadus, Jr., interview with author, 2006.

212 "Half of the drive": Maurice "Mopreme" Shakur, interview with author, 2001.

214 "Man, I'm dusted": Gregory "Shock G" Jacobs, interview with author, 2001.

214 "Tupac was the one to bless": Gregory "Shock G" Jacobs, interview with author, 2001.

215 "learned the game": "2Pac Loved the Bay," clip uploaded to YouTube by #BodyWeakDotNet June 21, 2017, youtube.com/watch?v=yCYT3T3UBdw; theculturetrip.com/north-america/usa/california/articles/what-tupac-brought-to-the-bay-area/.

215 "We got word that": Charles "Man-Man" Fuller, interview with author, 2021.

216 "Marin City didn't hate": Anthony "Ant Dog" Marshall, interview with author, 2001.

216 "He didn't go out there": Charles "Man-Man" Fuller, interview with author, 2021.

217 "Tupac was deeply affected": Malcolm "E.D.I. Mean" Greenidge, interview with author, 2023.

第十五章

221 "My message to the censorship committee": Tupac Shakur, "Souljah's Revenge," track 6 on Strictly 4 My N.I.G.G.A.Z., Interscope, 1993.

222 Atron remembers the final clampdown: Atron Gregory, interview with author, 2020.

222 his "protest record": Chuck Philips, "Ice-T Pulls 'Cop Killer' Off the Market," Los Angeles Times, July 29, 1992, latimes.com/archives/la-xpm-1992-07-29-mn-4656-

story.html.

222 "not a call to murder police": Philips, "Ice-T Pulls 'Cop Killer' Off the Market."

223"one of the best musicians": "2Pac in New York Studio & Times Square (1993) Rare," clip uploaded to YouTube by Sohafid, December 14, 2008, youtube.com/watch?v=k0aIk430mlo.

223 "All that Iran–Contra stuff": "Tupac's First E! Interview Applies toCurrent Time," E! News: Rewind, uploaded to YouTube June 16, 2020, youtube.com/watch?v=pNoqy3KxcRo.

223 Vice President Quayle had shifted: Chuck Philips, "Music to Kill Cops By?," Washington Post, September 20, 1992, washingtonpost. com/archive/lifestyle/style/1992/09/20/music-to-kill-cops-by-rap-song-blamed-in-texas-troopers-death/20b49755-7835-4cb0-a53a-d78ccf65f9a7/.

223 "an irresponsible corporate act": B. Drummond Ayres, Jr., "On Quayle's List: A Rapper and a Record Company," New York Times, Septem- ber 23, 1992, timesmachine.nytimes.com/timesmachine/1992/09/23/410992.html?pageNumber=21.

223 "As soon as he": Lori Earl, estate interview, 2018.

223 "In my music": "Tupac's First E! Interview Applies to Current Time."

226 "When I say 'I live the Thug Life' ": "Tupac on the Line 'I Live a Thug Life, Baby, I'm hopless [sic],' " clip uploaded to YouTube by Sahulian Hooligan, March 4, 2014, youtube.com/ watch?v=o20E0LRYmIU.

226 harboring a fugitive: Bridget O'Brian, "Jamal Joseph's Path from Black Panther to Professor," Columbia News, February 22, 2012, news .columbia.edu/news/jamal-josephs-path-black-panther-professor.

226 earning three degrees: Heath Ellison, "Professor and former Black Panther Jamal Joseph talks 'Judas and the Black Messiah,' " Charleston City Paper, February 18, 2021, charlestoncitypaper.com/professor-and-former-black-panther-jamal-joseph-talk-judas-and-the-black-messiah/.

226 "Tupac, what's the deal": Jamal Joseph, estate interview, 2001.

226 "I gotta keep it real": Jamal Joseph, estate interview 2001.

227 a history of the word: "Mutulu Shakur, Full Interview in Prison," Tupac Shakur Channel, uploaded to YouTube May 21, 2021, youtube.com/watch?v=KxxIrfZ6TtQ&t=3361s.

227 "horizontal aggression": "Mutulu Shakur, Full Interview in Prison."

227 The code included: "Code of Thug Life," Tupac.be, tupac.be/en/his-world/code-of-thug-life/.

227 "I think even gangs can be": "Tupac Interview: America Is a [sic] Biggest Gang in the World," clip uploaded to YouTube by Ant Vaz, November 17, 2015, youtube.com/watch?v=fuy7HyMEvSc&t=21s.

227 "It had to have meaning": Seegarssmith, "Art Is Life: The Artist Behind Tupac's Most Iconic Tattoos," The Source, June 16, 2017,thesource.com/2017/06/16/art-life-interview-artist-behind-tupacs-iconictattoos/.

228 "I'm gonna be the best": Atron Gregory, interview with author, 2001.

228 "So he called Watani": Atron Gregory, estate interview, 2018.

229 "outlaw" instead of "thug": Watani Tyehimba, interview with author, 2001.

231 "This country was built:" "Tupac Interview: America Is a [sic] Biggest Gang in the World."

231 "America is Thug Life": Tupac Shakur interview, MTV, Beverly Hills, CA, 1994, uploaded to YouTube by Foe Tha Outlaw, August 2, 2018, youtube.com/watch?v=pNSRx14s7B4.

231 "He took to me 'cause": Tyruss "Big Syke" Himes, interview with author, 2001.

231 "When he said Thug Life": Tyruss "Big Syke" Himes, interview with author, 2001.

232 "That was Pac's introduction": Watani Tyehimba, interview with author, 2001.

232 "I'll do Menace": Sway Calloway, "Menace II Society Director Reveals Blow for Blow Fight with Tupac & Thoughts on the N-Word," Sway in the Morning, uploaded to YouTube, January 14, 2013, youtube.com/watch?v=am6zf6ZZbVU; and estate interview.

232 Tupac would stand to make: Calloway, "Menace II Society Director."

232 "Tupac was a part": Josh Horowitz, "Jada Pinkett Smith Opens Up About Her Life & Trailblazing Career," MTV News, June 18, 2019, youtube.com/

watch?v=DlJ8cY00JV4&t=413s.

233 "When Tupac came in": Calloway, "Menace II Society Director."

233 "Tupac had an issue": DJ Skandalous, "Larenz Tate Tells Fat Joe Why 2Pac Was Fired from Menace II Society Movie," Skandalous Talk (podcast), February 26, 2021, youtube.com/watch?v=op5a5pjBLI4.

233 "He wanted them to write": "Flashback: Tyrin Turner on 2Pac Blowing Up During 'Menace II Society' Reading," VladTV, uploaded to YouTube October 25, 2018, youtube.com/watch?v=Hy1Yes8Jca0.

233 "no disrespect to the cast": "Flashback: Tyrin Turner on 2Pac Blowing Up During 'Menace II Society' Reading."

234 "Tupac, why are you acting": "Flashback: Tyrin Turner on 2Pac Blowing Up During 'Menace II Society' Reading."

234 "He said something to me": Calloway, "Menace II Society Director."

234 "I'm not doing that movie": Atron Gregory, interview with author, 2020.

234 Tupac was fired": Calloway, "Menace II Society Director."

第十六章

235 "Whatever it takes": Tupac Shakur, "Holler If Ya Hear Me," track 1 on Strictly 4 My N.I.G.G.A.Z., Interscope, 1993.

235 "Too many families have been affected": Shakur, "Holler If Ya Hear Me."

236 "I didn't have to lobby": Jada Pinkett Smith, "Why Jada Smith Won't Stop Comparing Tupac and Will Smith," uploaded to YouTube by This Happened October 13, 2022, youtube.com/watch?v=bOxgYuFehNk.

236 "Maybe I'll be down": Bill Cosby, Ron Mosely, Kadeem Hardison, "Homey Don't Ya Know Me," A Different World, June 24, 1993,NBC-TV,clip uploaded to YouTube by ILoveADifferentWorld, November 5, 2018, youtube.com/watch?v=iE4dukQG718.

236 "Jada is my heart": Elizabeth Randolph, "Why Tupac Shakur Once Called Jada Pinkett Smith His 'Heart,' " Showbiz Cheat Sheet, June 16, 2021, cheatsheet.com/

entertainment/tupac-shakur-called-jada-pinkett-smith-heart.html/.

236 "I knew his music": Jasmine Guy, interview with author, 2001.

238 Don't let anyone tell you": Jasmine Guy, interview with author, 2001.

238 "Forget that!": "Madonna's Relationship with Tupac: Rosie Perez Dishes," The View, clip uploaded to YouTube March 12, 2015, youtube.com/watch?v=v5InGoSQ9ww.

238 "I wasn't a puffer": Wendy Williams Show, "Rosie Perez," clip uploaded to YouTube by Shakur Capital, February 26, 2020, youtube.com/watch?v=NwP7iBPPtVA.

238 "Hook me up!": "Rosie Perez Stating 2Pac Was Smashing Lots f Big Named Celebrities in the Industry," uploaded by DJ Reyzor 357 Remakes to YouTube December 7, 2020, youtube.com/ watch?v=ZszPYS4IpJY.

239 "Wassup my nigga": Howard Stern, "Snoop Dogg on Tupac Dating Madonna," Howard Stern Show, uploaded to YouTube May 25, 2018, youtube.com/watch?v =rvq6ULRKGCQ.

239 "Sometimes I'd drop him off": Maurice "Mopreme" Shakur, estate interview, 2001.

239 "Two members of the rap group": Associated Press, "Rappers Arrested for Allegedly Assaulting Chauffeur," Daily Iowan, March 15, 1993, dailyiowan.lib.uiowa.edu/DI/1993/di1993-03-15.pdf.

239 "Pac, listen": Gregory "Shock G" Jacobs, interview with author, 2001.

240 Warren G, the stepbrother: Capital Xtra, "Dr Dre Facts: 52 Things You Forgot About Dre," capitalxtra.com/artists/dr-dre/ lists/facts/step-brother-warren-g/.

240 "I was living with my sister": Warren G, in Tupac Remembered: Bearing Witness to a Life and Legacy, ed. Molly Monjauze with Gloria Cox and Staci Robinson (San Francisco: Chronicle Books, 2008), 79.

240 "I walked into the studio": Warren G, in Tupac Remembered, 79.

241 "[Tupac] was kind of": Warren G, in Tupac Remembered, 80.

241 "It's kinda hard": Tupac Shakur, "How Long Will They Mourn Me?," track 6 on Thug Life: Volume 1, Interscope Records, 1994.

241 "I was working on Big Syke's album": "Johnny 'J' Talks About Tupac," uploaded to YouTube by Dadoveli June 5, 2013, youtube.com/watch?v =V8iz2xBj5Iw.

241 "He shot me right to the studio": "Johnny 'J' Talks About Tupac."

241 "Mama told me": Tupac Shakur, "Pour Out a Little Liquor," track 4 on Thug Life: Volume 1, Interscope Records, 1994.

242 "Man, I appreciate that": Watani Tyehimba, interview with author, 2001.

242 "I purged myself of": Allen Hughes (dir.), Dear Mama: The Saga of Afeni and Tupac Shakur, five-part documentary, FX, 2023.

243 a fledgling independent label: "Death Row Records," Wikipedia, en.wikipedia.org/wiki/Death_Row_Records.

243 "I used to always see Suge": "2Pac: No Peace Treaty," uploaded to YouTube by 2Pac UnCut, March 15, 2016, youtube.com /watch?v=V2g3ji4ka54.

244 "I remember thinking": Tom Whalley, interview with author, 2020.

244 "It lasted a day": Watani Tyehimba, interview with author, 2001.

244 "First of all": Young Khan the Don & Humble B, "Tupac Revolutionary Speech," Indiana Black Expo, 1993, uploaded to YouTube September 3, 2019, youtube.com/watch?v=nOTa1wQJVrM.

244 "Shit changed": Young Khan the Don & Humble B, "Tupac Revolutionary Speech."

245 "I got Tupac by the neck": Sway Calloway, "Menace II Society Director Reveals Blow for Blow Fight with Tupac & Thoughts on the N-Word," Sway in the Morning, January 14, 2013, youtube.com watch?v=am6zf6ZZbVU.

245 "I beat up the directors": "2Pac Aggressione ai fratelli Hughes Sub ITA," 2Pac Amaru Shakur Italia uploaded to YouTube October 10, 2013, youtube.com/watch?v=ZtHuSQ1s1u8.

245 "Can you just hook it up": "Tupac and John Singleton," Yo! MTV Raps, Season 1, Episode 41, July 15, 1993, paramountplus.com/shows /video/YEGh23sTBHZ4PWWCQEy7IlbDlkxU6f8/.

246 "Shakur turns in truly outstanding": Leonard Klady, "Poetic Justice," Variety, July 20, 1993, variety.com/1993/film/reviews/poetic-justice -1200432703/.

246 "Tupac Shakur, who was so startling": Owen Gleiberman, "Poetic Justice," Entertainment Weekly, July 23, 1993, ew.com/article/1993/07 /23/poetic-justice- 2/.

246 "I always thought it to be like": Larry "Blackspot" Hester, "Biggie & Puffy Break

Their Silence," Vibe, September 1996.

247 "Let me tell you all about this": Digital Gunz Television, "2pac and Biggie Live in 1993 in Brooklin [sic]," uploaded to YouTube by West-Gorilla February 22, 2009, youtube.com/watch?v=ky2qaf0UhTY&t=10s; paclegacy.net/tupac-performs-a-freestyle-in-madison-square-garden/.

247 "One of the illest": Shaheem Reid, "Notorious B.I.G. and Tupac's Famous Freestyle Remembered by Mister Cee," MTV News, March 9,2010, mtv.com/news/jjos2r/notorious-big-and-tupacs-famous-freestyle-remembered-by-mister-cee.

247 "Can't we all get along?!": "Tupac and Biggie Live Performance '93' (Lost Tape)," uploaded to YouTube by King McClam Empire TV March 8, 2014, youtube.com/watch?v=vz65nDhhRn8.

248 "I remember one time": Tyruss "Big Syke" Himes, interview with author, 2001.

248 "If Tupac was good enough": Tyruss "Big Syke" Himes, interview with author, 2001.

249 "He called to tell us": Gloria Jean Cox, interview with author, 2020.

249 "It was not a U-Haul": Gloria Jean Cox, interview with author, 2001.

249 "a place to spend my quiet nights": Tupac Shakur, "Thugz Mansion," disc 2, track 2 on Better Dayz, Amaru Entertainment, 2002.

第十七章

250 "The question I wonder": Tupac Shakur, "Me Against the World," track 3 on Me Against the World, Interscope, 1995.

252 "A poor single mother": Tupac Shakur, "Dear Mama," track 9 on Me Against the World, Interscope, 1995.

252 " 'Dear Mama' . . . is a love song": Bill Bellamy, "Tupac Interview," MTV, 1996, clip uploaded to YouTube by Tupac Amaru Shakur Unofficial Channel, June 16, 2012, youtube.com/watch?v=G28BVWkHY-E.

253 "Tupac was the first": Tom Whalley, interview with author, 2020.

253 "Can you just let him know": Carsten "Soulshock" Schack, estate interview, 2018.

253 "Tom," Tupac said": Tom Whalley, interview with author, 2020.

254 "I know who the fuck": Carsten "Soulshock" Schack, estate interview, 2018.

254 "There would be twenty people": Carsten "Soulshock" Schack, estate interview, 2018.

254 "Like a racehorse": Gregory "Shock G" Jacobs, author interview, 2001.

256 "My every move": Tupac Shakur, "So Many Tears," track 4 on Me Against the World, Interscope, 1995.

256 "It was all out of my heart": Lauren Lazin (dir.), Tupac: Resurrection, Paramount Pictures, 2003.

256 "I used to call him": "Marlon Wayans on His Relationship with 2Pac," Power 106, Los Angeles, uploaded to YouTube April 18, 2014, youtube.com/watch?v=sfIjZ0LL_Ok&t=5s.

257 "Joshua was very weak": 2Pac Legacy, "Tupac & Joshua Torres's Dream," October 29, 2016, 2paclegacy.net/tupac-joshua-torress-dream/.257 "Gloooorrrriaaa my Gloriaaaaaaa!": Gloria Jean Cox, interview withauthor, 2023.

258 "When Pac heard it": Mutah Beale, interview with author, 2001.

259 "Pac stops the car": Dante Powers, estate interview, 2018.

259 "I started having flashbacks": Rawiya Kameir, "We Been Runnin' All Our Mothafuckin' Lives," Hazlitt, August 14, 2014, hazlitt.net/feature/we-been-running-all-our-mothafuckin-lives.

259 two bullets found their way: Ronald Smothers, "Rapper Charged in Shootings of Off-Duty Officers," New York Times, November 2, 1993, nytimes.com/1993/11/02/us/rapper-charged-in-shootings-of-off-duty-officers.html.

259 "I was scared to death": Dante Powers, estate interview, 2018.

260 Tupac was arrested and released: Smothers, "Rapper Charged."

262 for sticking up drug dealers: Lesley Goldberg, "Haitian Jack Hip-Hop Miniseries in the Works," Hollywood Reporter, January 23, 2017, hollywoodreporter.com/tv/tv-news/haitian-jack-hip-hop-miniseries -works-967201/.

262 "Me and Man-Man tell him": Watani Tyehimba, interview with author, 2001.

262 she only "kissed it": "Ayanna Jackson on Meeting 2Pac, Sexual Assault, Trial,

Aftermath," VladTV, uploaded to YouTube February 13, 2018, youtube.com/watch?v=0CVBOv9O1GA.

262 "two or three times": "Ayanna Jackson on Meeting 2Pac, Sexual Assault, Trial, Aftermath."

263 "So we get in the [bed]room": Kevin Powell, "Ready to Live," Vibe, April 1995, vibe.com/features/editorial/tupac-april-1995-cover-story-ready-to-live-686969/.

263 "How could you let this happen": "Ayanna Jackson on Meeting 2Pac, Sexual Assault, Trial, Aftermath."

263 "forcibly touching the buttocks": Connie Bruck, "The Takedown of Tupac," New Yorker, July 7, 1997, newyorker.com/magazine/1997/07 /07/the-takedown-of-tupac.

263 "I know my brother": Allen Hughes (dir.), Dear Mama: The Saga ofAfeni and Tupac Shakur, five-part documentary, FX, 2023.

263 "For me and his mother": Gloria Jean Cox, estate interview, 2023.

264 "[He] was not just angry": Gloria Jean Cox, estate interview, 2023.

264 "And since we all came from a woman": Tupac Shakur, "Keep Ya Head Up," track 12 on Strictly 4 My N.I.G.G.A.Z., Interscope, 1993.

265 "I wrote Higher Learning": "Oral History: Tupac's Acting Career Told Through His Co-Stars and Producers (PT. 2)," Vibe, November 17,2011, ibe.com/music/music-news/oral-history-tupacs-acting-career-told-through-his-co-stars-and-producers-pt-2-70738/.

265 "cultural garbage": Jordan A. Conway, "Living in a Gangsta's Paradise: Dr. C. DeLores Tucker's Crusade Against Gansta Rap Music in the 1990s," (thesis) Virginia Commonwealth University, 2015, scholarscompass.vcu.edu/cgi/viewcontent.cgi?article=4822&context=etd.

265 "They wanted to know": Jasmine Guy, interview with author, 2001.

265 "Those niggas ain't want me": Dream Hampton, "Tupac: Hellraiser," The Source (blog), January 31, 1994 entry, dreamhamptonarticles .blogspot.com/2010/04/tupac-hellraiser_15.html.266 "Since when did y'all start": Hampton, "Tupac: Hellraiser," February1, 1994, entry.

266 "I don't give a fuck": Tyruss "Big Syke" Hines, interview with author, 2001.

266 “valleys” and “mountains”: “Tupac’s Second Appearance on The Arsenio Hall Show: March 8, 1994,” clip uploaded to YouTube by Tupac Facts, March 8, 2022, youtube.com/watch?v=TEmCWmVANh0.

266 “I remember Tupac calling”: “Arsenio Hall on His Favorite Moment with Tupac,” VladTV, uploaded to YouTube, June 9, 2014, youtube.com/watch?v=3-TrxHLnCIE.

266 “It bothers me”: Tupac Facts, “Tupac’s Second Appearance on The Arsenio Hall Show.”

267 “I think the judge was fair”: “2Pac Back on The Arsenio Hall Show 1994,” clip uploaded to YouTube by Steffen Flindt, January 21, 2017, youtube.com/watch?v=8njCvy5vhW8.

267 “I know that you’re going through”: Keisha Morris, interview with author, 2001.

267 “You’re the girl”: Keisha Morris, interview with author, 2001.

267 “Wait,” he said”: Keisha Morris, interview with author, 2001.

269 “We met in June”: Keisha Morris, interview with author, 2001.

269 “I hated it”: Keisha Morris, interview with author, 2001.

270 “Tupac and I are both”: Mike Swick, “Mickey Rourke and His Good Friend Tupac Had Some Great Times Together,” Quick Swick Clips,uploaded to YouTube, September 16, 2020, youtube.com/watch?v=vWS7HdueIgs.

270 “We’d be crossing the street”: Swick, “Mickey Rourke and His Good Friend Tupac.”

271 “I did take him downtown”: Swick, “Mickey Rourke and His Good Friend Tupac.”

271 “Tupac is an artist”: Chuck Philips, “Did Lyrics Inspire Killing of Police?,” Los Angeles Times, October 17, 1994, latimes.com/local/la-me-tupacslyrics17oct1794-story.html.

271 “He always maintained”: Bill Lesane, interview with author, 2001.

第十八章

272 “Tell the world”: Tupac Shakur, “Letter 2 My Unborn,” disc 1, track 6 on Until the End of Time, Amaru Entertainment, 2001.

272 “I feel like somebody’s setting”: Kevin Powell, “This Thug’s Life,” Vibe, February 1994, thunder_1st.tripod.com/Vibe/_tupac2.html.
273 “We talked about the young lady”: Iris Crews, interview with author, 2001.
273 “Fitzgerald was a puppet”: Michael Warren, estate interview, 2018.
274 “One day he’s writing poetry”: Iris Crews, interview with author, 2001.
274 “Nothing Gold Can Stay”: Robert Frost, “Nothing Gold Can Stay” in New Hampshire (New York: Henry Holt, 1923), 84.
274 “What they think is that”: Tupac Shakur Interview,” ABC News, “November 29, 1994, uploaded to YouTube by Daily Off, December 27, 2016, youtube.com/watch?v=fkWgyq_H8aM.
275 “When we walked to the door”: Kevin Powell, “Ready to Live,” Vibe, April 1995, vibe.com/features/editorial/tupac-april-1995-cover-story -ready-to-live-686969/.
275 “There wasn’t no fear”: Timbo, “Tupac Quad Studio Shooting What Really Happened Straight from the Horse’s Mouth,” Info Minds, uploaded to YouTube December 30, 2018, youtube.com/ watch?v=wawe5J1xJWg.
276 “Two bullets went up”: Timbo, “Tupac Quad Studio Shooting.”
276 “They were stomping my head”: Powell, “Ready to Live.”
276 “I can’t believe you’re taking”: “Tupac’s Shooting: New York,” 2Pac Legacy, November 28, 2015, 2paclegacy.net/tupacs-shooting -new-york-1994/.
277 “had half a smile”: Powell, “Ready to Live.”
277 “Look what they did to me”: Gloria Jean Cox, interview with author, 2001.
277 “He looked sad”: Gloria Jean Cox, interview with author, 2001.
277 “She was so overwhelmed”: Gloria Jean Cox, interview with author, 2001.
278 “There’s a man in the waiting room”: Keisha Morris, interview with author, 2001.
278 “He told us when he looked up”: Gloria Jean Cox, interview with author, 2001.
279 “Get me out of here now”: Gloria Jean Cox, interview with author, 2001.
279 “Look around you”: Jamal Joseph, interview with author, 2001.
279 “I haven’t seen anybody”: Eric Berman, et. al, “Sweatin’ Bullets: Tupac Shakur Dodges Death But Can’t Beat the Rap,” Vibe, 1998, thunder_1st.tripod.com/Vibe/tupacs.html.

279 “You’re not paying attention”: Keisha Morris, interview with author, 2001.

280 “You ain’t dead yet”: Powell, “Ready to Live.”

281 “There was no [other] sanctuary”: Jasmine Guy, interview with author, 2001.

281 “There was a force around him”: Allen Hughes (dir.), Dear Mama: The Saga of Afeni and Tupac Shakur, five-part documentary, FX, 2023.

282 “fight for the good”: Afeni Shakur, estate interview, 2000.

282 “And when it happens”: Gloria Jean Cox, interview with author, 2001.

282 “It was like he was directing”: Gloria Jean Cox, interview with author, 2001.

282 “It was a very painful time”: Gloria Jean Cox, interview with author, 2001.

282 “I just all around felt suicidal”: Lauren Lazin (dir.), Tupac: Resurrection, Paramount Pictures, 2003.

283 “He called me”: Karen Lee, estate interview, 2018.

284 “Can you come cook”: Keisha Morris, interview with author, 2001.

284 “I hoped the Creator was”: Iris Crews, interview with author, 2001.

284 “Somehow holding him”: Iris Crews, interview with author, 2001.

285 “He liked to go back and forth”: Jamal Joseph, estate interview, 2000.

285 “A lot of people have been giving”: Jamal Joseph, estate interview, 2000.

286 “I hope in time you”: Penelope Petzold and Ron Formica, “TupacShakur Trial: 1994–95,”Law Library, law.jrank.org/pages/3624/Tupac-Shakur-Trial-1994-95-Judge-Imposes-Prison-Sentence.html.

286 “I mean this with no disrespect, Judge:” George James, “Rapper Faces Prison Term for Sex Abuse,” New York Times, February 8, 1995,nytimes.com/1995/02/08/nyregion/rapper-faces-prison-term-for-sex-abuse.html.

286 “You could cut the tension”: Peter Spirer (dir.), Tupac Shakur: Thug Angel, documentary, 2002.

286 “He was almost crying”: Michael Warren, estate interview, 2018.

286 “With the counts he was convicted of”: Michael Warren, estate interview, 2018.

286 “In New York, what Tupac was convicted of”: Hughes, Dear Mama.

第十九章

288 "Even though you innocent": Tupac Shakur, "It Ain't Easy," track 3 on Me Against the World, Interscope Records, 1995.

288 "They took us straight from court": Charles "Man-Man" Fuller, interview with author, 2020.

289 "The real tragedy is": Michael Warren, estate interview, 2018.

289 "It was where": Peter Spirer (dir.), Tupac Shakur: Thug Angel, documentary, 2002.

289 "I remember being in the room": Steve Berman, estate interview, 2018.

290 "cultural gatekeepers": Steve Berman, estate interview, 2018.

290 "I remember getting the phone call": Steve Berman, estate interview, 2018.

290 "By and large a work of pain, anger": Cheo H. Coker, "Me Against the World," (review), Rolling Stone, February 2, 1998, rollingstone. com/music/music-album-reviews/me-against-the-world-123070/.

291 "The album will surprise anyone": Jon Pareles, "Confessions of a Rapper Who Done Wrong," New York Times, April 9, 1995, nytimes.com/1995/04/09/arts/recordings-view-confessions-of-a-rapper-who-done-wrong.html.

291 "I was beating dudes": "Tupac Shakur 1995 Interview with Chuck [Philips]," uploaded to YouTube by SK TV, September 19, 2015, youtube.com/watch?v=nWRsFZTUOzk.

291 "Thug Life to me is dead": Kevin Powell, "Ready to Live," Vibe, April 1995, vibe.com/features/editorial/tupac-april-1995-cover-story-ready -to-live-686969/.

291 "The first eight months": Lauren Lazin (dir.), Tupac: Resurrection, Paramount Pictures, 2003.

292 apologized to the Hughes brothers: Powell, "Ready to Live."

292 "to be his competition": Powell, "Ready to Live."

292 "It's . . . on my life": Joe Taysom, "Revisit Tupac Shakur's 'Lost' Prison Interview," Hip Hop Hero, September 16, 2022, hiphophero.com/revisit-tupac-shakurs-lost-prison-interview/.

292 "That was the one of the best letters": "Tupac Shakur 1995 Interview with Chuck

[Philips].”

292 “We were really truly friends”: Keisha Morris, interview with author, 2001.

293 “He wanted me to have”: Keisha Morris, interview with author, 2001.

293 “With all my worldly possessions”: Keisha Morris, interview with author, 2001.

293 “He was really happy”: Keisha Morris, interview with author, 2001.

294 “reeked of impropriety”: Connie Bruck, “The Takedown of Tupac,” New Yorker, July 7, 1997.

294 “It was important that we had”: Allen Hughes (dir.), Dear Mama: The Saga of Afeni and Tupac Shakur, five-part documentary, FX, 2023.

294 “Prison kills your spirit”: Taysom, “Revisit Tupac Shakur’s ‘Lost’ Prison Interview.”

294 “disrupt the prison”: Afeni Shakur, estate interview, 2000.

294 “Girls writing me”: “Tupac Shakur 1995 Interview with Chuck [Philips].”

295 “I am bringing this”: Tupac Shakur estate archives, trial documents.

295 “swinging [his] arms”: Tupac Shakur estate archives, prison documents, box 132.

295 “I’m lookin’ at the news”: “Tupac Shakur 1995 Interview with Chuck [Philips].”

295 urged Tupac to get his GED: “Best Interview Ever About Donald Trump, Tupac Shakur & Mike Tyson by: Rev Al Sharpton,” SOCIAL, the Lifestyle Magazine, uploaded to YouTube December 17, 2017, youtube.com/watch?v=LqKzpdP6xzU&t=121s.

295 “You ain’t nothing like”: “Best Interview Ever About Donald Trump, Tupac Shakur & Mike Tyson by: Rev Al Sharpton.”

296 “It scared the shit out of me”: Powell, “Ready to Live.”

296 “Biggie was always”: Watani Tyehimba, interview with author, 2001.

297 “I don’t know what”: “The Final chapter—Tupac Under Fire: The Saga Continues,” Vibe, August 1995, reprinted at 2Pac Legacy, July 27, 2019, 2paclegacy.net/the-final-chapter-tupac-under-fire-the-saga-continues-vibe-august-1995/.297 “I hope this Thug Life shit”: “Tupac Under Fire.”

297 a new bail amount at $1.4 million: “Bail of 1.4 Million Set for Rap Artist,” New York Times, May 11, 1995, timesmachine.nytimes.com / timesmachine/1995/05/11/525895.html?pageNumber=32.

297 "Coming up with bail money": Tom Whalley, interview with author, 2020.

297 "[Time Warner] wanted a really low profile": David Cohen, estate interview, 2018.

298 "He said 'I wanna work' ": Hughes, Dear Mama.

298 "You don't need to do that: Hughes, Dear Mama.

298 "We need to put that nigga": "Snoop Dogg Speaks on Tupac Shakur," Drink Champs, uploaded to YouTube by Tupac Facts, February 19, 2021, youtube.com/watch?v=fBy_K8M9l5M.

299 "shall make a guest appearance": [note TK].

299 "He signed on a napkin!": Tyruss "Big Syke" Himes, interview with author, 2001.

299 "He was still signed": David Cohen, estate interview, 2018.

299 "[When] Suge told me": Jake Paine, "Jimmy Iovine Reveals He Was Behind Suge Knight Bailing Tupac Out of Jail," Ambrosia for Heads, July 11, 2017, ambrosiaforheads.com/2017/07/interscope-bailed-tupac-not-death-row/.

299 "Death Row was funded": Hughes, Dear Mama.

299 "At the time that the appeal": Atron Gregory, interview with author, 2020.

301 "All I kept in my mind": "Tupac Shakur 1995 Interview with Chuck [Philips]."

301 "They thought Suge": Tyruss "Big Syke" Himes, interview with author, 2001.

第二十章

305 "Out on bail fresh out of jail": Tupac Shakur, "California Love," Love (remix)," disc 1, track 12 on All Eyez on Me, Death Row Records, 1996.

305 "as small as a damn": Tyruss "Big Syke" Himes, interview with author, 2001.

306 "It was like the CIA": Tyruss "Big Syke" Himes, interview with author, 2001.

306 "The entire staff": George "Papa G" Pryce, estate interview, 2018.

306 "I watched him": George "Papa G" Pryce, estate interview, 2018.

306 "We was consumin' ": Tyruss "Big Syke" Himes, interview with author, 2001.

306 "every major television network": George "Papa G" Pryce, estate interview, 2018.

307 "Oh shit. Let's just call it": Johnny Johnny "J" Jackson, interview with author, 2001.

307 "Hustle 'til the mornin' ": Tupac Shakur, "All Eyez on Me," disc 2, track 10 on All

Eyez on Me, Death Row Records, 1996.

307 started the annulment process: Keisha Morris, interview with author, 2001.

309 "We stayed tipsy": Johnny "J" Jackson, interview with author, 2001.

309 "I had just made five fresh": "Daz Dillinger Tells Tupac Stories on Recording and Jail," uploaded to YouTube by Hot 97 on September 14, 2016, youtube.com/watch?v=8E7Baux9U2U&t=4s.

309 "came in there": "Daz Dillinger on Recording 'All Eyez on Me' Right After Pac Was Released," VladTV, uploaded to YouTube July 2, 2017, youtube.com/watch?v=Tc_sjmgRgVA.

309 "Now with us": "Snoop Dogg Speaks on Tupac Shakur," Drink Champs, uploaded to YouTube February 19, 2021, youtube.com /watch?v=fBy_K8M9l5M.

310 "I never seen anybody": "DJ Quik Explains Why Engineers Were Afraid to Work with Tupac," Makaveli Media, uploaded to YouTube November 15, 2020, youtube.com/watch?v=sIo2Q03KRBc.

310 "Me and you are gonna be": Johnny "J" Jackson, interview with author, 2001.

310 "Just last week": Delray Richardson, "2Pac Told Me He Slept with Faith Evans the Night After He First Met Her!," The Art of Dialogue, uploaded to YouTube December 18, 2020, youtube.com /watch?v=oNZ8T_w_2Q0.

310 Tupac agreed to pay Evans: "Faith Evans: Silent No More," Essence, updated October 29, 2020, essence.com/news/faith-evans-silent-no-more/.

311 "I've been in the studio": "Tupac Shakur 1995 Interview with Chuck [Philips]," SK TV, uploaded to YouTube September 19, 2015, youtube .com/watch?v=nWRsFZTUOzk.

311 "This album is a reaction": "Tupac Shakur 1995 Interview with Chuck [Philips]."

311 "But I think that there is": Tabitha Soren, "Tupac on Growing Up Poor, His Rise to Fame & His Future (1995) MTV News, Venice Beach, CA, uploaded to YouTube September 13, 2019, youtube.com /watch?v=GpPbYGJRg0Q.

312 "Man, I'm not gonna": Johnny "J" Jackson, interview with author, 2001.

313 "I always wanted to go to college": Soren, "Tupac on Growing Up Poor, His Rise to Fame & His Future (1995)."

313 "Stay to yourself. Trust nobody": Tupac Shakur, Parv Music Production, uploaded to YouTube October 22, 2021.

313 "I want to get into the head seat": Soren, "Tupac on Growing Up Poor, His Rise to Fame & His Future (1995)."

314 "Dre, you don't know how long": [note tk].

314 "I put this track on": Allen Hughes (dir.), Dear Mama: The Saga of Afeni and Tupac Shakur, five-part documentary, FX, 2023.

314 "an instant hip-hop classic": Soren Baker, "The Story of 2Pac and Dr. Dre's 'California Love,' " Rock the Bells, February 11, 2022, rockthebells.com/articles/california-love-2pac-dr-dre/.314 "While he was in jail": "E.D.I. Mean on Why Tupac Named Outlawz After Enemies of USA," VladTV, uploaded to YouTube May 7, 2015, youtube.com/watch?v=h5r5dQpD_YE.

315 "When he named me": Tyruss "Big Syke" Himes, interview with author, 2001.

315 "I didn't trust a lot of people": Donna "Storm" Harkness, estate interview, 2018.

316 "I was like, I want Dre's video": "Jada Pinkett Smith Talking About the Concept of 'California Love,' " MTV News, 1996, clip uploaded to YouTube by Makaveli Lives On, September 18, 2020, youtube.com /watch?v=aJYOvOe3ifE.

316 "The whole concept": "On the Set of 'California Love,' " MTV News, uploaded to YouTube by MTV Vault, November 14, 2020, youtube.com/watch?v=YB3XXXcO9pg&t=47s.

316 "Say what you say": Shakur, "California Love."

317 "He was really worried": Kendrick Wells, interview with author, 2001.

317 "I just went platinum": "2Pac Dr Dre Interview with Bill Bellamy by Death Row Records," uploaded by DeathRowRecordsRu to YouTube December 16, 2011, youtube.com/watch?v=LjAm3RPQFN8.

317 sold 5 million units: "All Eyez on Me," Wikipedia, en.wikipedia.org /wiki/All_Eyez_on_Me.

317 aquarium filled with piranhas: Nick Francis, "Knight Has Fallen," Sun UK, October 5, 2018, thesun.co.uk/tvandshowbiz/7429729/suge-knight-crime-rap-sheet/.

317 "He was happy": Gloria Jean Cox, interview with author, 2001.

318 "He used to call us Bob Marley": Gloria Jean Cox, interview with author, 2001.

319 "He looked beautiful": Gloria Jean Cox, interview with author, 2001.

319 "Let's shock the people": Rock n Roll All Night, "38th Annual Grammy Awards, February 28, 1996, Tupac Introduces KISS Reunited," uploaded to YouTube March 1, 2021, youtube.com/watch?v= ijKvQytcoiU.

320 "Hip-hop beef has its roots": Malcolm "E.D.I. Mean" Greenidge, interview with author, 2023.

320 "The song shook up": Katari Cox, interview with author, 2023. 320 "Vibe magazine and Source magazine": "KRS-One Pt 3," uploaded by AllHipHopTV to YouTube March 5, 2021, youtube.com/ watch?v=ULcz5mFg_iY.

320 "a classic hip-hop record": Sway, "My Enemies," track 10 on In His Own Words, genius.com/2pac-my-enemies-interview-by-sway-annotated.

321 "I don't wanna speak": Karen Lee, interview with author, 2001.

321 "What are you doing?": Karen Lee, interview with author, 2001.

322 "Tupac is a better gumbo chef": Kendrick Wells, interview with author, 2001.

322 "I idolize that type of thinking": Tupac Shakur, quote from September 1996 interview with Rob Marriott, posted at fansite 2Pac, tupac_a _shakur.tripod.com/ id295.htm.

323 "No politicians is even checkin' ": Rob Marriot, Tupac Shakur: The Last Interview, Bonus CD, August 24, 1996, uploaded to YouTube by Reelback One, May 15, 2018, youtube.com/watch?v=XinRhEPs76c.

323 "I said, 'What'd you think?' ": Preston Holmes, estate interview, 2018.

323 "Oh shit, he's a bad muthafucka": Preston Holmes, estate interview, 2018.

324 "Making music with him": "Tha Outlawz Speak on How Tupac Impacted Their Lives," Tupac Facts, uploaded to YouTube January 5, 2022, youtube.com/ watch?v=8KAYeE76J6Y.

324 "Towards the last sessions": Johnny "J" Jackson, interview with author, 2001.

第二十一章

325 "When my heart can beat": Tupac Shakur, "In the Event of My Demise," in The Rose That Grew from Concrete (New York: Pocket Books, 1999), 150.

325 "While I was at Baltimore": Tabitha Soren, "Tupac on Growing Up Poor, His Rise to Fame & His Future (1995)," MTV News, Venice Beach, CA, uploaded to YouTube September 13, 2019, youtube.com /watch?v=GpPbYGJRg0Q.

326 he apologized for remarks: Daniel Johnson, "What the Last 12 Months of Tupac's Life Were Like," Grunge, updated March 6, 2023, grunge.com/242624/what-the-last-12-months-of-tupacs-life-were-like/.

326 "I think him and Kidada": Afeni Shakur, estate interview, 2000.

326 "He called back the same": Quincy Delight "QD3" Jones III, interview with author, 2005.

328 "Get ride for Mutulu": Tupac Shakur, "Letter to the President," track 1 on Still I Rise, Interscope Records, 1999.

328 "Once I started frying": Jamala Lesane, interview with author, 2001.

330 "Once again": Gloria Jean Cox, interview with author, 2001.

330 "We brought Tupac to Milan": "Donatella Versace Talks Tupac Shakur Fashion Show Trip," Hip Hop XXIV, March 4, 2021, hiphopxxiv.com /donatella-versace-talks-tupac-shakur-fashion-show-trip/.

331 " 'I gotta fix this' ": "Greg Nice Says 2Pac Missed NYC, Wanted to End West/East Coast Feud," VladTV, uploaded to YouTube May 18, 2016, youtube.com/watch?v=JcE6oKon5Wc&t=1s.

332 "I got this new project": Simon Rex, "Simon Rex Interviews 2Pac,"MTV News, 1996, uploaded to YouTube February 16, 2017, youtube.com/watch?v=A4n2pW-Op-8.

332 "Tupac wanted to start his own": Joel Anderson, "How Close Was Tupac to Quitting the Gangsta Rap Life?," Slate, December 4, 2019,slate.com/culture/2019/12/tupac-death- las-vegas-slow-burn.html.

335 "He enjoyed the fact": Jamala Lesane, interview with author, 2001.

336 "I got a beat for ya": Gregory "Shock G" Jacobs, interview with author, 2001.

336 "I had twenty cats": Mutah Beale, interview with author, 2001.

337 "I saw Tupac talking": Nasir Jones, in Tupac Remembered: Bearing Witness to a Life and Legacy, ed. Molly Monjauze with Gloria Cox and Staci Robinson (San Francisco: Chronicle Books, 2008),

337 "We had a great convo": "Nas Shares CLASSIC Stories On 2Pac" uploaded to YouTube August 20, 2020, youtube.com/watch?v=2APUoWGFuL4.

337 "He believed that we": Nasir Jones, in Tupac Remembered, 121.

338 "A lot of people were": Mutah Beale, interview with author, 2001.

338 "[Tupac] comes out the limo": Scott Gutierrez, "One Night in Vegas," 30 for 30, ESPN, uploaded to YouTube by Tahko, October 20, 2013, youtube.com/watch?v=dtOwql5IWkQ.

338 "Pac didn't want to go": Jamala Lesane, interview with author, 2023.

339 "Before that, Imani had never": Jamala Lesane, interview with author, 2001.

339 "I thought we were gonna die": Jamala Lesane, interview with author, 2001.

340 "Oooh damn, I'm so dope": Jamala Lesane, interview with author, 2001.

341 "Did y'all see that?": "Tupac Shakur Famous Crime Scene," uploaded to YouTube by 2PacDonKilluminati, February 13, 2010, youtube.com /watch?v=RLtE4ll9h3c.

342 Bullets ripped through: Cathy Scott, The Killing of Tupac Shakur (Las Vegas: Huntington Press, 1997).

342 "He was out": Jamala Lesane, interview with author, 2023.

342 "Your friend is dead": Malcolm "E.D.I. Mean" Greenidge, interview with author, 2023.

344 "finish him off": Gobi Rahmini, interview with author, 2005.

344 "Us Outlawz were there": Noble, interview with author, 2001.

344 "Pac, can you hear me?": Yolanda "Yo-Yo" Whitaker, interview with author, 2001.

344 "It was a zoo": Gloria Jean Cox, interview with author, 2001.

344 "No, don't do that": Gloria Jean Cox, interview with author, 2000; Afeni Shakur, interview with author, 2000.

344 "Okay, Darlin' Dear": Gloria Jean Cox, interview with author, 2001.

版權許可

"Holler If Ya Hear Me"
Written by Tupac Amaru Shakur, Kevin Rhames, Randy Walker, Christopher Walker, Norman Jesse Whitfield, Barrett Strong, George Clinton Jr., David Chung Spradley, Garry Marshall Shider © UNIVERSAL MUSIC CORP. ON BEHALF OF ITSELF AND AMARU PUBLISHING, SONGS OF UNIVERSAL, INC. © 1993 Stone Agate Music
All rights on behalf of Stone Agate Music administered by Sony Music
Publishing (US) LLC, 424 Church Street, Suite 1200, Nashville, TN 37219. All rights reserved. Used by permission. © Published by Bridgeport Music Inc., Southfield Music Inc. Used by permission.

"Words of Wisdom"
Written by Tupac Amaru Shakur, Gregory E. Jacobs, Paul M. Jackson Jr., Harvey W. William Mason Jr., Bennie Maupin, Herbert J. Hancock © UNIVERSAL MUSIC CORP. ON BEHALF OF ITSELF AND AMARU PUBLISHING, UNIVERSAL MUSIC –Z SONGS ON BEHALF OF ITSELF AND PUBHOWYALIKE PUBLISHING © 1992 Hancock Music (BMI) ALL RIGHTS RESERVED. USED BY PERMISSION.

"Us Killing Us Equals Genocide"
Written by Tupac Shakur Copyright © Amaru Entertainment, Inc.

"Dear Mama"
Words and Music by Joe Sample, Tupac Amaru Shakur, Tony Pizarro, Bruce Andre Hawes, Charles Simmons, Joseph Banks Jefferson, and Terence Thomas aka DJ Master Tee Copyright © 1996 WARNER-TAMERLANE PUBLISHING CORP., UNIVERSAL MUSIC CORP., THE ROYALTY NETWORK INC. and CHRYSALIS STANDARDS, INC. All Rights Reserved Used By Permission of ALFRED MUSIC © UNIVERSAL MUSIC CORP. ON BEHALF OF ITSELF AND AMARU PUBLISHING Copyright © 1995 Master Lab Publishing (BMI) Copyright © 1995 BMG Rights Management (UK) Limited All Rights for BMG Rights Management (UK) Limited Administered by BMG Rights Management (US) LLC All Rights Reserved Used by Permission Reprinted by Permission of Hal Leonard LLC

"Keep Ya Head Up"
Written by Tupac Amaru Shakur, Daryl L. Anderson, Roger Troutman, Stan Vincent © UNIVERSAL MUSIC CORP. ON BEHALF OF ITSELF AND AMARU PUBLISHING © 1993 Songs of Lastrada (BMI) © 1993 Kama Sutra Music Inc, Frantino Music, & _____. All rights on behalf of Kama Sutra Music Inc and Frantino Music administered by Sony Music Publishing (US) LLC, 424 Church Street, Suite 1200, Nashville, TN 37219. All rights reserved. Used by permission. Published by Rubber Band Music (BMI). All Rights for Rubber Band Music (BMI) administered by Modern Works Music Publishing. Copyright © 1993 BMG PLATINUM SONGS, R2M MUSIC All Rights for BMG PLATINUM SONGS and R2M MUSIC Administered by BMG RIGHTS MANAGEMENT (US) LLC All Rights Reserved Used by Permission Reprinted by Permission of Hal Leonard LLC

"Panther Power"
Written by Tupac Amaru Shakur, Jimi Dright, Raymond Tyson, Marc Dorado © UNIVERSAL MUSIC CORP. ON BEHALF OF ITSELF AND AMARU PUBLISHING Trapped Music Pub. by Funky Network Publishing/Notting Dale Songs, Inc. Admin by Kobalt Songs Music Publishing

拱橋 0002

與世為敵：吐派克官方授權傳記

作者　史黛西．羅賓遜（Staci Robinson）
譯者　莫康笙
副主編　張祐唐
校對編輯　李芊芊
封面設計　萬勝安
內頁設計　陳相蓉
特約行銷　鍾宜靜
行銷經理　許文薰
總編輯　林淑雯
出版者　方舟文化／遠足文化事業股份有限公司
發行　遠足文化事業股份有限公司（讀書共和國出版集團）
231 新北市新店區民權路 108-2 號 9 樓
電話：（02）2218-1417
傳真：（02）8667-1851
劃撥帳號：19504465　戶名：遠足文化事業股份有限公司
客服專線：0800-221-029　E-MAIL：service@bookrep.com.tw
網站　www.bookrep.com.tw
印製　中原造像股份有限公司
法律顧問　華洋法律事務所　蘇文生律師
定價　600 元
初版一刷　2024 年 7 月
初版二刷　2024 年 7 月

國家圖書館出版品預行編目（CIP）資料

與世為敵：吐派克官方授權傳記／史黛西．羅賓遜（Staci Robinson）著；莫康笙譯. -- 初版. -- 新北市：方舟文化，遠足文化事業股份有限公司，2024.07
496 面；17 × 23 公分

譯自：Tupac Shakur : The Authorized Biography
ISBN 978-626-7442-45-6（平裝）

1.CST：夏庫爾（Shakur, Tupac, 1971-1996）
2.CST：傳記　3.CST：音樂家　4.CST：美國

785.28　113007118

方舟文化官方網站　方舟文化讀者回函